Fr. Perthes

Gesammelte Aufsätze und Mitteilungen aus dem Börsenblatt für den Deutschen Buchhandel

1869 - 1873

Fr. Perthes

Gesammelte Aufsätze und Mitteilungen aus dem Börsenblatt für den Deutschen Buchhandel
1869 - 1873

ISBN/EAN: 9783743324312

Hergestellt in Europa, USA, Kanada, Australien, Japan

Cover: Foto ©ninafisch / pixelio.de

Manufactured and distributed by brebook publishing software
(www.brebook.com)

Fr. Perthes

Gesammelte Aufsätze und Mitteilungen aus dem Börsenblatt für den Deutschen Buchhandel

Gesammelte

Aufsätze und Mittheilungen

aus dem

Börsenblatt für den Deutschen Buchhandel

1869—1873.

Leipzig,

Verlag des Börsen-Vereins der Deutschen Buchhändler.

1875.

Vorwort.

Der vorliegende zweite Band der „Publicationen des Börsen=
vereins" enthält den Wiederabdruck einer Anzahl von Aufsätzen,
welche in den Jahrgängen 1869—1873 des Börsenblattes ent=
halten sind.*)

Wir glauben mit einem derartigen Wiederabdruck vielen un=
serer Genossen etwas Willkommenes zu bringen, da nun Gelegen=
heit geboten wird, die Aufsätze in ruhigeren Stunden, als sie das
tägliche Geschäftsleben gewährt, und in behaglicherer Stimmung
lesen zu können. Zudem bildet wohl nur bei wenigen Handlungen
ein gebundenes Exemplar des Börsenblattes einen Bestandtheil der
Geschäftsbibliothek; der stets wachsende Umfang unseres Vereins=
organs, der in den letzten Jahren 600 Bogen überschritten hat,
verhindert schon aus äußeren Gründen die Aufstellung und Be=
nutzung. Um nun eine Auswahl derjenigen Aufsätze, welche sich
nicht mit Tagesfragen beschäftigen und ein dauerndes Interesse
beanspruchen können, vor gänzlicher Vergessenheit zu bewahren,
erschien eine Sammlung, wie die vorliegende, geboten.

Von der Theilnahme, welche dieselbe bei den Mitgliedern des
Börsenvereins findet, wird es abhängen, ob weitere Bände nach=
folgen. Findet das Unternehmen Beifall und Unterstützung, so
wird es möglich sein den Fortsetzungen ein einheitlicheres Gepräge
zu geben, als der vorliegende Band zeigt, der nur als ein Versuch
zu betrachten ist, das literarische und historische Material des
Börsenblattes zu sammeln und in handlichem Format wieder=
zugeben.

Berlin, Bonn und Leipzig, 24. October 1874.

Der Vorstand des Börsenvereins der Deutschen Buchhändler.

Adolph Enslin. Gustav Harms. Carl Poerster.

_____

*) Nur zwei der mitgetheilten Aufsätze machen hiervon eine Ausnahme.
Zunächst die Einleitung von Fr. Perthes, mit welcher der erste Jahrgang des
Börsenblattes eröffnet wurde und deren Wiederabdruck grade an dieser Stelle
wohl keiner Rechtfertigung bedarf und dann der Aufsatz des Geh. Justizraths
Heydemann, welcher der Heffter'schen Festgabe (Berlin, Weidmann'sche
Buchhandlung) entnommen ist, und dessen Aufnahme in vorliegende Sammlung
der inzwischen verstorbene Verfasser und der Verleger freundlichst gestatteten.

Inhalts-Verzeichniß.

Die Bedeutung des deutschen Buchhandels,

besonders in der neuesten Zeit.

Das „Börsenblatt für den deutschen Buchhandel" tritt unleug-
bar in einer für den gesammten literarischen Verkehr höchst merkwürdigen und bedeutungsreichen, aber auch gefahrdrohenden Zeit
auf, und es dürfte für eine seiner ersten Obliegenheiten erachtet
werden, auf die wichtigsten Momente und Erscheinungen in dieser
Beziehung aufmerksam zu machen und sie klar zu bezeichnen, den
dabei Betheiligten ebensowohl zur zeitigen Ermuthigung als nöthigen Warnung. Mögen diese Zeilen dazu den Anfang machen, zur
Fortsetzung aber für das Wohl und die Ehre des deutschen Buchhandels alle diejenigen mitwirken und beitragen, welche, neben dem
kleinen Bereiche des eigenen Geschäftes, auch das Ganze nicht aus
dem Auge verlieren, sondern in seiner allseitigen Entwickelung verfolgen und beachten.

Unverkennbar ist seit einigen Jahren im deutschen Buchhandel
eine Unruhe, ein Drängen, Treiben und Jagen bemerkbar geworden, von welchem die frühere Geschichte desselben wohl schwerlich ein Beispiel aufzustellen hat. Im unaufhaltsamen Fortschreiten
vermehrte sich in dem letzten Jahrzehende die Zahl deutscher Buchhandlungen dergestalt, daß jetzt fast jede nur einigermaßen bedeutende Landstadt auch ihren Buchhändler hat, der sich nicht etwa
auf ein der Oertlichkeit angepaßtes Sortimentsgeschäft beschränkt,
sondern sofort auch einen eigenen Verlag zu erstreben sucht, wozu
ihm, im besten Falle, die Nähe und der bereitwillige Fleiß irgend
eines Gelehrten, öfters aber freilich, leider! nur ein versprengtes
Glied der federschnellen Zunft der Scribler die allzeit fertige Hand
bietet. Dadurch ist unser Büchermarkt mit einer Fluth theils
unnützer und überflüssiger, theils wirklich schlechter und schädlicher

1

Schriften überschwemmt worden, und die Abfassung oder Aus=
arbeitung eines Buchs ist, — eben so wie das Abschreiben
desselben vor Erfindung der Buchdruckerkunst — jetzt nur zu häufig
und augenfällig zum fabrikmäßigen Betrieb, ja zum Handwerk
herabgewürdigt worden. Man wollte den Geist wie Waare, die
dem bloßen Erwerb dient, behandeln, und er entwich zürnend und
ließ nur seine Hülle zurück, deren Blöße aber keine auch noch so
elegante Ausstattung durch Druck und Papier zu decken vermochte.
Daß aber die gelbjagende Hast, die sich, wie gesagt, in der neusten
Geschichte des deutschen Buchhandels gezeigt hat, bei dieser traurigen
Erscheinung nicht ohne Schuld sei, läßt sich eben so wenig leugnen
als die ehrende, unumstößlich feststehende Thatsache, daß deutscher
Buchhandel bis dahin der Träger deutscher Wissenschaft=
lichkeit, Gründlichkeit und Gediegenheit gewesen und —
wer möchte widersprechen? — in seinen besseren Theilen
noch jetzt ist, ihm selbst zu bleibender Ehre, dem deutschen
Vaterland aber, und dem Gesammtgebiet wahrer Gelehr=
samkeit und Bildung zu Förderung und Nutzen. Daß nun
dieses Palladium dem deutschen Buchhandel nicht entrissen, daß
der Unruhe und der unwürdigen Buchmacherei gesteuert, der Buch=
handel in allen seinen Theilen wiederum mehr in den Dienst der
Wissenschaft und der wahren (!!) Volksbildung zurückgeführt
werde, — dafür zu sorgen, ist eines jeden deutschen Buchhändlers,
der Ehre höher achtet als Geldgewinn, heilige Verpflichtung, an
welche aber zu erinnern gerade jetzt so recht an der Zeit ist. Denn
einige glänzende Unternehmungen, welche deutsche Industrie und
richtige Beachtung des augenblicklichen Bedürfnisses auf deutschen
Boden verpflanzt hat — wir meinen das Pfennig=Magazin,
und alle diejenigen periodischen und encyklopädischen
Werke, die mit ihm in Concurrenz getreten sind — haben
das oben gerügte unruhige Treiben bis zu einer schwindelnden
Höhe gesteigert und könnten leicht durch ihr Beispiel um so ge=
fährlicher wirken, als sie deutschem Volke und seiner zeitgemäßen
Fortbildung zu dienen zum löblichen Zwecke sich gesetzt haben.
Daß solcher Zweck aber wirklich zeitgemäß sei, wird Niemand in
Abrede stellen, welcher unsere Literatur kennt; denn auch dem ober=
flächlichen Beschauer muß der Mangel aller praktischen Tendenz,
die abstoßend ernste, von gelehrtem Schulstaube dick bedeckte und

entstellte Form bemerkbar geworden sein, in welcher bis noch vor wenigen Jahren deutsche Wissenschaft aus den Stubirstuben der Mehrzahl unserer achtbarsten Gelehrten und Forscher, nur eben den gelehrten Standesgenossen, nicht aber dem Volke genießbar, in die Oeffentlichkeit hervortrat. Vermittelung zwischen ihr und dem Volke, in welchem ein verbesserter und allgemeiner gewordener Schulunterricht Fähigkeit und Verlangen nach Fortbildung in eben dem Maße erweckt hatte, als die rasch fortschreitende Zeit und das leuchtende Beispiel der Nachbarvölker sie nöthig machten, war schon längst dringendes Bedürfniß. Ehre daher dem deutschen Buch= händler, der zur Befriedigung desselben in redlicher Absicht, auf sicherem und klar erkanntem Wege und mit den rechten Mitteln wirken will und kann! Ein hohes, würdiges Ziel giebt seinen Bestrebungen Werth und sichert ihm die theilnehmende Mit= wirkung und Unterstützung seiner Collegen! Allein eine Klippe droht, die zu bezeichnen die Pflicht gebietet: es ist das Ver= sinken in den Dienst der Seichtigkeit, der Oberflächlich= keit, der Vielwisserei, des Bilderkrames unter der täu= schenden Firma der Volksbildung nur um des Gewinnes willen! Und wehe unserem Volke und seiner Cultur, wenn der deutsche Buchhandel diese Klippe zu vermeiden nicht im Stande sein sollte; wenn die Mehrzahl seiner Genossen die Wurzel des Baumes, gründliche Gelehrsamkeit und Wissenschaftlichkeit, zu pfle= gen vergessen könnte, um in übereiliger Hast die bunten Früchte und mit ihnen zugleich vielleicht die Knospen der kommenden Ernten zu brechen. Thun wir vielmehr das Eine, ohne das An= dere zu unterlassen! Sorgen wir im Bunde mit verständigen und wohlmeinenden Volksfreunden und wissenschaftlich und praktisch gebildeten Gelehrten für Beschaffung der geistigen Nahrung, durch Bücher und Zeitschriften, die das Volk nach seinem jetzigen Bil= dungsstande zu erwarten und zu fordern berechtigt ist; bieten wir ihm, das jetzt in seiner Mehrzahl lesen kann, einen Herz und Geist bildenden und kräftigenden Lesestoff; versäumen wir nicht, der großen und achtbaren Classe der Gewerbtreibenden die wissen= schaftliche Fortbildung zu erleichtern, welche die täglich steigende Industrie dringend erheischt, und machen wir ihnen so besonders die weiteren Gebiete der Mathematik, Naturkunde und Geschichte durch dahin einschlagende gemeinnützige Unternehmungen leichter zugänglich; dienen wir mit regem Eifer dem bürgerlichen Wohl und dem materiellen Interesse unseres Volkes; — aber vergessen wir nicht, daß wir unserem eigenen Gebäude den Grund nehmen würden, wenn wir dabei unsere Kraft und Mitwirkung den höheren geistigen Bestrebungen, der Wissenschaft und Idee entziehen könnten. Deutschlands Buchhandel hat, sowie deutsche Ge= lehrsamkeit und Wissenschaftlichkeit, eine europäische Be= deutung, und wird sie behalten, so lange er im Bunde mit jenen steht; er wird sie aber verlieren und troß des ehren= haften Zweckes einzelner volksthümlicher Unternehmungen zum Colporteur=Geschäft herabsinken, wenn er jene alte, ehrenhafte Verbindung je trennen, und Encyklopädien und populäre Zeit= schriften als hinlänglichen Ersatz für wissenschaftliche und classische Werke dem höher gebildeten Publicum, — welches doch, Gott sei Dank, in Deutschland noch nicht so klein geworden ist — je an= bieten könnte.

Vor solcher Trennung der Wissenschaft und des Buchhandels, und der daran nothwendig sich knüpfenden Verunglimpfung der Ehre des letztern zu warnen, sollte der Zweck dieser flüchtigen Zeilen sein, während diese Blätter jede Gelegenheit benutzen wer= den, wichtige Erscheinungen, sofern sie auf diese Frage Bezug haben, öffentlich zu besprechen und zum Besten des Ganzen, in= sonderheit aber zur Ehre und Förderung des deutschen Buchhandels zur allgemeinen Erörterung zu bringen. Haben wir einen guten Namen zu verlieren, wie sollten wir nicht Alles auf= bieten, nicht Alle mitwirken, ihn zu erhalten und zu sichern!!!

(B. B. 1834. Nr. 1.)

Fr. Perthes in Gotha.

I.

Beiträge zur Geschichte des Buchhandels und der Buchdruckerkunst.

1. Die Presse im alten Rom*).

Eine „Presse" vor Erfindung der Buchdruckerkunst? wird viel=
leicht Mancher fragen. Wir haben uns längst gewöhnt, unter
dem Ausdruck „Presse" einen ganz bestimmten Theil der Publicistik
zu verstehen, nämlich die Journalistik, b. h. alle periodischen Druck=
schriften vom Tagesblatt bis zur Vierteljahrsschrift. Und in diesem
Sinne darf man „Presse" auch auf das alte Rom ausdehnen und
anwenden. Damit ist dann auch schon ausgesprochen, daß es eine
Journalistik im alten Rom gegeben hat. Freilich! Aber wir den=
ken dabei nicht an Schriften, wie die Tagebücher Caesar's über
den gallischen und den Bürgerkrieg, nicht an persönliche Memoiren,
die unter dem Titel „Commentarii" bekannt sind; nein, wir mei=
nen wirkliche, regelmäßig veröffentlichte Blätter, Zeitungen und
Sitzungsprotokolle.

Wann solche zuerst in Rom aufkamen, ist Gegenstand einer
Controverse geworden. Freilich hat es wohl schon während des
ganzen letzten Jahrhunderts der Republik Leute gegeben, welche
privatim die Tagesereignisse notirten, um sie auswärtigen Freun=
den, besonders den Provinzialstatthaltern, zuzuschicken; allein es
waren dies eben Privatunternehmungen, nur für abgegrenzte Kreise
und Personen bestimmt und abhängig von der Dauer der Ab=
wesenheit von Rom im jedesmaligen Falle. Es waren noch nicht
eigentlich öffentliche Blätter.

Andrerseits hat man gewiß schon seit langer Zeit die Senats=
sitzungen und die Debatten daselbst protokollarisch aufgezeichnet;
allein sie wurden nicht veröffentlicht; in jenen politisch so turbu=
lenten Zeiten wäre es auch unrathsam gewesen, alles, was im
Senat zur Sprache kam, in das aufgeregte Publicum zu schleudern.
Und daß es im letzten Todeskampfe der Republik zwischen Caesar's

---

*) Zuerst abgedruckt in der Augsburger Allgem. Zeitung.

Ermordung und der Alleinherrschaft Octavian's geschah, trug sehr
bittere Früchte für die öffentliche Ruhe.

Damit aber sehen wir, daß vor Caesar's Ermordung schon
die Veröffentlichung der Senatsprotokolle, der Acta senatus, statt=
fand. Und es ist dies auch richtig. In der kurzen, aber über
alles Maß glorreichen und das öffentliche Leben fast in allen
Theilen reformirenden Zeit der Alleinherrschaft Caesar's, 48—44
vor Chr., hatte dieser es für weise und vortheilhaft gehalten, die
Senatsacten jedesmal zu publiciren. Er verfolgte eine doppelte
Politik damit: erstens war es ein Vertrauensvotum für das Volk,
das er immer fester an sich band; andrerseits war es eine Con=
trole für den Senat, der nun die Kritik des für Caesar begeisterten
Volkes zu scheuen hatte und also sich noch völliger den Wünschen
des Alleinherrschers fügen mußte.

Diese Senatsprotokolle entsprechen etwa den heutigen Aus=
zügen aus den stenographischen Berichten der Land= und Reichstage,
denn so wörtlich treu wie letztere waren die Senatsacten nicht.
Nicht zwar als ob nicht auch eine Art Stenographie in Anwendung
kam, allein diese war bei weitem nicht so ausgebildet wie die moderne,
und beschränkte sich mehr auf die Abkürzung der Endsylben und der
am häufigsten vorkommenden Wörter, wie die Hilfszeitwörter, Prä=
positionen und Conjunctionen. So war der Schreiber immerhin
angewiesen, das Gesagte in kürzerer Fassung niederzuschreiben.
Dieser Schreiber aber war eine officielle Persönlichkeit, und die
zur Publication bestimmte Fassung der Protokolle wurde außerdem
immer von einem jüngeren Senator redigirt, wobei natürlich Rück=
sicht auf des Machthabers Wünsche genommen wurde. Somit waren
es officiell redigirte Protokolle; das Publicum mußte und sollte
auch wohl nicht immer alles wissen.

Dieser Gebrauch, die Senatsprotokolle zu veröffentlichen, blieb
über Caesar's Regierung in Kraft, überlebte die furchtbaren Kämpfe
unter seinen Nachfolgern und wurde von dem Caesarischen Erben
Octavianus Augustus beibehalten. Erst Tiberius, Octavian's Nach=
folger, untersagte die Publication derselben, als durch die mehr
und mehr aufkommenden Hochverraths= und Majestätsprozesse im
Senat manches Wort fiel, welches dem kaiserlichen Hause im Pu=
blicum Abbruch thun konnte. Der Senat war nun eben schon voll=
ständig das Werkzeug des Herrschers geworden, und das Publicum

sollte überhaupt jedes politische Bewußtsein und Gefühl verlieren, um dem Monarchen nicht lästig und gefährlich zu werden. Wir werden sehen, inwiefern ein Ersatz für die Unterdrückung der Se= natsprotokolle geboten wurde.

Diese Protokolle waren immerhin nicht eigentlich das, was wir Zeitungen nennen — eine Gattung, die wir jetzt zu betrachten haben werden. Von jenen privaten Aufzeichnungen der Tages= neuigkeiten für Auswärtige haben wir gesprochen. Diese haben ohne Zweifel Caesar als Vorbild vorgelegen, als er, gleichzeitig mit der Veröffentlichung der Senatssitzungsberichte, die erste offi= cielle römische Tageszeitung herausgab. Es war dies wirklich ein officielles Blatt, ein Tagesblatt, wie der römische Ausdruck lautet (acta diurna publica populi Romani). Auch das war ein poli= tischer Schritt Caesar's. Es gab kein besseres Mittel, das Volk in Wohlwollen und am Zügel zu halten, als eine solche officielle Zeitung. Hier legte die Regierung scheinbar Rechenschaft über die Tagesereignisse und ihre Handlungen ab; zugleich fand alles Pi= kante seinen Platz, so daß das Publicum geschmeichelt und amüsirt wurde; andrerseits war es ganz in die Hand des Machthabers ge= legt, die Ereignisse zu seinen Gunsten auszulegen und das Publicum in dauernder Bewunderung zu erhalten.

Wir werden uns das beste Bild von einem solchen Zeitungs= blatt machen, wenn wir eine politische Zeitung des vorigen Jahr= hunderts zur Hand nehmen. Von einer Kritik der inneren Staats= politik ist natürlich da nicht die Rede: innere Verhältnisse werden nur sehr behutsam angerührt, und nur insofern es galt, einen kaiser= lichen Act zu verherrlichen oder zu beschönigen, wurde dieser Gegen= stand behandelt. Kaiserliche Verordnungen und Maßregeln wurden außerdem darin publicirt. Von der äußeren Politik wurden That= sachen mitgetheilt, allein auch diese nach kaiserlicher Redaction; Unglücke und Niederlagen wurden möglichst gering dargestellt, Siege und Erfolge gepriesen, jedoch auch nur, wenn der Sieger eine persona grata in den Augen des Kaisers war. Aus den Senats= sitzungsberichten, die sich immer mehr nur um die Criminaljustiz politischer und privater Verbrechen drehten, wurde ein Auszug mit sorgfältigster Vermeidung alles Anstößigen und Gefährlichen in die Zeitung aufgenommen, und dies war nach Sistirung der Publi= cation ersterer ein kleiner Ersatz dafür. Solche Auszüge sind dann

gewöhnlich von den späteren Historikern gebraucht worden, wenn
ihnen nicht persönliche Memoiren von Senatoren über die Ver=
handlungen vorlagen; die Senatsprotokolle selbst haben sie nur
selten eingesehen. Auch sacrale Maßregeln wurden mitgetheilt.

Neben dieser politisch officiellen Seite des römischen Tage=
blattes fanden nun auch andere mehr private Angelegenheiten Platz.
Da spielt der Stadtklatsch eine Rolle; kaiserliche Fehden und Auf=
züge werden beschrieben, Empfangsceremonien und die Theilnehmer
daran, literarische Evenements, pikante Abenteuer, die Chronique
scandaleuse haben ihre Rubrik. Dann kommen die Familienanzeigen,
gerade wie bei uns, nur freilich allein aus den hocharistokratischen
Kreisen Roms. Auch commercielle Angelegenheiten werden nicht
ausgeschlossen gewesen sein, wenngleich das Annoncenwesen wie bei
uns noch nicht bekannt war, es war ja eine officielle Staatszeitung.
Dieses Blatt nun wurde in unzähligen Exemplaren über das
ganze römische Reich, d. h. den gebildeten Erdkreis, verbreitet, so
daß die Provinzen immer über die Hauptstadt au fait waren, ohne
im geringsten von den hauptstädtischen Unruhen und politischen
Strömungen unter den Großen zu erfahren. Es war eben eine
politische Erfindung und Maßregel, wie sie eines Caesar's würdig
war. Und das erkannten alle folgenden Kaiser und haben niemals
dieselbe zu unterdrücken versucht. Nur war natürlich die Redaction
ein sehr wichtiges Moment, und der Redacteur mußte immer aufs
genaueste mit der Stimmung der Hofkreise bekannt sein, daher er
wohl gewöhnlich zur Umgebung des Kaisers gehörte.
Leider ist uns kein Exemplar einer solchen Zeitung erhalten.
Zwar glaubte man lange eine Reihe von Originalen zu besitzen,
die sog. Fragmenta Dodwelliana, nach ihrem Entdecker Dodwell
genannt; allein dieselben haben sich als Fälschung herausgestellt.
Somit haben wir nur Mittheilungen über die Citate aus dieser
Zeitung, die sich aber glücklicherweise über alle oben genannten
Gegenstände ausdehnen. Aus dieser Zeitung wurde natürlich ein
wichtiges Archiv für die Zeitgeschichte, wenngleich die Redaction
eine kaiserlich gefärbte war. Allein es war eine Fülle von That=
sachen darin, die besonders dem Memoiren=Schriftsteller von Werth
waren; es würde sonst den Historikern schwer gefallen sein, ein
klares Bild der Zeitgeschichte zu entwerfen.
So hat denn Caesar neben der Erreichung seiner politischen

Zwecke durch die Gründung des römischen Tageblattes auch zu der Kenntniß und Darstellung jener Zeit wesentlich beigetragen. Wir müssen in Wahrheit die Gründung der ersten öffentlichen Staats= zeitung in der Welt für ein im höchsten Grad epochemachendes Ereigniß halten. Die heutige Presse darf ihrer ältesten Urmutter den Tribut des Dankes und der Anerkennung nicht versagen.

(B. B. 1873. Nr. 221.)

G. Clason.

2. Die Nürnberger Buchhändler=Familie der Koburger.

Wem die Literatur aus dem ersten Jahrhunderte der Buch= druckerkunst nicht ganz fremd geblieben ist, der wird sich sicher er= innern, in den Preßerzeugnissen jener Zeit dem Namen „Koburger" oder „Koberger" öfters begegnet zu sein. Dieser Name gehört einer länger als zwei Menschenalter hindurch thätig gewesenen Nürnberger Buchhändlerfamilie an, welcher die Literatur die für die damalige Zeit außerordentlich ansehnliche Anzahl von nahe an dreihundert Druckwerken verdankt. An der Spitze der genannten Buchhändlerfamilie, deren Ahnen schon um die Mitte des vier= zehnten Jahrhunderts unter den achtbaren Bürgern Nürnbergs sich angeführt finden, steht Anthoni Koburger, der Sohn Heinrich Ko= burger's und der Agnes Glockengießerin, hier und da zum Unter= schiede von einem späteren Familienmitgliede gleichen Namens der Aeltere genannt. Dieser ältere Anthoni Koburger, dessen Drucker= und Verlagsthätigkeit in die Zeit von mindestens zweiundvierzig Jahren (1472—1513) fällt und durch mehr als zweihundert Werke repräsentirt wird, gilt als einer der bedeutendsten Buchhändler seiner Zeit, den man wegen des bedeutenden Umfanges seiner Druck= offizin, in welcher täglich über hundert Arbeiter mit vierundzwanzig Pressen thätig waren, sogar mit dem Namen eines „Königs der Buchdrucker" ausgezeichnet hat. Ein Freund und Gönner der Wissenschaften und mit geistigen sowohl als materiellen Mitteln reich ausgestattet, hatte er seiner, wie es scheint, 1471 oder noch früher errichteten Druckerei, aus der die allermeisten seiner Ver= lagsartikel hervorgegangen sind, sowie seinem buchhändlerischen Ge=

schäfte in kurzer Zeit einen solchen Aufschwung und eine solche
Ausdehnung zu geben verstanden, daß sein Name überall hoch ge-
achtet war, ja daß es sogar der gelehrte Pariser Drucker Jode
Bade d'Asche für eine Ehre hielt, seiner Ausgabe der Briefe des
Politian den Namen Koburger's vorzusetzen; in der an Koburger
gerichteten Dedicationsschrift von 1499 nennt er denselben „einen
Verehrer und Förderer der Gelehrten, und bittet ihn, die Geistesheroen, deren vertrauliche Briefe er ihm zueigne, wie es einem
König der Buchhändler gezieme, gütig in sein gastfreies Haus, eine
heilige Stätte alles Rechtschaffenen und Tüchtigen, aufzunehmen".
— In gleich hohem Alter wie hohen Ehren schied Anthoni Koburger der Aeltere aus einer großartigen und erfolgreichen Thätigkeit am Montag nach St. Michaelstag (3. October) 1513; seiner
aus zwei kinderreichen Ehen entsprossenen großen, hochgeachteten
Familie hinterließ er die sehr ansehnlichen Früchte seiner Arbeit,
zugleich aber auch die Pflicht weiter zu wirken.

Als Nachfolger im Geschäfte des älteren Koburger gilt dessen
Sohn aus zweiter Ehe, Anthoni der Jüngere, der freilich bei dem
Tode seines Vaters erst fünfzehn Jahre alt, also noch nicht mündig
war; gleichwohl erscheint sein Name schon auf ein paar Druckwerken aus dem Jahre 1515, mithin ebenfalls noch aus der Zeit
seiner Unmündigkeit. Da jedoch neben dem jüngeren Anthoni auch
noch ein Johannes Koburger sich findet, welchen man seither für
den Brudersohn des älteren Anthoni gehalten hat, der aber wohl
mit größerer Wahrscheinlichkeit als ein Sohn desselben aus erster
Ehe gelten darf, so erscheint es angezeigt, zwischen den beiden
Halbbrüdern eine Art Gesellschaftsverhältniß anzunehmen, bei dem
der ältere und volljährige Johannes dem jüngeren und unmündigen
Anthoni zur Seite stand. Vielleicht irrt man nicht, wenn man
den Johannes als Chef der Handlung betrachtet, und das Geschäft, wenn schon möglicher Weise mit getrennten Capitalien betrieben, doch als ein einheitliches sich denkt, „da Beider Verlagswerke in der Bezeichnung neuer Ausgaben sich sowohl auf den
alten Anthoni, als auf einander zurückbeziehen, ja der Ausdruck
impensis Koburgerorum sich zweimal (1520 und 1526) findet.
Die Verlagsthätigkeit des jüngeren Anthoni, der 1540 starb, ist
durch eine Anzahl von fünfzehn Werken aus den Jahren 1515—
1522, die des Johannes, dessen Tod ins Jahr 1543 fällt, durch

eine Suite von dreißig Werken repräsentirt. Das letzte mit dem Koburger'schen Namen bezeichnete Verlagswerk ist das eines Mel=chior aus dem Jahre 1540. Mit diesem Jahre verschwindet der Name Koburger ganz aus der Buchhändlerwelt, in der freilich eigentlich nur der ältere Anthoni Epoche machend gewesen ist.

Obschon es nicht bloß lohnend, sondern auch sehr verdienstlich gewesen wäre, die Thätigkeit dieses außerordentlichen Mannes ein=gehend zu schildern, so hat doch seither Niemand weiter als G. E. Walbau *) den Versuch zu einer solchen Schilderung in einem selb=ständigen Schriftchen gemacht. Gelegentlich findet sich zwar des Mannes mehrfach Erwähnung gethan; aber alle diese Erwähnungen sind zu wenig eingehend und nebenbei ebenso wie die Walbau'sche Schilderung zu alt, als daß sie dem Bedürfnisse der Gegenwart genügen könnten. Um so willkommener erschien das von Albr. Kirchhoff in seinen trefflichen „Beiträgen zur Geschichte des deutschen Buchhandels" gegebene Versprechen, in der weiteren Folge seines Werkchens eine ausführliche Darstellung Koburger's und seiner Familie liefern zu wollen. Derselbe hat aber dieses Versprechen bis jetzt nicht erfüllt, und die Aufgabe, das Leben und Wirken jenes um die Buchdruckerei sowohl als den Buchhandel hochver=dienten Mannes zu einer zeitgemäßen Darstellung zu bringen, offen gelassen. „In diese Lücke nun beabsichtigt" die jüngst von Oscar Hase unter dem Titel: „Die Koburger, Buchhändler=Familie zu Nürnberg. Eine Darstellung des deutschen Buchhandels in der Zeit des Uebergangs von der scholastischen Wissenschaft zur Reformation" herausgegebene Schrift **) „einzutreten; sie ist ver=anlaßt durch den Wunsch, eine buchhändlerische Wirksamkeit zur Darstellung zu bringen, welche, aus dem lebenskräftigsten Stande dieser Zeit, der Volkskraft des gebildeten Bürgerstandes der Städte hervorgehend, durch Uebertragung der großen und gesunden Ver=hältnisse eines emporstrebenden Gemeinwesens rasch erblühend, vom Beginn der siebziger Jahre des fünfzehnten Jahrhunderts bis in das vierte Jahrzehend des sechszehnten Jahrhunderts ein treues und anschauliches Bild des Wechsels der Literaturverhält=

---

*) Leben Anton Koburger's. 8. Dresden und Leipzig 1786.
**) Leipzig, Breitkopf & Härtel. 1869. gr. 8. 3 Bl., 106 S. Preis 20 Ngr.

niſſe unb ber Entwickelung bes Buchhandels jener umgeſtaltenben
Zeit gibt."

Dieſe Haſe'ſche Schrift, bie unter gewiſſenhafter Benutzung
ber theils von ben Vorgängern bes Verfaſſers bargebotenen, theils
neu herbeigeſchafften Hilfsmittel mit anerkennenswerthem Fleiße
unb mit Sachkenntniß bearbeitet iſt, zerfällt in zwei Theile, einen
perſönlichen nämlich, welcher bie Geſchichte ber Koburger'ſchen
Familie enthält, unb einen geſchäftlichen, ber ben buchhändleriſchen
Betrieb im weiteſten Sinne gefaßt, alſo Druck, Verlag unb ben
eigentlichen Handel umfaſſend, zu ſchilbern ſucht. An ben letzteren
Theil, welcher ber bei weitem umfänglichere unb zugleich auch
intereſſantere iſt, ſchließen ſich zwei auf Grund ber Panzer'ſchen
Annalen zuſammengeſtellte Verzeichniſſe ber Verlagswerke ber ge=
ſammten Koburger, von benen bas eine chronologiſch unb bas
anbere alphabetiſch georbnet iſt. Außerbem noch ber kurze Katalog
eines Koburger'ſchen Hospitium, ber ſich am Schluſſe einer früher
von Profeſſor Reuß aufgefundenen gebruckten Buchhändleranzeige
ber Summa Antonini befinbet. — Mit Uebergehung ber mehr ober
minber ſchon berührten Koburger'ſchen Perſonalien lohnt es ſich
wohl ber Mühe, nach Anleitung von Haſe ben Geſchäftsbetrieb ber
Koburger in ben brei angegebenen Richtungen etwas näher ins
Auge zu faſſen.

Was zunächſt ben Druck anlangt, ſo weiſt bas erwähnte, am
Schluſſe ber Haſe'ſchen Schrift befinbliche chronologiſche Verlags=
verzeichniß barauf hin, ben Anfang ber Druckerthätigkeit bes erſten
Koburgers, Anthoni bes Aelteren, in bas Jahr 1472 zu ſetzen.
Allein man hat allen Grund, anzunehmen, baß bie Druckofficin
Anthoni's ſchon früher im Gange geweſen iſt; benn abgeſehen
bavon, baß Koburger'ſche Ausgaben ber erſten Jahre, bie als
„zweiter Abbruck" auftreten, frühere bis jetzt freilich unbekannt
gebliebene Abbrücke vorausſetzen, ſo würben bie Angaben Panzer's,
welcher verſichert, baß bie nach ſeiner Anſicht „ad primordia preli
Koburgeri" gehörigen beiben Drucke „Psalterium latinum cum
hymnis veteris et novi testamenti" unb „Sermones dominicales
per totum annum compilati per Fr. Jacobum de Voragine"
burchweg mit geſchnittenen, aber nicht gegoſſenen Lettern gebruckt
ſeien, mit Wahrſcheinlichkeit auf bie Zeit noch vor 1470 zurück=
führen, ba bereits in dieſem ebengenannten Jahre in Nürnberg

mit gegoſſenen Lettern gedruckt worden iſt. Einer ſolchen früheren
Thätigkeit Anthoni Koburger's würden auch die Nürnberger Bürger-
bücher, in denen ſich derſelbe ſchon unter dem Jahre 1464 als
dem Gewerbeſtand angehörig verzeichnet findet, nicht entgegenſtehen.
Dagegen dürfte es wohl haltlos erſcheinen, wenn man auf Grund
einer Angabe in den Müllner'ſchen Annalen der Stadt Nürnberg
den Anfang der Druckerthätigkeit der Koburger Familie noch weiter
zurückdatiren und zwar noch vor dem Auftreten Anthoni des Aelteren anſetzen wollte. Müllner berichtet nämlich zum Jahre 1444,
daß Georg Koburger, deſſen auch in den Bürgerbüchern unter dem
Jahre 1446 als Görg Koburger Erwähnung geſchieht, der erſte
Drucker in Nürnberg geweſen ſei; aber man muß jedenfalls der
Anſicht Haſe's beipflichten, daß bei dieſem Georg an einen eigentlichen Buchdrucker wohl nicht gedacht werden könne, da nicht anzunehmen iſt, daß eine Verbreitung der Buchdruckerkunſt von Mainz
aus zu dieſer Zeit bereits erfolgt geweſen ſei, während doch nach
dem ausdrücklichen Zeugniſſe in den Koburger'ſchen Verlagswerken
die Kunſt von Mainz aus ihren Eingang in Nürnberg gefunden
hat. Man kann inzwiſchen die Frage über den erſten Koburger
Drucker ſowohl, als den Anfangspunkt der Koburger'ſchen Druckerthätigkeit auf ſich beruhen laſſen, von weſentlichem Intereſſe bleibt
doch immerhin nur die Zeit, wo die Druckerthätigkeit Anthoni des
Aelteren in einer planmäßigen und tüchtigen Weiſe ſich zu zeigen
beginnt, „wo der Meiſter offen mit ſeinem Namen vor dem
Publikum erſcheint". Mit Anthoni dem Aelteren zugleich ſind
in Nürnberg noch zwei andere Drucker aufgetreten, Johann Senſen-
ſchmid (1470—78) und Friedrich Creußner (1472—96), doch iſt
deren Thätigkeit vor der energiſchen und nachhaltigen Thatkraft
Anthoni's weit zurückgeblieben; durch dieſen erſt hat die Kunſt
in Nürnberg Leben und Entwickelung gewonnen, ſo daß er der
Wichtigkeit ſeiner Leiſtungen nach als erſter Drucker Nürnbergs
gelten kann.

Den Höhepunkt der Thätigkeit Koburger's hat ohne Zweifel
Neudörffer in ſeinen „Nachrichten von den vornehmſten Künſtlern
und Werkleuten ſo in Nürnberg gelebt haben" im Auge gehabt,
wo er ſchreibt: „Dieſer Kohberger hatte täglich mit 24 Preſſen
zu drucken; darzu hielt er über 100 Geſellen, die waren eineſtheils
Setzer, Correctores, Drucker, Poſſelirer, Illuminiſten, Componiſten

(alii Comportisten), Buchbinder." Bei einem solchen für die da=
malige Zeit gewiß ganz ungewöhnlich großem Umfange der Druck=
offizin darf allerdings die hohe Zahl der Druckwerke, größtentheils
voluminöse Folianten, die aus den Koburger'schen Pressen hervor=
gegangen sind, nicht Wunder nehmen; wohl aber muß der Umstand,
daß Koburger seinen sämmtlichen Druckwerken den Stempel der
größten Eleganz, Sauberkeit und Correctheit, sowie vor allem der
wissenschaftlichen Gediegenheit aufzubrücken, und sie zum Theil in
einer wahrhaft künstlerischen Weise durch tüchtige Meister aus=
statten zu lassen verstanden hat, gerechte Bewunderung erregen.
In letzterer Hinsicht ist zu erwähnen, daß auch die späteren Ko=
burger durch illustrirte Ausgaben sich verdient gemacht haben.
Das erste künstlerisch reich ausgestattete Werk aus der Presse An=
thoni des Aelteren ist die „Deutsche Bibel von 1483", deren zahl=
reiche (109), stets über beide Columnen einer Seite reichende
Holzschnitte in ihrer charakteristischen Zeichnung auf die Meister=
hand Michael Wolgemut's hinweisen, welcher auch die zehn Jahre
später erschienene „Schedel'sche Chronik von 1493" überreich mit
Bildern ausgestattet hat. In dieser Chronik, deren bald ganze
Folioseiten einnehmende, bald nach allen Seiten den Text als
Stammbäume durchziehende Bilder denen jener Bibel gegenüber
einen sehr wesentlichen Fortschritt in der Technik und der Auf=
fassung zeigen, mögen gegen 2250 Holzschnitte sein, zu denen an
2000 Stöcke verwendet worden sind. Zwischen der Bibel und der
Chronik liegen noch mehrere mit Holzschnitten geschmückte Bücher,
die ebenso wie der wegen 95 schöner Holzschnitte hochgeschätzte
„Schatzbehalter von 1491" gleichfalls auf Wolgemut hinweisen.
Der Einfluß der Koburger'schen Holzschnitte auf die deutsche Kunst,
wie sie sich durch Albrecht Dürer und seine Schule entwickelt hat,
stellt sich direkt als persönliche Einwirkung dar; denn Wolgemut
ist Dürer's hochverehrter Lehrmeister, die Lehrzeit Dürer's fällt in
die Jahre zwischen die beiden bedeutendsten Werke, an welchen
Wolgemut gearbeitet hat, und in Betreff deren, wenigstens was
die Chronik anlangt, die Annahme einer Mitwirkung Dürer's bei
der Herstellung der Bilder von Kennern für gerechtfertigt gehalten
worden ist.

Die Druckerthätigkeit Anthoni des Aelteren reicht nur bis
zum Jahre 1504; die wenigen später von ihm ausgegangenen

Werke sind Erzeugnisse fremder Pressen, theils in Lyon (4 Nrn.), theils in Straßburg (1 Nr.). Aber auch schon während der Zeit seiner eigenen Druckerthätigkeit selbst hat Koburger bei der Her= stellung zweier allerdings sehr voluminöser Werke, der beiden Bibeln mit Hugo's Postillen von 1498—1502 in 7 Foliobänden und von 1504 in 6 Folianten, eine Baseler Druckoffizin zu Hilfe genommen. Von den folgenden Koburgern hat Johannes nach= weislich nur ein Werk selbst gedruckt, die übrigen von ihm ver= öffentlichten dagegen theils von Anderen in Nürnberg (9), theils auswärts in Basel (5), Hagenau (5), Lyon (7), Paris (2) und Straßburg (1) drucken lassen. Ebenso findet sich unter den von Anthoni dem Jüngeren ausgegangenen Werken vielleicht nur ein einziges, welches aus der eigenen Druckoffizin stammt; die übrigen sind von Anderen in Nürnberg (3) und in Lyon (11) gedruckt, sowie auch die von dem jüngeren Anthoni in Gemeinschaft mit Johannes veröffentlichten beiden Werke „Fulgentii Opera von 1520 und 1526" aus Hagenau hervorgegangen sind, und das Melchior'sche Verlagswerk seinen Ursprung einer fremden Nürn= berger Presse verdankt. Wenn übrigens dieser Umstand, daß viele der Koburger'schen Verlagswerke aus fremden Druckoffizinen stammen, dazu benutzt werden sollte, um zur Erhöhung des Ruhmes der Koburger Buchhändlerfamilie zu behaupten, daß die= selbe, trotz der großen Anzahl ihrer Pressen, gleichwohl bei der großen Umfänglichkeit ihres Verlagsgeschäftes sich genöthigt ge= sehen hätte, zur Herstellung ihrer Verlagswerke die Hilfe fremder Pressen mit in Anspruch zu nehmen, so dürfte eine solche Be= hauptung wohl ebenso wenig das Wahre treffen, wie eine etwaige Annahme, daß von den auswärtigen Druckoffizinen, aus denen Koburger'sche Verlagswerke hervorgegangen sind, eine oder die andere vielleicht ein Koburger'sches Druckfilial gewesen sein möge. Es gibt allerdings der Beispiele mehrere, daß in jenen Zeiten derartige Druckfiliale existirt haben; aber es findet sich nirgends ein bestimmter Anhaltepunkt, um hinsichtlich der Koburger gerade solche Filiale annehmen zu können.

Was nun den Verlag betrifft, so entspricht es den wenig complicirten Literaturverhältnissen der Zeit im Anfange der Buch= druckerkunst, daß Druck und Verlag in Eines Hand vereinigt blieb, daß der Drucker das Buch, welches er für sein Geld hergestellt hatte, auch selbst auf irgend eine Weise dem Handel zu übergeben suchte. Diesen Geschäftsmodus findet man von dem älteren An=thoni bis zum Ausgange des fünfzehnten Jahrhunderts festgehalten; erst um die Scheibe des Jahrhunderts sieht man fremden und eigenen Druck nebeneinander gehen, während das zweite Jahrzehend des sechszehnten Jahrhunderts die Trennung von Druck und Ver=lag unter Anthoni des Aelteren Nachfolger durchgeführt zeigt. Bei der Wahl des zu druckenden Gegenstandes mag wohl zunächst das eigene Ermessen des Druckers maßgebend gewesen sein. Man erkennt aber auch, daß neben dem eigenen Interesse des Druckers bei der Production bald die Interessen Anderer mit ins Spiel gekommen sind; die Nennung des Namens von Nichtbuchhändlern in Vorreden und Schlußschriften Koburger'scher Verlagswerke weist auf die Theilnahme jener bei der Instandsetzung dieser Werke hin. So findet man unter anderm erwähnt, daß Koburger die Schedel'=sche Chronik 1493 „ad intuitum et preces providorum civium (auf anregung und begern der erbern und weyßen) Sebaldi Schreyer et Sebastiani Kamermaister" gedruckt habe, daß ferner das „Tri-logium animae 1498", das Werk Ludovici de Prussia „ad preces fratrum minorum ibidem (Norimbergae) commorantium" unter die Presse gekommen sei, sowie daß endlich auf H. Florian Wald=auf von Waldenstein's, Statthalters der oesterr. Schatzkammer zu Insbruck Vorstellung König Max den älteren Anthoni mit dem Druck des „Puch der himlischen offenbarung der heiligen wittiben Birgitte von dem künigreiche Sweden 1502" sowohl in der latei=nischen Ausgabe (1500) als auch in der deutschen (1502) beauf=tragt habe. In Betreff der deutschen Bibel von 1483 schreibt Hieronymus Monetarius de Feltkirchen in einem als Elogium auf Hartm. Schedel dem Handexemplare von dessen Chronik beigehef=teten Briefe über die Künstler der Bibel: „ad mandatum Maxi-miliani Romanorum regis invictissimi novi veterisque testa-menti figuras in duos libros pinxerunt." Neben einer solchen im Stillen thätigen Verlagstheilnahme Privater, die ein künst=lerisches oder sonstiges sachliches Interesse verräth, geht jedoch später noch ein geschäftlicher, den kaufmännischen Gewinn bezweckender Compagnieverlag. Entweder machte der Verleger mit dem Drucker gemeinschaftliche Sache, wie dies z. B. bei der von Jo=hannes Grieninger zu Straßburg communibus Johannis Koberger

impensis" gedruckten Ausgabe des Ptolemaeus 1525 der Fall
gewesen ist, oder zwei Verleger einigten sich über gemeinschaftliche
Herausgabe eines Werkes, wie man dies bei dem von Thomas
Anshelmus zu Hagenau gedruckten Plinius 1518 findet, der von
Johannes Koberger und dem Wiener Buchhändler Lucas Alantsee
auf gemeinschaftliche Kosten herausgegeben worden ist. Den älteren
Anthoni trifft man schon frühzeitig unter eigenthümlichen Ver=
hältnissen in einer Gemeinschaft mit der Baseler Druckergesellschaft,
als dessen hervorragendstes Mitglied zu Anfang des fünfzehnten
Jahrhunderts der bekannte Johannes Amerbach gilt. Es ist bereits
erwähnt, daß Koburger zwei große Bibelwerke 1498—1502 und
1504 in Basel hat drucken lassen, und zwar durch Joh. Amerbach,
wie es heißt; eine Epistel des Leontorius in der Ausgabe von
1504 zeigt aber, daß sich hinter Amerbach's Namen die aus Amer=
bach, Johannes Petri und Johannes Froben bestehende Drucker=
gesellschaft birgt, mit der aller Wahrscheinlichkeit nach auch Koburg=
ger seit dem Aufgeben der eigenen Druck= und Verlagsthätigkeit
1504 in engere und lebhaftere Verbindung getreten ist.

Man sieht, daß fast alle geschäftliche Formen, unter denen
sich im modernen Leben der Verlag gestaltet hat, schon bei den
Koburgern vorgebildet gewesen sind; die Koburger haben die Con=
junctur zeitlicher, geschäftlicher und persönlicher Verhältnisse, von
denen jene Formen abhängen, wohl zu beachten verstanden. Ein
solches Verständniß verdankten sie dem Umstande, daß sie, was vor
allen von dem älteren Anthoni gilt, auf der Höhe der Zeit standen.
Dies zeigt sich bei dem älteren Anthoni gerade recht deutlich in der
Wahl seiner Verlagswerke, unter denen die Bibel, worin gewisser=
maßen die Scholastik der Vergangenheit, der Humanismus der
Gegenwart und die Reformation der Zukunft sich die Hand reichen,
die vorzüglichste Stelle einnimmt. Auch im Verlage des jüngeren
Anthoni spielt die Bibel eine hervorragende Rolle. Obgleich man
jetzt in Betracht der ungeheuren, ja fast unberechenbaren Zahl der
Bibelausgaben, welche von der Presse namentlich auf Veranlassung
der verschiedenen Bibelgesellschaften hervorgebracht worden sind, bei
der Schätzung dessen, was die Bezeichnung eines umfänglichen
Bibelwerkes verdient, einen ziemlich hohen Maßstab anzulegen das
Recht hat, so kann man doch nicht ohne besondere Anerkennung
auf die große, für die damaligen Zeitverhältnisse ganz außer=

gewöhnliche Thätigkeit hinblicken, welche die Koburger in der Bibel=
production entwickelt haben; nicht weniger als fünfzehn verschiedene
Bibelausgaben sind bis zum Schluß des fünfzehnten Jahrhunderts
aus dem Koburger'schen Verlage hervorgegangen, wogegen die Zahl
der Ausgaben aus der Zeit der gesammten Koburger'schen Verlags=
thätigkeit auf dreißig, darunter vielbändige Bibelwerke, sich beläuft.
Viele dieser Bibelausgaben sind mit den Postillen des Nicolaus
von Lyra und Hugo von S. Caro versehen, die, wenn auch Luther
ziemlich wegwerfend über solche Scholien urtheilte („also wird
durch so viel Comment und Bücher die liebe Bibel begraben und
verschorren, daß man des Textes gar nicht achtete"), gleichwohl
das wissenschaftliche Streben jener Zeit kennzeichnen, welchem der
einsichtsvolle Buchhändler zu dienen bestrebt sein mußte. Nächst
der Bibel waren die in jener Zeit beliebten Summae, Specula
und wie sonst noch die Bücher heißen, in denen man die Quint=
essenz alles scholastischen Wissens encyklopädienartig zusammenstellte,
ein hauptsächlicher Gegenstand des Koburger'schen Verlages im
fünfzehnten Jahrhundert. Koburger hat jedoch das Verdienst, auch
die Werke der alten Häupter der scholastischen Philosophie selbst,
wie des Alexander von Hales, Thomas von Aquino u. A., gedruckt
zu haben. Mit noch größerer Vorliebe als die philosophischen
Schriften der Schultheologie finden sich im Koburger'schen Verlage
die kirchenhistorische Literatur erbaulicher Gattung und eine gewisse
gelehrte Erbauungsliteratur gepflegt, die in dem Legendengebiete
zusammentreffen. Hat auch diese gesammte Literatur gerade keinen
positiven Werth, so ist ihr doch um ihrer großen Verbreitung
willen eine Art Wichtigkeit beizulegen; von den „Sermones Dis-
cipuli" sind in Koburger's Verlag nicht weniger als zehn Auf=
lagen, von Gritsch's „Quadragesimale" fünf und von „Jacobi de
Voragine Historia Lombardica" sechs Auflagen erschienen. Außer=
dem hat der Koburger'sche Verlag von Wichtigerem noch Ausgaben
von Kirchenvätern (Ambrosius, Augustinus, Fulgentius, Hieronymus),
der pästlichen Dekretalen und Constitutionen, sowie von altclassischen
Werken, z. B. Virgil von 1492, Cicero 1497, Juvenal 1497,
Valerius Maximus 1510, Plinius 1518 und Ptolemäus 1525, aufzu=
weisen. Von dem im Mittelalter vielgebrauchten Buche des Boethius
„de consolatione philosophiae" hat der ältere Anthoni vier Aus=
gaben, eine davon mit beigefügter deutscher Uebersetzung, veröffentlicht.

Nach Betrachtung der geschäftlichen Formen des Koburger'schen Verlages bleibt noch übrig, auch der rechtlichen Form Erwähnung zu thun. Der geistige Inhalt der Bücher, dem der Druck die Circulationsfähigkeit verleiht, bildet ja doch den Bestandtheil eines geistigen Kapitales, ist ein Werth, der als solcher gewisse rechtliche Anschauungen hervorruft und somit auch eine rechtliche Form des Verlages bedingt. Welches waren nun die Rechtsanschauungen zur Zeit der Koburger'schen Verlagsthätigkeit? „Die ersten Drucker", schreibt Hase, „unterschieden sich von den Verfertigern der Hand= schriften einzig durch das neu eingeführte Princip der mechanischen Vervielfältigung; man übertrug deshalb naturgemäß die Rechts= begriffe, nach denen man die Handschriften beurtheilt hatte, auf die Druckwerke, und zwar, da die Druckkunst aus freien städtischen Gemeinwesen aufging, die Anschauungen, nicht wie sie die Univer= sitätsstatuten geregelt und eingegrenzt hatten, sondern die freien germanischen, wie sie allenthalben den städtischen Handschriftenhandel und die deutsche Literatur charakterisirten." Dem Mittelalter, dem die Zeit der Koburger'schen Verlagsthätigkeit zum größten Theile noch mit angehört, ist der Begriff eines persönlichen geistigen Eigenthums so gut wie fremd, es kennt, wenigstens in Betreff des stofflichen Inhaltes der Bücher, keine geistigen Eigenthumsrechte. Daher druckte man nach Handschriften und Druckwerken beliebig nach, und glaubte dadurch wohl noch ein gutes Werk zu thun, weil das dem Drucker zugängliche Material durch die Reproduction weiteren Kreisen zugänglich gemacht wurde. Mit dem Auftreten der humanistischen Literatur in Deutschland verlor sich indessen die Harmlosigkeit des Nachdruckens; man erkannte in dem Nachdrucke die widerrechtliche Benutzung fremden Eigenthums, gegen welche man sich bald durch Privilegien zu schützen suchte. Die ersten Koburger'schen Privilegien sind von Ludwig XII. 1510 ertheilt, ein späteres 1518 von Leo X. für „Ioannis de Friburgo Summa confessorum". Diese Privilegien übten aber freilich keine sonder= liche Wirksamkeit, und dienten nebenbei auch mehr den Interessen der Buchhändler, als denen der Autoren. Mit der Reformation erst fand die Berechtigung des Autors auf sein geistiges Eigenthum die rechtliche Anerkennung, in deren Folge auch das positive Ver= hältniß der Drucker und Verleger zu ihren Autoren klarer hervor= treten mußte, die Honorarfrage in Anregung kam. Ein Bezug auf

Honorar durch die Autoren in Geld war, wennschon nicht ganz ungewöhnlich, doch keineswegs die gebräuchliche Weise. Statt des Honorars erhielt der Autor theils Freiexemplare, theils mögen die von den Buchhändlern zu leistenden Vergütungen in Rechnung beglichen worden sein, da die Verleger=Drucker für den Bücher= bedarf ihrer Autoren zu sorgen pflegten; ja man bot geradezu Bücher als Honorar an, wie dies nachweislich bei Johannes Ko= burger dem Zasius gegenüber der Fall gewesen ist. Zumeist jedoch vertreten die Stelle des Buchhändlerhonorars die Geschenke, welche Corollarien, Elogien, Dedicatitionsepisteln und dergleichen den Autoren in damaliger Zeit eingetragen haben.

Wendet man sich endlich zu dem dritten Gegenstande der Ko= burger'schen Buchhändlerthätigkeit, dem Vertrieb. Das Publicum, welches der ältere Anthoni bei seiner Drucker= und Verlegerthätig= keit zunächst im Auge hatte und nach den damaligen Zeitverhält= nissen fast allein auch nur im Auge haben konnte, war vornehmlich, wie sich aus dem Inhalte seiner Publicationen ergibt, die theo= logische Gelehrtenwelt in Klöstern und auf Universitäten. In dieser Beziehung bot zum Theile schon Nürnberg und Umgegend allein für den Vertrieb der Werke einen stattlichen Wirkungskreis; nach Schürstab's Angabe von 1450 lebten in Nürnberg an 450 Geist= liche, und sowohl in als um Nürnberg fanden sich allenthalben Klosterbibliotheken. Allein mit einem solchen immerhin beschränkten Wirkungskreise hat sich Koburger's Rührigkeit kaum lange begnügen können; er suchte sich vielmehr bald und fand auch, wie die rasch auf= einander folgenden Auflagen größerer Werke beweisen, ein weiteres Absatzgebiet. Hierauf bezüglich berichtet Neudörffer von Koburger: „Auch hatt er an fremden Orten seine Factores in nahmhafften Städten der Christenheit, 16 offene Cräm und Gewölber, da ein jedes, wie leichtlich zu gedencken, mit mancherlei großer Meng Bücher staffiret muß gewesen seyn." Welches diese „nahmhafften Städte" alle gewesen sein mögen, ist nicht bekannt; die einzig wirklich nachweisbaren Orte sind Paris und Ofen. Am ersteren Orte hatte Koburger schon vorher, ehe seine Productivität größere Dimensionen annahm, also noch vor 1477, eine Factorei, die namentlich aber gegen Ende des Jahrhunderts im vollen Schwunge gewesen zu sein scheint. Das Geschäft dieser Factorei, des Haupt= organs des Handels mit Frankreich, der auch nach des älteren

Anthoni Tode von den Koburgern fortbetrieben worden ist, bestand nicht bloß in dem Vertriebe von Koburger'schem Verlage, sondern auch, wenn nicht überhaupt vielleicht von verschiedenem fremden, doch jedenfalls von Schöffer'schem Sortimente. Von Paris im äußersten Westen erstreckte sich das Koburger'sche Handelsgebiet, im Süden von Lyon und Basel und im Norden von Lübeck begrenzt, bis im äußersten Osten nach Ungarn, wo in Ofen eine Factorei bestand. Diese letztere indessen, sowie überhaupt diejenigen, welche sonst noch bestanden haben mögen, sind der Pariser Factorei so= wohl in Hinsicht ihrer Bedeutsamkeit als auch der Dauer ihres Bestehens wohl kaum gleichgekommen. Die von Neubörffer er= wähnten „Cräm und Gewölber" sind allem Vermuthen nach keine eigentlichen Factoreien gewesen, sondern haben theilweise nur vor= übergehend den umherziehenden Dienern der Koburger, die neben= bei auch zum Aufsuchen von Handschriften und seltenen Büchern benutzt wurden, zum Ausbreiten ihrer Vorräthe gedient, welche letztere dann wohl durch Placate, wie sich deren eines erhalten hat, dem Publicum verkündigt und angepriesen wurden. Bei einer derartigen, allerdings durch die Zeitverhältnisse nothwendig bedingten Einrichtung des umfänglichen Koburger'schen Geschäftes mußte freilich die Controle darüber von Nürnberg als dem Centrum aus eine ziemlich schwierige sein; allein gerade über diesen Punkt berichtet Neubörffer von dem älteren Anthoni: „Dieses seines großen Handels Verwaltung hielt er in einem einigen Buch, das war dermaßen mit seinem Debito und Credito so künstlich getheilet und geordnet, daß er jederzeit, und sonderlich in Einkaufen der Meß, wuste was ihm an andern Orten abging, oder welcher Bücher er zu viel hat, dieselbe an andere gelegene Orte wieder senden kunte; welche Buchhalters Ordnung noch vielen großen Buchführern dieser Zeit nicht offenbaret ist."

In ein wesentlich anderes Stadium trat der Vertrieb mit der regelmäßigen Benutzung des Frankfurter Meßverkehres. Die Be= merkung Neubörffer's von „Einkaufen der Meß", welche der ältere Anthoni gemacht habe, berechtigt wohl noch nicht dazu, schon an einen geregelten Meßverkehr Anthoni's zu denken. Erst der zweiten Generation der Koburger fällt die eigentliche Zeit des Meßver= kehres zu; mit Johannes beginnt der Besuch der Frankfurter Messe, deren Organisation im Maßstabe eines Weltmarktes für den Buch=

handel mit dem Schlusse des ersten Viertels des sechszehnten
Jahrhunderts vollendet war, eine dauernde Gewohnheit der Ko=
burger zu werden. Es ist indessen keineswegs anzunehmen, daß
der Buchhändler mit der Einrichtung der Büchermesse sich nun
darauf beschränkt habe, zweimal jährlich mit Schätzen sich zu be=
laden und diese nach und nach abzusetzen. Das „Webern" — ein
Ausdruck, durch den man das händlerische Hin= und Herstreichen,
das Hausiren damals bezeichnete — wurde durch die Messe nichts
weniger als beseitigt, sondern kam vielmehr mit dem beginnenden
Wogen der Reformationsinteressen, mit der raschen Entfaltung einer
dadurch hervorgerufenen Literatur nebenbei in vollen Schwung.
Hatte dies nun auch auf der einen Seite ein gegen früher noch
weit regeres Leben im Vertriebe zur Folge, so veranlaßte das
Durcheinanderwogen der Händler leider auf der anderen Seite ein
Vermischen aller rechtlichen Verhältnisse des Buchhandels, gegen
welche selbst Luther, der mächtige Reformator, anzukämpfen ver=
geblich versucht hat. Dieser Uebelstand hätte bald dazu geführt,
Luther mit den Koburgern in Verbindung zu bringen; denn um
seine Schriften vor dem damals mehr und mehr um sich greifenden
Nachdruck zu schützen, suchte Luther einen mächtigen Buchhändler
zu gewinnen, der den Druck und Vertrieb aller seiner Schriften in
die Hand nehmen sollte, und seine Wahl fiel dabei zunächst auf
Koburger. Allein die zu diesem Behufe eingeleiteten Verhandlungen
haben zu keinem Resultate geführt; es mag dabei vielleicht der
Umstand mit ins Spiel gekommen sein, daß die Koburger, in in=
timen Verhältnissen mit den Häuptern der der Reformation nicht
günstigen humanistischen Partei, ebenfalls mit der Reformation
nichts weniger als sympathisirten, und nebenbei ihr Hauptaugen=
merk damals gerade auf Verbindungen mit dem Auslande gerichtet
hatten, und zwar auf den Betrieb einer Branche des buchhänd=
lerischen Verkehrs, der für die Wissenschaft von größter Bedeutung
war, auf den Import italienischer Ausgaben alter Classiker nach
Deutschland.

Das Verlangen nach italienischen Classikerausgaben war zu
Beginn des sechszehnten Jahrhunderts fast zur Modesache geworden,
und eben der Import solcher Ausgaben bildete damals auch die
charakteristische und Hauptthätigkeit der Koburger, die, gestützt
auf directe Verbindungen mit Venedig, diesen Handel mit italieni=

schem Classiker-Sortiment in großem Maßstabe betrieben. In Nürnberg scheint Koburger allein eine Handlnng wie für ausländisches Sortiment überhaupt, so auch für das italienische insbesondere gehabt zu haben. Der Bezug vom italienischen Verleger fand in der Weise statt, daß der Sortimentshändler bei Abnahme einer größeren Partie einen Rabatt bezog, der ihn in den Stand setzte, den Preis des Verlegers einzuhalten; auch wurde dem Sortimenter, wenn dies auch nicht durchgehends der Fall gewesen zu sein scheint, Credit bewilligt, wogegen bei dem Verkehre der Buchhändler mit ihrem Sortimentspublicum meist nur Baarzahlung üblich war.

Bei Gelegenheit des Bezugs italienischer Classicerausgaben von Seiten der Koburger finden sich mehrfach die Preise erwähnt. Ersieht man daraus, daß die Bücher zu sehr hohen Preisen, z. B. 1518 Biblia graeca mit 8 Goldgülden (49⅓ Thlr.), 1518 Biblia hebraica c. comm. I. mit 14 Gg. (86⅓ Thlr.) und Galenus graece sogar mit 30 Gg. (185 Thlr.) bezahlt werden mußten, so liegt es nicht weit, daraus und aus anderen gelegentlichen Mittheilungen auf das der theuren Bücherwaare entsprechende große Capital, welches die Koburger im Geschäfte arbeiten ließen, sowie auf das ansehnliche Vermögen zu schließen, welches sie hierdurch erwarben. Und in der That findet man auch anderwärts bestätigt, daß die Koburger wie durch den Umfang und die Wichtigkeit ihres Geschäftes, ebenso auch durch die Größe des Vermögens unter ihren Mitbürgern hochangesehen waren.

Vorstehende Mittheilungen, die aus der obenerwähnten Hase'-schen Schrift entnommen sind, mögen den Lesern andeuten, wie viel Neues Hase mit Hilfe eines ebenso fleißigen wie umsichtigen Quellenstubiums in dieser Schrift niedergelegt, und welche gerechte Ansprüche auf öffentliche ehrenvolle Anerkennung er sich dadurch gesichert hat.

(B. B. 1870. Nr. 1. 3.)

J. **Petzholdt** in **Dresden.**

3. Zur Geschichte der Estiennes.

Nationaltypus des Romanen ist eine gewisse Ritterlichkeit und Galanterie, ein charakteristischer Zug, der eng verflochten mit der Geschichte des Romanismus sich gleich einem rothen Faden durch dieselbe zieht. Freilich verwandelte sich dieser edle Zug oft genug in das Gegentheil, bedenkt man jedoch hierbei, wie sehr das einzelne Individuum, und umso mehr die Gesammtheit derselben, eine ganze Nation, Einflüssen von Zeit und Umständen unterworfen ist, zieht man ferner die Heißblütigkeit des Südländers und eine daraus hervorgegangene oft besinnungslose Raschheit der Handlungsweise in Erwägung, urtheilt man überhaupt mit dem kritisch-strengen, doch stets gerechten Sinne des Historikers, so wird man finden, daß vorkommende Abnormitäten von dem sonstigen Charakter eines Volkes keinen Halt für dessen Kennzeichnung gewähren.

Leichtlebigkeit und Beweglichkeit, Schnelligkeit im Sprechen und Handeln, Fähigkeit die höchste Begeisterung in sich aufzunehmen, in anderer Beziehung aber auch oft geistige Stumpfheit und Trägheit, das sind Eigenthümlichkeiten, die neben den obengenannten ebenfalls als charakteristische Merkmale des Romanen dem Beurtheiler in die Augen fallen. Im Besitze der genannten Eigenschaften, vorzüglich aber der bewußten Sterilität des Geistes sind zwei Hauptzweige des romanischen Stammes: die Spanier und Italiener der neueren Zeit. Spanien, Jahrhunderte hindurch als Sitz edelster Ritterlichkeit sprichwörtlich geworden, ausgezeichnet von der Natur und ausgestattet mit allen Schönheiten des Südens der gemäßigten Zone, ein Hort der Poesie und Wissenschaft unter dem milden Scepter der Khalifen und ersten christlichen Könige, Spanien, die Wiege der Romantik, die Orient und Occident verbindende Brücke, sinkt durch Pfaffenhaß, Fanatismus und irreligiöse Unduldsamkeit zur Bedeutungslosigkeit hinab.

Auch Italien, den Hort der Classicität, ereilte, wenn auch in viel späterer Zeit, dies Schicksal. Obgleich Hauptsitz des Katholicismus, erstand ihm in den zahlreichen Republiken und Staaten eine Schutzmauer gegen die Geistesunterdrückungslust des Klerus. Auch ihm nahte die Zeit, wo Despotismus und Tyrannei die besten Kräfte des Landes in nutzlosen Kriegen vergeudeten, wo seine

Geistesheroen hinter Schloß und Riegel oder auf dem Schaffot endeten. Erst dem Jahre 2000 vielleicht ist es vorbehalten Italien geistig regenerirt zu sehen.

La Grande Nation als dritte im Bunde war geschützt vor Versumpfung; einestheils ruhte in ihr zu viel altgermanisches, that=kräftiges Element, anderntheils sah sie sich hierarchischer Verge=waltigung, wenn auch ausgesetzt — Bartholomäusnacht! — so doch nicht in dem Grabe wie ihre Stammesgenossinnen als Spielball miß=braucht. Der Umstand, daß, wie schon angedeutet, genug altger=manisches Heldenblut (Gallier, Celten) in den Adern des größten Theiles der Söhne Frankreichs floß, um dieselbe einem italienischen dolce far niente oder einem spanischen Indifferentismus nicht ver=fallen zu lassen, hatte noch die wichtige Folge, daß aus besagter Verbindung von deutschem Muth und Tapferkeit mit romanischer Lebendigkeit und Schlauheit eine höchst glückliche Temperaments= und Charaktermischung hervorging. Ferner waren es die französi=schen Könige, welche durch Consolidirung des früher in zahlreiche Vasallenreiche zersplitterten Staates Frankreich zu Bedeutung und Macht erhoben und somit auch Nationalgefühl und Nationalstolz hervorriefen.

Die Consolidirung des französischen Reiches, wie auch die Be=festigung des königlichen Ansehens überhaupt, die in den Vor=gängern Franz I. ihre Begründer gefunden hatte, verfocht dieser letztere mit größtem Eifer. Franz I., ein würdiger Repräsentant jenes bedeutungsvollen Zeitabschnittes, jenes Scheidejahrhunderts zweier Epochen, von der die eine das Mittelalter und seine finsteren Tendenzen abschloß, die andere aber die Aussicht in eine neue, bessere Zeit eröffnete, Franz I., der gekrönte Bayard, stand gleich=sam auf der Schwelle dieser Epochen. Ein getreuer Anhänger der alten Romantik mit ihrem Helden = und Ritterthum ohne Furcht und Tadel und dadurch der verflossenen Epoche noch angehörig, ragt Franz durch sein vom Vasallenwillen unabhängiges Regime — die Anfänge der modernen Autokratie — bereits in die neue Zeit hinüber.

Franz I. Verdienste um Frankreich sind nicht gering. Abge=rechnet die für den Staat höchst segensreiche Zertrümmerung der Vasallenwillkür und Kleinstaaterei, vollzog sich unter seiner Regie=rung ein für Frankreich in culturhistorischer Beziehung höchst wich=

tiges Ereigniß, das Wiederaufblühen der Wissenschaften und Künste durch Wiederaufnahme des Studiums der Alten. Wie überall war die Pflege der antiken Classiker vordem auch in Frankreich in den Händen der Mönche gewesen, je mehr sich die Romantik als Volks= poesie Bahn brach, in desto größerem Maße mußten die antiken Dichter — denn sie waren es vor allem, die für das Volk im Allgemeinen von Interesse sein konnten — in den Hintergrund treten. Durch die Renaissance, die Wiedergeburt der auf das Studium der Antike bezüglichen Künste und Wissenschaften, sah sich wiederum die Romantik genöthigt das Feld zu räumen.

Hand in Hand mit dem Studium der Alten ging das Bedürf= niß nach handlichen schönen Ausgaben. Die bisherigen meist sehr theuern genügten kaum; zudem fühlte man sich angespornt durch den Ruhm der deutschen und italienischen Buchdrucker, sich ebenfalls in der neuen schwarzen Kunst hervorzuthun. Der König als Freund und Förderer der Wissenschaften ließ es nicht an Aufmunterung und Protection fehlen. Unter den zahlreichen bedeutenden Drucker= firmen ragt gleich einer Eiche unter niedrigem Laubholz die der Estiennes zu Paris hervor, die vor Verfolgungen geschützt und zum Theil wenigstens Frankreich erhalten zu haben, Franz I. aus= schließliches Verdienst ist.

Heinrich Estienne (nach der Sitte der Gelehrten jener Zeit, zu denen sich die Buchdrucker ja mit vollem Rechte zu rechnen hatten, latinisirt Stephanus), ward im sechsten Decennium des fünfzehnten Jahrhunderts in einer kleinen Provinzialstadt Frank= reichs geboren, genoß eine sorgfältige Erziehung wie auch tüchtige technische Vorbildung in den namhaftesten Buchdruckereien der Haupt= stadt Frankreichs, und ließ sich daselbst (um 1495?) eine eigene Officin gründend nieder. Die den Geschäften so ungünstige der= zeitige politische Lage des Vaterlandes führte für Heinrich mannig= fache Kämpfe herbei; mit Mühe und Noth vermochte er in den ersten Jahren seines Etablissements sich an der Oberfläche zu er= halten, um Dank seiner kaufmännischen Tüchtigkeit nicht in den Abgrund verfehlter Speculation zu versinken, der einen großen Theil der Geschäftswelt zu verschlingen drohte. Daher kam es, daß nur wenig Werke und meist nur von geringem Umfange und Gemeinwerthe bis zum Jahre 1509 aus seiner Officin hervor= gingen. Erst mit genanntem Jahre beginnt Heinrich eine um=

sassendere Thätigkeit, die jährlich mindestens ein bis zwei größere Druckwerke zu Tage förderte. 1509 edirte er, übrigens sein erstes größeres Unternehmen, eine Historia Asiae et Europae, a Pio Papa conscripta in Quarto, wie auch ein Psalterium quintuplex: gall., rom., hebr. vetus, conciliatum a Jac. Fabro, in Folio. Beide Werke waren in Bezug auf Druck, Ausstattung und Correct= heit des künftigen Ruhmes der Stephaniden würdig. Von den anderen zahlreichen aus Heinrich's Officin hervorgegangenen Drucken heben wir nur den 1512 in Quarto erschienenen Ricoldus, contra sectam Mahumeticam et Anonymi libellus de moribus Tur- corum item Iudaeorum als interessanten Beitrag zur Beurtheilung des Orients jener Zeit und das wahrscheinlich als Schlußstein seiner Thätigkeit 1519 edirte Opusculum de vita et moribus sacerdotum hervor. Im folgenden Jahre (1520) erlag er einem heftigen Uebel, das ihn schon seit Jahren verfolgt und seiner Arbeitskraft harte Zügel angelegt hatte. Er hinterließ eine Wittwe und drei Söhne Robert, Franz und Carl, von denen der erstge= borene den väterlichen Namen in der Folge zur höchsten Berühmt= heit, sowohl in der Geschichte des Buchdrucks als auch der Philo= logie, gelangen lassen sollte. Heinrich's Wittwe vermählte sich nach einiger Zeit mit dem Buchdrucker Simon de Colines (Colinaeus) und brachte demselben das blühende Geschäft des verstorbenen Gatten zu.

Heinrich Stephanus zeichnete sich sowohl durch große kauf= männische und technische Befähigung in seinem Berufe aus, als er auch hinreichende wissenschaftliche Bildung besaß, um den Ansprüchen seiner Zeit, die von dem Buchdruckerstande nicht unerhebliche Ge= lehrsamkeit verlangte, gerecht zu werden. Schwerlich aber dürften diese Umstände hingereicht haben, seinen Namen auf die Nachwelt zu bringen, wenn er nicht als Haupt= und Stammvater einer Familie, deren Mitglieder einen weit über die Grenzen ihres Jahr= hunderts reichenden Ruhm erlangt haben, Beachtung in jeder Be= ziehung verdiente. Zudem bleibt ihm ja auch zum mindesten das Verdienst, durch die sorgfältige und wissenschaftliche Erziehung seines Sohnes Robert den Grund zur nachmaligen Berühmtheit desselben und dessen Nachkommen gelegt zu haben.

Robert Stephanus, 1503 zu Paris geboren, widmete sich mit größtem Eifer von frühester Jugend an dem Studium der

Philologie. Durch angestrengtesten Fleiß und höchste Ausdauer
erlangte er denn auch eine ebenso bedeutende als gründliche Kennt=
niß des Griechischen, Hebräischen und Lateinischen. Diese Kenntniß
war in der Folge für Robert in dem Grade wichtig, als sie die
Grundlage zu seinem Ruhm nicht nur als Philologe, sondern auch
als Buchdrucker bildete, als welcher er innerhalb des Zeitraums
seiner geschäftlichen Thätigkeit eine Menge Werke in den genannten
Sprachen herausgab. Wie schon oben erwähnt, wurde er vom
Vater auf jede Weise im Betreiben seiner Studien unterstützt; vom
Buchdruck aber hielt er sich derartig fern, daß Heinrich Stephanus
verzweifelte, in seinem ältesten Sohne sich einst einen Nachfolger
erstehen zu sehen. Luther's und Calvin's neue Lehre fanden in
dem hellen Kopfe des Jünglings Eingang. Großgenährt an den
Brüsten antiker Weisheit und durchdrungen von classischen freien
Anschauungen, behagte ihm das dogmenstarre Formenthum so wenig,
daß er mit Freuden die Gelegenheit ergriff, einen Aufschwung zu
freierer Denkungsweise zu nehmen. Der Verlust des Vaters durch
den Tod, der ihn im 18. Jahre traf, nöthigte ihn, von seinem
Lieblingsplane, sich gänzlich den Wissenschaften zu widmen, abzu=
gehen und zur Erlangung des väterlichen Erbes den Buchdruck zu
erlernen. Nach überstandener Lehrzeit bei seinem Stiefvater, Simon
de Colines, arbeitete er mit diesem noch eine Reihe von Jahren
zusammen. Beide edirten nun eine für die Reformirten nicht nur
Frankreichs, sondern soviel es deren gab, ebenso schätzbare als
wichtige Ausgabe des griechischen Neuen Testamentes. Ausgezeich=
net durch Correctheit und Sauberkeit des Druckes und durch Hand=
lichkeit des Formates, fand diese Bibelausgabe außerordentliche
Verbreitung unter den Reformirten, zumal ihnen bisher eine so
billige und gute Testament=Edition fehlte. Unentbehrlich und hoch=
wichtig aber war deshalb für sie eine Ausgabe, die wie die be=
sprochene in Folge ihrer Billigkeit und anderer guten Eigenschaften
so verbreitungsfähig war, weil sie ja aus ihr Rüstzeug und An=
griffswaffen gegen ihre katholischen Widersacher entnahmen.

Die schnelle Entwickelung der Reformation in Frankreich, die
steigende Anzahl ihrer Bekenner erregte die Besorgniß der Gegner
in hohem Grade. Das Haupt der Reformationsfeinde bildete die
Sorbonne, die theologische Facultät der Universität zu Paris. Im
Jahre 1253 von Robert de Sorbon, Kanzler Ludwig IX. behufs

Unterstützung armer Studirender der Theologie gegründet, erhob
sie sich im Laufe der Zeit zu hoher Macht und Ansehen. Eine
Art von geistlicher Censurbehörde, war die Sorbonne stets bemüht,
dem römischen Klerus gegenüber die Ansprüche und Freiheiten der
gallikanischen Kirche zu wahren und gegen das Andrängen der
Jesuiten zu vertheidigen. In gleichem Maße trat sie aber auch
jedweder auftauchenden freieren Richtung und Denkweise auf reli=
giösem Gebiete feindlich entgegen, sie mit Feuer und Schwert ver=
folgend. Diese privilegirte Zelotenzunft hatte ein scharfes Auge
auf die Bewegung, welche sich zu Gunsten der Reformation voll=
zog. Das Erscheinen der Bibelausgabe von Robert Stephanus
und Colinäus gab willkommenen Anlaß, aus der bislang be=
wahrten Passivität feindselig handelnd aufzutreten. Vorläufig schei=
terte indeß die Verfolgung an dem Mangel eines corpus delicti.
Robert war öffentlich noch wohlbestelltes Mitglied der alleinselig=
machenden Kirche und nur im Geheimen der neuen Lehre zuge=
wandt, der Druck der Bibel an und für sich nicht strafbar.

Robert heirathete Petronella, die älteste Tochter des berühm=
ten Typographen Jodocus Badius Ascensius, welcher früher Lehrer
zu Brüssel und Paris sich nicht unwesentliche Verdienste um die
Typographie durch Herausgabe schöner und correcter Classikeredicio=
nen erworben hatte. Durch diese Heirath wurde Robert in der
Folge mit den beiden tüchtigsten Buchdruckern seiner Zeit, Jean
Roigny und Michael Vascosan (aus Amiens, lieferte innerhalb
einer 44jährigen Thätigkeit von 1530—74 297 Druckwerke, un=
gerechnet die wiederholten Auflagen) verschwägert. Petronella war
in Bezug auf Bildung ihres Gatten nicht unwürdig; sie war im
Lateinischen so gut bewandert, daß sie ihre Kinder und Dienstleute
darin unterrichtete. 1526 trennte sich Robert von seinem Stief=
vater und druckte nun selbständig und unter eigenem Namen. In
der ersten Zeit seines Etablissements gebrauchte er noch die ziemlich
veralteten Typen seines Vaters, schaffte sich aber bald neue, den
Ansprüchen der Zeit angemessenere an. 1532 druckte er eine la=
teinische Bibel, die in Correctheit seinen früheren Drucken nicht
nur gleichzustellen war, sondern auch in der ganzen Art der Aus=
führung einen bedeutenden Fortschritt bekundete. — Die Sorbonne,
welche mit hundertfältigen Argusaugen vor der Pforte der Religion
und Wissenschaft Wache hielt, ließ die Gelegenheit, einem Gegner

zu schaben, nicht vorübergehen. Nach althergebrachter Pfaffenart
wurden die albernsten Beschuldigungen gegen Robert erhoben und
Anklage auf Anklage über das unglückliche Opfer theologischer
Zankwuth und religiöser Unduldsamkeit aufgethürmt.

So schwer es seiner Unabhängigkeitsliebe auch kommen, so
große Ueberwindung es seinem stolzen Sinne auch kosten mußte,
Robert sah sich durch die Umstände genöthigt, den Vorstellungen
seiner Freunde und Gönner Gehör zu schenken, und sich an den
König mit der Bitte um Hilfe gegen die Sorbonne zu wenden.
Der edle Franz I. stand nicht an, dem Flehenden solche zu gewähren und ihn vor dem Anbringen der Sorbonne in Schutz zu
nehmen. Wie groß aber die Macht der Sorbonne war, und welche
Mittel ihr zu Gebote standen den Gegner zu vernichten, geht daraus hervor, daß selbst der König — obgleich Autokrat vom reinsten Wasser — nicht einmal vermochte, den Stephaniden gänzlich
zu beschützen. Er veranlaßte vielmehr, daß Robert durch die Erklärung, fürder nichts mehr ohne die Erlaubniß der Sorbonne zu
drucken, diese zu beschwichtigen versuchte. Zwar scheint sich dies
Verbot mehr auf Theologica bezogen zu haben, denn wir sehen
Robert von nun an eine Reihe vorzüglicher Classikerausgaben veröffentlichen, immerhin muß es doch ebenso schmerzlich als entehrend
für einen Mann von Robert's Verdiensten und Gesinnung gewesen
sein, sich vor einer Gesellschaft Frömmler zu beugen.

Die Sorbonne bekämpfte den Jesuitismus, ohne sich jedoch
vor dessen gröbsten Fehlern, Fanatismus und Verfolgungssucht bewahren zu können. So sah sich denn Robert in seinen weitreichen-
den, kühnen Plänen bedeutend beschränkt und auf das einzige Gebiet der classischen Literatur angewiesen. Doch ihm, dem Gelehrten
konnte es nicht schwer fallen, auch innerhalb der ihm gezogenen
Schranken Bedeutendes zu leisten. Es entstand eine Reihe von
ihm veranstalteter Ausgaben hervorragender griechischer und römi-
scher Autoren, doppelt werthvoll, sowohl in Folge ihrer Correctheit und ausgezeichneten technischen Vollkommenheit, als auch durch
die Fülle interessanter Anmerkungen, Vorreden, wissenschaftlicher
Conjecturen u. s. w. Wie sehr Robert die Correctheit seiner
Drucke am Herzen lag, beweist der Umstand, daß er jeden Bogen
derselben zu öffentlicher Correctur aushängen und Jedwedem eine
Belehrung zukommen ließ, der ihm einen Fehler nachzuweisen im

Stande war. Von der großen Anzahl Classikerausgaben, die aus
Robert's Officin hervorgegangen sind, führen wir nur an: den
Aesop (4. Paris 1646), Plinius Secundus, Terenz, Virgil, Justin,
Horaz, Juvenal, Lucan, Jul. Caesar, Herodian, Sueton, Dio
Cassius, Valer. Maximus, Eutrop, Quintilian u. a. m.

Im Jahre 1534 erschien der Thesaurus linguae latinae, ein
Werk, das allein genügt, um Robert Stephanus' Namen unver=
gänglich zu machen. Der Thesaurus, die Frucht jahrelangen
Studiums, Excerpirens und Zusammentragens, ist ein wirklicher
Schatz von kritischer Gelehrsamkeit und jedem Philologen unent=
behrlich. Zur Grundlage des später von Conrad Gesner edirten
berühmten Thesaurus dienend, ward derselbe von Robert in jeder
neuen Ausgabe bedeutend verbessert.

Im Jahre 1539 ward Robert Stephanus vom König Franz
zum königlichen Buchdrucker des Hebräischen und Lateinischen und
zum Hofbuchhändler ernannt. Auf seine Veranlassung wurden die
schönen lateinischen und hebräischen Typen angeschafft, welche jetzt
noch die kaiserliche Buchdruckerei zu Paris besitzt. Diese Typen
sollten einst für Robert verhängnißvoll werden, da man ihn seitens
der Gegner beschuldigte, einen Theil der Typen aus der königlichen
Druckerei entwendet zu haben, eine Anschuldigung, die allzusehr den
Stempel der Bosheit an der Stirn trägt, um irgend welchen Glauben
zu verdienen. Unter dem Schutze der königlichen Gunst sich voll=
kommen sicher glaubend, folgte Robert seinem Lieblingsplane und
veröffentlichte 1545 eine neue, die früheren bei weitem übertreffende
Bibelausgabe. Wie leicht vorauszusehen war, brach der fürchter=
lichste Sturm gegen Robert aus. Die Sorbonne führte eine ganze
Armee von Anklagen gegen Robert ins Feld; doch scheiterten an
dem energischen Zurückweisen des Königs wiederum alle gegen
Stephanus gerichteten Angriffe. Da stirbt (1547) König Franz
und gibt damit den Feinden seines Günstlings vollen Spielraum
zur Verfolgung desselben. Man setzte ihm derartig zu — welcher
Art die Beschuldigungen waren, zeigt die oben angeführte schänd=
liche Verdächtigung des Diebstahls — daß Robert sich genöthigt
sah, zum mindesten Paris zu verlassen und sich abwechselnd in
Provinzialstädten aufzuhalten. Aus diesem Grunde wird vielfach
das Jahr 1547 als die Zeit seiner Uebersiedlung aus Frankreich
nach Genf angegeben; daß dies aber unrichtig, zeigt schon der Um=

ftanb, baß bis Enbe 1551 noch Druckwerke aus Robert's Parifer
Officin hervorgegangen find. Erft als fich die Erbitterung zur Wuth
fteigerte, und man im Paroxysmus fein Bild von Henkers Hand
verbrennen ließ, fand. Robert für gut (1552) das undankbare
Vaterland zu verlaffen.

Die freie Schweiz — fo oft den Bedrückten und Verfolgten
eine Zuflucht — nahm auch Robert auf. Er wählte Genf — durch
Calvin's Anwefenheit ein Hort der Reformirten — zu feinem Auf=
enthalte und verband fich vorläufig mit feinem Schwager Conrad
Babius Afcenfius. Conrad war ein Leidensgefährte Robert's, da
auch er genöthigt war, feines reformirten Glaubensbekenntniffes
wegen fein Vaterland zu verlaffen. Er gründete in Genf eine Druckerei
und zeichnete fich durch Herausgabe fehr bedeutender Druckwerke
aus; feine und des Vaters Editionen find unter dem Namen
„Afcenfionen" bekannt und gefchätzt. Robert Stephanus trat nun
offen zu den Reformirten über und veranftaltete im Vereine mit
Conrad Babius zum höchften Aerger der Sorboniften eine franzöfi=
fche Ueberfetzung des Neuen Teftamentes, welche ungeachtet aller
Verbote und Nachftellungen in Frankreich große Verbreitung fand.
Der bald darauf errichteten eigenen Officin vermochte Robert leider
nicht lange vorzuftehen, da er fchon am 6. Septbr. 1559 nach
Herausgabe einer Reihe wiffenfchaftlicher Werke ftarb. Er hinter=
ließ eine Tochter Catharina und drei Söhne, Heinrich, Franz und
Robert, die fich fämmtlich dem Beruf des Vaters widmeten. Von
Robert's hervorragendften Druckwerken nennen wir nochmals: die
hebräifche Bibel, 4 Bände in Quart und 8 Bände in Sedez, die
lateinifche Bibel in Folio (1538—40), das Neue griechifche Tefta=
ment in Folio (1550), die Historiae ecclesiasticae scriptores,
Eusebii praeparatio et demonstratio evangelica, Dionysius
Halicarnassensis, Dio Cassius, Cicero, Terenz, Plautus u. f. w.

Heinrich Stephanus II., nicht minder ausgezeichnet als
fein Vater und in Bezug auf Gelehrfamkeit denfelben noch über=
ragend, der ältefte Sohn Robert I., ward 1528 zu Paris geboren.
Ausgeftattet mit zu fchönften Hoffnungen berechtigenden Anlagen,
zeigte Heinrich fchon in frühefter Jugend große Liebe zu den
Wiffenfchaften, namentlich zur Philologie. Anfänglich in den erften
Elementen derfelben vom Vater unterrichtet, genoß er fpäterhin den
Unterricht der tüchtigften Philologen feiner Vaterftadt, eines Peter

Danes, Jacob Tusanus und des als Gelehrter, wie als Buchdrucker
gleich hoch berühmten Adrian Turnèbe (Adrianus Turnebus, edirte
unter anderem den Philo, Apollinarius, Aeschines u. a. m.).
Von solchen Lehrern herangebildet, unterstützt durch eigene
Befähigung, Schärfe des Geistes und ungewöhnlich leichte Auf=
fassungsgabe, mußte Heinrich die Bahn bloßer Mittelmäßigkeit
meiden und mindestens den Ruhm des Vaters erreichen. Kaum
20 Jahre alt, gab er einen commentirten Horaz heraus, der noch
jetzt hochgeschätzt ist und beredtes Zeugniß für Heinrich's philo=
logische Begabung ablegt. Bei dem eifrigen Studium der gelehr=
ten Sprachen aber vernachläßigte er auch die andern Gebiete der
Wissenschaften nicht, trieb vielmehr mit ebenso großem Fleiße Natur=
wissenschaften und Mathematik. Die Buchdruckerei erlernte er in
seines Stiefgroßvaters Colinaeus Officin, begab sich sodann, um
den Stand der Typographie kennen zu lernen, nach Italien, wo=
selbst er in Rom, Florenz, Neapel und Venedig längere Zeit ver=
weilte, besuchte England und die Niederlande und traf 1552 in
Paris gerade zu der Zeit ein, als sein Vater sich zur Flucht nach
Genf rüstete.

In den genannten Ländern und Städten hatte Heinrich nicht
nur in technischer Beziehung große Erfahrungen gesammelt, sondern
auch bedeutende literarische Schätze durch Durchsuchung der berühmte=
sten Bibliotheken, Copirung und Erwerbung seltener Handschriften
u. s. w., zusammengetragen. Er folgte als treuer Sohn dem Vater
nach Genf, kehrte aber schon 1554, nachdem der letztere eine zweite
Heimath gefunden hatte, nach Paris zurück und suchte beim König
auf Grund des alten Privilegiums um die Erlaubniß zur Errich=
tung einer Druckerei nach. Er erhielt dieselbe, ließ sich jedoch
noch nicht dauernd nieder, sondern begab sich nochmals nach Italien,
um die gewonnenen literarischen Schätze zu vervollständigen. So
verglich er insbesondere behufs Herausgabe dieser Autoren ver=
schiedene Codices des Xenophon und Diogenes Laërtius. 1557
endlich kehrte er nach Paris zurück und gründete eine Officin. Da
ihm aber die Reisen und Sammlungen bedeutendes Geld gekostet
und seine Vermögensverhältnisse zerrüttet hatten, wandte er sich
an Ulrich Fugger, den er von seinen Ausflügen nach Deutschland
und den Niederlanden her kannte. Aufs bereitwilligste erhielt er
Fugger's Unterstützung in höchst freigebiger Weise, so daß er sich

3*

in kurzem in den Stand gesetzt sah, größere wissenschaftliche Werke herauszugeben. Aus Dankbarkeit nannte er sich, so lange Ulrich Fugger lebte, einen Buchdrucker desselben.

Der 1559 erfolgte Tod seines Vaters erschütterte Heinrich in dem Grade, daß er sich weder fähig fühlte, sein Geschäft zu versehen, noch im Stande war, wissenschaftlichen Arbeiten obzuliegen. Aus einer fast jahrelangen Unthätigkeit vermochte ihn erst die Verfolgung aufzurütteln, die ihm sein reformirtes Glaubensbekenntniß zugezogen hatte. Die Sorbonne hatte Robert Stephanus nicht vergessen und suchte an dem Sohne zu rächen, was der Vater verschuldet hatte. 1566 erst erschien seine neu revidirte Ausgabe des lateinischen Horaz von Valla, in dessen Vorwort Heinrich eine fulminante Vertheidigungsrede Herodot's gegen die Beschuldigung historischer Ungenauigkeit einflocht. Eine besondere, fast ganz umgearbeitete Ausgabe dieser Vertheidigungsrede erschien in französischer Uebersetzung zu Heinrich's Glücke anonym, da ihm selbige durch die in ihr enthaltenen Angriffe auf den Klerus vielfache Unannehmlichkeiten zugezogen hätte.

Unter den hinterlassenen Papieren seines Vaters fand Heinrich Stephanus außer vielem andern Schätzenswerthen auch Plan und Anfänge zu einem Thesaurus linguae graecae. Heinrich benutzte diese Vorarbeiten und machte sich mit gewohntem eisernen Fleiße an die Fortsetzung. Im Jahre 1572 konnte er einen vollständigen Thesaurus linguae graecae (neuere Ausgabe 1815—25, neueste 1831—62 von Hase und Dindorf) herausgeben, ein Werk, das seines Gleichen sucht in Bezug auf Gründlichkeit, philologische Sachkenntniß und kritische Gelehrsamkeit. Trotz seiner Güte wurde das Werk wenig gekauft, einestheils weil die Sorbonne nicht Anstand nahm, dasselbe mit dem üblichen Fanatismus anzufechten, hauptsächlich aber in Folge einer billigen Concurrenzausgabe, welche Johann Scapula herausgab. Dieser Scapula, ein philologisch gebildeter Mann, arbeitete anfänglich in Heinrich's Officin und war von demselben zum Corrector befördert. In dieser Eigenschaft bekam er auch den Thesaurus linguae graecae zu Gesicht. Er scheute sich nicht, durch Abschrift und Excerpirung einen zweiten Thesaurus anzufertigen und mit Beiseitelassung jedweder Gewissensscrupel diesen Auszug unter dem Namen Lexicon graeco-latinum 1579 zu Basel ans Tageslicht zu fördern. Die treulose und niederträchtige Handlungsweise stürzte Heinrich in Noth und Elend, denn die voluminöse theure Originalausgabe wurde fast gar nicht ge= tauft, desto mehr aber Scapula's billiger Auszug. Die beträcht= lichen Kosten der Herausgabe des Thesaurus hatten Heinrich's materielle Kräfte in dem Grabe in Anspruch genommen und er= schöpft, daß er sich gänzlich mittellos und entblößt sah, ohne die Hoffnung durch den Verkauf seines Werkes sein Vermögen wieder= zuerlangen.

Wohl weniger zum Zwecke der Erholung — wie einige seiner französischen Biographen wissen wollen, als vielmehr zur Auffuchung und Erwerbung neuer Hilfsquellen und Gönner — Ulrich Fugger war schon gestorben — begab sich Heinrich Stephanus nach Deutsch= land und bereiste dasselbe, leider gänzlich erfolglos.. Nach Paris zurückgekehrt verfiel er in Niedergeschlagenheit und Tiefsinn — es scheint ihn dies Uebel stets als Folge heftiger Alterationen heim= gesucht zu haben —, aus welchem ihn jedoch eine Gnadenbezeigung des Königs Heinrich III. zu neuem Streben erstehen ließ. Der König setzte ihm, damit das Werk von Heinrich Stephanus „De la précellence du langage françois" prämiirend, ein Jahrgehalt von 300 Livres aus, noch außerdem begleitet von sofortiger Auszahlung der Summe von 3000 Livres. Dieser königliche Gnadenact sollte Heinrich in den Stand setzen, seine Studien und wissenschaftlichen Arbeiten wiederum aufzunehmen. Mit den 3000 Livres vermochte er jedoch kaum die bringendsten Gläubiger zu befriedigen, das Jahrgehalt wurde im voraus mit Arrest belegt; so sah sich Stephanus denn auf dem alten Standpunkt gänzlicher Mittellosigkeit und dem= gemäßer Unfähigkeit zur Arbeit angelangt. Ohne feste Heimath, die Gegner hatten ihm den heimathlichen Boden unter den Füßen untergraben, begann er eine Art von Vagabundenleben, bei welchem sich in kurzer Zeit seine Körper= und Geisteskräfte aufreiben mußten. Bald zu Paris, bald zu Orleans, Genf, Frankfurt, Lyon sich zeit= weise aufhaltend, sah er sich genöthigt Paris gänzlich zu meiden, wenn es ihm nicht den Kopf kosten sollte. Die Sorbonne hatte mit ihm oder vielmehr mit seinem Bilde eine gleiche Comödie wie mit dem seines Vaters veranstaltet, nämlich ein kleines Auto da Fe Heinrich's in effigie auf dem Markte zu Paris. Auf der Flucht von Paris nach Lyon starb er daselbst 1598, der unstäten, aufreibenden Lebensweise erliegend.

So endete Heinrich Stephanus, durch seine Vorzüge als Mensch wie auch als Gelehrter eines besseren Schicksals würdig. Von Charakter rein und makellos, frei von Neid und niedriger Mißgunst, unterstützte er, so lange dies seine Verhältnisse ihm erlaubten, so manchen Berufsgenossen mit Rath und That. Seinem guten Herzen, das an keine Tücke noch Falschheit glaubte, fiel er zum Opfer, da er nur bei einigem Mißtrauen die Schurkerei Scapula's hätte ent=decken können. Gleichwie als Mensch ein Muster von edlem Sinn, war er als Gelehrter frei von jenem dünkelhaften und stolzen Wesen, das Herrschern im Gebiete des Geistes so oft anhängt. Als Typograph steht er bedeutend höher als sein Vater, da aus seiner Officin nicht nur bedeutendere und die Zahl der väterlichen Editionen um fast das Doppelte übersteigende Druckwerke hervor=gegangen sind, sondern weil sie — Dank seiner gründlichen Ge=lehrsamkeit — auch die väterlichen an Correctheit noch übertrafen. Seine Ausgaben, von denen viele übrigens als editiones principes hochgeschätzt sind, bilden vielfach die Grundlagen der heutigen Texte, da sie die Codices in richtigster Lesart wiedergeben.

Heinrich hatte zwei Töchter, Dorothea und Florentia, hinter=lassen. Erstere starb unverheirathet, letztere heirathete den berühm=ten Gelehrten Isaac Casaubonus. Heinrich's einziger Sohn, Paulus, studirte zu Genf Humaniora und genoß den Unterricht der ausgezeichnetsten Gelehrten dieser Stadt. Nach vollendetem Studium durchreiste er die Niederlande, England und Deutschland und machte dabei vielfach Bekanntschaft mit berühmten Personen, die den begabten, vielversprechenden jungen Mann und Träger eines so berühmten Namens günstig aufnahmen. Nach Genf zurückge=kehrt eröffnete Paulus 1593 eine Officin, aus der sehr viele Werke des Isaac Casaubonus, namentlich dessen Classikerausgaben, ferner unter Paulus' Redaction die Dichter und Redner der Griechen und Römer, wie auch eigene Schriften desselben hervorgingen, als: Epigrammata graeca antholog. lat. versibus reddita. 8. Genf 1593, u. a. m. Auch neue Ausgaben von Druckwerken seines Vaters veranstaltete er, z. B. Novum Testamentum Henrici Stephani. Ed. III. 12. 1604. Im Jahre 1627 starb er zu Genf im 61. Jahre, nachdem er noch eine Ausgabe der Carmina Pindari im Druck vollendet hatte.

Siebzehn durch ausgezeichnete Druckwerke berühmte Namen

nennen die Annalen der Familiengeschichte der Estiennes. Mit
Heinrich Stephanus I. beginnend, gipfelte sich in deffen Sohne,
Enkel und Urenkel — Robert, Heinrich und Paulus — der Ruhm
der Stephaniben, um in der folgenden Generation bedeutend herab=
zusinken. Die letztere zeichnete sich in ihren Mitgliedern meist nur
in technischer Beziehung aus, darin allerdings das Trefflichste
leistend.

(B. B. 1869. Nr. 218. 220.)

H. Jacobfohn in Breslau.

4. Elzeviriana.

Breit und behäbig in Sprache und Ausdruck, bedächtig und
berechnend in Handel und Wandel, deutsche Ausdauer und Gründ=
lichkeit aufs glücklichste mit romanischer Schlauheit verbindend, von
lebhaftem Temperamente, wo es gilt, in Action zu treten, jeder
Zoll Kaufmann, bewohnt der Niederländer das ihm so karg zu=
gemeffene Eckchen Landes im steten Kampf mit Wind und Wetter.
Nicht mit hochgemuthetem, idealem Sinne, noch mit faustisch=himmel=
stürmerischem Drange dem Meere Zoll für Zoll Bodens abtrotzend,
aber emsig und bedächtig dem allgewaltigen, feindlichen Elemente
die Kraft und Macht des Menschengeistes entgegenstellend, trägt
der niederländische Volkscharakter den Stempel jenes altgermanisch=
normannischen Heldenthums an der Stirn, deffen Kühnheit und
Unternehmungslust sich in den Berferkerkämpfen und Wikingerfahrten
der Urzeit, wie auch „dem Jahrhunderte angemessen" heutzutage
in holländischem Colonisationstalent und seemännischem Geist docu=
mentirt.

Die unmittelbare Nähe des Meeres, der durch den Kampf
mit den Elementen geweckte und gepflegte Erfindungsgeist, enblich
die natürliche Beschaffenheit des durch zahlreiche Gewässer durch=
schnittenen Landes, alle diese Factoren wirkten vereint dahin, den
strebsamen Geist des niederländischen Volkes auf die Cultivirung
der Schiffahrt und demgemäße Ausbreitung des Handels und Ver=
kehrs zu lenken.

Der mannhafte, freiheitsliebende Sinn des Volkes vermochte

sich den Einwirkungen der Reformation nicht zu entziehen, bald zählte die neue Lehre zwei Drittel der Bewohner zu ihren Anhängern.

Die Freiheitskämpfe gegen die spanische Blut=Inquisitions= herrschaft, welche letztere nicht nur der specifisch reformirte Norden, sondern, edlen patriotischen Sinnes, auch der größte Theil der katholischen Bevölkerung bekämpfte, erhoben das niederländische Volk zur ersten Seemacht der Welt, zugleich einen großartigen Aufschwung anbahnend, sowohl im Handel und der inneren staatlichen Ent= wicklung überhaupt, als auch in Kunst und Wissenschaft.

Deutlich zeigte sich nun der Segen der Freiheit in dem Wieder= aufleben des hart barniedergedrückten Volksgeistes, in dem Erwachen nationalen Bewußtseins, endlich in der Entkettung der durch Inqui= sition und fanatische Verfolgungssucht angeschmiedeten Willens= und Denkfreiheit.

Die Entfaltung der Wissenschaften begünstigte, ja bedingte sogar das Aufblühen der Buchdruckerkunst, ganz naturgemäß die Wichtig= keit der Presse für die Wissenschaften bezeugend. Treffend und charakteristisch für das Verhältniß beider zueinander drückt der Lateiner „Wissenschaft" durch die Mehrzahl von litera, „Buch= stab", aus.

Inwieweit und ob die Niederlande, namentlich Holland, be= rechtigt sind, die früheste Erfindung der Typographie in Anspruch zu nehmen, wollen wir dahingestellt sein lassen; dünkt sich Mynheer mit seinem „Plattdeutsch" zu gut, um der freilich nicht mit chau= vinistischem Gloire=Geklingel und Gerassel an der Spitze der Civili= sation marschirenden, dennoch großen deutschen Nation anzugehören, so mag er sich im erhabenen Gefühl seines Dreckschupten= und Käse=Reichthums wohl fühlen!

Authentische Nachrichten ergeben mit Sicherheit, daß die ersten holländischen Druckwerke um 1473 aus der Officin Theodor Mar= tens hervorgegangen sind. Dessen Nachfolger Christoph Plantin erfreute sich des ganz besonderen Protectorats Philipp's II. von Spanien, wurde sogar wegen seiner gottgefälligen Zahmheit und Loyalität zum Hofbuchdrucker hinaufprotegirt. Vielleicht würde er sogar den schönen Titel königlich spanischer ꝛc. Geheimer Ober=Hof= buchdrucker, Ritter ꝛc. erhalten haben, wenn nicht der Kehraus des lawinenhaft hereinbrechenden Freiheitskampfes auch diesen treuen Anhänger Philipp's hinweggeschwemmt hätte. Das Geschäft schleppte sich siech und kränkelnd bis zum Tode des Besitzers fort, bis es in der Folge unter der Regie von Plantin's Enkel, Balthasar Moretus, wieder zur Bedeutung gelangte.

Von ungleich nachhaltigerem, andauernderem Ruhm glänzt jenes Siebengestirn berühmter Typographen, die man mit dem Collectivnamen „Elzevire" kennzeichnet; eigentlich ist die Anzahl der Buchdrucker dieses Namens nicht mit voller Gewißheit anzugeben, da manche Mitglieder der Familie sich durch solchen Mangel an Productivität ausgezeichnet haben, daß ihre Namen nicht auf die Nachwelt gekommen sind. Sieben sind es aber, die vorzüglich den Namen Elzevir zu Ehren gebracht haben, Ludwig I., Matthys, Abraham, Bonaventura, Johann, Ludwig III. und Daniel Elzevir.

Die Elzevire stammen aus Lüttich oder Löwen, nach französischen Quellen (wobei man allerdings die bekannte französische historische Wahrhaftigkeit berücksichtigen muß) sogar aus Spanien. Ihrer Berufsthätigkeit nach gehörten die Elzevire sowohl dem Buch= handel als auch der Typographie an, da die meisten Mitglieder dieser Familie aus kaufmännischer Speculation mit der Buchdruckerei auch ein Buchgeschäft, zum mindesten den Verlagshandel verbanden. War doch sogar der Stammvater Ludwig Elzevir, geboren 1540 zu Löwen, mehr Buchhändler und anderes (wie z. B. „Pedell" der Leydener Universität) als Typograph. Seine Etablirungszeit als Buchhändler zu Leyden fällt ins Jahr 1580, die Erlangung der „Pedell"=Würde um 1586, endlich der Empfang des Bürger= rechts um 1592, am 4. Februar 1617 starb er. Seine ersten Verlagsartikel erschienen unter fremder Druckfirma, doch schon 1583 druckte und verlegte er selbständig, damit die Reihe der so hoch geschätzten Elzevir=Editionen eröffnend: Drusii ebraicarum quae- stionum ac responsionum libri II, welches Buch — für die Geschichte der Elzevire jedenfalls von großer Wichtigkeit — ziemlich selten geworden ist und sich in antiquarischen Katalogen sehr spärlich vorfindet. Eine Anzahl von mehr als sechzig vom Verfasser genau durchforschter Specialkataloge Elzevirischer Editionen ergab nur ein einziges completes Exemplar des erwähnten Werkes. 1592 erschien der Eutrop, von Merula, welche Ausgabe lange Zeit für das erste typographische Product Ludwig Elzevir's gehalten wurde; das Druckerzeichen ist folgendes: ein Engel, mit der rechten Hand ein

Buch, mit der linken eine Sichel haltend. Das gewöhnliche In=
signium der Elzevire: ein sieben Pfeile mit den Klauen umspannen=
der Adler, findet sich erst später.

Ludwig's geschäftliche Thätigkeit scheint sich nicht auf Leyden
beschränkt zu haben, entweder machte er stark „in Export", oder
er hatte wirkliche Filialhandlungen in den betreffenden Städten,
da seit 1592 von verschiedenen Orten datirte Bücher mit seiner
Buchhändler= und Buchdruckerfirma erschienen.

Das schon erwähnte Druckerzeichen, dessen sich auch seine Nach=
kommen bedienten, ward vom Stammvater Ludwig erst in den
letzten Jahren seines Wirkens angewandt. Die sieben Pfeile, die
der Adler in den Klauen hält, und die Devise: „Concordia res
parvae crescunt", sollen wohl eine Anspielung auf die sieben zum
Kampfe gegen Spanien vereinigten niederländischen Provinzen ent=
halten. Zu den letzten Werken Ludwig's gehören die Origines
belgiques, deren erster Band 1615, der zweite 1616 in flämischer
Sprache erschien. Schließlich sei noch eines Separatverdienstes des
Ahns der Elzevire erwähnt, nämlich die Ersetzung des Vocallautes
v durch u.

Von Ludwig's fünf Söhnen Matthys, Aegidius, Ludwig,
Bonaventura uub Jodocus widmeten sich nur die beiden erst=
genannten dem Berufe des Vaters. Matthys verlegte die militärisch=
mathematischen Schriften des Simon Stevin's, von denen Castra-
métation und Nouvelle manière de fortification um 1618
erschienen, und zwar in Compagnieschaft des Matthys mit seinem
Sohne Bonaventura Elzevir. Weitere typographische Productionen
von Matthys sind nicht bekannt, möglich, daß er sich vom Geschäft
zurückgezogen und dasselbe seinen Söhnen Bonaventura und Abraham
übergeben hat.

Aegidius ist nur als Träger des Namens Elzevir erwähnens=
werth, sein Wirkungskreis beschränkte sich durchaus nur auf den
Verlagsbuchhandel.

Isaak, der älteste Sohn von Matthys Elzevir, begann 1617
zu drucken und zwar fast ausschließlich classische Werke, worunter
auch der Constantinus Porphyrogenitus. 1618 trat er in Ver=
bindung mit seinem Bruder und andern Mitgliedern der Familie
Elzevir, neu unterzeichnend: Apud Elzeviros oder auch: Ex officina
Elzevirorum. Auch das Druckerzeichen wurde geändert; es ver=

wandelte sich in einen von einer Rebe umschlungenen Baum (Ulme), dabei der Einsiedler und die Devise: „Non solus". Auf einigen Drucken findet sich auch ein flammender Holzstoß statt des Einsiedlers.

Von den zahlreichen Drucken, die aus Isaak Elzevir's Officin hervorgegangen, sei nur der 1613 in Quarto erschienene erste Ge= sang der Odyssee (deren zweiter und dritter Gesang in den folgen= den Jahren erschienen sein sollen, in den Meßkatalogen findet sich nur der erste Gesang) erwähnt und sein letztes Werk Thorius, Hymus tabaci (4. 1628). Im Jahre 1629 raffte ihn ein bös= artiges Fieber hinweg.

Matthys' beide andern Söhne, Bonaventura und Abraham, nach der Behauptung Einiger, Zwillinge, nennt man gewöhnlich zusammen, weil beide die Hauptsäulen des Ruhmestempels der Elzevire bilden. Sie sind der „Castor und Pollux" der Typographie.

Bonaventura, geboren 1583, fing schon 1608 an auf eigne Faust zu drucken, associirte sich sodann mit seinem Vater Matthys (vergleiche oben), 1624 aber mit seinem Bruder Abraham, welcher (geb. 1592) sich 1622 in Leyden niedergelassen hatte. Beide er= warben die Officin des Bruders Isaak, wie auch aus dem Nach= lasse des berühmten Orientalisten Thomas Erpen dessen orientalische Typen; 1647 gesellte sich Johann, Abraham Elzevir's Sohn, hinzu.

Vom 5. Mai 1626, an welchem Tage die vereinigten Brüder von den holländischen Generalstaaten das Privilegium zur Heraus= gabe der „kleinen Republiken" erhielten, datirt sich eigentlich der Ruhm der Elzevire. Die respublicae bilden eine Collection von 59 meist auf Staaten= und Naturkunde bezüglichen Werken in 62 Bänden, von denen jedoch nur 34 (nach Brunet 40) auf Rechnung der Elzevire zu schreiben sind; man identificirte nämlich schließlich jeden Druck von gleichem Formate und gleichartigem Papier ohne Rücksicht auf die Firma mit den Elzevir'schen Editionen. Natürlich liefen eine große Anzahl fremder Producte mit unter und wurden in die Kataloge mit aufgenommen; eine Täuschung war um so leichter, als die Elzevire mit ihren Typen Handel trieben, das Papier leicht von denselben Quellen (besonders aus den Fabriken zu Angoulème) bezogen, das Format noch leichter nachgeahmt werden konnte. Es scheint dies auch von Seiten mancher pseudo= nymisirenden Druckerei mit Glück angewandt worden zu sein. Auf die Firma konnte man nicht einmal die gehörige Rücksicht nehmen,

bedienten ſich doch die Elzevire bei Herausgabe vieler Werke der
extremſten Ortsbezeichnungen, worauf wir ſpäter zurückkommen
werden. (Vergl. La Fage, Catalogue complet des républiques
impr. en Holl. in 16. Paris 1642.)

Die Editionen der alten Claſſiker iu Duodez und Sedez erheben
die Elzevire für die Haushaltung der Philologie zur größten Wich=
tigkeit. Die Wahl des Formats war ein ähnlich glücklicher Griff,
als circa zwei Jahrhunderte ſpäter die Erfindung des ſogenannten
Taſchen= oder Schillerformats für die deutſchen Claſſiker. Die Hand=
lichkeit, Eleganz und Correctheit dieſer Elzevir=Ausgaben läßt ſie
noch heute werthvoll erſcheinen. Wer ſo glücklich iſt, heutzutage,
im Jahrhundert der Sammelmanie, eine vollſtändige Sammlung
Elzeviriſcher Drucke aufweiſen zu können, kann ſich mit Recht zu
den vom Schickſal bevorzugten Menſchen zählen. Als Schreiber
dieſer Zeilen behufs Abfaſſung letzterer ſich mit verſchiedenen Anti=
quaren und Fachmännern, behufs Einſicht reſp. Erwerbung gewiſſer
Exemplare, in Verbindung ſetzte, ſtanden ihm die Haare zu Berge
vor den hohen Forderungen mancher dieſer Herren. Mag dieſe
Werthſchätzung immerhin auch zum größten Theil in der Liebhaberei
und Sammelwuth dieſer Leute ihren Grund haben, beſagte Drucke
ſind und bleiben zum mindeſten wichtige Objecte für die Geſchichte
der Druckerkunſt. Philologiſcherſeits iſt ihnen zwar mancher Vor=
wurf gemacht worden, namentlich der Flüchtigkeit, Incorrectheit
und mangelnder kritiſcher Sichtung, insbeſondere gelte dies für die
außer der Blütheperiode 1622—50 producirten Werke. Beleg für
die Gerechtigkeit dieſer Beſchuldigung gibt die Virgil=Ausgabe von
1635 (1636 wird gewöhnlich angegeben, Verfaſſer hat ein Exemplar
mit der Jahreszahl 1635 vorliegen, entweder iſt die 1636 gedruckte
Edition unveränderter Abbruck, oder die 5 ein Druckfehler), die
zu den ſchlechteſten Erzeugniſſen gehört, die jemals die Preſſe eines
Elzevir verlaſſen haben. Dagegen muß auch der enragirteſte Gegner
vor der 39 Jahre ſpäter veranſtalteten Virgil=Edition verſtummen,
welche — Beweis für ihre Güte — noch den heutigen Virgiltexten
zu Grunde liegt, letztere allerdings zugeſchnitten nach Conjecturen
und eingepreßt in die Schnürmieder philologiſcher Kriterien. Berück=
ſichtigt man genau, daß die Elzevire weder Gelehrte, wie die Albi
in Venedig, waren, vielmehr Kaufleute von ſpecifiſch holländiſchem
Speculations= und Schachergeiſt, noch ferner ihnen eine Akademie

gelehrter Correctoren, wie den Venetianern, zu Gebote stand, daß
sie sich auch wohl im Allgemeinen bei ihren Drucken in Correct=
heit mit jeder Concurrenzausgabe dürften messen können, im Punkte
der äußern und innern Eleganz viele Rivalen aber noch übertreffen
mögen, so wird man nicht umhin können, über die Elzevire gerecht,
das heißt, günstig zu urtheilen. Ob die weit verbreitete Sage,
die Elzevire hätten Frauen als Correctoren angestellt, authentisch
ist, können wir nicht beweisen, es scheint uns aber lächerlich, an=
zunehmen, daß Fachleute den wichtigsten Theil ihres Berufes Auto=
matenhänden, denn solche sind ungelehrte Frauen als Correctricen
gelehrter Bücher, anvertraut haben sollen.

Seit 1629 trat ein Wechsel der Embleme ein, unter theilweiser
Beibehaltung der früheren; so folgte nur an Stelle des Einsiedlers
ein Büffelkopf, eine Meduse, über einen Thaler gekreuzte Scepter,
Guirlanden von Rosen, vier gekreuzte Palmenzweige u. s. w., natür=
lich auch ohne die Devise: „Non solus", aber mit der Unterschrift
der Gesellschaft: Ex officina Elzev. etc. Im Jahre 1652 starben
beide Brüder, nachdem sie fast ein ganzes Menschenalter — 30
Jahre — hindurch aufs strebsamste und fleißigste gearbeitet hatten.

Matthys' vierter Sohn, Jacob, trug eben nicht viel zur He=
bung des Ruhmes seiner Familie bei, weshalb auch nur geringe
Nachrichten über sein Leben vorhanden sind; ansäßiger Buchhändler
zu Utrecht, scheint er nur ein einziges Werk: Girard, la table
des sinus, in zwei Auflagen gedruckt zu haben. Auch von Peter
Elzevir, Isaak's Sohn, also Matthys' Enkel, läßt sich nicht viel
Rühmliches sagen; er functionirte ebenfalls als Buchhändler zu
Utrecht und druckte in der Zeit von 1668—72 höchstens drei bis
vier Werke.

Würdige Nachfolger dagegen ihrer Väter Bonaventura und
Abraham sind des ersteren Sohn Daniel (geb. 1617) und der
schon oben erwähnte Johann (geb. 1622). Sie schafften vereint von
1652—54 zu Leyden unter vielem Andern auch das berühmteste
und bedeutendste Druckwerk der Elzevire, nämlich: Thomas a Kempis, de imitatione Christi libri IV (1653). Auch Plinii II.
epistolae et panegyricus, M. Z. Boxhornius recens. Lugd. B.
1653, dürfte erwähnenswerth sein. Das Compagniegeschäft und
der freundliche Verkehr Beider hatte leider nur kurzen Bestand,
um so schlimmer für ihre Kunst, als die Vettern sich in Bezug

auf wissenschaftliches und geschäftliches Verständniß, nach dem Ur=
theile berühmter Zeitgenossen, wahrhaft harmonisch ergänzten. Nicht
so verhielt es sich mit Charakter und Temperament; darin von
einander gänzlich verschieden, geriethen sie oft in bedeutende Miß=
helligkeiten. Unzweifelhaft hätten sie bei längerem Beisammensein
noch Bedeutenderes geleistet, als sie uns überliefert haben. 1655
trennte man sich, und Johann führte nun das Leydener Geschäft
für eigene Rechnung fort. 1661 entriß ihn der Tod seiner Wirk=
samkeit, nachdem er in einem Alter von kaum 40 Jahren 10 Jahre
hindurch typographisch producirt hatte. Er hinterließ den Ruf
eines ebenso liebenswürdigen Menschen als geschickten Jüngers
seiner Kunst; zumal er wegen seiner Gelehrsamkeit und Bildung
bei Lebzeiten auch ganz besonderes Ansehen genossen hatte. Johann
zeichnet sich ferner durch die Sorgfalt aus, welche er auf die Aus=
stattung der aus seiner Officin hervorgegangenen Werke verwandte,
namentlich aber auch durch die Wahl der Autoren, wobei ihn weder
kaufmännische Gewinnsucht, noch die eitle Sucht, der Mode zu
huldigen, leiteten. Seine Frau, eine geborene van Alphen, setzte
das Geschäft bis 1681 fort, in welchem Jahre es ihr Sohn Abra=
ham übernahm, es aber so vernachlässigte, daß es nach seinem
am 30. Juli 1712 erfolgten Tode für — 2000 Gulden verkauft
worden sein soll!

Daniel, Universitätsbuchdrucker zu Leyden, geb. 1617, wie
schon erzählt, anfangs mit Johann verbunden, repräsentirte den
kaufmännisch berechnenden, mehr das Technische umfassenden Theil
der Compagnieschaft. Darum aber vermochte er es auch nicht über
sich zu gewinnen, die wissenschaftliche Autorität Johann's anzuerkennen.
1655 siedelte er nach Amsterdam über und trat daselbst mit seinem
Vetter Ludwig, Isaak's Sohn, in Verbindung.

Dieser Ludwig war ursprünglich von Profession Seemann,
schien aber diesem Berufe mehr durch Vermögensverhältnisse ge=
zwungen, als aus Liebe gefolgt zu sein. 1637 fing er an zu
Amsterdam selbständig zu drucken, gelangte aber erst nach einigen
Jahren, unterstützt durch Geldzuschüsse seiner Verwandten, zu einigem
Ansehen. Durch den Hinzutritt Daniel's nahm die Officin einen
großartigen Aufschwung. Ludwig starb 1662 (nach Einigen erst
1670, da er noch in Gemeinschaft mit Daniel die schöne Bibel=
ausgabe von 1669 besorgt haben soll).

So ungünstig und mißlich sich auch die Zeitumstände gestal=
teten, sie hinderten nicht, daß Daniel's guter Ruf sich weithin
verbreitete, allerdings nicht ohne in vielfacher Beziehung seine That=
kraft gehemmt und seiner Energie zahlreiche Steine in den Weg
geworfen zu sehen. So konnte auch Daniel's Lieblingsproject, eine
Edition des ganzen Cicero, die er bereits mit den Epist. familiar.
(Ciceronis ep. lib. VI ad fam. ut vulgo vocantur, ex rec. Graevii
etc. 2 Tomi. Amst. 1677) unter Zuziehung der bedeutendsten
Gelehrten seiner Zeit, eines Gronovius, Graevius u. a. m. be=
gonnen hatte, nicht realisirt werden. Trotz der größten Anstrengungen
und Bemühungen, seine Editionen in Ausstattung und Correctheit
zu den besten zu machen, vermochte er nicht gegen die ungünstige
Constellation aufzukommen. Schon mit einem Fuße im Grabe —
er war bedenklich an einem damals grassirenden Fieber erkrankt —
verband er sich noch mit dem gut situirten Abraham Wolfgang
Elzevir 1680, erlag aber noch in demselben Jahre der Krankheit.
Mit Daniel war der Ruhm der Elzevire zu Grabe gegangen, seines
Nachfolgers Abraham Namen dürfte schwerlich auf die Nachwelt
gekommen sein ohne die Verbindung seines Trägers mit Daniel.
Von den Druckwerken Daniel's sind besonders hervorzuheben seine
Ausgaben des Livius, Seneca, Tacitus, Justin, Cicero (Ep. famil.),
Silvius (Op. med.), Lucian, Descartes, Curtius u. a. m., besonders
aber die Prachtausgabe des Corpus juris civilis in Octav und
Folio. Daniel's Wittwe, Anna Bernjig (Baerning?), führte anfangs
das Geschäft des Gatten fort, da aber Daniel's belebender Einfluß
an allen Orten mangelte, verkaufte sie die Officin, nicht ohne
großen Schmerz den Grund von dem Weltruhm ihres Gatten aus
der Hand gebend. Der per auctionem veranstaltete Verkauf der
vorräthigen Druckwerke, Bücherbestände 2c. ergab eine Summe von
250,000 Franken, durch welche Summe Daniel's Familie vor
Mangel geschützt wurde.

Von Daniel's Tode 1680 bis zum Erlöschen der Elzevirischen
Verlagsfirma überhaupt (1712) erschienen noch mehrere Werke aus
Elzevirischen Officinen, letztere Angabe theils echt, theils gefälscht.
Die echten selbst sind von solcher Unbedeutendheit, daß sie mit
früheren auch nicht den allergeringsten Vergleich aushalten.

Die Erkennung und Beurtheilung Elzevirischer Drucke ist für
den Fachmann und Forscher nicht allzu schwierig, freilich muß er

babei mit ber größten Subtilität zu Werke gehen; die Schönheit unb die Art bes Druckes u. s. w. sinb sichere, untrügliche Kenn= zeichen. Es bürfte einigermaßen auffallen, baß eine Firma von solcher Berühmtheit in einem freien Staate sich in gewissen Fällen in bas Gewanb der Anonymität hüllen mußte. Es waren eben nur gewisse Fälle, die außergewöhnliche, gewisse Rücksichten erfor= berten. Gab es auch bamals weder Censur, noch Staatsprocurator, noch sonstige Preßerbrückungsmittel, so waren boch Confiscation unb auf gewisse Gegenben sich erstreckenbe Verbote, namentlich seitens ber Hierarchie, nichts Seltenes. So würde beispielsweise Rom jebes aus einer protestantischen Stabt unb Officin stammenbe theologische Werk sofort hunbertfach verpönt haben. Um wie viel mehr galt es bei solchen Büchern vorsichtig zu sein, die gerabezu ben Charakter bes Anti=Romanismus trugen. Wenn z. B. im Herzen bes Jesuitismus — Cöln — eine Schrift erschien, unb zwar unter bem harmlosesten Titel, die ben Jesuiten burchaus ben Garaus machen wollte, enblich aber burch einen Pater von seiner organisirtem Geruchssinn erwittert wurde, so bürfte wohl schwerlich Jemanb barauf gekommen sein, baß besagte Schrift aus Amsterbam ober Leyben stammte. So suchten sich die Elzevire ihren Credit bei Freunb unb Feinb zu bewahren.

Schließlich noch eine Uebersicht ber hervorragenbsten Drucke ber Elzevirischen Officinen: Eutrop, Birgil, Terenz, Psalmen, Buch Daniel, die ganze Bibel, Constantin Porphyrogenitus, Homer's Obyssee (J. Gesang), Thorius (Hymnus tabaci. 1628), Caesar (1635), Salluft, Thomas a Kempis (1653), Girarb (la table. 1626 u. 29), Priolus (de rebus gallicis. 1669), Baudii amores (1638), Heinsii orationes (1615), Aristotelis politicor. lib. VIII (1621), J. Caesaris quae extant etc. (1661), Ciceronis ep. familiares (1642), Ciceronis epistol. lib. VI ad famil. etc. etc. (1677), Ciceronis opera philosophica (1642), Curtius (1664), Descartes (Principia. 1672 u. 77), Descartes (Tractatus de homine etc. 1677), Descartes (Meditationes etc. 1678), Grotii epist. ad Gallos (1650), Justin (1673), Livius (1639), Lucian (Pseudosophista. 1668 u. 1678), Plinius Sec. (1653), Sueton (1650), Tulpius (Observ. med. 1652), Corpus juris civilis in Octav unb Folio u. a. m.

H. Jacobsohn in Breslau.

5. Schriftsteller und Verleger vor hundert Jahren*).

> Euch Buchdrucker, Verleger und Buchhändler sollte über-
> haupt alle der leidige Teufel holen, wie er Euern ersten Ahn-
> herrn, Erfinder in Deutschland, weiland Dr. Faust geholt hat.
> Die Autoren leben von den Brosamen, die von des reichen
> Herrn Tische fallen, wie die Hündlein und dann wollen sie
> [die Verleger] noch knausern. Verbrennen sollte man Euch,
> wie Sardanapal, auf Euren Papierschätzen, mit Weib und
> Kindern.   Herder an Hartknoch.

„Alle Arbeit, mithin auch die des Schriftstellers, hat Recht
auf Lohn." Dieser Satz, den ein Autor des vorigen Jahrhunderts
im Deutschen Museum (Februar 1784) wider den Nachdruck ins
Feld führt, sagt theoretisch das Richtige. Praktisch richtig wird er
erst, so gefaßt: „Alle Arbeit, mithin auch die des Schriftstellers,
hat das Recht, Lohn zu suchen." Hiermit tritt der Schriftsteller
in die große Reihe Derer, die den Kampf um das Dasein zu führen
haben und ihre Thätigkeit in jeder Weise für sich zu verwerthen
bestrebt sind.

Dem modernen Schriftsteller erleichtert die Gesetzgebung sein
Streben nach Lohn in jeder Weise. Er versuche, um sein Geistes=
product möglichst auszunutzen, den Weg des Selbstverlags, so deckt
ihm das Gesetz den Rücken, er schließe einen Vertrag mit einem
Verleger, so schützt ihn in diesem, seinem Rechtsnachfolger, ebenfalls
das Gesetz. Und ebenso, wie dieses dem Nachdruck vorbeugt, ge=
währleistet es den Erben des Schriftstellers dreißig Jahre nach
dessen Tode die Nutzungsmöglichkeit von dessen geistiger Arbeit.

Gestützt auf die Erfahrungen früherer Generationen macht der
moderne Schriftsteller jedoch von seinem Recht, durch Selbstverlag
möglichst viel Lohn aus seiner Arbeit zu ziehen, sehr wenig Ge=
brauch. Ja man darf sogar sagen, daß der Selbstverlag möglichst
vermieden wird, weil man weiß, wie dem bücherkaufenden Publicum
die verlegende Buchhandlung durch ihren Namen schon für den
Werth der Schrift einige Bürgschaft gibt. Man liebt es daher da,
wo sich höchstens eine Firma dazu versteht, den commissionsweisen
Debit zu übernehmen, dieses Verhältniß dadurch zu verdecken, daß

---

*) Im Börsenblatt anonym erschienen. Der Verfasser ist der im Jahre
1874 verstorbene Dr. Carl Buchner in Gießen.

4

der Commissionsverleger dem Titel des Buches seine Firma als
wirkliche Verlagsfirma aufdruckt. So gewiß hierdurch eine Schrift
nichts an Werth gewinnt, so wird doch der für den Autor und
seine Arbeit störende Gedanke vermieden, an dem Druck der Schrift
sei mehr die Voreingenommenheit ihres Verfassers als ihr Werth
schuld.

So greift der moderne Schriftsteller zum Selbstverlag nur
ungern; das für ihn Naturgemäßeste ist, sich einen Verleger zu
gewinnen, der ihm für seine Arbeit Lohn gewährt und ihm das
Geschäftliche abnimmt. Er gesteht damit stillschweigend ein, daß
der Buchhändler von heute etwas mehr zu sein habe, als sein
Commissionär, der die Herstellung des Drucks überwacht, die Ver=
sendungen vornimmt und die Schlußabrechnungen besorgt. Und
wenn er auch, wie die Berathung des Nachdruckgesetzes im Reichs=
tag des Norddeutschen Bundes (Frühjahr 1870) gezeigt hat, gern
die Gelegenheit benutzt, den Buchhandel mit guten Lehren zu ver=
sorgen und mit Vorwürfen gegen den modernen Verleger nicht
sparsam zu sein, so hütet er sich doch sehr, von den Vortheilen
des Selbstverlags Gebrauch zu machen, von dem frühere Gene=
rationen so viel Vortheile erhofften, so verschwommen auch seine
Kenntniß der Vortheile ist, die seinen Vorgängern aus der ge=
nannten Ausführung des Satzes erwuchsen: „Alle Arbeit, mithin
auch die des Schriftstellers, hat das Recht auf Lohn."

Von den Bewegungen aber, die in der zweiten Hälfte des
vorigen Jahrhunderts auf literarisch = buchhändlerischem Gebiete
heftige Verstimmungen, ja offene Feindschaft der beiden betheiligten
Parteien zur Folge hatten und mit der stillschweigenden Ausglei=
chung des Streites zu Gunsten der Verleger endeten, soll hier die
Rede sein.

In der Zeit, da Goethe geboren ward und Lessing in Leipzig
studirte, bewegte sich der deutsche Buchhandel im Ganzen noch in
den Geleisen, in denen er sich von jeher bewegt hatte. Man war
noch Verleger und Sortimenter in einer Person, brachte, was man
seit der letzten Messe gedruckt hatte, nach Leipzig oder Frankfurt
a. M., und bezahlte mit dem eigenen Verlag die Artikel, die man
den Geschäftsverwandten abnahm. Der Verkehr war also fast nur
Tauschverkehr, etwaige Saldoreste wurden durch Baarzahlung aus=
geglichen, blieben auch wohl bis zur nächsten Messe unerledigt.

Der zu diesem Verkehr nöthige Verlag wurde in mancherlei Weise zusammengebracht. Zunächst durch rechtmäßige Erwerbung von Manuscripten, die, wie uns alte Contracte der Weidmann'schen Buchhandlung zeigen, damals noch vorherrschend ein für allemal gekauft wurden. So übernimmt der Hofrath Weidmann im Jahr 1742 einen Jahrgang der Predigten des Professor Teller in Leipzig und zahlt für den Bogen einen Speciesthaler Honorar, und werden 50 Thaler dieses Honorars ausdrücklich nach Contract in Büchern geliefert. So verkauft der Superintendent Hofmann 1746 in Leipzig einen Jahrgang seiner Predigten, den Bogen zu einem Speciesthaler, ebenso 1748 J. F. Bahrdt, der Vater K. F. Bahrdt's, Prediger zu St. Petri in Leipzig, an Frau Hofrath Weidmann einen Jahrgang seiner Predigten für einen Reichsthaler sechzehn Groschen den Bogen. Keiner dieser Contracte enthält eine Bestimmung, wie es etwa bei neuen Auflagen gehalten werden soll. Mit dem Empfang des Honorars hatten also die Verfasser auf alle ihre rechtlichen Ansprüche an das Manuscript entsagt. Spätere Contracte enthalten dann häufig Bestimmungen für den Fall neuer Auflagen. So empfängt der Leipziger Professor Fabricius für den Bogen seines „Abriß einer Historie der Gelehrsamkeit" (1752—54) zwei Thaler, für den Fall einer neuen Auflage soll ihm der Band zwölf Reichsthaler ertragen. Bemerkungen im Hauptbuch der alten Leip-ziger Firma ergänzen die aus jenen Jahrzehenden spärlich auf uns gekommenen Verlagscontracte. Wie die Honorare ständig wachsen, so wird auf den möglichen Fall eines Neudrucks zeitweise Rücksicht genommen. So empfängt Sulzer für die zweite und dritte Auflage seiner Theorie der schönen Künste, die ihm in der ersten Auflage 1500 Thaler eintrug, 283 Thaler. J. G. Zimmermann erhält für den Bogen seines Buches über Friedrich den Großen, von dem zwei Ausgaben gedruckt worden, fünfzehn Thaler in Louisd'or zu fünf Thalern, dafür soll aber für den Fall eines Neudrucks nur für wirkliche Zusätze Honorar bezahlt werden. Welch beträchtliche Sum-men Wieland von der Weidmann'schen Buchhandlung (so lange Ph. E. Reich Theilhaber war, Weidmann's Erben und Reich) bezog, ist an anderer Stelle ausführlich gesagt*). Hier nur so viel, daß

---

*) Buchner, Wieland und die Weidmann'sche Buchhandlung, an ver-schiedenen Stellen.

er seine Manuscripte anfänglich bedingungslos der Leipziger Hand=
lung verkaufte, daß aber dann später, als Streitigkeiten zwischen
dem Schriftsteller und der Verlagshandlung ausbrachen, Reich, um
das Verhältniß zu halten, zu Neubewilligungen sich bereit finden
ließ*). Uebersetzungen, deren die damaligen Meßkataloge so viele
enthalten, scheinen zu eigentlichen Verlagscontracten nicht Anlaß
gegeben zu haben, so daß sich hier die Möglichkeit nicht bietet, zu
sagen, wie es bei zweiten Auflagen von Uebersetzungen in der
Regel gehalten wurde. Auf den Conten der Weidmann'schen Autoren
findet sich nur ausnahmsweise eine Zahlung für die neue Auflage
einer Uebersetzung. So auf Ramler's Conto für Batteux, Ein=
leitung in die schönen Wissenschaften, in welchem Fall es sich ja
auch mehr um eine Bearbeitung als um eine gewöhnliche Ueber=
setzung handelte. Für gewöhnliche Uebersetzungen erscheint lange
Jahre ein Honorar von 1½ bis 2 Thaler genügend. So werden
dem Magister Lessing von der Weidmann'schen Buchhandlung für
den Bogen der Uebersetzung von Law's „ernsthafter Ermunterung"
und Richardson's „Fabeln" zwei Thaler gutgebracht. Daß für
Richardson's Fabeln, die ein sehr guter Verlagsartikel der Firma
blieben und oft neu gedruckt wurden, Lessing nur ein einmaliges
Honorar von fünfzig Thalern gezahlt worden ist, spricht dafür,
daß für neue Auflagen gewöhnlicher Uebersetzungen nichts gezahlt
zu werden pflegte. Die Lessing'schen Uebersetzungen fallen theils
kurz vor, theils kurz nach der mit Winkler unternommenen Reise.
Für die Vorrede zur Uebersetzung von Thomson's Trauerspielen
erhielt Lessing vier Thaler.

Im Ganzen kann allem nach als Regel festgehalten werden,
daß die Manuscripte für immer gekauft und daß Honorare für
zweite und folgende Auflagen nur ausnahmsweise bewilligt wurden.

Es ist sehr verführerisch, aus solchen Thatsachen den Beweis
zu holen, daß der deutsche Buchhandel der damaligen Zeit die
besten Köpfe habe hungern lassen. Es ist dies um so verführerischer,
als einerseits die Richtigkeit der Zahlen nicht angezweifelt werden
kann, andererseits aber die schlechten Verhältnisse z. B. Lessing's
und Schiller's bekannt sind. Und doch wäre es unrecht, dem Buch=

---

*) Die „Abderiten" kaufte jedoch Reich ausdrücklich „für immer", a. a. O.
S. 76.

handel einen Vorwurf zu machen, der das Volk im Ganzen, spe=
ciell aber Die trifft, die als der gebildete Theil des Volks für die
Literaturerscheinungen Sinn haben oder doch haben sollten.

Denn es kann nicht bezweifelt werden, daß das vom Verleger
gezahlte Honorar dem Werth entspricht, den Jener bei einer Unter=
nehmung dem von ihm zu erkaufenden Manuscript beimißt. Dieser
Werth wird ihm gegeben durch seine auf Erfahrung ruhende An=
nahme, daß eine bestimmte Anzahl von Exemplaren wohl verkauft
werde. Was über diesen in seiner Berechtigung immerhin sehr
zweifelhaften, vorveranschlagten Absatz, der ihm die aufgewandten
Kosten (Honorar, Druck, Papier ꝛc.) decken soll, hinausgeht, gibt
dem Verleger erst den muthmaßlichen Gewinn. Es steht sonach
der Werth eines Manuscriptes in geradem Verhältniß zu dem
Namen und der Bedeutung seines Verfassers, zu seinem Inhalt
und zu dem Schutz, den der Staat dem Verleger in Ausübung
von dessen durch Kauf des Manuscripts erworbenen Rechte gewährt.

Hiernach kommen in der Wahrscheinlichkeitsrechnung des mo=
dernen Verlegers noch unbekannte Größen zur Genüge vor, um ein
abgeschlossenes Verlagsunternehmen in seinem pecuniären Erfolg
sehr zweifelhaft erscheinen zu lassen. Immerhin aber hat der Ver=
leger von heute eine bestimmte und sehr wichtige Größe, die ihm
sicher ist: den Schutz des Gesetzes gegen Nachdruck.

Wir heute Lebenden haben zwar den Nachdruck noch kennen
gelernt, aber er lag damals in den letzten Zügen, und hatte nichts
mehr von der Lebensfreudigkeit, zu der er in der zweiten Hälfte
des vorigen Jahrhunderts sich überall entwickelt hatte unter dem
Schutz kaiserlicher Majestät in Wien, wie unter dem der verschie=
denen größeren, kleineren und kleinsten Herrscher Deutschlands.
Aber die Belege fehlen uns nicht, aus denen sich mehr als zur
Genüge ergibt, wie schädlich der Einfluß des noch frech auftreten=
den Nachdrucks auf Buchhändler und Schriftsteller war, wie er
demoralisirend sich überall einnistete, wie er das Verhältniß zwi=
schen Autor und Verleger lockerte und zu vernichten drohte.

„Wenn Sie", ruft Reich Klopstock zu*), „es mit uns beim
Reichstage und bei den sämmtlichen Fürsten Deutschlands durch

---

*) Zufällige Gedanken eines Buchhändlers über Herrn Klopstock's Anzeige
einer gelehrten Republik. S. 25.

Ihre Freunde dahin bringen könnten, daß man wider den Nach=
druck ein allgemeines Gesetz annehmen und darüber halten wollte,
dann würden wir die Früchte Ihres Fleißes nach Würden bezahlen
können, und dadurch allen Vorwürfen entgehen, die uns jetzt so
empfindlich sind, weil wir sie den Umständen nach nicht verdienen."
Nichts ist richtiger als diese Behauptung. Wer ein Manuscript
druckt und stets fürchten muß, daß sein Verlagswerk ihm nach=
gedruckt werde, dem entschwindet in dieser Gefahr nicht nur die
Aussicht vielleicht selbst ein gutes Geschäft zu machen, sondern auch
die Gewißheit, wenigstens das in dem Verlagsartikel angelegte
Kapital wieder zurückzuerhalten. Die Folge ist, daß der Verleger
Dem gegenüber sparsamer wird, den für sich zu gewinnen, eigent=
lich in seinem Interesse lag. Dem Papierhändler und Buchdrucker
ließ sich nicht mehr abhandeln, wohl aber dem Schriftsteller, der
sich die geringen Honorare mußte gefallen lassen, sofern er nur
gedruckt sein wollte.

Als weitere Folge dieser Verhältnisse ergab sich, daß die
Bücherpreise verhältnißmäßig hoch waren und sein mußten, um
den Nachdruck drohenden Verlust möglichst zu verringern*).

Gegenüber dieser den Buchhandel wie die Schriftsteller gleich=
mäßig stets aufs neue bedrohenden Gefahr standen beide Parteien
zunächst geschlossen neben einander. Der erstere suchte sich durch
Privilegien zu schützen, die in Wien theuer erkauft werden mußten
und dann doch nicht viel halfen. Größere Handlungen hatten da=
mals ein Buch, in dem jeder Verlagsartikel eine Stelle erhielt, und
daneben ward dann bemerkt, wann das Privilegium entnommen,
wann es erneuert wurde. Daneben suchte man auch wohl noch
ein preußisches oder kurfürstlich sächsisches Privileg nach. Letzteres
wurde desto wichtiger, je mehr es sich zeigte, daß die kaiserlichen
Privilegia mehr zum Nutzen kaiserlicher Räthe als zum Schutze
rechtmäßigen Verlages da waren. Daß Privilegien an Nachdrucker
verliehen wurden, und daß auf Grund solcher Privilegien nord=
deutschen Verlegern ganze bänderreiche Schriftsteller nachgedruckt
wurden, ist bekannt. In Oesterreich und der Schweiz war das

---

*) Die Frage, ob der Nachdruck die Bücher vertheure oder wohlfeiler
mache, war eine in jenen Jahrzehenden gern behandelte. Daß sie von den
Nachdruckern und ihren Freunden in letzterem Sinne beantwortet wurde, ist
natürlich.

Uebel nicht geringer. Dort war es nachgerade soweit gekommen, daß der Nachdruck als „exemt" galt, gegen ihn gab es keine Hilfe. In der Schweiz aber saßen auch verschiedene gefährliche Nachdrucker, die wie die Oesterreicher ihren Absatz hauptsächlich nach Süddeutsch= land, aber auch weiter nach Norden ihre Verbindungen hatten. Doch vermochte man sich da durch Privilegien einigermaßen zu schützen, wenn auch diese schweizer Privilegien durch ihre Kost= spieligkeit ihrem Entnehmer unangenehm genug blieben. Für Bücher von schweizer Autoren werden sie meist für nöthig erachtet.

Diese Verhältnisse besserten sich dann, als die sächsische Re= gierung die groben Sünden kaiserlicher Regierung benutzend und sich stützend auf den heimathlichen Buchhandel 1773 dem Nachdruck die Leipziger Messe verschloß und dem Verlage die Möglichkeit gab, durch ein Privilegium oder einfachen Eintrag in die Leipziger Bücherrolle seine zur Messe gebrachten Artikel zu schützen. Ver= suche, Erfurt, dann Hanau als Concurrenzplatz für Leipzig in die Höhe zu bringen, erstickten entweder im Keim oder hatten kein langes Leben.

War auch nun dem Nachdruck die Möglichkeit genommen, frei in Leipzig ein= und auszugehen, so war er doch so frech wie je und was er leistete, das zeigen noch heute die vielen Nachdrucke in unseren Bibliotheken. Und nicht nur in der Praxis fand er viele Anhänger, die gern billig kaufen wollten, sondern auch in den Zeitschriften jener Jahrzehnde ward er vielfach vertheidigt. Freilich fehlte es nicht an herausfordernden Anklagen.

Es ist interessant, diese Streitigkeiten zu verfolgen und dabei zu sehen, welche Mittel gegen den Nachdruck ins Feld geführt werden sollten. Nicht daß man devoteste Eingaben an kaiserliche Majestät empfohlen hätte — solche waren verschiedene Male schon gemacht, natürlich aber umsonst —, nein, man schlug vor, den Nachdruck durch sich selbst zu bekämpfen. Schon das Statut der ersten Buchhandlungsgesellschaft (gegründet Ostermesse 1765) hatte die Bestimmung aufgenommen, daß ein Nachdrucker, der einem Mitglied der Gesellschaft durch Nachdruck Schaden zufügte, dadurch gestraft werden sollte, daß ihm ein Verlagsartikel für Rechnung der Genossenschaft nachgedruckt werden sollte. So wenig dieser Paragraph jemals zur Ausführung kam, so hatte er doch manches für sich, und Buchhändler wie Schriftsteller kamen mehrfach auf

solchen Vorschlag zurück. So möchten wohl Orell, Geßner & Co.
in Zürich sehr gern Weidmanns Erben und Reich veranlassen,
daß von beiden Firmen gemeinschaftlich dem Reutlinger Fleischhauer
sein Bobmer'scher Homer nachgedruckt würde.*) Das wäre eine
gute Rache für den Schaden, den die Leipziger und Züricher von
dem Reutlinger schon erbuldet haben. Ein ähnlicher Vorschlag
gelangte einmal von Wieland an Reich, und Bürger brachte einen
ausführlichen Plan zu Papier,**) von dessen Ausführung er den
Sieg der gerechten Sache und das Ende alles Nachdrucks sicher
erwartete, „sofern es unter den deutschen Buchhändlern nur fünfzig
frey und rein von Nachdrucksfünden gibt". Es bildet sich, so lautet
der Vorschlag, eine Gesellschaft solcher Untadelhaften; jeder Theil=
nehmer bezahlt fürs erste einen Beitrag von fünfzig Thalern —
„das müßte ein armseliger Buchhändler seyn, der nicht einmal
fünfzig Thaler zu einem so nützlichen Zweck aus seyner Handlung
entbehren könnte" — und dann weiter für jeden einzelnen zu ver=
sichernden Verlagsartikel eine bestimmte Prämie, deren Höhe sich
nach der Höhe der Herstellungskosten des Buches und der Ver=
sicherungssumme richtet. Auch Nichtmitgliedern ist die Versicherungs=
möglichkeit, jedoch bei wesentlich höherer Prämie, gegeben. Wird
ein so versichertes Buch nachgedruckt, so wird sofort der Preis
des Originals auf die Hälfte des Nachdruckerpreises herabgesetzt
und dem Beschädigten nach genauer Prüfung seiner Forderung die
versicherte Summe ausbezahlt.

Von dieser Versicherungsgesellschaft erwartet Bürger das Beste
und zwar für Schriftsteller, Verleger und Bücherkäufer. „Der
Autor steht mit Recht obenan. Denn es ist himmelschreyend, daß
derjenige, welcher mit Aufwand der Kräfte seines Leibes und seiner
Seele ein unsterbliches Werk hervorgebracht hat, welches äußerlich
vielleicht kein anderer Sterblicher hervorgebracht hätte, ein Werk,
das Verleger, Buchhändler und Nachdrucker mästet und ein ganzes
Land unterrichtet oder ergözet, nicht einmal soviel dafür haben soll,
um seine Apothekerrechnungen damit zu bezahlen. Soll der Gelehrte
noch länger der Seidenwurm seyn, der zum Behuf fremder Behag=
lichkeit und Pracht spinnen, und wenn er ausgesponnen hat, im

---

*) Buchner, Aus den Papieren der Weidmannschen Buchhandlung. S. 66.
**) Deutsches Museum, November 1777.

Mangel vollends dahinwelken muß? Bisher hat wohl mancher Verleger dem armen Autor das ewige Thema vom Nachdruck ent= gegengeschrieen, und unter diesem Vorwande das Honorarium bis zum schimpflichsten Trankgelde heruntergehandelt. Dieser Vorwand fällt durch mein Project weg. Es hindert nunmehr nichts, den würdigen Schriftsteller nach Würden zu belohnen."

Dieser Vorschlag Bürger's gelangte, soviel uns bekannt, nicht einmal zu der Vorstufe ernsteren Erwogenwerdens, sondern wurde in den Spalten der verschiedenen ihn abdruckenden Zeitschriften begraben. Aber er verdient, so unpraktisch er ist, Beachtung, weil er die Stimmung damaliger Schriftsteller gut charakterisirt. Diesen ist die Behauptung der Verleger, daß der Nachdruck ein anständiges Honorar unmöglich mache, in der Hauptsache nur ein Vorwand; sobald dieser gefallen, werden die Honorare größer. „Denn das ist kein gültiger Vorwand, daß ein Verleger an dem guten Autor wieder erholen müsse, was er an einem schlechten, oder auch an einem solchen, dessen Werk, troß innerlicher Güte, dennoch zu Maculatur wird, eingebüßt hat. An solchen Einbußen ist der Buchhändler selbst schuld. Warum versteht er sein Gewerbe nicht besser?" So Bürger.

Aus solcher Stimmung, wie die in Bürger's Aufsaß herr= schende ist, hat man nicht mehr weit zu dem jetzt steigend in Auf= nahme kommenden Versuch, den dem Schriftsteller zukommenden Lohn durch Selbstverlag sich voll und ganz anzueignen. Man zeigt an, daß man die Gedichte, die man gemacht, das wissenschaftliche Werk, das man geschrieben, zum Druck bringen wolle, und bittet die Freunde, Subscribenten zu sammeln. Freunde denken an die Herausgabe der Werke ihrer Freunde, zu deren Vortheil natürlich, sofern das Publicum Reigung hat, auf diesen Köder anzubeißen. Sammlern gewährt man Vortheile meist in Gestalt von Freießem= plaren. Auch Pränumerationen kommen wohl vor, doch seltener; denn man weiß aus Erfahrung, wie leicht da Betrug möglich ist.*) Mit Buchhändlern ist man hier und da zu tauschen bereit.

Solche Anzeigen enthalten die Zeitungen jener Jahrzehende sehr viele, und mancher auch heute noch hochgeachtete Name findet

---

*) „Der Weg der Pränumeration ist verhaßt und beinahe verächtlich ge= worden." Wieland an Gleim, 6. Juli 1771.

sich unter Denen, die ihr Heil einmal ohne Verleger versuchen wollen.

So Klopstock, der die drei ersten Gesänge seines „Messias" in den Bremer Beiträgen veröffentlicht hatte (1748), dann aber mit Hemmerde in Halle ein Abkommen traf, so daß 1749 bei diesem die ersten drei Gesänge erschienen. Doch denkt der fünf= undzwanzigjährige Dichter auch daran, den „Messias" auf Prä= numeration zu drucken, und dem Buchhändler nur ein Gewisses für seine Mühe zu geben. Bodmer, den er um Rath fragt, räth sehr zu. „Er meint, die Sache könnte so gemacht werden, daß mir die Verleger zweitausend Exemplare zu meinem Profit geben müßten." Klopstock fragt zu derselben Zeit (Sommer 1749) bei J. C. Cramer an, ob er wohl ein kaiserliches Privilegium nöthig habe, oder ob ein kurfürstliches hinreiche. Im Januar 1767 aber, da er seine Oden zu drucken gedenkt, schreibt er an Denis in Wien als seines Herzens Meinung: „Mich deucht, Buchhändler sollten solche Privilegien (für immer gegeben, ein solches wünschte K. für seine Oden) niemals, aber wohl die Autoren bekommen können." Ueber Verlag und Fortsetzung des Messias verglich sich dann Klopstock mit Hemmerde, der erste Band (Gesang 1—5) erschien 1751. „Später glaubte Hemmerde nicht nur ausschließliches Recht auf den Verlag der ersten fünf Gesänge, sondern des ganzen Messias zu haben, doch behauptete Klopstock seine Unabhängigkeit von dem Buchhändler."*) Der Messias erschien also in Halle und Kopen= hagen, später Altona. Nach einem Brief an Schlegel vom 24. Sep= tember 1749 hatte Hemmerde sein erstes Gebot von drei Thalern

---

*) Im Mai 1753 gelangte eine Nachricht von des Messias neuer correcter Ausgabe (vgl. Göbele, Grundriß. S. 598) von Kopenhagen aus an die Oeffent= lichkeit, aber deren Erfolg entsprach, wie es scheint, den Wünschen Klopstock's nicht. Wenigstens schreibt er am 18. September 1753 an Ebert: „Sie wissen, wie es mir mit meiner Subscription geht und wie sehr lieb mich die Herren Buchhändler haben. Jetzt kömmt es nur darauf an, daß meine Freunde einige dazu geschickte Leute aussuchen (welchen ich zehn Procent für ihre Bemühung gebe), welche für die Subscription sorgen. Ich verlängere die Zeit bis auf Weihnachten, und da wegen der Größe der Lettern noch größer Papier erfor= derlich wird, so nahm ich auch dies, ob ichs gleich nicht versprochen habe." (Briefe von und an Klopstock. Von Lappenberg. S. 126. Diesem Werk, sowie Klamer Schmidt's „Klopstock und seine Freunde" sind die hier gegebenen Daten entnommen.)

für den Bogen auf fünf Thaler erhöht; im April 1769 aber
meldet der Dichter, Hemmerde zahle zwölf Thaler in Louisd'or
für den Bogen. Da damals der dritte Band erschien, so wird
dieses Honorar als für den britten und vierten Band (Gesang
11—20) gültig zu nehmen sein.

In der Geschichte des Selbstverlags deutscher Schriftsteller
nimmt Klopstock's „Gelehrtenrepublik" eine bedeutende Stelle ein
(Hamburg 1774, bei Bode). Von neuem wies dies wunderliche
— auch von den Zeitgenossen mehr gekaufte als gelesene Buch,
von dem nur ein erster Band erschien, auf einen festeren Zusammen=
halt der Schriftsteller hin, und forderte schon durch sein eigenes,
gelungenes Beispiel zum Selbstverlag auf. Anknüpfend an dieses
Buch, schrieb Reich seine „Zufälligen Gedanken eines Buchhändlers
über Herrn Klopstock's Anzeige einer gelehrten Republik",*) und
als dann Reimarus mit der Broschüre „Der Bücherverlag in
Betrachtung der Schriftsteller, Buchhändler und des Publicums
erwogen" antwortete, das Schriftchen „Der Bücherverlag in allen
Absichten genauer bestimmt". Klopstock durfte sich rühmen, ein
gutes Geschäft gemacht zu haben. Die Subscription auf das Buch
wurde von seinen Freunden eifrig betrieben, Goethe aber erzählt
in Dichtung und Wahrheit sehr ergötzlich von der Enttäuschung
der Subscribenten, als sie das unlesbare Buch erhielten**).

Lessing hatte, wie wir uns erinnern, 1755 und 1756 in Leip=
zig ums Brot übersetzt, bald darauf, 1758, übernahm er im Verlag
von Weidmanns Erben und Reich — mit Reich war er durch C.
F. Weiße bekannt geworden — „ein Bändchen von sechs Comödien"

---

*) Reich versandte seine Broschüre u. a. auch an seine Autoren und be=
zeichneten ihm viele ihren vollen Beifall. So Heyne, Lavater, Ramler und
Zimmermann. Letzterer schreibt: „Tausend Dank für Ihre schöne Schrift gegen
Herrn Klopstock. Alles, was Sie darin sagen, deucht mir wahr, und doch auf
keine Weise beleidigend. Ein Subscribent bin ich freilich auch zu seiner Ge=
lehrtenrepublik, einer wunderlich angelegten Republik aus dem Monde." Hand=
schriftlich im Besitz der Weidmannschen Buchhandlung.

**) Welche Hoffnungen man an Klopstock's Unternehmen in Schriftsteller=
kreisen knüpfte, ergibt sich u. a. aus einem Briefe Herder's an Raspe: „Klop=
stock hat große Ideen, die Gelehrten zu Eigenthümern ihrer Werke durch Ver=
lag zu machen und die s. v. Pachtbuchhändler zu verdrängen; der Plan ist
groß und gut, nur erfordert er viel rasche und rege Hände, ihn auszuführen
und — gut Glück." Weimarsches Jahrb. III. S. 49.

herauszugeben. Das erste Stück sollte ein Lustspiel sein, dem zu
Grunde Goldoni's Eréde fortunata lag; der Druck begann, aber
als der zweite Bogen gesetzt war, mahnte Reich vergeblich um
weiteres Manuscript. Es kam zu einem Streit, da Reich ungestüm
auf Fortsetzung drängte, und die Folge war, daß der hitzige Leiter
der Leipziger Handlung den ersten Bogen in die Maculatur warf,
den Satz des zweiten aber unbenutzt ablegen ließ. Vielleicht hat
dieses bedauernswerthe Zerwürfniß, das zwei Männer trennte, die
es wohl werth waren, sich näher zu treten, mit beigetragen dazu,
daß Lessing nicht die Erfahrung erspart blieb, wie gefährlich es
für den Schriftsteller ist, sich auf ein ihm durchaus fremdes Gebiet
zu wagen.

Am 1. Februar 1767 meldet Lessing von Berlin aus an
Gleim nach Halberstadt, daß er in wenigen Wochen nach Hamburg
überzusiedeln gedenke. Was ihn hinüber zieht, ist zunächst das
Theater, dessen Leitung ihn gewonnen hat. Doch noch eine andere
Aussicht hat er in Hamburg. Herr Bode, Zachariä's Freund und
wohl auch Gleim persönlich bekannt, legt in Hamburg eine Druckerei
an und Lessing ist nicht übel Willens über lang oder kurz, auf
eine oder die andere Weise gemeinschaftliche Sache mit ihm zu
machen. „Wie wäre es, wenn Sie ihm ihre Werke in Verlag
gäben? Ich habe ihm schon vorläufig davon gesprochen."*)

Die Uebersiedelung findet statt, das Geschäft mit Bode kommt
zum Abschluß, die hieran von Lessing geknüpften Plane sind sehr
weitaussehend. Wie von dem Hamburger Theater, so erwartete er
von seinen Unternehmungen mit Bode den besten Erfolg, nicht
sowohl für sich, als für das allgemeine Beste. Er wollte u. a.
ein Journal gründen, zu dem die besten Schriftsteller Deutschlands

---

*) Gleim hatte selbst einen ähnlichen Plan. Er gründete, wie Weiße an
Uz am 21. Mai 1767 meldet, mit dem Magdeburger Bachmann eine typo-
graphische Gesellschaft, so daß Bode im folgenden Winter an die Möglichkeit
dachte, sein und Lessing's Geschäft mit dem von Bachmann und Gleim zu verbinden. Die Magdeburger Unternehmung blieb jedoch gleich in den ersten
Anfängen stecken. Bachmann, der wohl mit dem in Klopstock's Briefwechsel
Genannten identisch ist, war ein sehr fein gebildeter Mann und befreundet mit
Sulzer, Klopstock u. A. Er endete einige Jahre später in Petersburg durch
Selbstmord. — Auf Grund ihm zugesagter Notizen aus Gleim's Nachlaß hofft
der Verfasser später Mittheilungen über das Gleim=Bachmann'sche Unternehmen
machen zu können.

Beiträge steuern sollten. Durch dieses Journal sollte dann wieder auf Joseph II. gewirkt werden, in dem für die damalige literarische Welt ein Hoffnungsstern aufgegangen war. Der Glaube, in Wien das für die deutschen Schriftsteller zu finden, was Berlin versagte, wurde zunächst von Klopstock gehegt, der dem Kaiser seine bei Bode und Lessing gedruckte „Hermannsschlacht" zueignete. Lessing war damals auch von Hoffnungen auf Joseph II. sehr erfüllt. Gleim, der wie Nicolai nichts von dem Wiener Glück wissen wollte, meinte, die ganze Sache sei nur ein Finanzproject, den oester= reichischen Buchhandel in die Höhe zu bringen.

Bode hatte die Mittel zu seinen Unternehmungen durch seine reiche Frau erhalten, Lessing steckte alles, was er noch im Ver= mögen gehabt, „bis auf den letzten Heller" in die Druckerei, selbst seine Bücher hatte er zu diesem Behufe zum größten Theil ver= kauft. Aber weder Lessing noch Bode war ein Geschäftsmann, der vertraut mit den einschlägigen Verhältnissen, sich ihnen anzubequemen und aus ihnen das Nützliche herauszuziehen verstand. Sie beide trugen umgekehrt die durch abstractes Denken gewonnenen Ansichten kurzer Hand in das ihnen fremde Geschäft über und erwarteten, daß man ihre Ansichten auch in der Praxis anerkennen werde. Lessing hatte sich ausgedacht, daß man den neuen Verlag allemal vor der Messe zum Kostenpreis mit 20% Vortheil einem Buch= händler verkaufen könne, und daß man nichts drucken wolle, als die besten deutschen Schriftsteller und zwar in der Form jenes schon erwähnten Journals, des „Museums", von dem in jeder Messe einige Bände erscheinen sollten. Nicolai, dem Lessing seinen Plan mittheilte, warnte. Er wies darauf hin, daß kein Buch= händler werde zu finden sein, der zu einem solchen Kauf sich bereit zeige, oder der dann zur richtigen Zeit seine Wechsel einlöse, außer= dem aber wäre es ja zweifellos, daß der Absatz einer Schrift sehr häufig mit dem wahren Werth derselben im umgekehrten Verhält= niß stehe.

Aber Lessing ließ sich nicht bedeuten. Die ersten Stücke der Dramaturgie, die von Bode und Lessing gedruckt wurde, versendet er am 8. Mai und im August gibt ihm Nicolai Nachricht von dem Nachdruck, den Dodsley & Co. unternommen haben. Ein übler Umstand, an dem aber Lessing und Bode selbst die Schuld trugen. „Die Dramaturgie, die in Deutschland viel Aufsehen machte,

ward sehr unordentlich expedirt. Man konnte nur in wenigen
Städten Exemplare davon haben und die Kosten der einzelnen Ver=
sendung mit der Post machten die Buchhändler und Käufer ver=
drießlich. Man hatte besonders unterlassen, Exemplare nach Leipzig
zu legen." Nicolai machte deshalb Vorstellungen, empfing aber
zur Antwort: „Es sei einmal festgesetzt, man verschicke keine Exem=
plare, als die bestellt wären." Das war günstiger Boden für den
Nachdrucker, der unter der Maske einer kaum bekannten Firma
allen selbstverlegenden Schriftstellern den Krieg ankündigte und den
Kampf gegen Lessing zuerst aufnahm.*)

Die glückverheißende Verbindung mit Bode, von der sich noch
Lessing zu Anfang 1768 das Beste verspricht, wird allgemach eine
Quelle neuer Sorgen und Verlegenheiten für den Dichter, der
Sommer desselben Jahres bringt die Lösung des Verhältnisses.
Und Lessing läßt einen Katalog seiner Bücher drucken, die er im
Januar will versteigern lassen, und bittet Nicolai, „nicht den Buch=
händler, sondern den Freund", die Exemplare, die er ihm schicken
wird, ein wenig bekannt zu machen.

Unter dem literarischen Nachlaß Lessing's, der später mit seinem
„Nathan" nochmals, und glücklicher, den Weg des Selbstverlags
betrat, findet sich eine Skizze „Leben und Lebenlassen", die Lessing's
Ansicht über das Verhältniß zwischen Schriftsteller und Buchhändler
wiedergibt. Es heißt da zum Schluß: „Selbstverlag und Sub=
scription bleiben. Der Schriftsteller läßt auf seine Unkosten drucken,
aber die Subscribtion geht lediglich durch die Hände der Buch=
händler". Nur da, wo keine Buchhändler sind, oder wo die
Buchhändler Subscripenten zu sammeln sich weigern, sind Nicht=
buchhändler als Sammler zulässig.

Von dem Preis des Buches wird ein Drittel auf den Druck,
ein Drittel für den Verfasser, ein Drittel für den Subscribenten

---

*) Es ließ sich mit der 'seit kurzer Zeit aufgetauchten Firma „kein ein=
ziger angesehener Buchhändler" ein, „sondern man begnügte sich, ihnen für
wenige Thaler das, was man von ihren meist wenig bedeutenden Verlags=
büchern brauchte, abzulaufen, und ließ sie unter den vielen Hausirern, denen
die Meßfreiheit erlaubt, ihr Brod zu erträdeln, fortlaufen. Herr Lessing nahm
aber die Sache auf einen ernsthafteren Fuß." Er machte die Dodsley'sche An=
zeige bekannt und wahrte den Schriftstellern das Recht des Selbstverlags. S. Ni=
colai's Besprechung der „Dramaturgie", Allg. deutsche Bibliothek X. 2. Stück.

sammelnden Buchhändler gerechnet. Bei dieser Vertheilung kommt wohl jede Partei zurecht. Dabei ist allerdings nöthig, „daß auf der Messe gegen Erhaltung der Exemplare sogleich baare Zahlung geleistet werde. Der Schriftsteller kann nicht borgen und nur darum opfert er einen so ansehnlichen Theil seines Gewinnstes, damit ihm Alles erspart werde, was das Zeit versplitternde Detail des Kaufmanns erfordert". „Wäre es nicht zu wünschen, daß sich der ganze Buchhandel auf diese Art realisiren ließe?" Denn, um Lessing's Eingangsworte noch hier zu erwähnen, „wie? es sollte dem Schriftsteller zu verdenken sein, wenn er sich die Geburten seines Kopfs so einträglich zu machen sucht, als nur immer möglich? Weil er mit seinen edelsten Kräften arbeitet, soll er die Befriedigung nicht genießen, die sich der gröbste Handlanger zu verschaffen weiß — seinen Unterhalt seinem eigenen Fleiß zu verdanken zu haben."

Auch Goethe betrat, wenigstens mit seiner ersten Arbeit, den Weg des Selbstverlags. Sein „Götz" war fertig, sollte aber, wie er vorlag, nicht gedruckt, sondern später in eine neue Form um= gegossen werden. Der Dichter scheute sich, das Manuscript einem Buchhändler anzubieten, nachdem er mit seinen „Mitschuldigen" schon von Verschiedenen war abgewiesen worden. Da rieth Merck zum Selbstverlag. „Durch die Frankfurter Zeitung hatte er sich schon mit Gelehrten und Buchhändlern in Verbindung gesetzt, wir sollten daher, wie er meinte, dieses seltsame und gewiß auffallende Werk auf eigene Kosten herausgeben und es werde davon ein guter Vortheil zu ziehen sein; wie er denn mit so vielen Andern öfters den Buchhändlern ihren Gewinn nachzurechnen pflegte, der bei manchen Werken freilich groß war, besonders wenn man außer Acht ließ, wie viel wieder an anderen Schriften und durch sonstige Handelsverhältnisse verloren geht." Goethe lieferte das Papier, Merck, der in Arheiligen, einem Dorfe bei Darmstadt eine Druckerei angelegt hatte, druckte das Stück. Goethe aber erzählt scherzend, wie er, zu einer Zeit, wo man ihm die größte Aufmerksamkeit wegen seiner Arbeit erwies, höchst verlegen war, wie er nur das Papier bezahlen sollte, auf welchem er die Welt mit seinem Talent bekannt gemacht hatte.*)

---

*) Goethe, Aus meinem Leben. 13. Buch. Unter den Besuchern war auch ein Buchhändler, der sich „mit einer heiteren Freimüthigkeit" ein Dutzend solcher Stücke gegen gutes Honorar ausbat.

Schiller ließ seine „Räuber" drucken, weil er für sie keinen
Verleger fand, die zweite (Mannheimer Theater-) Auflage erschien
denn, ebenso wie „Fiesco" und „Kabale und Liebe" bei Schwan
in Mannheim. Hatte er auch damit das Gebiet des Selbstverlags
verlassen, so spukt doch in den weiteren Jahren zeitweise auch in
ihm die Sehnsucht, den Buchhändler nur als Commissionär betrachten zu dürfen. Da er weiß, daß Körner Capitalien in Göschen's
Geschäft stehen hat, so fragt er (3. Juli 1785) bei Jenem an, ob
seine Verbindung mit dem Leipziger Verleger der Art sei, daß er
in dessen Handlung Verleger eines Buches sein könne, wovon also
Göschen nur die Commission hätte. Er wünscht nämlich seinen
Autorencommerce fernerhin anders zu tractiren und nach einer
vorhergehenden Verabredung mit Körner selbst den Verlag seiner
Sachen zu übernehmen. Er führt dabei gleichzeitig und später
wiederholt Beschwerde über Schwan und dessen Geschäftstheilhaber
Götz, weil diese Fiesco und Kabale und Liebe, ohne dem Verfasser
ein Wort zu gönnen, neu auflegten. Götz ließ sich sogar bei-
gehen, einige Exemplare, die Schiller verlangt hatte, sich bezahlen
zu lassen. Dieser niederträchtige Streich hebt alle Verbindlichkeiten
Schiller's gegen die Buchhandlung auf, und Jener hält sich für
vollkommen berechtigt, selbst eine neue Auflage seiner Stücke zu
veranstalten. Hätte Körner einen Antheil an Göschen's Handlung, so könnte die Sache gleich gethan sein. „Du würdest Dich
mit mir entweder in einer Summe überhaupt vereinigen, oder mir
den Bogen bezahlen — und dieß überließe ich ganz Deinem Ueber-
schlage. Der Umstand ist der, daß dieser Plan für Dich (oder
Göschen) mehr als nicht nachtheilig, für mich aber von sehr großem
Vortheil ist, denn ich bin für meine drei Stücke*) bisher erbärm-
lich bezahlt worden und ich glaube doch, daß mir das Publicum
einigen Ersatz schuldig ist."

„Es ist unstreitig das Beste", schreibt dann Körner am 8. Juli,
„wenn Du Göschen Deine Schriften in Commission giebst. Ich
schieße dann aus einer andern Kasse, die nicht in Göschen's Handlung ist, die Druckerkosten vor, und mache mich von dem Ertrage
bezahlt, den Göschen nach Abzug der Commissionsgebühren mir

---

*) Die Ausgabe der Räuber, die neben der Mannheimer Theater-Aus-
gabe herging, erschien bei Löffler in Mannheim.

berechnet. Dir steht es alsdann frei, den Ertrag abzuwarten oder Dir von mir darauf vorschießen zu lassen. So werde ichs auch mit meinen eigenen schriftstellerischen Arbeiten machen und mit dem, was Huber in unserm Verlag giebt." Gleich nachdem Schwan und Götz abermals Schiller Anlaß zur Unzufriedenheit gegeben, schreibt dieser an Göschen (19. April 1788). „Schwan und Götz", sagt er, „wissen, daß ich durch Schriftstellerey allein existiren und auf jeden Profit sehen muß, dennoch behandeln sie mich so wucherhafftig, daß ich von einem Stück, das sie das Drittemal auflegen, zehn Carolin in allem ge= wonnen habe. Ich will mich also dißmal meines Vortheils be= dienen und wenn Sie mit mir einverstanden seyn wollen, eine Neue durchaus verbesserte mit neuen Scenen vermehrte und mit einem ganz neuen Stück versehene Auflage meiner Schauspiele für die Michaelismesse anzeigen." Der ganze Plan hatte zunächst nur den Zweck, die Mannheimer zu einer Zahlung von Einhundert Thalern zu bringen, und sollte erst zur Verwirklichung kommen, falls dieser Versuch einer Erpressung mißglückte. — Daß der Versuch, wie es scheint, in jeder Weise fehlschlug, ist dem ungestümen Schriftsteller wohl zu gönnen, so sehr man den Dichter wegen seiner geringen Einnahme bedauern mag.

Von den Bestrebungen jener Jahrzehende, sich von der Fessel des Buchhandels zu lösen und von dem Schwanken zwischen Selbst= verlag und buchhändlerischem Verlag gibt wohl kein Schriftsteller= leben ein besseres Bild, als das Wieland's.*) Als kaum flügger, noch ganz in Klopstock'schen Bahnen wandelnder „enthousiaste hexamétriste, ascète, prophète et mystique" hegt er die Absicht, eine Buchhandlung in Zofingen zu gründen; nach seiner Vater= stadt zurückgekehrt, beschäftigt er sich mit derselben Idee, da sich in Biberach ein Buchdrucker niederläßt. Unterdeß steht er immer auf dem freundschaftlichsten Fuße mit seinen bisherigen Verlegern in Zürich.

Wie dann der Ruf nach Erfurt eintrifft, erwacht auch die alte Lust wieder. Des Erfurters Riedel Schwiegervater ist Buchhändler, und Wieland denkt gern daran, mit Riedel ein Geschäft zu gründen.

---

*) Buchner, Wieland und die Weidmannsche Buchhandlung enthält darüber das Ausführliche.

5

Der Beiden Namen würden sich in einer Firma gut machen. „In der That", schreibt der Dichter, „sollten sich die Gelehrten angelegen sein lassen, die Buchhandlung, so viel nur immer mög= lich, den Idioten und Ostrogothischen Kerlen, welche den größten Theil der Sosien unserer Zeit ausmachen, aus den Klauen zu reißen. Es würden sehr viele Vortheile für die gelehrte Republik daraus entspringen."

Trotz alledem ist er dann vergnügt, wie er „Musarion" und „Idris" an Weidmanns Erben und Reich verkauft und anständiges Honorar empfangen hat. Die Verbindung mit dem trefflichen Reich drängt vorläufig alle Gedanken an Selbstverlag in den Hintergrund, dann aber brechen sie neu hervor, wie F. H. Jacobi den Dichter zur Vollendung seines „Agathon" bestimmt. Dieser ist zwar im Verlag von Orell, Geßner und Compagnie in Zürich erschienen, nichts destoweniger aber war Jacobi's Vorschlag zu ver= führerisch, um nicht darauf einzugehen. Jacobi selbst stellt sich an die Spitze des Unternehmens und ladet zu Subscription ein. Wie aber der Plan durch die Nachlässigkeit des Commissionsbuchhändlers zu scheitern droht, flüchten sich die beiden Freunde zu Reich, der den Verlag übernimmt, nachdem Wieland den Zürichern, die nun ihrerseits auch mit einem Nachdruck gedroht hatten, Entschädigung geleistet hatte. Der deutsche Merkur, der seit 1773 erscheint, ist Wieland's erster praktischer Versuch des Selbstverlags, der gelingt. Es folgen die „Abderiten" im Verlag von Weidmanns Erben und Reich, nicht ohne daß Zweifel aufsteigen, ob nicht auch dadurch des bisherigen Verlegers Recht litte. Und wieder wird nun Wieland nachdruckender Selbstverleger. Der erste Band seiner „Auserlesenen Gedichte", die Mauke in Jena druckt, enthält die 1769 bei Weidmanns Erben und Reich erschienene „Musarion"; das ganze Unternehmen geht dann, nach verschiedenen scharfen Worten von beiden Seiten an die Leipziger Firma über. In deren Verlag folgen einige weitere Schriften, Horaz' Briefe aber, die Wieland übersetzt, erscheinen im Verlag der Dessauer Ver= lagscasse.

Der Tod Reichs erschüttert nun die Freundschaft in bedenk= licher Weise. Honorarerhöhungen müssen nachträglich bewilligt werden, der Dichter zeigt sich leicht empfindlich, aber die Hand= lung trägt alles, um das Verhältniß nicht zu gefährden, nament=

lich, um sich den Verlag von Wielands Werken zu sichern. Aber
die Bemühungen sind umsonst. Wieland hat in dem jungen Göschen
den Mann gefunden, der den Merkur debitirt und die Werke seines
Gönners drucken soll. Und der Dichter setzt sich zum Schreibtisch,
und legt, während die Wolken eines Prozesses drohend am Him=
mel aufsteigen, die Grundsätze, woraus das mercantilische Verhält=
niß zwischen Schriftsteller und Verleger bestimmt wird, in einer
Denkschrift nieder, die er den Leipzigern zur Regelung ihrer An=
schauungen mittheilt.

Die in dieser Denkschrift ausgesprochene Ansicht geht dahin,
daß der Autor dem Verleger ein unbedingtes Verlagsrecht seiner
Arbeit nicht verkaufen kann, „so lange nehmlich kein allgemein gül=
tiges positives Gesetz in Teutschland existirt, welches den Bücher=
nachdruck für unerlaubt erklärt. Am allerwenigsten aber kann ein
Autor seinem Verleger das Recht, eine unbestimmte willkürliche
Anzahl von Exemplarien machen zu lassen, geben oder gegeben zu
haben präsumirt werden, ehe und bevor er seinem Werke (über
welches als ein Product seines Geistes er lebenslänglich ein un=
verlierbares Recht behält), die letzte Vollendung gegeben hat." Ist
ein zwischen Autor und Verleger abgeschlossener Vertrag ein Contractus leoninus zum Nachtheil einer Partei, so kommt ihm keine
Rechtsbeständigkeit zu. Wie der Verleger den Verfasser gerichtlich
anhalten könnte, daß er ihm den durch Verlagsübernahme erwachse=
nen Schaden ersetze, so hat der Verleger nicht das Recht, auf
Grund eines Contractes, der sich als ein Contractus leoninus zu
seinen Gunsten erwiesen hat, auf die zweite und weitere Auflage
des Werkes, das seinem Verfasser nicht den Lohn einbrachte, den
er zu erwarten berechtigt war. Dem Verfasser aber steht es in
solchem Falle zu, aufs neue über seine Arbeit zu verfügen.

Wie zu erwarten, wurde die Leipziger Firma durch Wie=
land's Ausführungen nicht überzeugt, ebensowenig der Dichter durch
ein Weidmannsches Promemoria. Der Prozeß begann, Wieland
siegte und seine Werke erschienen bei Göschen.

Alle diese Versuche, sich vom verlegenden Buchhandel ganz zu
lösen und nur noch einen Commissionsbuchhandel gelten lassen zu
wollen, gingen stets von Einzelnen aus, und so viel solcher Ein=
zelner auch zu dem Versuch schritten, so bekam doch erst die ganze
Bewegung ein gefährliches Ansehen, sobald Einzelne sich zusammen=

thaten und in geschlossener Reihe, in der Form einer Gesellschaft,
dem Verlagsbuchhandel den Krieg erklärten. Dies geschah 1781,
nicht weit von Leipzig, um auf diese Weise mit dem unentbehr=
lichen Buchhandel leichter in Fühlung zu bleiben, zunächst aller=
dings nur zu Gunsten vermögender Autoren. Die Buchhandlung
der Gelehrten in Dessau ward zu dem Behuf 1781 gegründet.

Auf die Anfrage Merck's, der sich für diese neue Schöpfung
als Schriftsteller und unternehmender Kopf interessirte, meldet Ber=
tuch unterm 16. Juni 1781 nach Darmstadt, daß der Plan zu
jener von einem gewissen Magister Reiche, dem Verfasser einer
synchronistischen Weltgeschichte und Lehrer am Philanthropin, einem
wackern und ehrlichen Manne, „der Muth hat wie ein Löwe und
seinen Mann steht wie ein alter Schweizer", ausgehe. „Der Her=
zog hat die Fundationsgesetze confirmirt, und damit allen Gelehrten
die möglichste Sicherheit gewährt werde," hat er noch zwei seiner
Beamten, zwei gute Köpfe, als Aufseher darüber ernannt. „Daß
der Gelehrte," meint Bertuch, „der selbst drucken läßt, von dieser
Handlung aufs ehrlichste bedient und von seines Kopfes oder seiner
Hände Arbeit auch (wenn sie [die Buchhandlung der Gelehrten]
sich erst mit dem übrigen Corps des libraires ausgesöhnt hat) den
möglichsten Nutzen habe, zweifle ich im Geringsten nicht, nur wird
sie, da sie 1) bloß den Generalcommis des Gelehrten, der ver=
mögend genug zum Selbstverlag ist, macht, und folglich ein junger
oder unvermögender Autor sie nicht benutzen kann; 2) keinen Cre=
dit gibt; 3) kein Sortiment andrer Buchhändler für ihre Werke
nimmt, noch beträchtliche Schwierigkeiten im Debit, sonderlich auf
den Messen finden und etwas langsam zu ihrem Zwecke kommen."

„Nachricht und Fundationsgesetze" der Dessauer Firma, die
in einem besonderen Hefte verbreitet wurden, gehen von dem Druck=
überschlag eines Werkes aus, und weisen nach, welcher Gewinn
dem Verfasser erwächst, durch Selbstverlag bei verschiedenem Ab=
satze, während das vom Verleger gezahlte Honorar bei demselben
Absatz einen viel geringeren Betrag darstellt. Die Klagen der Ge=
lehrten sind daher sehr gerecht und die Behauptung ist wahr: „Der
größere Gelehrte ist nur ein Knecht, der Buchhändler aber der
Herr desselben, und den Gelehrten geht es vergleichungsweise
wie den Pferden, die den Hafer bauen und verdienen, von dem=
selben aber wenig und fast nichts bekommen." Gibt es nun zwar

unter den Buchhändlern auch sehr ehrliche Leute, und ist die ge=
gründete Klage der Gelehrten keine Verdammung der Buchhändler,
so ist in Wahrheit die Entschuldigung der Buchhändler keine Ver=
pflichtung der Gelehrten, die schädliche Lage des Buchhandels zu
lassen, wie sie ist, und die Buchhandlung der Gelehrten hat die
Aufgabe, den Gelehrten eine Stütze zu sein bei ihren Bestrebungen.
Sie übernimmt also zu diesem Behuf die von dem Verfasser ge=
druckte Schrift zum Debit, läßt sie auch, falls dies der Verfasser
vorzöge, nach Einsendung von Manuscript und Geld selbst drucken.
Mit den zum Debit empfangenen Werken besucht die Firma die
Leipziger Messen, sie beschränkt auch ihren Verkehr auf den mit
Buchhändlern, Zeitungs= und Adreßcomtoiren und Solchen, welche
bisher mit rohen Büchern, Musikalien u. s. w. gehandelt haben.
Doch wird sie sich, sofern der Buchhandel sich dem Unternehmen
feindlich zeigen und einen Verkehr verweigern sollte, im Interesse
der vertretenen Gelehrten an das Publicum selbst wenden. Für
alle diese Thätigkeit, die sich noch durch eine Reihe anderweiter
von der Firma übernommenen Verpflichtungen steigert, beansprucht
diese vom Ladenpreis des übernommenen Buches ein Drittel, vom
Thaler also acht Groschen, und sie will von dieser Provision nur
1½ Groschen für sich, 6½ Groschen gewährt sie dem das Buch
kaufenden Buchhändler. „Billige und vernünftige Buchhändler
werden mit diesem Gewinn sehr zufrieden sein." Die Gefahr,
daß das verdienstvolle Unternehmen der Handlung durch Nachdruck
gestört werde, ist nicht groß, da das Interesse der Gelehrten und
der Künstler ein allgemeines Interesse des ganzen gesitteten Publi=
cums ist, und da die Buchhandlung der Gelehrten zweifellos das
Interesse des Gelehrtenstandes aufs beste vertritt. Sollte aber
Jemand gar den Versuch wagen, seinen Nachdruck durch die Dessauer
Firma debitiren zu lassen, so schließt diese ihn fünf Jahre aus der
Zahl Derer aus, mit denen sie verkehrt.

　　Spätestens sechs Wochen nach der Messe legt die Handlung
jedem ihrer Auftraggeber Rechnung ab, indem sie gleichzeitig jedem
betheiligten Verfasser das Recht einräumt, sei es persönlich, sei es
durch Dritte, nachzuforschen, „ob wirklich noch so viel Exemplare,
als die Buchhandlung angegeben, 2c. vorhanden seyn". Zahlungen
werden an den Auftraggeber geleistet, oder an dessen Bevollmäch=
tigte, z. B. an Gläubiger, die vom Committenten der Dessauer

auf seine dortigen Einnahmen angewiesen sind. Ein Nachtrag ver=
heißt dann noch u. a. zeitweise erscheinende Berichte über die Hand=
lung und ihre Unternehmungen. Unter den für die nächste Oster=
messe in Vorbereitung befindlichen Schriften sind Arbeiten von
Ancillon, Bernoulli, Bahrdt, Bertuch, Semler, den Musikern Rei=
chardt und Rust. Herrn Reiche's Weltgeschichte wird ebenfalls als
in Aussicht stehend angezeigt.

Am Schluß der „Nachricht" wird noch eines Planes Erwäh=
nung gethan, der nach erfolgter Durchführung das von der Buch=
handlung der Gelehrten Unternommene passend zu ergänzen bestimmt
ist. „In Rücksicht dessen nämlich, daß so mancher Gelehrte und
Künstler zu dem eignen Abdrucke und Verlage seines Werkes nicht
Vermögen hat," sind einige Capitalisten zusammengetreten, um die
Schriften, die von einem inneren Werth sind, drucken und durch
die Buchhandlung der Gelehrten verkaufen zu lassen. Ja sie benken
daran, selbst dem Verfasser ein billiges Honorar zu bezahlen, so
daß also sie sowohl das Risico der Veröffentlichung, wie auch
eines Honorarvorschusses übernehmen.

Die „Verlagscasse für Gelehrte und Künstler", die noch in
demselben Jahre 1781 in Dessau gegründet wurde, war das In=
stitut, welches die „Nachricht" der Buchhandlung der Gelehrten in
Aussicht genommen hatte. Die Statuten jener Actiengesellschaft
fordern den unvermögenden Schriftsteller auf, eine bestimmte Zeit
vor der Messe, in der sein Buch erscheinen soll, das Manuscript
dem Directorium nach Dessau einzusenden. „Wird nach Unter=
suchung befunden, daß die Casse ohne wahrscheinlichen Schaden sich
weder auf Vorschuß noch auf Verlagskosten einlassen kann, so geht
das Manuscript schnellstens an den Einsender zurück. Gründe der
Ablehnung werden nicht angegeben. Wird das Buch angenommen,
so erfolgt Schließung eines förmlichen schriftlichen Contractes,
Stärke der Auflage ꝛc. wird darin genau bestimmt.

Werden dem Gelehrten nur die Verlagskosten vorgeschossen,
so erhält er 55% des Ladenpreises; 33⅓% sind für die Gelehrten=
Buchhandlung, die andern für Buchhändler, Subscribenten, Com=
missionäre; 11⅔ empfängt die Gesellschaft. Verlangt der Gelehrte
außer Vorlage der Herstellungskosten noch baaren Vorschuß, so
empfängt er nach dessen Größe einige Procente weniger an Ge=

winn. Dieser wird jedoch erst bezahlt, nachdem alle von der Casse vorgelegten Kosten gedeckt sind."

Da die Gesellschaft das ganze Risico übernimmt, so behält sie sich alle Wege des Debits vor, „durch Pränumeration, Subscription, Commissionärs, durch die Gelehrte Buchhandlung oder andere Buch= händler u. s. w. einzuschlagen, contant oder auf Credit (jedoch das letztere auf ihre, nicht der Autoren Gefahr) zu handeln. Da die Gesellschaft mit verschiedenen Gelehrten und anderen sicheren Män= nern in Verbindung steht, welche sich erboten haben, Subscription an ihren Orten für die Schriften der Gesellschaft zu eröffnen, wird sie den Debit jetzt zum Theil auf diesem Wege suchen." Am 1. Januar und 1. Juli legt die Gesellschaft ihren Autoren Rech= nung ab, diese haben außerdem das Recht, an Ort und Stelle selbst zu prüfen, ob die Mittheilungen der Gesellschaft wahr sind. Für den Fall eines Nachdrucks hat der Autor das Recht des Ankaufs der noch vorhandenen Exemplare seines Werkes, wenn er nicht vorzieht, das Buch im Preis ermäßigt auch weiter der Gesellschaft zu überlassen. In letzterem Falle trägt die Verlagscasse, auch wenn die Verlagskosten und der etwa dem Verfasser gegebene Vor= schuß nicht durch weiteren Verkauf der Exemplare gedeckt würden, den Schaden ganz allein.

Diese Verlagscasse schien mehr noch als die Buchhandlung der Gelehrten einem Bedürfniß der Zeit entgegenzukommen und sie fand begreiflicher Weise bei den Zeitgenossen die beste Aufnahme. „Weit wichtiger," schreibt Bertuch in dem angeführten Briefe an Merck, „und sowohl für Gelehrte und Publicum nützlicher ist hingegen das zweite, so zu sagen aus jenem Samenkorn (der Buchhandlung der Gelehrten) mitentsprossene Institut, die Verlagscasse. Es ist eine Gesellschaft begüterter Actionärs, die schon einen beträchtlichen Fonds zusammen hat und, ohne dem Schriftsteller das Eigenthum seines Werkes zu rauben, ihm Verlagskosten und Honorar vor= schießt, alle Arten des Debits einschlägt, Credit gibt, dem sub= scribirenden Leser 20 % Rabatt, ihrem Commissionär 10 % pro cura gibt, kurz, es dem Autor so bequem und gut wie möglich macht." Hätte Merck Lust, bei dem Unternehmen sich zu betheili= gen, so würde das dem Directorium gewiß erwünscht sein.

Und wie die Verlagscasse in Dessau sich aufthut, so tauchen Vorschläge zu ähnlichen Unternehmungen in Nord und Süd auf.

Besonders sei da des Berliner Plans gedacht. Da man es vom
volkswirthschaftlichen Standpunkt für das Beste hält, das Geld
möglichst ins Land zu ziehen, das aber bereits darin befindliche
nicht hinauszulassen, liegt der Gedanke nahe, nur preußisches Papier
in preußischen Druckereien zu verdrucken; die Einnahme der Leip=
ziger Messe ist dann eine sehr erwünschte Zufuhr zum preußischen
Wohlstand.

Während diese Nachbildungen der Dessauer Unternehmung bis
auf eine in Augsburg frommer Wunsch geblieben zu sein scheinen,*)
haben die Dessauer Firmen einige Jahre bestanden, für nicht wenige
Schriftsteller Anfangs ein Gegenstand dankbarer Betrachtung. Eine
Anstalt, die sich zur Aufgabe stellte, dem Autor seine Werke zu
drucken und sogar vorweg zu honoriren, und die mit dem Wieder=
ersatz dieser Auslagen sich Jahre hindurch geduldete und für alles
dieses mit geringer Provision sich begnügte, hatte gewiß viel An=
ziehungskraft. Trotzdem ein gewisses Mißtrauen sich auch in
Schriftstellerkreisen geltend macht — einzelne Autoren von Weid=
manns Erben und Reich spotten in ihren Briefen über das Unter=
nehmen, dem sie kein langes Leben versprechen —, kommt das
Unternehmen in Gang, es erscheinen in den „Berichten" Listen der
Bücher, welche in nächster Messe in die Oeffentlichkeit treten sollen,
auch gibt man wohl Bericht über einige weitere Verlagsanerbie=
tungen, auf die man eingehen würde, falls das Publicum durch
Subscription zu erkennen gibt, daß es die Bücher gedruckt wünscht.
Unter den Autoren der angezeigten Bücher finden sich einige gute
Namen, so Bertuch, Wieland's Beistand in der ersten Zeit des
Merkur, später Begründer des Landes=Industriecomptoirs in Weimar,
Clamer Schmidt, Bahrdt, Herder und Wieland. Doch war das
Glück der bei den beiden Unternehmungen betheiligten Schriftsteller
nur kurz, Klagen über unpünktliche Geschäftsführung, über offen=
baren Betrug blieben nicht aus. Manches bittere Wort über ge=
täuschte Hoffnungen wurde in den Briefen an Verleger laut, und
ebenso der Wunsch, die frühere bisher verkannte Verbindung wieder
geknüpft zu sehen. So klagt der Kieler Hirschfeld, der der Buch=
handlung der Gelehrten einen Gartenkalender zum Debit übergab,
über offenbaren Betrug und fragt Reich um Rath. Wie aber die

---

*) Kirchhoff, Beiträge II. 258.

Verlagscasse sich mit ihren Autoren abfand, ergibt sich aus ihrem Verhältniß zu Wieland. „Die Verlagscasse hat mir," schreibt dieser im Januar 1787 an Reich, für meine horazischen Briefe (ein Werk, woran ich mit dem mühsamsten Fleiß ein ganzes Jahr gearbeitet) zwar 500 Rthlr. honorarium accordirt, allein ich habe hiervon keinen Heller baares Geld, sondern die ganze Summe bloß in Actien, d. h. in Papier, wofür mir schon lange niemand nur 10% zu geben Lust hat, empfangen. Diese angebliche Zahlung ist also bloß eine merkantilische Fiction; es ist dadurch kein Groschen aus der Verlagscasse in meinen Beutel gegangen." Es darf angenommen werden, daß die an andre Schriftsteller ge= zahlten Honorare dem an Wieland gezahlten an wirklichem Werth gleich kamen, wogegen die Casse selbst immerhin Einnahmen hatte. Wenigstens behauptet Wieland, sie habe von seinen horazischen Briefen eine Auflage von 2000 Exemplaren gedruckt und davon 1300 Exemplare abgesetzt. Der Weimarer Hofrath berechnet seinen Schaden bei dem „sinnlosen Institut" auf 1000 Thlr., Bahrdt, der für seinen Patriotismus, die Republik der Gelehrten haben fördern zu wollen, 13—14 Ballen Maculatur erhält, darf seinen Verlust kecklich auf 400 Thlr. veranschlagen.

Der deutsche Buchhandel stand allen diesen Bestrebungen zu= nächst nicht feindlich gegenüber. „Nie kann es einem Gelehrten verwehret werden," meint Nicolai, „etwas auf seine Kosten drucken zu lassen, denn jeder kann wohl sein Geld ausgeben, wofür er will."*) „Ich würde mir nie einfallen lassen", sagt Reich**), „mich dem Selbstverlag zu widersetzen, denn wie kann ich jemandem verdenken, wenn er glaubt, gewisse Mittel vor sich zu sehen, wo= durch er seinen Wohlstand befördern könne und dieselbigen ergreift." So ging der selbstverlegende Schriftsteller ruhig seinen Weg, war vielleicht gleichzeitig Autor und Freund eines Buchhändlers, der es ihm dann nicht abschlug, auch Subscription auf das selbstverlegte Werk anzunehmen. In den Anzeigen, in denen von den selbst= verlegten Büchern die Rede war, erschienen Buchhändler sehr häufig als solche, die Subscribenten und Pränumeranten annahmen und

---

*) Allg. deutsche Bibliothek X. 2.
**) Zufällige Gedanken eines Buchhändlers über Herrn Klopstock's Anzeige einer gelehrten Republik. S. 3.

dann auch die Exemplare dem Besteller übermittelten. Doch trübte sich das Verhältniß zeitweise, wenn der Autor, als Kind einer auf dem Gebiete des Autorrechts gänzlich zerfahrenen Zeit, das Selbst= verlagsrecht auf ein Werk ausdehnte, dessen Eigenthums er sich schon längst begeben hatte. Wir erinnern uns des Streites zwischen Orell, Geßner und Compagnie und Wieland, der ganz damit ein= verstanden war, daß F. H. Jacobi den „Agathon" in neuer Auf= lage dem Publicum ankündigte, während die Züricher Verleger diesen Neudruck als Nachdruck zu betrachten alles Recht hatten. Wir erinnern uns ferner des wirklichen Nachdrucks der „Musarion", sowie der Maßnahmen, die der empfindliche Schiller gegen seine Mannheimer Verleger in Scene setzen will, weil diese die ihnen gehörigen Stücke neu drucken, ohne den Autor zu fragen, und un= verschämt genug sind, Exemplare, die sie zu berechnen das Recht haben, sich bezahlen zu lassen.

Dem Wunsch der Autoren, sich den Ertrag ihrer Arbeiten voll zu sichern, trat die Natur der auf den Markt gebrachten Waare störend entgegen. Wenn Nicolai einmal scherzend an Lessing schreibt, daß die Buchhändler „von den gelehrten und vernünftigen Büchern nicht reich werden, sondern von dummem Zeuge", so ist doch soviel zweifellos, daß aus dem innern Werth eines Buchs auf seinen Absatz nicht zu schließen ist, und daß der Schriftsteller selbst sich über die Absatzfähigkeit seiner Arbeit leicht den größten Täuschungen hingibt. So blieben dann bittere Enttäuschungen nicht aus. Man begann, in der sichern Voraussicht großen Begehrs, zu drucken und nach einigen Monaten war alles da, nur keine Bestellung.

Zu der stets großen Ungewißheit des Absatzes, der man auch durch sehr frühe Anzeigen und Beginn des Drucks auf Grund der eingegangenen Bestellungen nicht ganz zu begegnen vermochte, trat als weiteres Hemmniß die immer noch große Schwierigkeit des öffentlichen Verkehrs. Nahmen auch Freunde, befreundete Buch= handlungen und die Postämter vielleicht Subscription und Zahlung an, so war doch nicht zu vermeiden, daß auch Menschen von zweifelhaften Grundsätzen sich an dem Unternehmen betheiligten und zwar zu ihrem Nutzen. Häufig wird die Klage laut über veruntreute Pränumerations= und Subscriptionsgelder, über will= kürliche Maßnahmen, die den Schaden des Selbstverlegers bezwecken.

So klagt Wieland am 26. Januar 1776 Merck: „Wenn Sie einen vortheilhaftern und doch leicht praktikabeln Debits=Modum für den Merkur ausspeculiren könnten, als der itzige, wo die Postämter einen Thaler von jedem Exemplar voraus wegnehmen, dann, l. M., hätten Sie mir, Jacobi und sich selbst einen großen Dienst gethan. Der Postmeister in Erfurt macht mir eine Menge Mucken, bezahlt mich nicht, legt keine Rechnung ab und setzt mich in eine um so größere Verlegenheit, da die Spebitionszeit des Jänners vor der Thür ist, und ich also nothgedrungen bin, ihm die Spebition zu meinem größten Schaden zu überlassen, oder zu risquiren, daß der Merkur, weil ich nicht gleich einen andern Weg zum Debit offen habe, gar ins Stocken geräth.

Und wie für den Verfasser, so hatte der Selbstverlag auch für den Bücherkäufer seine bedenklichen Seiten. Warum auf ein Buch pränumeriren oder subscribiren, dessen Werth man nicht kannte? Da wartete man doch besser das Erscheinen des Buches ab, sah was Herrn Nicolai's deutsche Bibliothek oder eine andere Zeit=schrift darüber sagte, und faßte dann seinen Entschluß. Vielleicht wartete man dann gar noch, bis der wohl zu erwartende Nachdruck erschienen war. So muß Voß 1780 die üble Erfahrung machen, daß man ihm nicht allein durch schlechte Subscription und Prä=numeration die Möglichkeit nimmt, seine Odyssee zu drucken, sondern daß man seiner in Schwaben noch obendrein spottet. Man schreibt ihm von dort, daß man sein Werk kaufen werde, sobald ein Nach=druck vorläge.*)

Wenn so in den schlecht oder auch gar nicht zahlenden Sub=scribentensammlern und in vielerlei sonstigen Unannehmlichkeiten dem Selbstverlage der Schriftsteller ein wesentlicher Hemmschuh angelegt wurde, so hatte der Buchhandel seinerseits keinen Grund,

---

*) In der Zeit, als die Verlagskasse existirte, ist unsere Großmuth hundertmal mehr als vorher in Anspruch genommen worden. Anfänger haben einen ihrer besten Versuche, woran zehn Freunde gefeilt und gebessert hatten, drucken lassen und auf diese Probe hat ein leichtgläubiger Theil des Publicums Bände voll trivialen Zeuges kaufen müssen. Am zudringlichsten sind, ungefähr seit gleicher Zeit, die Componisten geworden. Hundert Organisten für Einen bieten Sonaten, Ouverturen, Cantilenen und Quartetten für einen wahrhaftig nicht niedrigen Pränumerationspreis aus, aber, wie sie heilig versichern, bloß, weil Kenner sie täglich zur Herausgabe aufmuntern und Liebhaber sehnlich danach verlangen". (Berl. Mon.=Schr. v. Gedike u. Biester XII. 449.)

die Schriftsteller in einem Vorhaben zu fördern, das dem Verleger den Krieg erklärte. Und so sehr Lessing irrt, wenn er glaubt, daß „Reich und mehrere Buchhändler, wenn schon nicht unter der Compagnie von Dobsley begriffen, dennoch für ihre Unterneh= mungen, den Gelehrten den Selbstdruck zu verleiden, sehr wohl gestimmt" seien, so ist doch gewiß, daß der Buchhändler nicht ohne Behagen zusah, wie sich der Autor auf dem Gebiete des Selbst= verlags abängstete, um schließlich froh zu sein, wenn er von dem wieder in alter Weise aufgenommen ward, in dem er so gern nichts weiter gesehen hätte als seinen Commissionär. „Ich bedaure", schreibt Nicolai an Merck nach Petersburg, „jeden Gelehrten, der Nutzen von seinen Werken ziehen will. In einzelnen Fällen kann Pränumeration dienlich sein, wie Zachariä, Unzer, Wieland zeigen, im Ganzen wird, denke ich, dem Uebel (den Klagen der Autoren) nicht abgeholfen." Und in einem andern Briefe: „Ueberhaupt gleicht die Buchhandlung einem Färbekessel, an dem man viele Jahre gestanden und im Schweiße seines Angesichts muß gearbeitet haben. Wer die Sache nur von außen ansieht, glaubt, es käme nur auf einige Recepte und auf's Eintauchen und Herauszziehen aus dem Kessel an. So leicht sehen jetzt viele Gelehrte den Buchhandel an, die sich dadurch zu bereichern gedenken. Wer aber, wie ich, das Innere der Sache kennt, siehet wohl, wie sehr sie sich betrügen."

Verhielt sich der Buchhandel dem Selbstverlag der einzelnen Schriftsteller gegenüber nicht feindselig, sondern zeigte er sich sogar bereit, zeitweise stützend einzugreifen, so trat er, als jener die Form der Dessauer Unternehmungen annahm, ihm entschieden feindlich gegenüber. Die Nachricht, welche die Directoren der Buchhandlung der Gelehrten in die Welt sandten — der Debit der Verlagscasse= Artikel sollte, soweit er durch anderweite Vermittlung nicht statt= fand, durch den Buchhandel vermittelst jener Buchhandlung besorgt werden —, nahm zwar ausdrücklich Bedacht auf die Möglichkeit, daß der Buchhandel den Verkehr mit den Dessauern ablehnen würde, allem nach aber überschritt das Verhalten des Buchhandels bei weitem das Erwarten. Zwar war, als man von Dessau aus die Schriftsteller zu beglücken dachte, der Zustand des Buchhandels nicht mehr der alte, der nur Tauschverkehr gekannt und von dem Geschäftsgenossen verlangte, daß er zur Betreibung seines Geschäfts auch für Verlag sorge, doch aber war er ebensowenig der heutige, der Sortiment und Verlag getrennt neben einander bestehen sieht. Denn wenn, wie die „Nachricht" der Dessauer besagt, auch damals schon einzelne Handlungen, wie Weygand und Weidmanns Erben und Reich in Leipzig gar nicht mehr tauschten, sondern ihre Artikel in feste Rechnung, daneben auch à condition versandten und in der nächsten Ostermesse Zahlung des Saldo verlangten, so war dies immerhin noch Ausnahme, die Regel aber war, daß man zu tauschen suchte und dem baaren Einkauf nach Möglichkeit aus dem Weg ging. Und man vermied daher, theilweise nicht aus Interesse für den Gesammtbuchhandel, sondern aus Interesse für den eigenen Beutel, einen Verkehr, in dem die Gegenseite zunächst Geld zu sehen wünschte.

Gute Handlungen lehnten jeden Verkehr mit Dessau ab. Was die großen Handlungen aus Princip, die kleineren aus Rücksicht auf ihr Verhältniß zu den großen und das wenig Lohnende des Verkehrs mit den Dessauern unterließen, das trieb in Verbindung mit der eigenen Unmöglichkeit das ganze unter fürstlicher Protection gegründete Unternehmen rasch dem Abgrund zu, in den es früher oder später jedenfalls stürzen mußte. Und wie später noch die zu Grabe Getragenen gleich Verpesteten verfehmt sind, ergibt sich aus dem Leben K. F. Bahrdt's, dessen Briefe über die Bibel von der Gelehrten-Buchhandlung waren debitirt worden. Der Berliner Verleger Mylius weigert sich ausdrücklich, die Fortsetzung zu ver= legen, wenn das Buch nicht einen andern Titel erhält, „weil er die bloße Fortsetzung eines Artikels der Gelehrten-Buchhandlung nicht verlegen wolle."

So endete die Bewegung und man darf sagen, zum Nutzen aller Betheiligten. Alle die schönen Plane der Schriftsteller waren zu Wasser geworden und die Hoffnungen, die Leibnitz zu Anfang des Jahrhunderts gehabt, waren umsonst gehegt. Er habe einige= mal darüber nachgedacht, schrieb der Philosoph am 15. October 1715 an Sebastian Kortholt nach Kiel, ob nicht unter den Ge= bildeten vorzüglich Deutschlands eine societas subscriptoria gestiftet werden könnte, welche jene vor der Habgier der Buchhändler schützte, die nicht veröffentlichten, was Veröffentlichung verdiente, sondern was ihnen, die selbst meist Ignoranten seien, gefiele, oder was sie um geringen Preis oder gratis den Autoren entrissen. Leibnitz dachte sich die Sache so, daß die Mitglieder sich auf die zu druckenden

Werke subscribirten und daß mit der hierdurch erzielten Ein=
nahme die Auslagen nebst Zinsen gedeckt werden sollten. Die
übrigen Exemplare sollten dann um so theurer an die verkauft
werden, die noch Verlangen trügen. „Putem, hanc societatem
tandem bibliopolas in ordinem redacturam et fundum sibi
comparaturam, qui sublevandae eruditorum bonae mentis inopiae
atque etiam experimentis vel indagationibus utilibus inservire
posset." Kortholt schien der Plan nicht unbedenklich. „De difficulta-
tibus recte mones," schreibt Leibniz am 19. November wieder,
„ex quibus potissima est potentia gentis bibliopolaris. Sed
credo potior numerus est et sufficiens ab alia parte: nec illi
consilium apud exteros receptum ullo jure reprehendere pos-
sunt. Et fortasse potiores aliquot bibliopolae lucri spe acce-
derent, ipsi, quam corporis sui utilitati facile praeferrent, inito
in aliquod tempus pacto, et societate constabilita aliquando
cessaturo."*)

Die von Leibniz so gefürchtete potentia gentis bibliopolaris
war es nicht, an der die Pläne des Philosophen und seiner Nach=
folger zwei Menschenalter später scheiterten. Denn einmal trat ja
der Buchhandel dem Selbstverlag nicht unbedingt feindlich gegen=
über, dann aber würde er, sofern er den Kampf um das Dasein
mit einem lebenskräftigen Gegner aufzunehmen gehabt hätte, diesen
zu bewältigen nicht vermocht haben. Der Gegner, der ihm so gern
gefährlich geworden wäre, erwies sich zwar in mancher Hinsicht
störend und schädigte den Geschäftsbetrieb, am meisten aber schnitt
er sich ins eigne Fleisch und bewies aufs neue, daß, was theoretisch
richtig ist, practisch sehr unzulänglich sein kann.

Theoretisch richtig ist nämlich, daß der Selbstverlag dem Schrift=
steller den gewünschten Lohn am sichersten und reichsten gewährt.
Der Schriftsteller hat in diesem Fall die Möglichkeit, schon dem
Drucker und Papierhändler gegenüber sein Interesse aufs beste zu
wahren. Er betraut dann einen Commissionsbuchhändler mit dem
geschäftlichen Vertrieb und sieht im Uebrigen getrost der Zukunft
entgegen in der begründeten Erwartung, daß sein Buch auch Käufer
findet. So die Theorie.

---

*) Leibniz an Seb. Kortholt, opera omnia ed. Dutens. V. 333, 334.

Die Praxis weist dem so rechnenden Schriftsteller mit leichter Mühe nach, daß seine Berechnung auf vielen trügerischen Voraus= sehungen beruht. Zunächst ist ja die Behauptung falsch, daß dem Schriftsteller unter jeder Bedingung das Recht zustände, seine Ar= beit belohnt zu sehen. Ist er aber nur berechtigt, seine Kraft zu Markt zu bringen und — mit Lessing zu reden — zu sehen, ob ihn Jemand dinge — ob ihm Jemand sein Buch ablaufe —, so wird er die vor hundert Jahren so oft gemachte Erfahrung wieder machen, daß eine Schrift mit ihrem Geschriebensein noch nicht die Berechtigung zum Gedrucktwerden erwiesen hat. Aber selbst voraus= gesetzt, die gedruckte Arbeit habe die Veröffentlichung durchaus ver= dient, wer mag dem Verfasser gegenüber die Bürgschaft übernehmen dafür, daß er den erwarteten Lohn durch den Absatz der gedruckten Exemplare voll erwirbt? Wer möchte selbst dafür einstehen, daß wenigstens die aufgewandten Kosten dem selbstverlegenden Schrift= steller durch den Absatz wieder zurückfließen? Auch heutzutage, wo die Verkehrsverhältnisse dem Selbstverlag — er werde unmittelbar durch den Schriftsteller oder durch einen Commissionär besorgt — so viel günstiger sind, als zu Klopstock's und Lessing's Zeit, sind die Vorbedingungen zu den großen Einnahmen des selbstverlegen= den Schriftstellers, der gewisse Absatz und die Zahlungsfähigkeit der Abnehmer noch unsicher genug, um den Autor von Bemühun= gen abzuhalten, die ihm in den allermeisten Fällen nichts bringen würden, als eine neue Auflage der Erfahrungen, die von längst= vergangenen Geschlechtern gemacht wurden.

Doch ist ja im Ernste auch nicht zu fürchten, daß für das heute lebende Geschlecht die Lehren verloren wären, die die Wirk= lichkeit seinen Urgroßvätern gab. Das Bewußtsein hat sich durch= gekämpft, daß der Verleger — nicht der Einzelne, sondern der Stand — etwas mehr gelernt haben muß, als, wie der über den Nachdruck der Dramaturgie verdrießliche Lessing meint, Packete zu= binden, daß er ein für die Literatur und ihre naturgemäße Weiter= bildung durchaus nöthiger Bestandtheil der menschlichen Gesellschaft ist und daß die Interessen des Schriftstellers am besten gewahrt sind, wenn er sie als mit denen des Verlegers identisch ansieht.

Denn der Verleger ist der verkörperte Geschmack, das ver= körperte literarische Streben seiner Zeit. Er ist die dankbare Nach= welt, die Einzelnes von dem wiederaufleben läßt, was frühere Ge=

schlechter schriftstellerisch geleistet, wichtiger aber ist er als der, der dem Geschmack der Mitwelt Ausdruck gibt. Als solcher ist er ein gutes Correctiv für Leute, die von ihrer Autorfähigkeit allzu große Ansichten haben, als solcher normirt er das Honorar, das er glaubt für ein angebotenes Manuscript geben zu können. Und indem er das erkaufte Manuscript zum Gegenstand einer geschäftlichen Spe= culation macht, handelt er ja nur im gleichzeitigen Interesse des Autors. Denn der Absatz des Buches, das er gekauft, konnte ihm gleichgültiger sein, sofern es sich nur um Commissionsverlag han= delte. Wo er aber wirklicher Verleger ist, wo er durch aufge= wandtes Capital auf den Erfolg seiner Unternehmungen hingewiesen wird und wünschen muß, daß seine Thätigkeit ihm nicht nur die gehabten Kosten, sondern auch Gewinn einbringe, da arbeitet er gleichzeitig für den Schriftsteller, der aus seinem Thun einen der muthmaßlichen Nachfrage entsprechenden Lohn zieht, ohne in die Gefahren zu kommen, die seinen Geschäftsfreund nicht selten be= drohen und schädigen.

(B. B. 1872. Nr. 260. 266. 272. 277. 283.)

Dr. C. Buchner in Gießen.

---

6. Die Anfänge der periodischen Literatur des Buchhandels.

Ein Beitrag zur Geschichte desselben.

Nach Beendigung des siebenjährigen Krieges erhob sich auch wohl der Buchhandel, der während desselben gewiß sehr darnieder gelegen hatte. Erasmus Reich gründete im Jahre 1765 den ersten Buchhändlerverein und ein regeres Vereinsleben brach auch im Buchhandel an. Die Folge davon war, daß sich das Bedürfniß nach einer Zeitschrift im Interesse desselben herausstellte. Die Zahl der Buchhändler, namentlich derer, die sich wahrhaft für Hebung des Standes und Verbesserung seiner Einrichtungen interessirten, war aber doch zu klein, als daß sich ein exclusives Blatt hätte halten können; man verfiel also auf den Gedanken, unter den Ge= lehrten Theilnahme dafür zu erregen, und die Blätter, die für den

Buchhändler bestimmt sein sollten, auch für die Gelehrten, über=
haupt für das bücherkaufende Publicum zu berechnen. Diese Zwitter=
stellung konnte aber keiner Partei so recht genügen, und es läßt
sich erklären, warum alle Versuche einer derartigen Buchhändler=
zeitung für die Dauer keinen Erfolg hatten; nur wenige Jahre
fristete jedes der Blätter, das sich diese Aufgabe stellte, das Leben.
Ein Blick auf diese Anfänge der periodischen Literatur des Buch=
handels dürfte nicht uninteressant sein. Ich erkor alles, was ich
von derselben erlangen konnte, zu meiner Sommerlectüre. Möge
der nachfolgende Bericht darüber den Lesern des Börsenblattes eben=
soviel Vergnügen machen, als mir die Durchsicht dieser Bände,
deren Ruhestand die im Schnitt noch zusammenklebenden Blätter
documentirten, gemacht hat.

Die erste Zeitschrift, welche im Dienst des Buchhandels er=
schien, war die
Buchhändlerzeitung. 1—8. Jahrg.*) 1788—85. Hamburg,
Herold'sche Buchhandlung.
Sie erschien in sehr kleinem Octavformat in Wochennummern,
als Stück bezeichnet, von mindestens einem Bogen Stärke. Eine
Anmerkung am Schluß des ersten Stücks bringt die Mittheilung:
„Von dieser Zeitschrift wird alle Donnerstage ein Stück in der
Herold'schen Buchhandlung allhier ausgegeben, auswärtig aber auf
den resp. Postämtern, an welche auswärtige Liebhaber sich zu
adressiren belieben." Der Jahrgang kostete zwei Thaler.
Die Verlagshandlung, jener Zeit eine der bedeutendsten Nord=
deutschlands, mochte einen sehr großen, weitausgedehnten Kunden=
kreis unter den Gelehrten und dem bücherkaufenden Publicum haben;
in deren Interesse hauptsächlich wohl gab sie die Buchhändlerzeitung
heraus. Der Inhalt, der nur aus Auszügen aus neu erschienenen
Werken und Kritiken besteht, die sehr häufig mit der Bemerkung
schließen: „Ist in der Herold'schen Buchhandlung zu haben", läßt
uns zu diesem Schluß kommen. Sonst bringt sie noch in längern
oder kürzern Notizen Nachrichten aus der Gelehrtenwelt, Persona=
lien, Todesanzeigen von Gelehrten und Künstlern, ferner vielfache

---

*) Keine der mir zugänglichen Bibliotheken besaß alle Jahrgänge, nur
über den 1—6. Jahrgang ist mir daher möglich zu referiren.

Pränumerations- und Subscriptionsanzeigen, zumeist von den Autoren selbst. Der erste Band bringt noch S. Geßner's Portrait
als Titelkupfer; der zweite das von F. Nicolai.

Fassen wir die Artikel, die vornehmlich dem Buchhandel und
dessen Geschichte dienen, zuerst ins Auge, so bezeichnen wir als den
wichtigsten Beitrag zu letzteren das „Alphabetische Verzeichniß aller
Buchhändler und Buchdrucker, die die Leipziger Messe besuchen,
oder deren Verlag daselbst zu bekommen ist." Jeder Jahrgang
bringt ein solches. Der erste Jahrgang führt 228, der zweite 236, der
dritte 223, der vierte 233, der fünfte 241, der sechste 242 Firmen
auf. Die Progression ist also eine sehr geringe. Gruppiren wir
die Firmen des letzten Jahrganges (1783) nach den Städten, so
ergibt sich folgendes Resultat, bei dem wir vorausschicken, daß alle
Städte ohne Beisatz von Ziffern nur eine Firma bringen. Altenburg, Altona, Altdorf, Ansbach, Arnstadt, Augsburg 5, Basel 5,
Bautzen, Bayreuth, Berlin 17, Bern 2, Brandenburg, Braunschweig 2, Bremen 2, Breslau 5, Carlsruhe, Cassel, Celle, Chem-
nitz 2, Cleve, Coburg, Cöln, Danzig 2, Dessau, Dresden 4, Eich-
städt, Eisenach, Erfurt 3, Erlangen 2, Flensburg, Frankfurt a/M. 13,
Frankfurt a/O., Freiberg, Freiburg, Gera, Gießen, Glogau, Gotha,
Göttingen 4, Graz, Greifswald, Halberstadt, Halle 9, Hamburg 5,
Hanau, Hannover 2, Heidelberg, Heilbronn, Helmstädt, Hildburg-
hausen, Hof, Jena 5, Ingolstadt, Itzehoe, Königsberg 2, Kopen-
hagen 4, Lausanne, Leiden 2, Leipzig 24, Lemgo, Liegnitz, Lübeck 2,
Lüneburg, Lüttich, Lyon, Magdeburg 2, Mannheim 2, Minden,
Mitau, München, Münster, Nordhausen, Nördlingen, Nürnberg 12,
Offenbach, Petersburg, Potsdam, Prag, Preßburg 2, Quedlin-
burg 2, Regensburg, Reval, Riga, Rostock, Salzburg 2, Schleiz,
Schwabach, Sorau, Stendal, Stettin, Straßburg 3, Stuttgart 2,
Tübingen 2, Ulm 2, Upsala, Warschau, Weimar, Wesel, Wien 13,
Winterthur, Wismar, Wittenberg 3, Wolfenbüttel, Würzburg,
Züllichau, Zürich. Allen Lesern des Börsenblattes dürften diese
statistischen Angaben von großem Interesse sein, und interessante
Parallelen zwischen der damaligen und heutigen Zeit veranlassen,
vornehmlich wenn man das neueste Schulz'sche Adreßbuch dabei
zur Hand nimmt.

Nr. 8 des zweiten Jahrgangs bringt ein bemerkenswerthes
historisches Actenstück. Der Churfürst von der Pfalz ertheilt den

Buchhändlern von Mannheim ein Privilegium, in welchem 1) den Mannheimer Buchhändlern das Recht der freien Niederlage auswärtiger Verlagsbücher ertheilt wird; die auswärtigen Buchhändler, welche dies Privilegium benutzen, sollen in besonderen Schutz genommen werden; 2) soll ein besonderes Handelsgericht eingesetzt werden, bei welchem alle in den Buchhandel einschlagende Streitigkeiten summarissime geschlichtet und verglichen werden sollen, dasselbe soll auch dafür sorgen, daß alle ärgerlichen, den Sitten und der Religion widrige Bücher außer Landes blieben. Als buchhändlerisches Mitglied desselben wird Schwan in Mannheim genannt; 3) wird den auswärtigen Buchhändlern, welche dies Privilegium benutzen, das Recht eingeräumt, sich bei dem Handelsgericht einschreiben zu lassen und einen Deputirten zu demselben aus ihrer Mitte zu wählen; 4) den Eingeschriebenen wird die Versicherung gegeben, daß ihre Verlagsartikel in den pfälzischen Landen weder nachgedruckt, noch in Nachdrücken verkauft werden sollen. Alle Jahre soll ein Verzeichniß solcher Buchhändler und Bücher durch den Druck bekannt gemacht werden; 5) wird den Eingeschriebenen zollfreie Ein- und Ausfuhr zugesichert; 6) wird den Eingeschriebenen oder ihren Factoren und Handlungsdienern, sobald sie sich in den churpfälzischen Landen aufhalten, aller Rechtsschutz zugesichert.

In Nr. 3 des ersten Jahrgangs (1778) beginnt ein Verzeichniß der Bücher, welche nach der Leipziger Michalis-Messe 1777 bis jetzt herausgekommen sind. Die späteren Jahrgänge setzten dies für jene Tage gewiß sehr nützliche Verzeichniß nicht fort. Die Nummern 19, 20 und 21 haben einige für den Buchhandel nützliche Mittheilungen bezüglich Censur und Nachdruck; diese Artikel geben aber dem Herausgeber Veranlassung, sich zu entschuldigen, daß er so viel (?) buchhändlerische bringe, er werde von nun auch für den andern Theil der hiesigen und auswärtigen Leser sorgen und diese Gegenstände auf eine Zeitlang bei Seite setzen. Dieser Versicherung kommt der Redacteur auch gewissenhaft nach, denn in der ganzen Folgezeit bringt er nichts mehr, was auf den Buchhandel speciell Bezug hätte, wir müßten denn noch dazu rechnen die „Kurze Geschichte des Druckes geographischer Karten von A. F. Büsching", dem bekannten Geographen, in Nr. 30 des ersten Jahrgangs, und die Preßpolizeiverordnung vom 2. Oct. 1779 in Nr. 39 des dritten Jahrgangs. Dieser fehlt aber die Orts-

6*

bezeichnung, wahrscheinlich ist sie kaiserlich und von Wien ausgegangen. Sie mag der Sonderbarkeit halber wörtlich folgen.

Auszug derjenigen Punkte, welche in Gemäßheit des höchsten
Hof-Decrets vom 2. Oct. 1779 und in conformitate des Commis-
sions-Conclusi vom 6. Nov. a. c. den Buchhändlern von der Commission den 26. Nov. bedeutet worden. 1) Diejenigen den Buchhändlern
abgenommenen, und in dem Catalogo libb. prohibb. vermerkten Bücher sind
zu confisciren, und in die Universitäts-Bibliothek abzugeben; die übrigen sind,
unter K. K. mautämtlicher Sigillirung, außer Land zu schicken. Dem — aber,
welcher auf eine arglistige Weise verbotene Bücher einschleppet, ist ein scharfer
Verweis in facie Commissionis zu geben, mit der ernstlichen Warnung, falls
er noch einmal auf solche Art betreten würde, man wider ihn mit Sperrung
der Handlung und einer empfindlichen Strafe vorgehen würde. 2) Jederzeit
den Tag nach geschehener Commission sollen die Buchhändler entweder selbst,
oder durch ihre Leute, in dem Revisionszimmer erscheinen, und sich die da
vermerkt verbotenen und suspendirten Bücher abschreiben. Ihre verbotenen
und suspendirten Bücher bleiben in dem Revisionszimmer, bis sie auf ihre
Kosten unter K. K. mautämtlicher Sigillirung außer Land geschickt werden.
3) wird ihnen die Außerlandschickung nur das erstemal gestattet; das zweyte
und drittemal aber werden ihnen die Bücher confiscirt, und sie, falls eine
Arglist mit unterliefe, noch empfindlich gestraft; und zwar 4) die Buchhändler,
die sich einer geflissentlichen Ueberschreitung der Gesetze betreten lassen werden,
werden das erstemal mit einer Geldstrafe, das zweitemal mit einer höhern und
empfindlichern Strafe, und das drittemal dergleichen frevelhafte und incorrigible
Uebertreter mit Niederlegung des Gewerbes zu bestrafen seyn. Auch sollen sie
auf ihre Handlungs-Bediente Acht haben, weil sie, im Fall einer Mitwissen-
schaft, für selbe haften müssen; sowie jene selbst die schärfste Züchtigung zu erwarten haben. 5) Diejenigen Buchhändler, welche ihre Handlungs-Bediente
mit verschiedenen Büchern auf das Land verabschicken, müssen sich zuvor mit
einem Licenz-Zettel versehen. Diesen Licenz-Zettel wird der Herr Appellations-
rath Kanka, der diesfalls als Commissarius ernannt worden, nach vorgenom-
mener Einsicht in das Verzeichniß der einzuschickenden Bücher unentgeltlich
ertheilen. 6) Soll es keineswegs gestattet seyn, einen Bücherkatalog ohne
vorhergegangene Censur zu drucken. In einem solchen Katalog darf nicht
einmal ein erga schedam erlaubtes, um so weniger ein ganz verbotenes Buch
gesetzt werden. Dieses wird besonders dem — schen Factor W. — bedeutet
werden.

Auch den Artikel in Nr. 35—37 des ersten Jahrgangs
„Bücher-Inquisition in Prag", aus Schlözer's Briefwechsel ab-
gedruckt, wollen wir noch hierzu rechnen. Er wirft ein interessantes
Schlaglicht auf die Censurverhältnisse jener Zeit; nicht nur die
Buchhändlerläger, sondern auch Privatbibliotheken wurden von
einer extra eingesetzten Revisions-Commission durchsucht. Den übri-

gen Raum des Blattes füllen Notizen, öfter von literarhistorischem
Interesse für uns, zumeist aber Anzeigen von Autoren, die zu Prä=
numerationen oder Subscriptionen auf projectirte Werke einladen,
die von buchhändlerischem oder von literarhistorischem Interesse
sind. Das erstere bieten sie insofern, als sie Einblicke in den
Büchervertrieb jener Zeit geben, da sie die Bedingungen für Buch=
händler wie für die Privatsubscribentensammler mittheilen, zwischen
welchen die Herren Autoren allerdings keinen Unterschied machen.
So enthält Nr. 23 des vierten Jahrgangs die Ankündigung des
2. Theils von: „Cramer's Klopstock. Er und über ihn." Den
Correspondenten werden 15 % und für jedes Exemplar, das über
50 ist, 17 % zugesichert. Bei der Bezahlung wird abgezogen: das
Briefporto, der Betrag für aufgegebene Inserate, die Zoll= und
Frachtgebühren. Der Herausgeber verlangt das Geld, nachdem
angekündigt worden, das Buch sei erschienen, er trägt aber außer=
dem noch die Kosten der Emballage und ersetzt verlorengegangene
Packete. In Nr. 4 des ersten Jahrgangs lesen wir eine Anzeige:
„Diejenigen, welche Subscription auf das Schauspiel: 'Nathan der
Weise von G. E. Lessing' angenommen, oder noch anzunehmen
Lust haben, sollen für ihre Mühwaltung 15 % abziehen, und wer=
den zugleich ersucht, ihre Subscribenten entweder an die Voßische
Buchhandlung in Berlin, oder an den jüngeren Herrn Lessing da=
selbst, oder an dessen Bruder in Wolfenbüttel unfrankirt einzusenden.
Die Subscription kann bis Ostern angenommen werden, doch wird
man es gern sehen, wenn die Herren Collecteurs uns fortan mel=
deten, wie viel sie schon hätten und ungefähr noch bekommen
würden. Denn zur Oster=Messe erscheint dieses Stück ganz gewiß,
und die Herren Subscribenten können die schleunigste Ablieferung
ihrer Exemplare, die frankirt zugeschickt werden, erwarten."
Von literarhistorischem Interesse ist die Anzeige in Nr. 51
des ersten Jahrgangs: „Ankündigung eines neuen Lesebuchs für
Kinder von Campe". Dies Lesebuch ist der weltbekannte Robinson,
und die Ankündigung bietet des Interessanten ungemein viel. Campe
gibt zuerst seine Ansichten über ein solches Lesebuch), wie er durch
die Lectüre von Rousseau's Emil auf Robinson Crusoe gekommen
sei, und daß er, obschon ein anderer diesen Roman pädagogisch
bearbeitet habe, doch an die Arbeit gehen wolle. Der Pränume=
rationspreis ist auf 18 Gr. in Gold gestellt. Die 1. Auflage war

nach einer späteren Mittheilung 2000 Exemplare. — Nr. 20 des dritten Jahrganges bringt die Anzeige von Voßens Uebersetzung von Homer's Odyssee, die wir wörtlich und orthographisch getreu wiedergeben.

Nachricht von der deutschen Odüssee. Das Publikum hat sich seit einiger Zeit angestellt, als ob es begierig wäre, die Gedichte Homers, wovon man so viel Wesens macht, etwas näher kennen zu lernen. Ich ließ mich bewegen, die Odüssee, die ich vorzüglich liebe, zu verdeutschen und zu erklären, und gab 1777 im May=Monat des Museums eine Probe, die, so weit ich hören konnte, mit Beyfall aufgenommen wurde. Ich vollendete die Arbeit mit einem Eifer, den das Gefühl, etwas zum Besten und zur Ehre des Vaterlandes beizutragen, durch alle Hindernisse, die ich auf dem nicht sehr gebahnten Wege des homerischen Ausdrucks, und auf dem wider mein Vermuthen noch unge= bahnteren der Erklärung antraf, hindurch führte. Weil meine Zeit nicht mir allein zugehört, so war es mir so wenig erlaubt als beliebig, meine Arbeit für den gewöhnlichen Bogenlohn eines Verlegers wegzuschenken; und den Selbst= verlag durfte ich, wegen der Nachdrucker, ohne Unterstützung nicht wagen. Ich bat das Publikum um Pränumeration, und als diese nicht zu gefallen schien, nur um Subscription, bedung, im Vertrauen auf dessen Geschmack und Billig= keit den Druck, und kaufte Papier. Aber meine Erwartung hat mich sehr getäuscht; ich habe nicht einmal so viel Subscribenten, daß mir die Kosten gesichert sind, da ich für 2 Thlr. in Golde über 2 Alphabete in größerem Oktav, auf besserem Schreibpapier und enger gedruckt, als Stolbergs Ilias zu liefern hätte. Ob der Kaltsinn der meisten Bücherleser, oder die Gleichgültigkeit der meisten Herren, die ich um Beförderung der Subscription bat, hieran Schuld sey, wäre jetzt eine überflüssige Untersuchung. Ich wenigstens glaubte, mich an lauter Aufrechthalter der Wissenschaften zu wenden, die es so fühlten, wie man eine ungerechte Sache fühlt, daß für Arbeiten dieser Art in Deutschland keine Belohnung, oft nicht einmal Entschuldigung, zu hoffen sey, als etwa durch Subscription; und man wird aus folgender Liste sehen, daß es an eini= gen Orten auch weder am Eifer der Collekteure noch der Subscribenten gefehlt habe. Aber ließe ich mit so geringer Hülfe die Odüssee drucken, so kaufte der Kerl, der unter dem Schilde: Sammlung auswärtiger schöner Geister, mit Druck und Papier wuchert, oder ein anderer privilegirter Straßenräuber eines der ersten Exemplare, druckte es unter dem Schutze der höchsten Obrigkeit nach, und verkaufte mein Eigenthum für einen so billigen Preis, daß alles zu seiner Bude lief. Aus Schwaben ist mir ganz offenherzig gemeldet worden, daß man den wohlfeilen Nachdruck abwarten wollte; und ich kenne selbst manchen Ge= lehrten, der sich kein Gewissen daraus macht, solche gemeinnützige Anstalten, wenn nur Papier und Druck nicht gar zu elend beschaffen ist, durch Kaufen und Anpreisen zu unterstützen. Ich sehe also nichts übrig, als daß ich meinen Freunden, die sich der Odüssee, mit Erfolg oder ohne Erfolg angenommen haben, und besonders dem, der mir anbot, 100 Exemplare auf seine eigne Rechnung zu nehmen und voraus zu bezahlen, meinen wärmsten Dank abstatte, das Papier, das ich schon seit einem Jahre gekauft habe, so gut ich kann, wieder verlaufe, und meine Arbeit einschließe, bis sie gefordert wird, oder bis unsre Durchlauchtigsten Mäcenen uns wenigstens dasjenige, was jeder andre Bürger in einem wohleingerichteten Staate genießet, Sicherheit des Eigenthums, huldreichst angedeihen lassen. Dies sind die Subscribenten: Altona 3, Anspach 1, Augustenburg 1, Aurich 1, Berlin 4, Brandenburg 1, Braunschweig 1, Bremen 4, Brese bei Dannenberg 1, Brunsbüttel 6, Buchs= weiler 2, Calmar 2, Danzig 6, Detmold 5, Donaueschingen 10, Dresden 1, Elrich 3, Emden 1, Eutin 9, Frankfurt a. M. 1, Göttingen 5, Greifswalde 1, Haag 2, Halberstadt 1, Hamburg 66, Hannover 22, Hildesheim 1, Kiel 16, Kopenhagen 40, Lemgo 7, Lübeck 2, Lüneburg 1, Magdeburg im Pädagogio u. Lieben Frau 26, Meldorf 4, Mell 1, Midlum 1, Mietau 1, Minden 1, Oedenburg 1, Osnabrück 1, Otterndorf 23, Quedlinburg 1, Schwerin 1, Stade 7, Stolzenau 1, Stuttgart 2, Ulm 2, Weimar 6, Wien 2. In Breslau, Düssel= dorf, Stralsund u. Wolfenbüttel sind noch einige, deren Anzahl ich nicht weiß.

Voß.

In Nr. 4 des vierten Jahrgangs zeigt Voß an, daß ihm von Süddeutschland aus, von einem Gelehrten die Mittheilung gemacht werde, daß, wenn er die Odüssee für zwei Reichsgulden ablassen wolle, ihm 600—1000 Abnehmer sicher seien, sonst würde sie nach= gedruckt werden. Voß will darauf eingehen. In Norddeutschland hätten sich nur 400 Subscribenten gemeldet. Das Papier scheint er also noch nicht wieder verkauft zu haben. — Nicht minder in= teressant sind die Ankündigungen einer Uebersetzung der 1001 Nacht von Voß und Bürger, die hier ebenfalls ganz getreu wiedergegeben werden:

Ankündigung. Ich habe manchmal, nicht ohne Rührung, dem Durste meiner lieben Landsleute nach Romanen und Histörchen zugesehen. Gleich den Belagerten, denen der Feind die Wasserröhren verstopft hat, lechzen sie mit heißem Munde, und schütten alles hinunter, wenns nur naß ist. Ich kanns also nicht leiden, daß man über die Herren Verleger, Uebersetzer und Bücher= schreiber spöttelt, die aus wahrer Menschenliebe ihre Keller und Vorrathskammer aufschließen, was da ist, ihrem armen Nächsten, für eine billige Vergütung, freundlich mittheilen. Man sagt, der eine zapfe verrochenen Franzwein, der andre saures englisches Bier, dieser einheimischen Krezer, jener schaligen Kofent, oder ein dickes süßliches Gesöff, das mit Empfindsamkeit, Zoten, Afterlaune, Scheniewesen und anderen berauschenden Siebensachen abgezogen sey, und man= cher schöpfe sogar, ich weiß nicht woraus. Das mag alles seyn; es kühlt doch die Zunge, und ein Schelm giebts besser, als ers hat.

Bei dem Scharfsinn unserer Uebersetzer, und bei ihrer rühmlichen Auf= merksamkeit auf alles, was zum Vergnügen nnd zum Unterricht der Deutschen auch nur das geringste beytragen kann, scheint es wirklich etwas sonderbar, daß man ein Buch, welches viel Vergnügen und Unterricht gewährt, so lange hat ruhen lassen. Es enthält die kühnsten und trefflichsten Erdichtungen einer

morgenländischen Nation, deren feurige Einbildungskraft berühmt ist, und wird
seit 60 Jahren und darüber, so lange wirs in Europa kennen, von allen, die
ihren Geschmack verfeinert, oder wenigstens nicht verderbt haben, geschätzt und
bewundert. Ich meine die Arabischen Erzählungen, unter dem Titel: Die 1001
Nacht, wovon die franz. Uebersetzung des Hrn. A. Galland in den Jahren
1704—17 erschien. Die alte deutsche Uebersetzung aus dem Franz. ist selbst
für ihre Zeiten schlecht und für die unsrigen ganz unbrauchbar. Es scheint
mir daher ein gutes Unternehmen, wozu ich eingeladen wurde, eine neue
Uebersetzung dieses Werks zu verfertigen.

Der erste dieser Bände erscheint Ostern zur Probe. Gefällt das Buch, so
erbittet sich die Cramersche Buchhandl. in Bremen auf die folgenden Pränume=
ration, weil sie einen Nachdruck befürchtet u. s. w.

Otterndorf, May 1781.   Voß.

Diese Uebersetzung erschien wirklich. Gleich hinter vorstehender
folgt nur durch einen Strich getrennt:

Ankündigung.
Help Gott met Gnaden!
Hie ward ol Seepe gesaden.

Der Einfall aus den bekannten morgenländischen Mährchen, 1001 Nacht,
etwas Lesbares für ein leselustiges Publicum zu machen, ist schon seit einigen
Jahren auch der Meinige. Allein, bey dem in jetzigen Zeitläuften so regen
Eroberungstriebe ist es fast unmöglich, irgendwo possessionem vacuam zu
finden; es wäre denn, daß man aus den verborgensten Tiefen sein selbst, wo
freylich die rechten wahren Sätze (wohl Schätze?), welche die Motten nicht zer=
nagen, und nach denen sogar die Diebe nicht graben, verborgen sind, eine
nagelneue Schöpfung hervorarbeitete. Und auch da, wie leicht geschieht es
nicht, daß die beaux esprits in geheimster Finsterniß einander begegnen, und
unvermuthet mit den Köpfen zusammenrennen! Wäre mein Einfall noch
Embryo, oder stände er nur noch auf meinem eigenen und nicht wirklich schon
gutentheils auf des Verlegers Papiere, wäre sogar die Hand des Zeichners
und Kupferstechers nicht um deswillen schon aufgeboten, und in Bewegung
gesetzt, so würde ich jetzt nicht aufstehn, als wollte ich Herrn Voß, von welchem
ich die Ankündigung einer ähnlichen Arbeit so eben lese, den Markt verderben.
So aber nöthigen mich der Verleger, Hr. Dietrich in Göttingen, und die obi=
gen Umstände, hiemittelst und kraft dieses clara voce: 1001 Nacht, neu und
nach eigener Weise erzählt von —. Mit Kupfern von Chodowiecky, anzukün=
digen, wovon der 1. Band unter der Presse ist, und auf k. Lpz. M.=Messe,
wo nicht noch eher, erscheinen wird. Es ist zwar bei diesem Unternehmen
weder an eine Pränumeration noch Subscription gedacht worden. Da es aber
nunmehr sowohl den Verf. als den Verleger interessirt, zu wissen, wie man
bei dem Publikum damit fahren werde, so sey hiermit, um einer desto gewissern
Postnumeration willen, eine Subscription auf das ganze Werk bis k. Michaelis
eröffnet. Hr. Voß wird, so viel ich aus seiner Ankündigung schließe, den
französischen Galland neu übersetzen; ich aber werde 1001 Nacht neu und nach
eigner Weise bald in Prosa bald in Versen — erzählen. Da ich nun zum

voraus nicht weiß, wie reichlich meine Laune bey einem oder dem andern der mehrern Bände, die ich indessen vorläufig ebenfalls auf 6 anschlage, strömen werde, so kann ich die Bogenzahl, mithin auch den Preis in quanto noch nicht genau bestimmen u. s. w." Am Schluß heißt es dann: „So sind denn also nun zwey Buben offen, und die Kränze ausgesteckt. Man komme und genieße nun, ohne allen dem Matrosenpressen ähnlichen Zwang, nach Belieben! Altengleichen, d. 9. May 1781.   G. A. Bürger."

Trotz der Versicherung Bürger's, daß der Druck schon be= gonnen, führen die Kataloge doch diese Ausgabe der 1001 Nacht nicht auf; sie muß also doch unterblieben sein.

Ueberhaupt machen die damaligen Selbstanzeigen der Autoren in unsern Zeiten meist einen komischen Eindruck, und eine kleine Blumenlese derselben dürfte dem Leser nicht geringes Vergnügen machen. Im vierten Stück des zweiten Jahrgangs finden wir folgende:

Anzeige. Ich werde innerhalb einiger Wochen ein Paar Relationen, ein Paar Defensionen, und ein Paar Reden abdrucken lassen. Nimmt man sie gut auf, so lasse ich vielleicht meine Grundsätze, aus dem Umgange mit Men= schen gezogen; Etwas über den hanseatischen Bund, eine gelegentliche Abhand= lung und meine spätern häußlichen Ausarbeitungen nachfolgen. Auf Gewinn an baarem Gelde dabey denke ich nicht; die Aussaat aber möcht ich doch gern wieder herausHaben. Zu dem Ende ersuche ich die guten Leute, welche gern erfahren wollen, wes Geistes Kind ich sey, daß sie in den Heroldschen und Bohnschen Buchläden hierselbst binnen vier Wochen a dato anzeigen, wieviel Exemplare sie wohl haben möchten. Außerordentlich hoch werden die Kosten nicht erwachsen: Denn da ich mit den Wissenschaften noch nicht lange ver= traut bin; so können meine Kinder auch nicht sehr groß, auch derselben nicht sehr viel seyn.

Hamburg 25. Jan. 1779.   Joh. Gottfr. Grape, Dr.

Ebenso erheiternd ist in Nr. 10 die

Anzeige von einem Originalwerk: Leben und Thaten Till Eulenspiegels. Ein Schriftsteller, dessen Aufsätze, bestehend in Betrachtungen, Versuchen, Bey= trägen, Bemerkungen, Vorschlägen u. s. w. nicht ungünstig vom kritischen Pu= blikum sind aufgenommen worden, fühlt einen Drang des Genies, sich in eine etwas höhere Sphäre zu wagen. Zur Erreichung dieses Zweckes glaubt er, nach der Richtung und dem Bedürfniß der gegenwärtigen humoristischen Lite= ratur, keinen sichern Weg einschlagen zu können, als durch die neue Auflage eines alten in den angesehensten Buchhandlungen Europens vergriffenen Werks. Es führt den Titel: Leben und Thaten des berühmten Till Eulenspiegels.

Weiter wird versichert, daß der Herausgeber außer der Be= nutzung alter Ausgaben noch durch Nachforschungen im Stande sei, dieser neuen Ausgabe viele unbekannte Anecdoten beizufügen, als sie auch „mit vielen brauchbaren Anmerkungen versehen, ans

Licht zu stellen". Das Titelblatt soll durch ein Portrait Eulen=
spiegels geziert werden. Finden sich 600 Subscribenten, so soll das
Buch mit dem Verzeichniß derselben zum Preise von 1½ Thlr.
erscheinen. Für den Buchhandel übernimmt W. G. Korn in Bres=
lau den Vertrieb. In den Jahren 1784—89 erschien in dieser
Handlung: Leben und Meinungen Till Eulenspiegels. Ein Volks=
roman. Mit Kupfern. 2 Bde. Ob dies der angekündigte Eulen=
spiegel sein mag? — In Nr. 3 vom vierten Jahrgang kündigt ein
Pastor Grot in Petersburg Predigten an, deren 1. Band Reden
über die Blatterimpfung bringen soll. — In Nr. 16 kündigt der
Hofbuchhändler Hanisch in Hildburghausen auf Subscription ein
„Realregister zu Rabener's Satyren" an, das nicht weniger als ein
Alphabet umfassen soll. — In Nr. 17 lesen wir eine Subscrip=
tionsanzeige von Himburg in Berlin, der eine, auf die Nachdrucker
passende Zeichnung von Chodowiecki in Stich veröffentlichen will,
wenn sich 300 Subscribenten finden. — In Nr. 29: „Eine Gesell=
schaft guter Menschen hat den Entschluß gefaßt, sich mit ihren Mit=
bürgern über gemeinnützige Gegenstände in einer Wochenschrift zu
unterhalten, welche das Gewand und den Namen eines Erzählers
annimmt. Ihre Sprache wird die des gesitteten Umgangs sein
u. s. w." In Nr. 49 beginnt eine Anzeige: „Ein Frauenzimmer
hat sich zum Besten ihres Geschlechts entschlossen, ein überall auf
Erfahrung gegründetes Kochbuch herauszugeben, welches alle bis=
her noch im Druck erschienenen, an leichter Zubereitung und be=
sonderem Wohlgeschmack übertrifft!" — In Nr. 50 u. 51 sind die
Anzeigen der „Gesellschaft des Verlags für Gelehrte und Künstler
in Dessau" höchst amüsant. Im sechsten Jahrgang kündigt in
Nr. 47 die Frommannische Buchhandlung in Züllichau, „um dem
Mangel an einem lateinischen Lesebuch für Anfänger beim Unter=
richt in der lateinischen Sprache zu begegnen", eine lateinische Ueber=
setzung des Campe'schen Robinson an. — Mitunter sind die Selbst=
anzeigen der Autoren noch von Klagen über den schlechten Eingang
der Gelder für die übersandten Exemplare begleitet.

Die Hauptartikel des Blattes bestehen in jeder Nummer aus
Referaten mit Auszügen aus neu erschienenen Werken. Nr. 12
des vierten Jahrganges wird durch einen Artikel über das Lon=
doner Zeitungswesen eingeleitet; in demselben spricht sich Verwun=
derung über die große Zahl der dort erscheinenden Zeitungen —

sieben — aus; was würde der Verfasser heute sagen, wenn er
seinem Grabe entstiege und das Zeitungswesen in allen Haupt=
städten Europas sähe? Die meisten Leitartikel, wenn wir uns
dieses Ausdruckes bedienen wollen, sind aus dem Gebiet der Reisen.
So wird in Nr. 23 und 27 des sechsten Jahrganges über F. Ni=
colai's Reise durch Deutschland referirt, und dieselbe als eins der
merkwürdigsten Bücher, dem das deutsche Publicum mit Ungeduld
entgegengesehen habe, bezeichnet. (Der Schreiber dieser Zeilen ge=
steht offen, daß es ihm sehr, sehr langweilig erschienen ist, bei aller
Achtung vor dem Verfasser, und daß ihm die Lectüre der 12 Bände
seiner Zeit eine wahre Arbeit gewesen ist.) Jene Zeit war über=
haupt sehr fruchtbar im Gebiet der Reisebeschreibungen, nicht etwa
in außereuropäischen Ländern; sondern wer durch die Sächsische
Schweiz, das Riesengebirge, den Harz, Böhmen oder sonst wohin
im lieben deutschen Vaterland einen Ausflug gemacht hatte, fand sich
bemüssigt, darüber ein Buch zu schreiben, und so ausführlich wie
möglich. Um ein Beispiel anzuführen, so beschrieb der Pastor
Buquoi in Tillendorf seine Reise von Tillendorf bei Bunzlau bis
an den Fuß des Kynast, hinauf stieg er nicht einmal, und zurück,
in acht Tagen, in einer besondern Broschüre. Man war mit der
Herausgabe solcher Reisen auch gar nicht ängstlich; Gott bewahre,
derlei Reisebeschreibungen erschienen manchmal erst nach drei bis
fünf Jahren und noch später, und die Briefform war die beliebteste.

Der spaßhafteste Bericht in allen sechs Bänden ist aber der
in Nr. 30 u. ff. des zweiten Jahrganges aus einem „Tageregister
derjenigen Ausgaben, welche ein Einwohner der Stadt Augsburg
im Monat Mai 1715 in denen daselbst in und außer der Stadt
befindlichen Wein= und Bierhäusern gehabt hat". Dies höchst naive
Tagebuch verdient ganz nachgelesen zu werden; hier wollen wir
zur Erheiterung der Leser des Börsenblattes, die es ja meist nur
mit trockenen Büchertiteln zu thun haben, nur Einiges daraus aus=
ziehen. Die Zechzahlungen nannte der gute Bürger von Augs=
burg nur Aderlässe. Ein solcher auf dem Jägerhäuschen mit An=
verwandten betrug 13 fl. 43 kr. Ein andermal trägt er Arbeit
fort und nimmt dafür 5 fl. 11 kr. ein; da der halbe Tag mit
diesem Ausgange verdorben, so geht er nach dem Luginsland und
verkneipt 1 fl. 9 kr. Am 10. May, erzählt er, hat er dem Wirth
den Hauszins hingetragen, den er sich aber beim Herrn Gevatter

auch noch erst dazu mit 36 fl. geborgt habe. Der Wirth habe
wegen der Verspätung scheel gesehen, aber es heißt dabei: „Der=
gleichen Leute haben gut schwazen. Sie leben von ihren Renten
und wissen nicht wie sich ein ehrlicher Mann bey diesen nahr=
losen Zeiten, mit saurer Arbeit behelfen und durchreissen muß".
Die Selbstbekenntnisse vom 18. May, wo der gute Augsburger
schon Vormittags einen Rausch gehabt hatte, sind höchst ergötzlich;
ein moralischer Katzenjammer kommt über ihn, aber der Teufel
habe die Oberhand gewonnen, er sei nochmals ausgegangen und
Nachts wieder ganz bewußtlos nach Hause gekommen, für Zeche und
an die Wand geworfene Gläser habe er 14 fl. 50 kr. bezahlen
müssen; indeß tröstet er sich damit, es sei nur alle Jahre einmal
Pfingstmontag. Vom 21—23. habe er tüchtig gearbeitet, aber doch
1 fl. 49 kr. für Bier und Frühstück ausgegeben. Die Schlußrech=
nung ergibt für den Monat 60 fl. 57 kr. 6 Heller Kneipgelder!

Ein sehr gutes Register ist allen Bänden beigefügt. Ueber
den siebenten und achten Jahrgang können wir, wie schon ge=
sagt, nicht berichten, ebensowenig über die für 1789 bei Klett's
Wittwe & Frank in Augsburg erschienene Buchhändlerzeitung,
die wohl nur noch in ganz wenigen Exemplaren in Bibliotheken
vorhanden sein dürfte; selbst die Bibliothek des Börsenvereins be=
sitzt dieselbe nicht.

Im Jahre 1780 begann J. G. L. Breitkopf in Leipzig die
Herausgabe des

Magazin des Buch= und Kunsthandels, welches zum Besten
der Wissenschaften und Künste von den dahin gehörigen Neuig=
keiten Nachricht giebt. gr. 8.

und setzte dasselbe bis 1782 fort.

In der Vorrede zum ersten Bande verspricht der Herausgeber
monatlich ein Heft von fünf Bogen erscheinen zu lassen; klagt aber
gleichzeitig, daß die Ankündigung des Magazins doch sehr wenig
Unterstützung zugeführt habe. Der Inhalt wird in drei Abthei=
lungen zerlegt. Die erste trägt die Ueberschrift: Magazin von
neuen oder verbesserten Anstalten und Stiftungen zum Besten der
Wissenschaften und Künste und neuen erschienenen Schriften und
Kunstwerken. I. Landesherrliche und obrigkeitliche Verordnungen
und Anstalten und andere Stiftungen für Wissenschaften und Künste.
(Auszüge aus Zeitschriften.) II. Landesherrliche Befehle, das

Bücherwesen und dessen Polizei betreffend. III. Bekanntmachung der Bücherprivilegien, Confiscationen und Verkaufs=Inhibition einzelner Werke. IV. Anzeigen ausländischer neuer Schriften. (Wissenschaftlich geordnet, sehr eingehend und mit Erläuterungen von gewiß großem Interesse für damalige Zeit.) V. Anzeigen in= ländischer neuer Schriften. VI. Neue Musikalien. VII. Nachrichten von musicalischen Academien, Anstalten, Virtuosen ꝛc. VIII. Nach= richten von Werken· der Baukunst, an errichteten Gebäuden zur Verschönerung der Städte. IX. Neue Kunstwerke. X. Anzeigen von neuen Entdeckungen und Bemerkungen in Wissenschaften und Künsten. XI. Neue Erfindungen von Instrumenten zu mechanischen und andern Künsten. XII. Nachrichten von ganzen Sammlungen, auch einzelnen Kunstwerken und Büchern, die zu kaufen ausgeboten werden. Die zweite Abtheilung: Ankündigungen und Avertisse= ments von unausgeführten und projektirten Unternehmungen und Werken in Wissenschaften und Künsten, hat an Unterabtheilungen: XIII. Preisaufgaben. XIV. Ankündigungen künftiger Verlags= artikel. XV. Ankündigung neuer Schriften, wozu die Verfasser einen Verleger suchen. XVI. Subscriptions= und Pränumerations= anzeigen. XVII. Buchhändler= und andere literarische Avertisse= ments. (In allen Heften vertreten; bringt Mittheilungen von Besitzveränderungen in Bezug auf Geschäfte und Verlagsartikel.) XVIII. Nachrichten von Kunstwerken, an welchen gearbeitet wird. XIX. Anfragen von Buchhändlern. (Kommen in keinem der Hefte vor.) Die dritte Abtheilung soll folgende Unterabtheilungen haben: XX. Anfragen nach Büchern und Kunstwerken. XXI. Beantwor= tungen solcher Anfragen. XXII. Anekdoten von Gelehrten. XXIII. Nachrichten von reisenden Gelehrten. XXIV. Beförderungen und Belohnungen. XXV. Todesfälle. XXVI. Nachrichten von neuen Bibliotheken, Kabinetten ꝛc. XXVII. Anerbietungen junger Ge= lehrten. XXVIII. Vermischte Nachrichten.

In den folgenden Heften sind die Rubriken, namentlich in der dritten Abtheilung, geändert, neue hinzugekommen, andere wie XX., XXI. und XXVIII. meistens weggelassen, jedenfalls weil der Stoff fehlte. Die den Buchhandel speziell betreffenden Unter= abtheilungen sind in den meisten Heften sehr mager; wo sie vor= handen, betreffen sie meistens das Ausland, Deutschland sehr selten. Der bibliographische Theil ist in allen drei Ländern die Hauptsache.

Im Schlußheft des erften Jahrgangs klagt Breitkopf, daß der
Abfatz des Magazins nicht für die vielen Correfponbenzen, Mate=
rialien und Arbeiten entfchäbige. Dies war wohl das Motiv,
was Breitkopf beftimmte, mit dem britten Jahrgang 1782 die
Zeitfchrift eingehen zu laffen; ein Schlußwort ift nicht vorhanden.
Für die Gefchichte des Buchhandels gibt diefe Zeitfchrift ein fehr
geringes Material. Als Curiofa feien hervorgehoben und mit=
getheilt, aus der Rubrik II. von 1781, Stück 6. die Nachricht,
daß die anhaltifche Regierung zu Zerbft die von Schmohl heraus=
gegebene Sammlung von Auffätzen verfchiedener Verfaffer für
Freunde der Cameralwiffenfchaft 2c. am 3. Auguft 1781 durch den
Scharfrichter öffentlich verbrennen ließ, nachdem fie vorher confis=
cirt und bei 40 Thlr. Strafe zu lefen (!) verboten worden war.
Eine gleiche Verbrennung durch Henkers Hand wird im 9. Stück
des Jahres 1782 aus Hamburg erzählt, wo diefe Strafe an dem
Mercure de France, „wegen der dem für auswärtige Höfe fchul=
bigen Refpekt zuwiderlaufenden Reflexionen" vollftreckt wurde. Noch
fei eine, einen berühmten Standesgenoffen berührende Anzeige im
Jahrg. 1781, Nr. 10 erwähnt. F. Nicolai kündigt nämlich feine
Reife durch Deutfchland in acht Bänden (es wurden aber zwölf)
an. Die Pränumeranten erhalten das Alphabet für 14 Gr. Auf
die beiden erften Bände wird 1 Thlr. 10 Gr. Conventionsgeld
oder 1 Thlr. 12 Gr. brandenbg. Courant Pränumeration an=
genommen. Bei Lieferung derfelben wird abermals 1 Thlr. 10 Gr.
auf die folgenden bezahlt. In jeder Oftermeffe follen zwei Bände
erfcheinen. Den beiden erften Bänden werden zwei Kupfertafeln
beigegeben, die befonders berechnet werden, Pränumeranten follen
die erften Abbrücke davon erhalten. (Diefe Kupfer beftanden in der
Abbildung eines Wegemeffers, den Nicolai an dem Rade feines
Reifewagens hatte, und einem Plane von Wien; waren alfo gerade
keine Kunftwerke.) Subfcribentenfammler erhalten auf fieben das
achte, auf zwölf zwei, auf zwanzig vier Exemplare für Bemühung.
Die Zufendung erfolgt franco Stettin und Leipzig. — Alfo felbft
ein Buchhändler wie Nicolai nahm die Thätigkeit der Literatur=
freunde und Privaten in Anfpruch.

Der als Literarhiftoriker feiner Zeit hochgeachtete und gelehrte
Paftor Erd. Jul. Koch gab ein

Literarisches Magazin für Buchhändler und Schrift=
steller. 1. 2. Semester. Berlin 1792, Franke'sche Buchh.

heraus. Schon der Titel: „Literarisches Magazin" deutet an, daß
wir es mehr mit einer Zeitschrift für Gelehrte als für praktische
Buchhändler zu thun haben, und in der That hat dieselbe für die
Geschichte des Buchhandels gar keinen Werth. Für wissenschaftlich
gebildete Verlagsbuchhändler konnte es seiner Zeit einiges Interesse
haben. In der Vorrede gibt Koch als Zweck an: „gewissen Schrift=
stellern und Buchhändlern ein Noth= und Hülfsbüchlein in die
Hände zu geben, aus welchem beyde diejenigen Bücher, welche ent=
weder noch gar nicht existiren, oder doch nicht in der wün=
schenswürdigsten Beschaffenheit, kennen lernen möchten."
Das Magazin solle eine „Methodik der Schriftstellerei" werden.
Demgemäß enthält das erste Semester nur Ideen und Dispositionen
zu neuen Werken, die noch nicht vorhanden, wie zu einer: deutschen
Encyclopädie, einem Literaturjournal, einer Geschichte und Theorie
der Eheverbote, einer neuen Fabellese für die Jugend ꝛc. Koch
scheint mit dem ersten Semester keinen besonderen Anklang gefunden,
vielmehr mancherlei Angriffe erfahren zu haben, weshalb er in
der Vorrede zum zweiten Semester sich nochmals über seinen Plan
und seine Ideen ausführlicher ausspricht und verantwortet, sonst
verfolgt dasselbe ganz gleiches Ziel wie das erste; während Koch
aber das erste Semester allein schrieb, hat er im zweiten doch
einige Mitarbeiter aufzuweisen. Mehr erschien nicht.

————

Von der entschiedensten Wichtigkeit für die Geschichte des Buch=
handels ist das
Neue Archiv für Gelehrte, Buchhändler und Antiquare,
herausgegeben in Verbindung mit Mehreren von Heinr. Ben=
sen, Doktor der Rechte und Philosophie, und Joh. Jacob
Palm, Buchhändler in Erlangen. 1. Jahrgang. 1795. Er=
langen, Joh. Jac. Palm.
und es nimmt fürwahr Wunder, daß auf diese Zeitschrift noch
niemals in einem historischen Artikel über den Buchhandel Bezug
genommen worden ist. In bescheidenem Octavformat tritt sie auf.
Der Preis von 2 Thlr. für den Band von 840 Seiten ist sehr
billig, und dennoch konnte sie sich nicht halten, obschon sie der

praktiſch nutzbaren Seiten viele hat, die von den ſpäteren Blättern, die dem Buchhandel dienten, ſämmtlich adoptirt wurden.

Die einzelnen Nummern ſind eigenthümlicher Weiſe mit 1., 2., 3. 2c. Woche bezeichnet, jeder Monat hat einen Umſchlag mit Inhaltsverzeichniß und Inſeraten.

Der Inhalt theilt ſich in Nr. 1 in: 1) Abhandlungen über Gegenſtände des Buchhandels, die zur Verbeſſerung deſſelben ab= zwecken. 2) Anfragen und Belehrungen über verſchiedene Vorfälle des Buchhandels. 3) Bücher, ſo zu kaufen geſucht werden. 4) Subjekte, welche geſucht werden. 5) Subjekte, ſo Dienſte ſuchen. 6) Subjekte von ſchlechter Aufführung, wofür gewarnt wird. 7) Subjekte, ſo ſich verdient gemacht haben, und ſich etabliren wollen. 8) Feilbietende Handlungen mit Gerechtſamen. 9) Verkaufende einzelne große, oder auch ſeltene Bücher, die eine Handlung beſitzt und abgeben will. 10) Neue Bücher, ſo kürzlich die Preſſe ver= laſſen haben. 11) Anzeigen von Ueberſetzungen aus fremden Sprachen. 12) Vermiſchte Nachrichten. 13) Anzeigen von Büchern, die neu aufgelegt werden, damit ſich andere Handlungen darnach richten, oder der Verleger ſo gefällig wäre, die Exemplare wieder zurück zu nehmen, die in andern Handlungen noch liegen, weil dieſer doch die erſte Gelegenheit hat, ſolche zu gebrauchen, ehe die neue Auflage veranſtaltet wird. Büchergeſuche, eine 14. Rubrik, die in den einzelnen Nummern wiederholt vorkommen, iſt in dem Programm der erſten Nummer nicht aufgeführt. Die Rubriken 4, 6, 7 ſind in allen Nummern durchweg leer geblieben. Jede Nummer hat die Stärke eines Bogens und mitunter eine Beilage.

Die Einleitung der Zeitſchrift wird durch eine Zuſchrift an *** gegeben; von welchem Geiſte ſie durchweht iſt, mag eine einzige Stelle darthun: „Sie wiſſen, wie wichtig an ſich der Buchhandel dem ganzen Staate und beſonders den Gelehrten iſt; welche Vor= theile die letztern vorzüglich davon haben; wie ſchlimm es um eigentliche Aufklärung, und was davon natürlich abhängt, um die moraliſche Bildung unſerer Zeitgenoſſen ausſieht, wenn man, wie bisher, beym Buchhandel fortfährt, ſich auf gutes Glück dem Schickſal zu überlaſſen, und mehr aus eigennützigen Abſichten, als nach vernünftigen und allgemein als wahr anerkannten Grundſätzen zu handeln.“ Eine Anſchauung, die allerdings unſerer heutigen vielfach curſirenden ſehr entgegenſteht. Das gleiche Thema behandelt ein in Nr. 19—21 enthaltener Aufsatz: „Ueber den Begriff und den eigenthümlichen Zweck des Buchhandels", von Bensen, der in erschrecklicher Breite die ideale Seite des Buchhandels behandelt, dennoch aber sehr viel Wahres enthält. Ganz besonders klagt der Verfasser über die große Menge schlechter, den Wissenschaften und der Menschheit eigentlich gar nichts nützender Bücher, und daß Geldgier, Habsucht ꝛc. dem Hauptzweck des Buchhandels: Veredlung der Menschheit, gar sehr entgegentrete.

Ueber die Bildung des Buchhändlers sprechen mehrere Aufsätze. So in Nr. 4: „Wie muß die Erziehung und der Unterricht Desjenigen beschaffen sein, der sich dem Buchhandel widmen will?", und spricht die Meinung aus, eine ganz eigenthümliche Erziehung und Unterricht sei Nothwendigkeit für den Buchhändler, weil der Buchhandel das Ziel vor Augen haben müsse, die für den Menschheitszweck dienliche Aufklärung, Belehrung und Besserung zu verschaffen und die Menschen zum wahren Wohl zu führen. In Nr. 13 folgt der Schluß, der dahin resumirt, ein sich dem Buchhandel widmender junger Mann habe sich anzueignen: a) mechanische Fertigkeiten, Schönschreiben ꝛc.; b) gründliches Studium der Muttersprache; c) Kenntniß der alten und neuen Sprachen; d) Mathematik, hauptsächlich kaufmännische Arithmetik; e) kaufmännische Geographie, Kenntniß der Münzen, Geldcurse ꝛc.; f) Encyclopädie der übrigen Wissenschaften. Im Lehrlingsstande habe er sich zu erwerben: a) praktische Erlernung der Bücherkenntniß nach den verschiedenen wissenschaftlichen Fächern; b) Kenntniß der Verleger; c) Buchhalten, Einrichtung des Sortimentslagers, Meßgeschäfte ꝛc. Auf der Akademie, die zu besuchen zur Vollendung der Ausbildung dienlich sei, habe sich der junge Mann anzueignen diejenigen Wissenschaften, welche dem Buchhändler als zukünftigem Verleger nützlich seien, als Philosophie, Naturrecht, Literärgeschichte ꝛc. Man sieht, daß auch zu damaliger Zeit schon Ansprüche an den Buchhändler gemacht wurden. Nr. 50 bringt einen Artikel: „In welchem Sinne soll der Buchhändler Gelehrter sein?", ein Thema, das sich dem vorgehenden anschließt. Die ideale Auffassung des Buchhandels ist auch hierin vorherrschend; eine encyklopädische Bildung wird für den Buchhändler mindestens beansprucht. Einen Beitrag zur Bildungsgeschichte des Buchhändlers will unstreitig eine Erzählung: „So sollte es billig nicht sein! oder der unglückliche Wilhelm", die in Nr. 32 angefangen und in Nr. 39 und 43 fortgesetzt wird, liefern. In unendlicher Breite, strotzend von psychologischen und pädagogischen Betrachtungen, beabsichtigt der Verfasser das Leben eines jungen Buchhändlers zu schildern, komm, aber nur bis zur Reise des Helden der Erzählung nach dem Orte wo er seine Lehrlingszeit antreten soll. Das letzte Festmahl im elterlichen Hause, bei dem ein befreundeter Buchhändler zugegen, wird lang und breit geschildert; das dabei geführte Gespräch über den Buchhandel dürfte das einzige für uns interessante in dieser unvollendet gebliebenen Erzählung sein; daß sie ein Torso geblieben, haben wir nicht zu beklagen; der Verfasser wußte wahrscheinlich selbst nicht wo aus noch ein.

Zur Geschichte des Buchhandels bringt das Archiv mehrere recht interessante Abhandlungen. So wird das zweite Stück durch einen, allerdings sehr breit gehaltenen Artikel: „Ueber den gegen=wärtigen Zustand des deutschen Buchhandels", von Bensen ge=schrieben, eröffnet, und dieser bis zum neunten Stück fortgesetzt. Derselbe liefert eine Geschichte der Entwickelung des deutschen Buch=handels, ganz besonders des im achtzehnten Jahrhundert. Bensen beklagt die kaufmännische Form, in welcher der Buchhandel sich jetzt gefalle. Gelegentlich stellt er Ideen auf, die in viel späterer Zeit ihre Verwirklichung gefunden haben, sogar unsern Tagen erst vorbehalten blieben. So wünscht er Examina für Buchhändler, Specialhandlungen für einzelne Fächer des Wissens. Merkwürdiger Weise nimmt der Verfasser den Nachdruck in Schutz, ohne jedoch den Schaden zu übersehen, den er anrichtet; er betrachtet ihn als einen Pionnier der Literatur. Weiter spricht er sich eingehend über die Zunahme der Zeitschriften aus und beklagt dieselbe, und am Schluß kommt er noch klagend auf die täglich wachsende Zahl der Buchhändler und mit ihr die Zunahme der Ignoranz u. s. w. Der ganze Aufsatz hat, wie schon gesagt, viel Wichtigkeit für die Geschichte des Buchhandels jener Zeit, die dadurch erhöht wird, daß zu Ende noch ein „Verzeichniß der in Teutschland befindlichen und mit diesen in Verkehr stehenden auswärtigen Buchhändler und Verlags=händler, wie auch solcher, so mit Musicalien, Kunstwerken, Taschen=kalendern, Landkarten und Schulbüchern handeln. Mit Anmerkungen zur bequemern Uebersicht des Ganzen und zum bessern Verstehen der eben geschlossenen Abhandlung" folgt. Die Anmerkungen sind ergötzlicher Art und verdienen die Anführung auszugsweise. „Die Zahl der aufgeführten Handlungen ist 332, darunter I. a) 13 große Verlagshändler, welche gar kein Sortiment annehmen, sondern sich einzig und allein auf ihre' Verlagsartikel einschränken, und diese gegen baare Zahlung verkaufen; I. b) 21 kleinere desgleichen, die jenen nachahmen wollen; I. c) 18 andere, welche mit Schulbüchern, Taschenkalendern, Musicalien und Landcharten handeln; II. a) 9 Buchdrucker, welche dem Herkommen nach kein Sortiment führen dürfen, sondern mit eigenem Verlage nur den Buchhandel treiben, dabei sich aber gar wohl befinden, und jenen großen Verlags= handlungen gleich sind; II. b) 13 Buchdrucker, welche nur erst kleinen Verlag haben, und jenen nachzukommen suchen; III. 8 Ge= lehrte, welche sich ihre Manuscripte selbst verfertigen, diese auf eigene Kosten drucken lassen, und nachher auf gut Glück verkaufen; IV. 25 Verlagshändler, welche nur etwas weniges Sortiment nehmen, den Rest sich aber baar bezahlen lassen; V. 166 ächte Sortimentsbuchhändler, welche gegen ihren eigenen Verlag so viel fremden eintauschen, daß sich einer gegen den andern im Durch= schnitt hebt, aber nur den kleinen Rest mit Geld ausgleichen. Haben sehr viel Mühe und wenig Lohn; VI. 51 Sortiments= Buchhandlungen, deren Zahl hier nur von der geringsten angegeben ist, welche nur soviel eintauschen, als sie für ihren Verlag haben können. Meistens Tröbler, welche mit dem Stabe in der Hand und mit dem Schnappsack auf dem Rücken ihre Gegend auf 10— 20 Meilen durchwandern und ihre Waare verkaufen, soviel man ihnen dafür zu geben beliebt. Sind leider! gezwungen, sehr oft ihre Gestalt zu verändern; VII. 3 Nachdrucker, welche mit fremdem Verlage, den sie erst auf eigene Kosten von neuem drucken lassen, und zwar ohne Auftrag einen sogenannten contanten Buchhandel treiben. Hüllen sich in ihre Tugend, wenn es draußen stürmt 2c." Solche in VI. geschilderte Sortimenter hat Schreiber dieser Zeilen selbst noch gekannt; der eine, Arnold in Bautzen, lebte im hohen Alter im Spital; er hatte den Buchhandel mit dem Schnappsack auf dem Rücken getrieben, es aber eben nur zum Spital damit gebracht; die Unterstützungen, die er sich selbst bei den zwei Buch= händlern in Bautzen holte, gaben das Geld zur Bestreitung kleiner Ausgaben, wie für Schnupftabak u. s. w. Ein anderer in der Niederlausitz hatte früher die Märkte in den Nachbarstädten be=

zogen und in einer Bude feilgehalten, starb aber auch, wenn auch
bis zu seinem Ende thätig, doch nicht mehr herumziehend, mittel=
los, wie alle Provinzial=Sortimenter, wenn ihnen nicht durch
Glücksfälle Vermögen zugefallen ist. — Für die Geschichte jener
Zeit ist ein origineller Beitrag im 47. Stück: „Bemerkungen auf
einer Reise von F*** nach B*** im Monath Oktober 1795.“ Der
Briefschreiber, Buchhändler, hat es sich zur Aufgabe gemacht, auf
dieser Reise, die sehr langsam gegangen zu sein scheint, alle Buch=
handlungen incognito zu besuchen und mit dem Personal zu ver=
kehren, um sie dann, mit Anfangsbuchstaben von Ort und Firma,
für damalige Zeit wohl kennbar, im Aeußern und Innern zu
schildern. Die unsäglichste Breite herrscht aber auch in diesem
Beitrage.

Wie nicht anders zu erwarten, so bringen eine Anzahl Artikel
in diesem Archiv Vorschläge zu Reformen im Geschäftsbetriebe u. s. w.
Ein solcher in Nr. 1, von J. J. Palm, gibt als Einleitung ein
ziemlich anschauliches Bild der Meßabrechnung jener Zeit und
bringt dann Vorschläge zur bessern Regulirung derselben. Die
meisten Buchhändler jener Zeit, die nur ein irgend erhebliches Ge=
schäft betrieben, kamen selbst zur Abrechnung zur Ostermesse nach
Leipzig. Das Richter'sche Kaffeehaus hatte sich als Abrechnungs=
local nicht bewährt. Jeder ging nun auf gut Glück aus und
suchte in den Straßen, Alter Neumarkt, Neuer Neumarkt, Grim=
maische, Nicolai= und Ritterstraße nach Collegen, mit denen er ab=
zurechnen hatte, und Jeder konnte von Glück sagen, wenn er den
Gesuchten fand, und noch glücklicher war Jeder, wenn er nicht schon
viel Wartende vor sich sah; alle rannten ja zu gleichem Zweck um=
her. Palm gibt nun einen Vorschlag, an welchen Tagen bestimmte
Straßen unbedingt zu Hause bleiben müßten; darnach ließe sich
die Abrechnung in neun Tagen erledigen, so daß ein Aufenthalt
von vierzehn Tagen in Leipzig genüge. Bei dieser Gelegenheit
spricht sich Palm entschieden gegen Trennung von Verlags= und
Sortimentsbuchhandel aus. In einem nachfolgenden kurzen Artikel
gibt Palm den Vorschlag, die Remittirung neuer pro novitate ge=
sandter Bücher zur Michaelismesse abzuschaffen und die allgemeine
Remittirung auf die Ostermesse zu verlegen. Einen Beleg zu den
Klagen Palm's bringen die in Nr. 25, 30, 34, 37 und 38 ab=
gedruckten „Einige Briefe, während der Leipziger Jubilatemesse

1795 an einen auswärtigen Freund geschrieben". Sie sind sehr interessant und geben ein Bild des damaligen Meßtreibens; etwas grau in grau, aber ergötzlich die Leiden eines Meßbesuchers schildernd.

Die zwölfte Woche bringt ein gleichfalls sehr interessantes Actenstück, das die ganze Woche einnimmt: „Schlußnahme der am Ende unterzeichneten Sortimentsbuchhandlungen über das Circular, welches an der Leipziger Jubilatemesse 1788 an alle die Leipziger Messe besuchenden auswärtigen Buchhandlungen abgesandt worden". Dieses Actenstück tritt in Opposition gegen den Verlagsbuchhandel, namentlich gegen den Leipziger; es bezweckt die Abstellung der Uebergriffe, die sich der Verlagshandel erlaubt hatte. Die Verlagsbuchhändler werden nur als Bücherfabrikanten bezeichnet. Auf der Messe, wo dieselben ihre neuen Producte den Fremden vorlegten, habe neben der Meßabrechnung der Sortimenter dieselben durchzusehen, und wenn der letztere nach Hause komme, zeige es sich, daß er vielen „Quark", den er niemals los werde, gekauft habe. Dem „Fabrikhandel" wird dann gegenüber dem Sortiments= handel Balance gezogen, deren Resultat ist, daß der erstere auf seine Bücher über 100 Procent gewinne, wenig Arbeit erfordere, in jeder Messe das Geld encassire und kein Risico habe (?), da nur kleine Auflagen gemacht würden; wenn jede Sortimentshand= lung nur zwei bis vier Exemplare kaufe, so seien 500 in Umsehen weg; er erfordere keine Fracht und bedürfe wenig Fonds (?). Da= gegen sei der Sortimentsbuchhandel gewinnlos bei vieler Arbeit, für seinen kleinen Verlag habe er wenig Aussicht auf Absatz, Frachten und Spesen seien sehr erheblich und erfordern viel Capital. Ganz dasselbe Lied, das wir mit wenig Veränderungen noch heute singen. Es werden nun Bedingungen formulirt. 1) Aufhören der Partiepreise; 2) sollen von den Verlegern keine Privatleute zu Pränumerationen aufgefordert werden; 3) keinem ehrlichen Manne soll Credit vorenthalten werden; 4) das ganze Jahr hindurch solle in Leipzig ausgeliefert werden; 5) die Briefporti sollen die Leip= ziger Commissionäre tragen; 6) alle Ostermessen soll die Schuld mit 33⅓% Rabatt bezahlt werden; 7) soll Nichtverkauftes wieder zurückgenommen werden. Wenn die betreffenden Herren darauf nicht eingingen, so hätten sich die Unterzeichneten verbunden, kein Blatt von deren künftigem Verlag zu nehmen, ihren Verlag nicht

anzuzeigen, kurz allen Handelsverkehr aufzuheben; das Unentbehr=
lichste solle in kleinen Auflagen nachgedruckt und dadurch die Innung
assortirt werden. Bis Ende December laufenden Jahres wird Ant=
wort verlangt. Unterzeichnet ist das Actenstück von 19 Handlungen
Süddeutschlands, darunter Metzler, Orell, Füßli & Co., Palm in
Erlangen, Stein in Nürnberg, Cotta in Tübingen, Lindauer in
München u. s. w. Viel Erfolg wird diese Aufforderung nicht ge=
habt haben.

Der sogenannte Meßkatalog war sonst das alleinige biblio=
graphische Hilfsmittel für die laufende Literatur. Er litt an großer
Unvollständigkeit, denn es wurden nur diejenigen Büchertitel auf=
genommen, welche die Verleger einschickten; es wurden deren ein=
geschickt von Büchern, die noch gar nicht im Druck, sondern noch in
den Händen der Autoren waren, ferner war die Bogen= oder Seiten=
zahl häufig nicht angegeben, ebenso oft fehlte der Preis des Buches,
kurz es war ein dürftiges Hilfsmittel, dessen Studium aber dem
Sortimenter immer oblag; er schöpfte daraus seine Literaturkennt=
nisse. In Nr. 30 wird nun ein Vorschlag zu einem Jahresver=
zeichniß der wirklich erschienenen Bücher gemacht. In Nr. 40 er=
muntert Fleckeisen in Helmstedt zur Ausführung dieser Idee. In
Nr. 44 ist eine weitere Zustimmung abgedruckt und in Nr. 47 der
Vorschlag, ein systematisches Bücherverzeichniß zum Besten der
Emeriti des Gehilfenstandes herauszugeben und den Ertrag des=
selben zur Fundirung einer dahin zielenden Stiftung zu verwenden,
dem in Nr. 52 eine Beistimmung folgt.

Auch das in neuerer Zeit mit dem Börsenblatt verbundene
Recensionen=Verzeichniß findet sich in der dritten Nummer des
Archivs vorgeschlagen. Ein Anfang wird sogar geliefert als Probe,
ziemlich so wie wir es heute besitzen; statt des Titels ist aber bloß
die Seite des Meßkataloges und die Nummer des Titels auf dieser
bezeichnet; die Ordnung ist keine alphabetische nach den Verlegern,
sondern nach den Zeitschriften, mit Angabe des Heftes oder der
Nummer und Seite.

Auch eine Unterstützungs=Anstalt wird in dieser Zeitschrift
bereits angeregt. In Nr. 39 ist eine Anfrage: ob sich nicht eine
Buchhändlerwittwencasse einrichten und für alte, abgelebte treue
Diener eine Altersversorgungs=Belohnung auswerfen ließe.

Facturen mit Ladenpreisangaben für die Auslieferungen in

Leipzig müssen jener Zeit auch nicht in Brauch gewesen sein, denn in einem der Hefte wird an die Leipziger Commissionäre die Bitte gerichtet, den Auslieferungen doch eine Note mit Angabe des Preises beizufügen, bei dem Mangel an bibliographischen Hilfs=mitteln wisse der Sortimenter häufig gar keinen Ladenpreis. Spaßhaft ist es, daß im sechsten Stück die Phrase: „in allen guten Buchhandlungen zu haben" ernstlich in einem längern Artikel gerügt wird. Heute, nach 75 Jahren laboriren wir noch an dieser Redensart, trotz aller Rügen.

Nr. 4 hat einen Aufruf an die Reichsbuchhändler (jetzt süd=deutsche), einen Centralpunkt für ihre Abrechnung in der letzten Hälfte des Sommers zu bestimmen, und schlägt Nürnberg dazu vor. In den Nummern 10—24 ist ein: „Versuch einer Rechtslehre für den Buchhändlerstand" gegeben; jedenfalls ist dieser Artikel von Benjen geschrieben. In unsäglicher Weitschweifigkeit gibt er ein Naturrecht, ganz philosophisch gehalten, für den Buchhandel, das jedes praktischen Werthes entbehrt.

Die Preßgesetzgebung ist nur einmal besprochen, in Nr. 25 und 26, die das oesterreichische Censuredict vom 6. Juni 1795 bringen. Dasselbe ist von geschichtlichem Werth für die Preß=zustände jener Zeit; die beigefügten Bemerkungen des Herausgebers sind vollständig gerechtfertigt.

Ueber den Nachdruck sprechen mehrere Artikel in verschiedenen Nummern. In Nr. 31 wird sogar eine Versicherungsgesellschaft gegen Nachdruck von einem G. v. S. vorgeschlagen. Gegen eine Prämie soll der nachgedruckte Verleger entschädigt werden, und durch Nachdruck der Originalwerke des Nachdruckers (wäre ein ge=wiß schwer auszuführender Passus gewesen) soll derselbe womöglich ruinirt werden.

Viel Spaß bereiten dem heutigen Leser die Stellenofferten. So sucht in Nr. 6 die Pauli'sche Buchhandlung in Berlin einen Buchhändlersdiener, der eine gute Hand schreibt, mit guten Zeug=nissen versehen, und wenigstens einen Handlungsbrief zu beant=worten im Stande ist. Die ergötzlichste ist aber eine in Nr. 43, die wörtlich so lautet: „In einer Mittelstadt wünscht ein Prinzipal einer Verlagshandlung, der wegen mehrerer Geschäfte oft abwesend ist, einen Handlungsgehilfen zu haben, dessen Haupteigenschaften folgende sein müssen: 1) Ehrlichkeit, Fleiß und treue Verwaltung

der Geschäfte auch in Abwesenheit des Prinzipals. 2) Gutes mo=
ralisches (aber ja nicht bigottes, kopfhängendes) Betragen. 3) Auf=
sicht über einen Lehrling, der zum künftigen nützlichen Mitgliede
des Buchhandels bestimmt ist, und Unterweisung desselben. 4) Ac=
curatesse in Führung der Bücher und der Geschäfte überhaupt.
5) Eine wenigstens deutliche Handschrift, und 6) Artigkeit gegen
Jedermann. Einem solchen, wenigstens mit diesen Eigenschaften
versehenen und durch glaubwürdige Zeugnisse documentirten Sub=
jekte bewilligt der Prinzipal 1) einen jährlichen Gehalt von 80
Reichsthaler, 2) Mittags= und Abendtisch, nebst Frühstück und
Kaffee, 3) freye Wohnung nebst Licht und Feuerung, 4) ein jähr=
liches freiwilliges, dem Betragen des Gehülfen angemessenes Ge=
schenk. Uebrigens versichert er, daß, wenn das Betragen eines
solchen Subjekts irgend einer freundschaftlichen Behandlung fähig
ist, er ihn nicht als Diener und Untergebenen, sondern als seinen
Gehülfen und Freund behandeln werde; behält sich aber dabei vor,
im Gegenfalle obiger Erfordernisse eine solche Täuschung durch
Publicität zu vergelten. Sollte sich jemand finden, der diese Be=
dingungen einzugehen Willens ist, der kann gegen Einsendung
glaubwürdiger Zeugnisse beim Herrn Herausgeber des Archivs den
Namen des Principals erfahren und sich dann an ihn selbst wen=
den." Ein etwas umständliches Verfahren; heutzutage würden wir
an dem Ausdruck „Subjekt" Anstoß nehmen, in jener Zeit geschah
es nicht, wohl aber nimmt ein J. C. Kehr in der Eßlinger'schen
Buchhandlung zu Frankfurt am Main daran Anstoß, daß Gehilfen
auf öffentlichem Wege Stellen suchten, was Kehr für despectirlich
hält. Darauf antwortet Palm aber in eingehender Weise; er spricht
sich bei der Gelegenheit über Lehrling und Gehilfen aus und be=
klagt, daß jetzt die Lehrlinge nur 2—3 Jahre lernen, statt der
alten Sitte von 6 Jahren; es kämen dadurch eine Menge un=
brauchbarer Gehilfen zu Tage. Die schlecht gestellten Sortimenter
würden gern Gehilfen halten und salariren, das Geschäft trüge
aber die Last nicht, man legte sich also auf Lehrlinge. Ganz das=
selbe Lied, das wir heute noch singen. In Nr. 37 und 38 wird
dies Thema von beiden Seiten nochmals behandelt, ohne, wie zu
erwarten, zu einem Abschluß zu gelangen.

Eine Anzahl sonstiger, den Buchhandel und seine Einrichtungen
und deren Verbesserung betreffender Artikel helfen das Bild des

damaligen Geschäftsbetriebes vervollständigen; sie auch nur aus=
zugsweise mitzutheilen, ist unthunlich, häufig besprechen sie auch
sehr Unwichtiges. Alle Aufsätze faßt leiden an einer unsächlichen
Breite; wer aber die Literatur jener Zeit kennt, wird sich darüber
nicht wundern, sie ist ein charakteristisches Zeichen derselben.

Wenn wir das Archiv als eine treffliche Zeitschrift für unsern
Stand in jenen Tagen bezeichnen, so ist dadurch nur ein Act der
Gerechtigkeit geübt. Am Schluß der dritten Wochennummer spricht
sich der Herausgeber (ob Bensen oder Palm, ist nicht angegeben)
über das Blatt selbst aus und hofft, daß das darin gegebene Mate=
rial künftig den Stoff zu einem vollständigen systematischen Lehr=
buch des Buchhandels geben werde. Am Schluß der ersten Wochen=
nummer gibt Palm ein Subscribentenverzeichniß, das allerdings nur
27 Exemplare als bestellt angibt; die folgenden Nummern bringen
Fortsetzungen, auf späteren Umschlägen wird der Absatz auf 215
Exemplare angegeben. Ein solcher konnte nicht befriedigen, daher
kündigt Palm auf dem Umschlage zum August das Eingehen des
Archivs an, die Lauigkeit der Aufnahme der Zeitschrift sei der Fort=
setzung hinderlich, doch soll der Plan einer Fortsetzung bald aus=
gegeben werden.

Dieselbe erschien unter dem Titel:
„Journal zur Beförderung der Kultur durch den Buch=
handel"
im Jahre 1796. Es sind davon nur zwei Stücke erschienen, von
denen die Bibliothek des Börsenvereins auch nur das erste besitzt.
Das Eingehen dieser Zeitschrift darf uns nicht befremden, wenn
man den Inhalt des ersten Heftes der Prüfung unterzieht. Es
wird eingeleitet durch einen Artikel: „Einige Betrachtungen, den in
der Ankündigung angegebenen Zweck des Journals, und die Aus=
führbarkeit desselben betreffend, von Bensen". In seiner idealisti=
schen Weise, aber in erschrecklicher Breite und Langweiligkeit gibt
der Verfasser seine Ansichten auf 32 Seiten, aus denen aber ein
Resultat nicht zu ziehen ist. Dann folgen: „Briefe über die Be=
dürfnisse der Philosophie in Rücksicht ihrer Kultur durch den Buch=
handel", die auch ihrer Zeit nicht sehr angesprochen haben werden.
Als dritter Artikel wird eine Kritik von Lobethan's Grundsätzen
des Handlungsrechts, mit besonderer Rücksicht auf das Verlags=
recht 2c. gegeben. Angehängt ist dem Heft ein „Buchhändler=An=

zeiger, von J. J. Palm durch eine Ansprache an seine Collegen eingeleitet, in welcher er um Beiträge ersucht. Dann folgen: „An= fragen und Belehrungen über Vorfälle des Buchhandels". A., Wie behandelt oder bestraft man einen pflichtvergessenen, boshaften, treulosen Diener, der mit den Feinden seines Principals wider ihn die schändlichsten Pläne schmiedet, die boshaftesten Lügen verbreitet, schändliche Correspondenz führt, die Kunden vertreibt, Schaden thut, wo er nur kann, und liederlich lebt? u. s. w. B., Was ist Rechtens, wenn ein Schriftsteller von seinem Buche eine neue Ausgabe veranstalten will, wenn die Hälfte der ersten noch bey dem Verleger vorräthig ist? C., eine Beschwerde darüber, daß die Verleger häufig in den Zeitungen ihre Verlagsartikel gedankenlos mit den Nettopreisen anzeigen. Der Herausgeber versucht eine Lösung aller dieser Punkte, die aber keineswegs befriedigt. Den Schluß machen Bücheranzeigen. Der Schwerpunkt des Mißglückens des Unternehmens ist wohl darin zu suchen, daß die Herausgeber ihre Zeitschrift nach der Ankündigung für Staatsmänner, Gelehrte und Buchhändler bestimmten; den ersteren beiden behagte der buch= händlerische Inhalt nicht, den letzteren aber die gespreizte, wissen= schaftliche Haltung ebenso wenig; wenn im Archiv die praktische Seite doch mehrfach Vertretung fand, so fehlt dieselbe im Journal allzusehr, das Eingehen desselben darf mithin nicht befremden, es ist schwer, mehreren Herren gleichzeitig zu dienen.

Von nun ab bis zum Erscheinen des Krieger'schen Wochen= blattes tritt eine Pause von 19 Jahren ein, in welchem Zeitraum kein buchhändlerisches Blatt auftrat; die Zeiten waren dem Buch= handel eben nicht günstig. Erwähnt möge indeß noch sein der **Allgemeine typographische Monatsbericht für Teutsch= land zum Behufe aller Ankündigungen, Anzeigen und Notizen des teutschen Buch= und Kunsthandels,** der von 1811 ab vom Landes=Industrie=Comptoir in Weimar aus= gegeben und noch lange, bis in die dreißiger Jahre wohl, fort= gesetzt wurde. Diese Zeitschrift erschien monatlich und wurde allen periodischen Verlagsartikeln der Verlagshandlung beigeheftet und somit gratis ausgegeben. Anzeigen vom eigenen Verlage wie von fremdem gegen Insertionsgebühren gaben den Inhalt. Am Schluß jeder Nummer war in den frühern Jahren eine Rubrik: „Ver= mischte Nachrichten", die Notizen, zur Geschichte des Buchhandels taugliche Beiträge liefernd, brachte. Sollte diese Zeitschrift noch irgendwo complet vorhanden sein? Am ehesten dürften sich längere Serien in Bibliotheken finden, in denen z. B. die Geographischen Ephemeriden oder Froriep's Notizen vollständig aufgestellt sind. (B. B. 1871. Nr. 217. 221. 223. 227.)

Eduard Berger in Guben.

---

7. Das Conversationslexikon und seine Gründer.

Eine literar-historische Skizze*).

Werfen wir einen Blick auf die wenigen Bücher, die wir im Besitze unserer minder gebildeten und weniger mit Glücksgütern gesegneten Mitbürger vorfinden, so ist es vor allen anderen ein Buch, welches wir fast in jedem Hause antreffen — und das ist die Bibel;

„Wo keine Bibel ist im Haus,
Da sieht es öd' und traurig aus!"

Getreu diesem echt deutschen Spruche sehen wir sie in den Palästen und in den Häusern der Reichen in mehr oder weniger kostbaren Ausgaben, geschmückt mit Stahlstichen oder Holzschnitten, auf dem Tische des Salons; wir finden sie aber ebenso, wenn auch in den bescheidensten Ausgaben, auf dem Eckbrette in der Stube des Bauern oder Tagelöhners. Daneben liegt das Gesang= buch, und seine abgerissenen Ecken und sein abgenutzter Einband verrathen uns bald, daß es schon manchen Gang zur Kirche mit= gemacht hat und vielleicht schon vom Vater oder Großvater benutzt wurde. Sehen wir uns aber weiter in der Bibliothek um, so ist es zunächst der Kalender, der uns in die Augen fällt; auch er ist im Palast und in der Hütte allüberall zu finden, denn ein Jeder soll ja wissen, wie er in der Zeit lebt. Hernach begegnet unser Blick dem unvermeidlichen Kochbuch, in welchem sich die geschäftige Hausfrau gern Raths erholt, wenn es gilt, dem lieben Mann eine Lieblingsspeise vorzusetzen, oder wenn es sich darum handelt, in die gewohnte Speisekarte einige Abwechslung zu bringen. — Mit jedem

---

*) Zuerst abgedruckt in der „Gartenlaube".

weiteren Buche, welches uns nun in die Augen fällt, wächst auch
die Bildung des Bibliothekinhabers. Die wichtigste Rolle nach
dem Kochbuche nimmt, bezeichnend für unseren Nationalcharakter,
das Fremdwörterbuch ein. Leider können wir uns noch immer
nicht daran gewöhnen, die zahllosen und ganz überflüssigen Fremd=
wörter, welche sich in unsere Sprache eingedrängt haben, zu ver=
bannen, und deshalb spielt das Fremdwörterbuch bei uns eine Rolle,
welche es bei anderen Nationen nicht erlangen konnte. Ist nun
der unvermeidliche Petri oder Heyse angeschafft, so ist das nächste
Bedürfniß für Jeden, der nach Weiterbildung und Belehrung strebt,
das Conversationslexikon, diese Encyklopädie des gesammten
menschlichen Wissens, die ihm über alles Fremde, was bei der
Lectüre oder bei der Unterhaltung vorkommt, Auskunft und Be=
lehrung schaffen soll. Die Zahl dieser Conversationslexika ist eine
ziemlich bedeutende und wir haben deren, bald von größerem, bald
von kleinerem Umfange, bald von höherem, bald von geringerem
Werthe, gegen dreißig zu verzeichnen, welche im Laufe dieses Jahr=
hunderts in Deutschland erschienen sind. Das verbreitetste von
allen ist das Brockhaus'sche Conversationslexikon, welches uns in
einer älteren oder neueren Ausgabe auf dem Büchertische oder in
dem Bücherschrank sehr Vieler entgegentritt. Die neueste, elfte
Auflage desselben bildet eine stattliche Reihe von 15 Bänden, die
unendlich viel Wissen und Kenntnisse in ihren Spalten bergen und
gewiß geeignet sind, unser Staunen hervorzurufen, wenn wir einen
Blick auf ihren Ursprung, ihre Entstehung, überhaupt auf die
Grundlage derselben werfen. Möge mir daher der geneigte Leser
folgen, wenn ich es versuche, ein Bild von der Entstehung dieses
weltbekannten Buches vor seinen Augen zu entrollen.

Es war etwa um das Jahr 1793, als Dr. Renatus Gott=
helf Löbel in Leipzig mit der Idee umging, ein dem damaligen
Umfange der Conversation angemessenes Wörterbuch zu schreiben.
Wie er später in der Vorrede zu demselben selber sagt, „habe vor
dreißig bis vierzig Jahren das Hübner'sche Zeitungs= und Con=
versationslexikon wohl hingereicht, das Bedürfniß nach politischer
Kenntniß, die damals fast allein Gegenstand der Conversation ge=
wesen, zu befriedigen. Jetzt aber, wo ein allgemeineres Streben
nach Geistesbildung, wenigstens nach dem Schein derselben herrsche,
genüge dies nicht mehr".

Diesem Mangel abzuhelfen, war also die Aufgabe Löbel's; daß dieselbe bei dem Fehlen aller Unterlagen und Vorarbeiten eine sehr bedeutende und die Kraft eines Mannes weit übersteigende war, bedarf wohl keiner näheren Beleuchtung. Unser Löbel empfand dies bald sehr lebhaft und sah sich deshalb nach einer tüchtigen Unterstützung, nach einem befähigten und auf seine Ideen eingehenden Manne um. Er fand denselben in dem Advocaten **Christian Wilhelm Franke** in Leipzig, welcher, unterstützt durch eine gründliche Bildung, Löbel's Plan mit regem Eifer und großer Thätigkeit zu dem seinen machte. (Sein Familien= name war Francke, er schrieb sich aber aus grammatischen Rück= sichten stets Franke).

Bei dem hierdurch herbeigeführten häufigen Umgange, beim Austausch ihrer Ideen und bei dem rastlosen gemeinschaftlichen Wirken fühlten beide Männer wohl bald heraus, daß ihr Unter= nehmen ein gesundes und eine große Zukunft in sich bergendes sei. Ob sie keinen Buchhändler fanden, der den Verlag des Conver= sationslexikons übernehmen wollte oder ob sie nach einem solchen gar nicht suchten, weil sie die Früchte ihrer Arbeit möglichst selbst genießen wollten, bleibt dahingestellt. Thatsache ist, daß sie im Februar des Jahres 1796 selbst eine Buchhandlung gründeten und durch dieselbe für die Verbreitung des Werkes mit aller Kraft zu wirken suchten. Unbekannt aber mit den buchhändlerischen Ge= schäften und ganz mit ihren schriftstellerischen Arbeiten für das Conversationslexikon beschäftigt, waren sie genöthigt, sich nach einem tüchtigen Geschäftsmann umzusehen, welchen sie in der Person des **Friedrich August Leupold**, der dem Vernehmen nach bis dahin in der Baumgärtner'schen Buchhandlung als Diener angestellt war, zu finden glaubten und dem sie die Führung des jungen Geschäfts übertrugen.

Interessant für die damaligen Verhältnisse ist es, einen Blick in den Contract zu werfen, der zwischen jenen drei Herren ab= geschlossen wurde. Nach demselben — das vom Februar 1796 datirte Actenstück liegt dem Verfasser in der Urschrift vor — waren Löbel und Franke alleinige Besitzer der Buchhandlung; da sie jedoch „aus bewegenden Ursachen dieselbe vor der Hand noch nicht unter ihrem eigenen Namen aufzuführen gedachten", so wurde besagter Leupold unter folgenden Bedingungen als Geschäftsführer

angeſtellt. Derſelbe erhielt zunächſt einen Gehalt von hundert=
zwanzig Thalern jährlich, dabei unentgeltliche Wohnung in den
aus einer Stube beſtehenden Geſchäftsräumen und außerdem für
den Winter eine Klafter Holz (für etwa mehr zu verbrauchendes
wurde nichts vergütet). Unter dieſen nach unſeren jetzigen Begriffen
wenig verlockenden Bedingungen wurde alſo Leupold als Geſchäfts=
führer der neuen Buchhandlung eingeführt und dieſe ſelbſt mit
friſchem Muthe im Gewandgäßchen Nr. 620 (jetzige Straßen=
nummer 2) eröffnet. Der Miethzins für das Local betrug an=
fangs acht Thaler für das Vierteljahr, ſtieg aber, wahrſcheinlich
durch Vermehrung der Räumlichkeiten, bald auf vierzehn Thaler
für drei Monate an; auch für eine gemüthliche Ausſtattung der
Stube wurde geſorgt, denn aus dem Ausgabebuch erſieht man,
daß, wohl als einziges Inventarſtück, eine Schreibcommode ange=
ſchafft und mit ſechs und einem halben Thaler bezahlt wurde.

Außer verſchiedenen kleinen Verlagsunternehmungen des jungen
Geſchäfts war es natürlicher Weiſe das Converſationslexikon,
welches ſeine hauptſächlichſte Thätigkeit in Anſpruch nahm. Der
erſte Band desſelben, welcher auf vierhundert Seiten die Buch=
ſtaben A bis E umfaßte, lief 1796 unter dem Titel „Conver=
ſationslexikon mit vorzüglicher Rückſicht auf die gegenwärtigen
Zeiten" glücklich vom Stapel. Das ganze Werk ſollte aus vier
Bänden beſtehen und der Preis eines jeden derſelben einen Thaler
betragen. In wieviel Exemplaren das Buch gedruckt wurde, läßt
ſich aus den übriggebliebenen wenigen Actenſtücken nicht genau
erſehen; nach der noch vorhandenen Berechnung der Ausgaben für
das Papier dazu wurden wahrſcheinlich anfänglich tauſend Exem=
plare gedruckt. Der Preis für das Papier betrug für den (aus
fünftauſend Bogen beſtehenden) Ballen zehn Thaler; das Honorar
für die Verfaſſer wurde auf vier Thaler für den Druckbogen feſt=
geſtellt. Wahrlich ein trauriger Lohn für die mit unendlicher
Mühe, mit großem Zeitverluſt und vielem Wiſſen bearbeitete erſte
Zuſammenſtellung eines Werkes von ſolchem Umfang und von
ſolcher Bedeutung! —

Das Geſchäft war alſo nun im vollen Gange; über die Ein=
nahmen, die es machte, ſchweigen unſere Actenſtücke gänzlich, aber
wohl gewähren ſie uns einen Einblick in die Ausgaben. Aus den=
ſelben erſehen wir nun hinreichend, daß die Herren Beſitzer von

einer geregelten Geschäftsführung keine Idee hatten. Es waren beide Gelehrte, die sich um solche Dinge nie gekümmert hatten; wer Geld in der Tasche hatte, der bezahlte und befriedigte die Gläubiger, und so ist es bald Löbel, welcher Buchdrucker oder Papierhändler bezahlt, bald ist es Franke, welcher Autoren, Miethe und sonstige Schulden deckt. Nach Ablauf des Jahres machte Jeder seine Rechnung und glich sich darnach mit dem Andern aus, wobei aber Beide die schlimme Erfahrung machten, daß die Ausgaben stets größer waren, als die Einnahmen. Daß es unter solchen Umständen großer Opfer bedurfte, das Werk fort= zusetzen, ist hiernach sehr erklärlich; trotz aller Schwierigkeiten aber wurde 1797 der zweite und 1798 der dritte Band davon ausgegeben.

Wahrscheinlich durch Geldverlegenheit veranlaßt, hatte Löbel am 19. October 1797 seinen Antheil am Geschäft an den Advo= caten Chr. Gottfr. Rothe in Lauchstädt für achthundert Thaler — und zwar ohne Vorwissen Franke's verkauft; als nun Löbel zwei Jahre später im Februar starb, blieb seinem Geschäftsgenossen nichts anderes übrig, als seinen Antheil von Rothe zurückzukaufen und sich hierdurch in den alleinigen Besitz des Geschäftes zu setzen. Abgesehen von den mit schweren Sorgen gebrachten pecuniären Opfern lag nun die ganze Last der Fortführung des Conversations= lexikons auf Franke's Schultern; er hatte nicht nur die Fortsetzung desselben zu bearbeiten, was um so schwieriger war, als sich in Löbel's Hinterlassenschaft fast gar keine Vorarbeiten fanden, sondern er hatte auch die für einen in solchen Dingen wenig erfahrenen Gelehrten doppelt drückenden Sorgen für den mercantilen Theil des Geschäftes zu tragen. Da nun außerdem die Einnahmen wahrscheinlich immer geringer wurden, so war Franke, um seinen Lebensunterhalt zu verdienen, darauf angewiesen, einen großen Theil seiner Zeit seiner Advocatur und einigen anderen über= nommenen Aemtern zu widmen.

Berücksichtigt man ferner, daß er von Haus aus mittellos war und daß eine schwächliche Gesundheit seiner sonst so außer= ordentlichen Thätigkeit oft Grenzen setzte, so wird man es mehr als erklärlich finden, wenn er sich unter allen Umständen eines Theiles seiner Sorgen zu entledigen suchte. Er verkaufte deshalb seine Buchhandlung an den seitherigen Verwalter derselben,

Leupold, für den Preis von 2150 Thaler, nachdem er nach seinen eigenen Worten „auf diese verunglückte Entreprise 3500 Thaler aufgewendet hatte". Leupold war ebenfalls mittellos, denn der ganze Kaufpreis blieb gegen Verzinsung von fünf Procent auf dem Geschäfte stehen, und erst nach Verlauf von drei Jahren sollte er jährlich 400 Thaler auf seine Schuld abbezahlen. — Ob Leupold überhaupt nicht der rechte Mann war, ein solches Geschäft zu leiten, oder ob die damaligen politischen Verhältnisse zu ungünstig auf dasselbe einwirkten, bleibt unentschieden; genug, das Geschäft, welches jetzt in seinem alleinigen Besitz war, ging immer schlechter und seine Klagen darüber wurden gegen Franke immer lauter. Dieser kam ihm freundlich entgegen und ermäßigte den Kaufpreis — seine letzte pecuniäre Stütze — freiwillig auf 1800 Thaler, wie aus einem Actenstücke vom 1. September 1801 hervorgeht.

Im Jahre 1800 war unterdessen der vierte Band des Conversationslexikons erschienen; derselbe hatte eigentlich das Werk zu Ende führen sollen, aber der Stoff wuchs unserm Franke unter den Händen so gewaltig an, daß dieser Band nur bis zum Buchstaben R reichte. Leupold's geringe Geldmittel waren durch die Ausgaben für denselben wahrscheinlich gänzlich erschöpft, und bei dem langsamen Erscheinen des Werkes verringerte sich der Absatz immer mehr. Der Druck des Conversationslexikons gerieth mehr und mehr ins Stocken, und über Leupold's Thätigkeit und Wirken in den nächsten Jahren fehlt jeder Anhalt. Daß Franke mit ihm nicht mehr als nöthig zu thun haben wollte, scheint daraus hervorzugehen, daß er ein 1804 von ihm bearbeitetes Werkchen, „Dramatische Kleinigkeiten", bei einem andern Verleger (Sommer) erscheinen ließ.

Um dieselbe Zeit wahrscheinlich verkaufte nun Leupold das Conversationslexikon, sowie seinen übrigen Verlag an J. K. Werther in Leipzig; wenigstens erschien in dessen Verlage im Jahre 1806 der fünfte Band jenes Werkes. Der Herausgeber entschuldigt sich in der Vorrede wegen der langen Verzögerung und spricht von höchst unangenehmen Hindernissen, die sich hauptsächlich dem Verleger entgegenstellten. Indem er ferner um Nachsicht bittet, daß der bei der ersten Entstehung des Werkes zu Grunde gelegte Plan in mancher Beziehung erweitert worden ist, fährt er wörtlich fort:

„Es würde überflüssig sein, hier viele Erläuterungen aufzu=
führen, nur Eine mag statt aller dienen. In dem Buchstaben B
konnte damals, als der erste Theil unseres Lexikons erschien, noch
keine Ahnung von dem Helden des Tages (Bonaparte) sein, der
seitdem die ganze Welt in Erstaunen und — in banges Erwarten
der Dinge, die noch kommen sollen, gesetzt hat. Und welche Ver=
änderungen der Reiche und Staaten, welche neuen Verhältnisse in
Rücksicht der Regenten und Regierungsverfassungen sind seitdem
eingetreten! Alles das bedarf in den künftig zu liefernden Nach=
trägen Zusätze, Abänderungen 2c."

Das sind für die Verzögerung in der Herausgabe und für
die Ausdehnung des Werkes gewiß Gründe, die stichhaltig sind
und denen man seine Anerkennung wohl kaum versagen konnte.
Obgleich nun Franke in seinem Vorworte die schleunige Fort=
setzung und Beendigung des Conversationslexikons versprach, so
stellten sich ihm doch noch neue Hindernisse entgegen. Dasselbe
war nämlich abermals in andern Besitz übergegangen, und zwar
hatte es Werther an J. G. Herzog in Leipzig verkauft, welcher
nun den sechsten und letzten Band zum Druck beförderte. Der=
selbe erschien endlich im October 1808, und in einem kurzen Vor=
worte, in welchem er seinem gedrückten Herzen Luft macht, nimmt
der Herausgeber Franke von seinen „gütigen Lesern und Leserinnen,
wenn auch nicht für immer", Abschied.

So sehen wir denn endlich, nach Verlauf von zwölf Jahren,
das mühsame Werk vollendet. Mit welchen unendlichen Mühselig=
keiten, Sorgen und Widerwärtigkeiten namentlich der letzte Heraus=
geber Franke zu kämpfen und welchen wahrhaft jämmerlichen Lohn
er für die angestrengteste Arbeit, für allen Kummer und für so
viele schlaflose Nächte hatte, geht aus der bisherigen Darstellung
wohl zur Genüge hervor. Der öftere Wechsel der Verleger, dem
das Conversationslexikon fast vom Anfange an unterworfen war
und der der Verbreitung desselben unendlich schadete, blieb ihm
aber bis zum Ende treu. Der auf dem sechsten Band als Verleger
genannte Herzog hatte denselben nämlich bei Friedrich Richter, dem
Besitzer des „Leipziger Tageblatts", drucken lassen. Wahrscheinlich
war der Erstere mit der Zahlung in Rückstand geblieben und hatte
dafür dem Letzteren die sämmtlichen Vorräthe des Conversations=
lexikons als Pfand übergeben.

Da kam im October 1808 Friedrich Arnold Brockhaus,
welcher in Amsterdam eine Buchhandlung unter der Firma „Kunst=
und Industrie=Comptoir" besaß, zur Leipziger Messe. Seine Auf=
merksamkeit wurde auf das Conversationslexikon gelenkt und mit
richtigem Blicke erkannte derselbe sehr bald, daß dem ganzen Werke
eine vortreffliche Idee zu Grunde lag und daß dasselbe bei richtiger
Bearbeitung und bei einer umsichtigen geschäftlichen Ausbeutung
der weitesten Verbreitung fähig sei. Nachdem es aus einer Hand
in die andere übergegangen, war Richter, bei dem es zuletzt ver=
blieb, wahrscheinlich froh, dasselbe los zu werden und sich dadurch
für seine Forderung an Herzog zu decken; Brockhaus dagegen
war zum Ankaufe schnell entschlossen, und so gingen denn, noch
bevor der sechste Band ausgegeben und im Drucke vollständig
beendet war, die gesammten, freilich wohl nicht bedeutenden Vor=
räthe des Werkes für die Summe von achtzehnhundert Thalern an
denselben über.

Mit diesem Augenblicke beginnt nun für das Werk eine ganz
neue ungeahnte Aera. Brockhaus läßt es schnell im Druck vol=
lenden und veranstaltet sofort unter dem Titel „Conversations=
lexikon, oder kurzgefaßtes Handbuch für die in der gesellschaftlichen
Unterhaltung aus den Wissenschaften und Künsten vorkommenden
Gegenstände mit beständiger Rücksicht für die Ereignisse der älteren
und neueren Zeit" eine neue Ausgabe davon. Er bringt sehr bald
(1809—1811) die im Vorworte zum fünften Bande versprochenen
Nachträge, welche unser Franke bearbeitet und redigirt und wofür
er für sich und seine Mitarbeiter ein Honorar von acht Thalern
für den Bogen erhält; er geht überhaupt mit einer den bisherigen
Verlegern ganz unbekannten Energie, mit Thatkraft und großem
Verständniß an die Bekanntmachung und Verbreitung des Werkes,
und — sein Wirken hat einen nicht vorausgesehenen Erfolg. So
unvollkommen auch das Conversationslexikon in seiner ersten Auf=
lage erschien, so bewies der Anklang, den es jetzt im Publikum
fand, daß das Bedürfniß eines solchen Buches wirklich vorhanden
war, denn schon im Jahre 1812 stellte sich die Nothwendigkeit
einer zweiten Auflage heraus, und an die Spitze der Redaction
trat Brockhaus selbst.

Ueber den weiteren großartigen Erfolg des Unternehmens zu
berichten, geht über die Grenzen dieses Aufsatzes hinaus. Wer sich

specieller dafür interessirt, der findet Ausführliches darüber in einem unlängst erschienenen, vom Verfasser dieses Aufsatzes auch mehrfach benutzten Werke über Friedrich Arnold Brockhaus. Dasselbe wurde zur Feier des hundertjährigen Geburtstages des Letzteren ausgegeben und in ihm setzt der Enkel (Heinrich Eduard Brockhaus) dem würdigen und allgemein geschätzten Großvater ein Denkmal der Liebe und Dankbarkeit. In dem vorstehenden kleinen Aufsatze versucht es der Sohn, seinem theuren Vater, dem Advocaten Christian Wilhelm Franke, ein Gleiches, wenn auch im bescheidensten Maße, zu thun. Franke war ein Ehrenmann im vollsten Sinne des Wortes; voll der liebenswürdigsten Eigenschaften, geistig befähigt und vielseitig gebildet, besaß er trotz seiner sehr schwankenden Gesundheit eine unermüdliche Arbeitskraft und eine Ausdauer, wie sie nur Wenigen vergönnt ist. Vielfach von Mißgeschick und Unglücksschlägen verfolgt, war sein ganzes Leben der aufreibendsten Thätigkeit und Arbeit und der sorgsamsten Erziehung seiner Kinder gewidmet, bis ihn der Tod am 7. April 1831 den Seinen entriß.

Aus der bisherigen Schilderung geht wohl hinreichend hervor, daß Franke mit Recht zu den Gründern des Conversationslexikons zu rechnen ist, und wenn es, wie in der oben erwähnten Brockhaus'schen Schrift gesagt wird, bei buchhändlerischen Unternehmungen viel weniger auf die erste Idee, als auf die geschickte und praktische Ausführung derselben ankommt, so gilt dies wohl vorzugsweise von der geschäftlichen, von der pecuniären Seite der Sache und in dieser Auffassung trifft jenes Wort wohl nirgends so zu, wie in dem vorliegenden Falle. Das ‚Conversationslexikon wurde, wie Brockhaus wörtlich fortfährt, zum Grundstein seines endlich fest begründeten Hauses und zum Mittelpunkt der umfassendsten Thätigkeit desselben; für unsern Franke war es ein Quell der unendlichsten Sorgen, die frühzeitig seine Gesundheit untergruben, ein Quell, der allein nicht hinreichte, um ihm und den Seinen den nothwendigen Lebensunterhalt zu gewähren. Wie sehr er übrigens mit der dem Conversationslexikon zu Grunde liegenden Idee verwachsen war, geht daraus hervor, daß er später, wahrscheinlich nach Abbruch seiner Verbindung mit Brockhaus, im Jahre 1813 ein neues „kleines Conversationslexikon oder Hülfswörterbuch für Diejenigen, welche über die beim Lesen sowohl, als in mündlicher

Unterhaltung vorkommenden mannigfachen Gegenstände vorher
unterrichtet sein wollen", herausgab, welches in vier Bänden bei
Gerhard Fleischer dem Jüngeren erschien. In der Vorrede dazu
sagt er, daß er zu dessen Herausgabe wohl nicht unberufen er-
scheine, da er vom Anfange an von dem Herausgeber jenes (des
Löbel'schen) Lexikons zur thätigsten Theilnahme herbeigezogen
wurde und später nach dem Tode Löbel's die Herausgabe der
letzten Theile, sowie der Supplementbände, allein übernahm. Eine
zweite Auflage dieses kleineren Conversationslexikons erschien im
Jahre 1829, eine dritte nach dem Tode des Verfassers 1834, eine
vierte 1844 bis 1846. —

Ist es dem Verfasser gelungen, vor dem Auge seiner Leser
ein treues Bild von dem Entstehen eines so bedeutenden Buches,
wie es das Brockhaus'sche Conversationslexikon ist, zu entrollen,
so bittet er sie, sich im Geiste noch einmal in die oben geschilderte
Zeit zurückzuversetzen und dann einen Blick in die Gegenwart zu
werfen. Vielleicht steht, lieber Leser, auf Deinem Schreibtisch die
neueste oder eine neuere Auflage jenes Buches, welches seinen Weg
durch die Welt fand, vor Dir. Dann denke beim Anblick derselben
an die bescheidene Ausstattung der oben beschriebenen ersten Ausgabe, denke der unsäglichen Mühen Derer, die sie schufen, versetze
Dich mit mir in die erbärmliche, in einem engen und finsteren
Gäßchen Leipzigs gelegene Geschäftsstube Leupold's und begib Dich
dann in die großartigen Werkstätten und Räume des Hauses
Brockhaus, in denen die vor Dir stehende Auflage geschaffen wurde,
— in jene Räume, die wenigstens nicht zum kleinsten Theil ihre
Entstehung und Erweiterung der mit Umsicht und Geschick ausgeführten Ausbeutung einer glücklichen Idee verdanken.

(B. B. 1873. Nr. 21. 23.)

Hermann Francke in Leipzig.

8. Aus dem Buchhandel vor fünfzig Jahren *).

Die Sitte, Jubiläen zu feiern, ist in jüngster Zeit allgemein geworden; jedes Jahr ist für ein oder mehrere entsprechende Ereignisse ein Jubeljahr, ja jeder Tag fast kann zu einer 25=, 50=, 100=, 200=, 300= 2c. jährigen Jubelfeier herangezogen und unter Sang und Klang ein Festtag werden. Aus dem Schimmel der Erinnerung wird alles herausgesucht, was sich zu einem Jubiläum eignet. Auch der Buchhandel und seine Träger haben in den letzten Jahren solche Festtage gehabt. Die Jahre 1869—71 aber sind noch besonders wichtige Festjahre, als sie einen fünzigjährigen Zeitabschnitt für unsre Fachzeitschriftenliteratur bezeichnen. Kann sich auch keines der bestehenden Fachblätter dieses Alters rühmen, so trat doch der erste Vorgänger derselben im Jahr 1820 seine Laufbahn an und erreichte ein Alter von 18 Jahren; das Börsenblatt grub ihm das Grab. Ein solcher Zeitabschnitt dürfte nicht ungeeignet sein, einen Rückblick auf die Zeit vor 50 Jahren zu thun.

Das vorige Jahrhundert brachte mehrere Zeitschriften für Buchhändler. Zuerst war es Breitkopf in Leipzig, der von 1780—82 ein „Magazin des Buch= und Kunsthandels" erscheinen ließ. Von 1792—93 erschien in Berlin ein „Literarisches Magazin für Buchhändler und Schriftsteller", herausgegeben von E. J. Koch, brachte es aber nicht über zwei Semester hinaus. Das Jahr 1795 brachte ein „Neues Archiv für Gelehrte, Buchhändler und Antiquare", herausgegeben von H. Bensen und J. J. Palm in Erlangen, von dem aber auch nur zwei Jahrgänge erschienen; eine Fortsetzung desselben, „Journal zur Beförderung der Kultur durch den Buchhandel für Staatsmänner, Gelehrte und Buchhändler", brachte es nicht über das 1. Heft hinaus. Erst im Jahre 1811 wurde wieder ein Versuch zu einer bibliopolischen Zeitschrift „Allgemeiner typographischer Monatsbericht für Teutschland zum Behuf aller Ankündigungen, Anzeigen und Notizen d. teutschen Buch= und

---

*) Dieser Aufsatz war als Vortrag für die Herbstversammlung des Brandenburgischen Provinzialvereins geschrieben. Die Kriegszeiten bestimmten die Aufgabe derselben; er sei also hier zur Lectüre geboten.

Kunsthandels" zu Weimar gemacht; die trüben Zeiten waren aber dem Buchhandel zu ungünstig und so blieb es bei dem ersten Jahrgange.

Die Wunden, die der Krieg allen Verhältnissen geschlagen, waren natürlich auch auf den Buchhandel nicht ohne Einfluß gewesen. Er brauchte Jahre, um sich zu erholen; als diese Erholung aber eintrat, mochte auch das Bedürfniß nach einem speciellen Fachblatt eingetreten sein. Es konnte nur ein Privatunternehmen sein, da jede Spitze des zwar schon durch Leipzig und sein Commissionswesen vorhandenen Buchhändlerverbandes fehlte. Da trat Joh. Christ. Krieger in Marburg im Jahre 1819, nachdem er wahrscheinlich auf der Ostermesse mit Collegen Rücksprache genommen hatte, mit dem „Wochenblatt für Buchhändler, Antiquare, Musik- und Disputenhändler" hervor. Nr. 1 des Blattes scheint Anfang Juli 1819 erschienen zu sein, ein Datum trägt dieselbe, wie alle späteren Nummern, nicht, nur ein Inserat in Nr. 1 d. d. 26. Juni 1819 läßt darauf schließen; Nr. 52 ist vom März 1821 datirt und schließt den 1. Jahrgang, der aber fast zwei Jahre zu seiner Vollendung gebraucht hat. Aeltere Collegen werden sich entsinnen, daß auch in den späteren Jahren dies Krieger'sche Wochenblatt nie regelmäßig alle Wochen eintraf und sein Erscheinen von vorhandenem Material und Krieger's Launen viel abhing.

Ein dünner Band von 201 Seiten mit 402 Spalten, in klein 4. auf sehr graues Papier gedruckt, umfaßt den 1. Jahrgang, dessen Preis, 1 Thlr. 16 Gr., hoch genug war, da doch auch die Inserate bezahlt wurden, wenn auch nur mit 4 Pf. pro Zeile. Jedenfalls war der Preis gegen den des Börsenblattes, dessen Jahrgang 1869 4374 Seiten (!) auf schönes Papier in größerem Format gedruckt zählt, gehalten, sehr hoch. Die Durchsicht dieses Bandes kann man mit der Wanderung auf einem Friedhofe vergleichen; die Grabsteine, die uns auf diesem die Namen der Entschlafenen nennen, werden hier durch Annoncen vertreten; viele der damals florirenden Firmen, die wir durch dergleichen hier vertreten finden, sind gänzlich verschollen, nur die älteren Mitglieder unseres Standes erinnern sich an Guilhaumann in Frankfurt a/M., Schüppel in Berlin (glänzte durch Romanverlag), Gleditsch in Leipzig (die ursprüngliche Verlagshandlung der Ersch und Gruber'schen

Encyklopädie, von Becker's Taschenbuch z. gesell. Vergnügen 2c.),
Büschler in Elberfeld, Wilmans in Frankfurt a/M. (der alljährlich
das Taschenbuch der Liebe und Freundschaft und andern belletristi=
chen Verlag brachte), Hennings in Gotha (durch die Bibliotheca
graeca, ed. Jacobs et Rost und anderes seiner Zeit ein renom=
mirter Verleger), Heubner in Wien (durch ascetischen Verlag, katholi=
schen wie protestantischen, ganz besonders durch die J. Glatz'schen
Schriften eine geachtete und bekannte Firma), Kümmel in Halle,
Sinner in Coburg (Verleger der vielgebrauchten französischen
Grammatik von Sanguin), J. Campe in Nürnberg (dessen Meß=
novitäten=Sendungen man mit Vergnügen auspackte, da sie gewiß
einige Bändchen seiner reizenden Ausgaben englischer Classiker ent=
hielten) u. s. w. Ein wehmüthiges Gefühl beschleicht uns bei
diesen Erinnerungen. Andererseits finden wir unter den inserirenden
Firmen die noch heute, auch noch vielfach unter leiblichen Nach=
kommen, blühen, wie die Beck'sche Buchhandlung in Nördlingen,
Hendel in Halle, Hinrichs in Leipzig, Huber in St. Gallen,
G. Reimer in Berlin, Anton in Halle, DuMont=Schauberg in
Cöln, Duncker & Humblot in Leipzig, Metzler'sche Buchhandlung
in Stuttgart u. s. w.

Betrachten wir uns das Wochenblatt näher, so fällt uns auf
dem Titel der „Dispütenhändler" auf, eine Species, die wir unter
dieser Bezeichnung gar nicht mehr kennen. Unter den Gelehrten
jener Zeit spielten die Disputationen und Dissertationen eine nicht
geringe Rolle, und sie wurden im Buchhandel vielfach begehrt; in
Leipzig war es die Goethe'sche Buchhandlung, die diesen Zweig
ganz besonders cultivirte und an die man sich in solchen Fällen
wandte, wie heute an Calvary & Co. in Berlin. Der 3. Jahr=
gang ändert auf dem Titel den „Dispütenhändler" in „Disputations=
händler". Nr. 1 des ersten Jahrganges bringt keinerlei Einleitung
und enthält nur Bücheranzeigen und Büchergesuche bunt durch=
einander ohne jede Ordnung. In einer Nachschrift zeigt die Re=
daction an, daß mehrere Gelehrte sich für das Blatt interessiren
und abonnirt hätten. Dagegen scheinen Beschwerden eingelaufen
zu sein, denn in Nr. 11 erklärt Krieger, daß das Blatt durch ihn
in keine profanen Hände käme.

In Nr. 3 beginnen die Klagen über Schleuderei, die sodann
eine stehende Rubrik bleiben. In Nr. 6 spricht sich auch Horvath

über dies Thema aus; worauf in Nr. 7 Krieger einen Anhang· zu
diesem Aufsatze liefert, den man als ziemlich grob bezeichnen darf;
er nennt die Schleuderer „mauvais sujets" und unter diese rech=
net er ferner Diejenigen, welche den Nachbarn die Kunden abzu=
laufen suchen. „Ich kenne dergleichen Spürhunde, die den Boten
Packete von mir aus den Händen gerissen haben, um Adressen zu
erfahren." In Nr. 9 klagt Ragoczy in Prenzlau über Späthen
in Berlin, der an Kunden 25% Rabatt gebe; in derselben Nummer
wird erzählt, daß Sattler in Stuttgart den Privaten seinen Verlag
billiger als dem Sortimenter liefere. In Nr. 15 wird von Reclam
und Hartmann in Leipzig erzählt, daß sie ebenfalls an Privaten
ihren Verlag zum Nettopreise lieferten, wogegen sie sich in Nr. 18
verantworten. In Nr. 19 werden J. Palm in Erlangen und die
Dieterichsche Buchhandlung in Göttingen gleicher Schleuderei be=
zichtiget; Palm weist diese Anklage zurück in Nr. 26, in Nr. 33
aber verspricht der Ankläger Beweise vorzulegen. In Nr. 24
klagen Casseler Handlungen über die Gleditsch'sche Buchhandlung
in Leipzig, deren Reisende den Privaten 25% Rabatt versprechen,
in Nr. 25 wird von weiterer Schleuderei dieser Handlung berichtet;
in Nr. 28 verantwortet sich die Angeklagte, wird aber von Krieger
widerlegt und zwar ziemlich grob; Gleditsch bietet 100 Ducaten
an die Leipziger Armen zu zahlen, wenn ihm ein Fall von
Schleuderei nachgewiesen werden könne, Krieger behauptet es thun
zu können und weist auf die Anklage in Nr. 25 hin. In Nr. 28
werden in einem anonymen Artikel Doll, Veith & Rieger, Bolling
und Kranzfelder in Augsburg auch der Schleuderei mit ihrem
Verlage bezichtiget, sie werden „General=Ruiniairs" genannt; die
Redaction macht dazu Anmerkungen, die heute nicht mehr in allen
Theilen verständlich sind; es scheint, als ob sich in der Ostermesse
1818 ein kleiner Verein von Sortimentern gebildet habe, der der
Schleuderei und dem Reiseunwesen der Verleger entgegentreten
wolle. In Nr. 33 bestätigt ein Artikel diese Vermuthung; ein
Comité von 16 Firmen ist beauftragt, um diesen Verein durch
Statuten und Vorschläge zu consolidiren. Horvath in Potsdam
aber klagt darüber, daß dies Comité bis jetzt noch nichts gethan
habe, was nutzbringend sei. In Nr. 39 ist ein Schreiben des M.
Conrector Keßler zu Roßleben abgedruckt, nach welchem Reclam
in Leipzig 6 Gr. Rabatt bewilligt, ebenso Knobloch in Leipzig,

beide Schreiben sind von Voigt in Ilmenau eingesandt. Voigt hatte sich an beide beschwerend gewandt; Reclam hatte nicht geantwortet, Cnobloch's Antwort, die abgedruckt ist, gesteht es zu, entschuldigt sich aber mit der allgemeinen Schleuderei, die in Leipzig zu Hause sei. In Nr. 45 bringt W. (Wesener?) in Paderborn eine Anklage, daß die Seidel'sche Buchhandlung in Sulzbach den Seminaristen in P. einen ihrer Verlagsartikel mit ⅓ Rabatt anbiete; Krieger berichtet in derselben Nummer, daß die Ritter'sche Buchhandlung in Wiesbaden alles franco nach Dillenburg mit 20% Rabatt liefere.

Die Beschwerden, daß Private, namentlich damals Postsecretäre, Buchhandel treiben, kommen auch vor; so erzählt ein Sortimenter von Frankfurt a/M. in Nr. 16, daß ein Postsecretär Schneider in Thal Ehrenbreitenstein ein Verzeichniß von Taschenbüchern vertheile, in dem die Preise billiger angesetzt seien; ferner, daß eine preußische Handlung einer Leihbibliothek von allen Schriften 30% Rabatt angeboten habe, und in Nr. 21 wird ein Postsecretär Stephan in Coblenz als Seitenstück zu Schneider genannt. In Nr. 31 klagt Cröter in Jena auch über die Winkelpraxis der Postsecretäre.

An Klagen über Schleuderei fehlte es also vor 50 Jahren auch nicht, ebenso wenig wie an solchen über überhandnehmende Concurrenz; während aber die ersteren schon gleich in den ersten Nummern anheben, finden wir über das letztere Thema in Nr. 38 die ersten Lamentoartikel; keine Woche verginge fast ohne ein neues Etablissementscircular*). Elberfeld habe lange nur eine Buchhandlung gehabt, jetzt drei; Aachen hätte früher nicht einen einzigen soliden Buchhändler gehabt, bis Mayer sich zuerst einen Wirkungskreis dort geschaffen hätte, nun habe sich noch ein zweiter etablirt — würde Mayer da mit Ehren weiter bestehen können? Schließlich werden die Verleger gewarnt, solchen jungen Etablissements Credit zu geben. In Nr. 46 und 47 ist ein Aufsatz: „Bemerkungen wie es war und jetzt ist", der in den Schlußzeilen des ersten Satzes sagt: „es wäre doch sehr wünschenswerth, wenn die alten Zeiten wieder hergezaubert werden könnten". Weiter wird nun über die große Menge neuer Etablissements geklagt und die Meinung aus-

---

*) 1869 brachte ein Wochenbriefpacket 8, sage acht, dergleichen!

gesprochen, daß bald in kleinen Landstädtchen, ja selbst in Dörfern Buchhandlungen sein würden, die öffentlichen Blätter und selbst politische Zeitungen würden sich nach Beilagen umsehen müssen, um die Anzeigen von herabgesetzten Büchern aufzunehmen. Es wird ferner geklagt, daß der Buchhandel nur Commissionshandel jetzt sei, „da kann nun freilich aus jedem Abdecker ein Buchhändler werden"! Weiter klagt der Verfasser über das Unwesen, Reisende auszuschicken ꝛc. Diesen Klagen gegenüber rechtfertigt in der im Ganzen sehr reichhaltigen Doppelnummer 48 und 49 Varnhagen in Schmalkalden, der gleichzeitig Apotheker daselbst war und sich durch dieselben wohl getroffen fühlte, sein Etablissement. „Der Hauptzweck meines Etablissements", heißt es, „war, mir auf eine angenehme und zugleich belehrende Art geschäftslose Stunden ab= zukürzen. Diesen Zweck habe ich so ganz erreicht, daß mir nichts mehr zu wünschen übrig bleibt. Jede müßige Stunde widme ich auch jetzt diesem Geschäft, ich fördere dadurch manches Gute, und werde, was ich dankbar anerkenne, von vielen achtbaren Bieder= männern großmüthig unterstützt." Weiter läßt er sich noch über den Nachdrucksvertrieb aus, beklagt denselben sehr und meint, wenn jeder Buchhändler darüber so dächte wie er, würde bald kein Nach= druck mehr existiren, und man brauche die Hilfe der Regierungen gar nicht. Es sei aber zu beklagen, daß gelernte Buchhändler, und sogar die Leipziger Handlungen, sich damit befaßten. Krieger macht zu diesen Expectorationen wieder seine Anmerkungen und nennt darin die Leute, die wie Varnhagen nicht gelernte Buch= händler, Stümper. Die Motive Varnhagen's zu seinem Etablisse= ment sind so ehrenwerth, daß wir ihnen unsern Beifall wohl kaum versagen können. Auch in Cottbus war in derselben Zeit der Apotheker Bertrand auf gleiche Ideen gekommen und hatte, da damals die ganze, jetzt mit Buchhändlern mehr als zu reichlich versehene Nieder=Lausitz nur zwei Buchhändler, in Lübben und Sorau, besaß, dort neben seiner Apotheke eine Buchhandlung ein= gerichtet, die dann in die Hände von Ed. Meyer überging. In derselben Doppelnummer berichtet eine Mittheilung aus Leipzig, daß eine Anzahl dortiger Buchhändler zusammengetreten, um dem überhandnehmenden Schleuderwesen der Leipziger ein Ziel zu setzen, und das betreffende Actenstück, mit 53 Unterschriften ver= sehen, wird mitgetheilt. Nach demselben verpflichten sich die Unter=

zeichner, nicht mehr als 16⅔% Rabatt zu geben, keine frankirten Zusendungen zu machen und sonst keinerlei Vortheile zu bieten. Der Einsender beklagt, daß einzelne Verlagshandlungen ihre Unter=schrift verweigert hätten, eine der bedeutenderen (ob Brockhaus?, dessen Unterschrift fehlt) sogar erklärt habe, sie finde die Schleuderei recht und gut kaufmännisch, sie drucke ihre Bücher nicht für die Buchhändler, sondern für das Publikum, und ein Jeder, wer es auch sei, der sich direct an sie wende und baare Groschen einsende, erhielte ihre Verlagsartikel für den Nettopreis. Diese Uebereins=kunft scheint auch von den Unterzeichnern selbst nicht allzu lange befolgt worden zu sein, denn die älteren Collegen werden sich er=innern, daß bis in die dreißiger Jahre hinein einzelne Handlungen Leipzigs, wie Reclam, Serig, mit 25 und 16⅔% rabattirten und einen großen Kundenkreis namentlich im Königreich Sachsen hatten; Segen hat das Treiben jenen Handlungen freilich nicht gebracht.

Der Nachdruck, der jener Zeit noch sehr florirte, ruft gegen Erwarten im Ganzen wenig Klagen hervor, man war an denselben gewöhnt und Süddeutschland betrieb denselben ziemlich ungenirt. In Nr. 25 bricht Lentner in München in Klagen über Nachdruck der Sailer'schen Schriften aus und bezichtigt Schöne in Breslau des regsten Vertriebes desselben. In Nr. 30 kommt des Letztern Entgegnung; aus ihr geht hervor, daß in Schlesien, unterstützt durch die Nähe der oesterreichischen Grenze, viel Nachdruck bezogen wurde. In Nr. 46—47 findet sich ein Artikel von Schreiner in Düsseldorf, der eine Darstellung des Treibens der Spitz'schen Buch=handlung in Cöln in Bezug des Vertriebes von Nachdruck mit Actenstücken gibt; nach diesem trieb es die genannte Handlung wirklich toll. Daran knüpft Schreiner eine Schilderung des Treibens von Bäschler in Elberfeld, J. E. Schaub (in Düsseldorf) und einer ungenannten Bonner Handlung, das eben nicht erquick=lich zu nennen ist.

In Nr. 52 wird ein in den vorangehenden Nummern an=gefangener Artikel beendet, der auch viel über Nachdruck spricht und Auszüge aus einer früher erschienenen Broschüre von Heinz=mann bringt, und noch manches Andere über den Buchhandel im Allgemeinen sagt. Der Nachdruck werde deshalb vom Sortimenter unterstützt, weil die Bücherpreise der Originalausgaben noch zu hoch gestellt seien, die hohe Gnadenmiene, welche manche Verleger

den Sortimentern gegenüber angenommen, gebe keine Lust zu leb=
haftem Geschäftsverkehr; die langsame Expedition, halbe Jahre
müßte man auf Bestelltes warten, sei auch nicht förderlich. Doch
trügen auch die Sortimenter viel Schuld, es sei viel Schund unter
denselben, ohne jeden edlen Charakter und wahren Patriotismus,
alles was Geld bringe, werde verkauft. Die Verhältnisse des da=
maligen Buchhandels begünstigten allerdings den Nachdruck in der
Schweiz und Oesterreich. Sachsen und Preußen brächten den
meisten Originalverlag, dort blühe der Verlagshandel; um die
Industrie zu heben, hätten sonst edle Regenten, wie Joseph II.,
den Nachdruck unterstützt. Der erschwerte Verkehr mit dem Aus=
lande erwecke bei ganz rechtlichen deutschen Verlegern den Gedanken,
gute Werke Englands, Frankreichs ꝛc. nachzudrucken, und man
finde es verdienstlich, diese den Deutschen auf billigere Weise als
in den Originalausgaben zugänglich zu machen. Der ganze Artikel
spricht eigentlich dem Nachdruck das Wort. Die Stelle aber, wo
es heißt: „In Wahrheit wird beim Buchhandel Keiner reich, der
nicht mit Selbstverlag sich emporgearbeitet; alle die mit Sortiment
oder Neuigkeiten sich bloß abgeben, bleiben stets die unterthänigen
Knechte der sogenannten Verlagshandlungen", darf auch heute noch
als eine unumstößliche Wahrheit bezeichnet werden.

Häufiger sind die Klagen über verlorene Packete. In Nr. 22
expectorirt sich Keyser in Erfurt über die Ehrlichkeit der Leipziger
Markthelfer. Aehnliche sind in spätern Nummern zu finden. Wer
jene Zeit noch durchgemacht hat, wird sich wohl erinnern, daß diese
Klagen gar nicht ungerecht waren. Ein Magister Schmidt in
Leipzig war der Hehler für diese Packete; ihm trugen die Markt=
helfer die Novitätenpackete haufenweise zu und Schmidt hielt eine
Niederlage. Dies war allgemein bekannt, doch schritt Niemand
gegen dies Treiben ein. Der Schreiber dieser Zeilen war in einem
Geschäft, dessen Prinzipal mit dem genannten Magister in leb=
haftem Verkehr stand und Romane und Taschenbücher nach Ueber=
einkunft sofort nach Erscheinen zu billigen Preisen zugesandt erhielt;
die neuen Taschenbücher kamen in demselben Postpacket vom Mag.
Schmidt, mit welchem die Sendungen von den Verlegern eingingen.
Spät erst wurde, ich glaube in den vierziger Jahren, diesem
Treiben ein Ende gemacht und Mag. Schmidt zu mehrjähriger
Zuchthausstrafe verurtheilt.

In Nr. 11 bringt Krieger einen Aufſatz, der dahin zielt, No=
vitäten nicht mehr im December auf alte Rechnung zu ſenden, und
erklärt, mit gutem Beiſpiel vorangehen zu wollen. Ein Anony=
mus ſtimmt in Nr. 16 bei. Dieſer fromme Wunſch, den alle Sor=
timenter noch heute haben, trat alſo vor 50 Jahren ſchon auf,
und hat heute trotz vieler Wiederholungsgeſuche noch keinen Erfolg
gehabt.

Auch eine feſtere Vereinigung des ganzen Buchhandels in ſich
kommt in Anregung. Nr. 10 enthält zwei Artikel, der eine von
K. E. Stiller unterzeichnet, über eine Schrift: „Wie man's treibt
ſo geht's, als Antwort auf die Klageſchrift der Herren Buchhändler
in Hamburg und Berlin von einem ihrer Collegen", die in der
Michaelismeſſe gratis vertheilt wurde. Sie ſcheint eine Aufforde=
rung zur Bildung eines Vereins, ähnlich dem heutigen Sortimenter=
verein geweſen zu ſein. Der Schluß des zweiten Artikels fordert
zu einem Unterſtützungsverein für Buchhändler=Wittwen, Waiſen
und alte Gehilfen auf. In Nr. 14 werden 64 genannte Hand=
lungen zur Bildung eines Vereins, wie der erſt angeführte, auf=
gefordert, wenn dieſe ihre Beitrittserklärung abgegeben, könne der
Verein als conſtituirt angeſehen werden, und alle guten Buchhand=
lungen würden ſich dann gern anſchließen. Die Beitrittserklärungen
kamen in den folgenden Nummern aber ſehr ſparſam, in Nr. 18
wird über dieſe Theilnahmloſigkeit bittere Klage geführt. Die Sache
fiel damals.

Den Buchhandel im Allgemeinen behandeln eine Menge Ar=
tikel; ſo in Nr. 7 zuerſt: „Ueber das was ein Buchhändler ſein
ſoll", der noch heute Beachtung verdient. Schreiner in Düſſeldorf
bringt durch verſchiedene Nummern eingehendere Betrachtungen über
den Buchhandel, wie er nach und nach geworden, die des Wahren
und Trefflichen gar viel enthalten; ſie werfen manche Schlaglichter
auf jene Zeit und wir wollen hier einiges als Proben damaliger
Anſchauungsweiſe geben. In Nr. 34 ſpricht ſich Schreiner über
die Autoren ſeit den letzten Jahren des 18. Jahrhunderts aus:
„Sie wollten", heißt es, „alle Honorare haben, daran waren aber
die Buchhändler ſchuld, deren Habſucht ſich bei jedem Werk und
Werklein von irgend einem berühmten oder berüchtigten Verfaſſer
überbot, wobei ſie ſich noch Erniedrigungen, Mißhandlungen, ja
ſelbſt Prellereien und Betrügereien mancher Art mußten gefallen

laſſen." — „Die gelehrte Unverſchämtheit hatte verblüfft und ein=
geſchüchtert." — „Die Buchmacherei habe nun begonnen, weſſen
Gehalt nicht gelangt habe, der habe ſich aufs Bücherſchreiben ge=
legt. Man könnte dieſe Werke vielleicht Küchenproducte nennen,
weil ſie den Küchen allerdings, der Literatur aber ſchwerlich nützten.
Wer ſich durch Schreiben keine Nebeneinkünfte erworben, ſei Vice=
buchhändler geworden und beſorge für Freunde Bücher." — „Die
Induſtrie der Schriftſteller hatte nun alle Dämme der Beſcheiden=
heit und des Anſtandes durchbrochen." — „Schriftſteller von Ruf
beſtimmten nun gar die Stärke der Auflagen, das Format der
Columnen und die Typenart." — „Die Geldſchreibewuth wurde ſo
anſteckend, daß ſie auch die Theologen, Schul= und Sprachlehrer
befiel, welche den Buchhandel mit einer Fluth von Predigten, Ge=
bet= und Erbauungsbüchern für die gebildete und ungebildete Welt,
von Kinderſchriften, Rechenbüchern und Grammatiken überſchwemm=
ten." — „Die Lehrbücher an den Hochſchulen wechſelten ſelbſt mit
jedem Profeſſor, an den Gymnaſien mit den Lehrern, ohne daß
man ſich im mindeſten darum bekümmerte, ob die Ortsbuchhand=
lungen noch Vorräthe davon hatten, die ihnen unverkäuflich blieben.
Haben die neuen Lehrer ſelbſt keine Schulbücher herausgegeben, ſo
verdrängen die von ihren Freunden zuſammengetragenen die ein=
geführten ꝛc." — Dann klagt Schreiner weiter über den Nachdruck
und die Cenſur und über das hohe Poſtporto; früher hätten Bücher=
packete ein geringeres Porto gezahlt. Dann kommt er nochmals
auf die Autoren zurück, wenn ſie als Selbſtverleger aufträten und
Beamte und Behörden zur Verbreitung ihrer Schriften aufböten,
oder gar ſelbſt ſich auf's Subſcribentenſammeln legten, Geſchäfte,
„die theils Betteleien, theils Prellereien glichen".

In Nr. 37 folgt die Fortſetzung des abgebrochenen Aufſatzes
in Nr. 34, die ganz zu geben ich mir nicht verſagen kann; ſie iſt
intereſſant genug und bietet viel Stoff zu Parallelen mit heutigen
Zuſtänden und Vorkommniſſen.

In der beſſern Vergangenheit des Buchhandels wurde derſelbe durchgängig
von kenntnißreichen, verſtändigen Biedermännern betrieben. Daher ſeine Grün=
dung auf deutſche Ehrlichkeit, Treue und Glauben, wodurch er auch nur allein
in ſeinem eigenthümlichen Leben fortbeſtehen kann. Damals konnten ſich aber
auch Hohlköpfe, Wichte, Glücksritter u. dergl. ſo leicht nicht eindrängen. Die
Lehrlinge wurden auf 5—6 Jahre angenommen, mußten die nöthigen Schul=
kenntniſſe beſitzen, eine deutliche Handſchrift ſchreiben können, von geſitteten

und gebildeten Familien herstammen. Sie wurden zur Thätigkeit angeführt, man sah mit Ernst, und wo es nöthig schien mit Strenge, auf ihr sittliches Betragen. Hatten sie wenig gelernt, keiner guten Aufführung sich beflissen, so nahmen ihre Lehrherrn sie selbst nicht zu Gehilfen an, und empfahlen sie auch ihren Freunden nicht dazu. Auch den Gehilfen wurden nur gute Zeugnisse und Empfehlungen zu Theil, wenn sie solche durch ihre Brauchbarkeit, ihren Fleiß und ihr Betragen verdienten. Selbstetabliren konnten sich diejenigen, welche Einsicht und Erfahrungen erlangt, guten Ruf erworben hatten. Nur diesen verlieh man Credit und beförderte ihr Fortkommen. Die Prinzipale, welche solche Anfänger zu Gunst empfohlen, waren lang bekannte Männer von Geschäftskenntniß und Rechtschaffenheit.

Nachdem sich aber in der neuern Zeit unqualificirte Subjecte aus allerlei Volk in den Buchhandel gemischt und eingenistet, kommen nicht selten in der neuesten Zeit Fälle vor, daß Anfänger von Handlungen, die fast ebenso unbekannt wie sie, oder deren Besitzer gar der Empfehlung selbst unwürdig sind, empfohlen werden! — Diese Herren scheinen sich dadurch wichtig zu fühlen, es wäre aber zu wünschen, daß sie sich durch solche Dummdreistigkeit, die man sonst nicht kannte und jetzt ungerügt verübt wird, nur so lächerlich machen, als sie es verdienen. Diejenigen, denen es aber auch an solchen Bekanntschaften fehlt, um sich von ihnen empfehlen zu lassen, sind so erfinderisch, noch andere Wege zu Geschäftsverbindungen einzuschlagen. Viele lassen einige Wische drucken, andere übernehmen dergleichen auch wohl nur von ihren Verfassern oder von Buchdruckern in Commission und versenden sie nach den Leipziger Verzeichnissen an die Sortimentshandlungen, um sich auf diese Art einzudrängen.

Was sonst herkömmlich und üblich, was Sitte und Regel war, galt für Alle. Jetzt kramen so viele ihre Bedingungen aus, unter welchen sie, individuell, nur allein Geschäfte machen wollen, daß man die Menge der gedruckten Rundschreiben, die solche verkündigen und fast alljährlich abändern, kaum mehr zu lesen, viel weniger darauf einzugehen vermag. Sehr emsig zeigen sich besonders in dieser neuen Art Vorschriften Handlungen, die noch nicht lange bestanden, die kaum dem Namen nach bekannt sind; unermüdlich erscheinen Verlagshandlungen darunter, welche sich den Sortimentshandlungen als Gesetzgeber aufzubringen streben. Eine Menge von einander abweichender, sich widersprechender, unpassender und unbilliger Forderungen und Zumuthungen konnten aber nur Verwirrung und Unwillen erregen, den gewohnten Geschäftsgang stören und unsicher machen. Das bunte Gemengsel, von Unkunde, Anmaßung und Egoismus strotzend, konnte unmöglich von guten Folgen sein. — Damit begnügten sich indessen die Fabrikanten nicht, die nun im Buchhandel wie Pilze aufschossen. Sie zwackten unter allerhand Vorwand am üblichen Rabatt, und machten so viel Ausnahmen davon, daß man bei manchen fast nicht mehr erkennen kann, was sie darin für Regel halten. Auch in das Schlechteste anderer Speculanten, in den Schwindel, Unternehmungen zu wagen, die weit über ihre Mittel gingen, verfielen sie. Die Pränumerationen und Subscriptionen wurden erfunden und zu Prellereien mißbraucht. Die Buchhandlungen plackten sich damit herum, hatten mannigfaltigen Schaden und

Verdruß davon, daß sie die Verleger auf fremde Kosten bereichern halfen, und ließen sich auch noch dabei, wie bei Journalen, Monatschriften, Taschenbüchern, Commissions- und einer Menge anderer Artikel, ihren Rabatt schmälern! Hierbei aber ließ es die verderbliche Industrie und der Schwindelgeist noch nicht bewenden. Selbst in den Städten, worin es an Buchhandlungen nicht fehlte, warb er Privatleute zu Sammlern und Commissionären, bot diesen dieselbigen oder gar größere Vortheile als den Buchhandlungen für ihre Bemühungen. Dadurch kam nun Mancher auf den Einfall, im Buchhandel sein Heil zu versuchen, der, wie man zu sagen pflegt, bei zwölferlei Handwerken schon dreizehnerlei Unglück hatte. Diese und jene Schwindler, die da wollten reich werden, verfielen in die abenteuerlichsten Unternehmungen, die sie zwar nach einiger Zeit wieder aufgeben müssen, welche aber das Aufkommen ordentlicher Buchhandlungen hindern. Nicht zufrieden in ihrem Wohnorte das anvertraute Gut zu verschleudern, beziehen sie Messen und Märkte, hausiren, nehmen Buchbinder und andere Helfershelfer in benachbarten Orten an, oder schicken von ihren Gehilfen dahin, den Tröbel zu betreiben und sich, nach ihrer Einbildung, schnell zu bereichern. Dieses Geschmeiß schadet den Buchhandlungen dermaßen, daß sie nicht aufkommen können, während es selbst nicht bestehen kann. Da aber die Schleuderer und Tröbler viel brauchen, so werden sie von den Verlagshandlungen so lange mit allem Glimpf als thätige Männer behandelt und vorgezogen, — bis sie nicht mehr zahlen können!

Unsere Vorfahren ließen die Manuscripte, die ihnen zum Verlag angeboten wurden, erst sorgfältig von ihren gelehrten Freunden prüfen, bevor sie sich auf die Uebernehmung derselben einließen, und griffen nicht gierig nach allem Wust. Gute Werke wurden ohne marktschreierische Anpreisungen, ohne parteiische oder bezahlte Recensionen bekannt und fanden den verdienten Beifall und Abgang. Als aber die unnütze Schreibseligkeit veranlaßt und befördert wurde, begannen auch die Posaunereien von den mittelmäßigen und elenden Producten in unzähligen Zeitungen, Journalen und besonderen Ankündigungen, wodurch das Publicum so lange getäuscht worden, bis sie nun fast keinen Eingang mehr finden. Der Schaden, den das dadurch verbreitete und begründete Mißtrauen dem Absatz selbst guter Schriften und Werke wirklich thut, und den sie noch lange werden erleiden müssen, ist unberechenbar. Von politischen werden kaum noch diejenigen gesucht, welche die Empfehlung eines Verbotes für sich haben, weil diese Ehre jetzt auch wohl schon unbedeutendem Geschmier widerfährt.

Indem ich diese Einleitung hiermit schließe, hoffe ich, sie werde zum Bessern anregen, eine Bereitwilligkeit verbreiten, mit Kraft, Festigkeit und Ausdauer dahin zu wirken, unsern so sehr gesunkenen und verpfuschten Handel wieder zur verlornen Ehre und Würde emporzubringen. Sobald sich die Mehrheit unserer Geschäftsgenossen hierzu geneigt und entschlossen erklärt, werde ich Ihnen, geschätzter Freund, meine Wünsche und Bemerkungen, die Erreichung dieses edlen Zweckes betreffend, als Schluß dieser Zuschrift, zur Aufnahme in Ihr Wochenblatt ebenfalls mittheilen.

Düsseldorf, den 26. Oct. 1820.   J. H. C. Schreiner.

In Nr. 14 befindet sich ein Aufsatz: „Warum haben die Buch=
händler im Allgemeinen bei vielen Banquiers und Kaufleuten in
großen Städten keinen guten Zahlungsruf und wie sollte demselben
schnell abgeholfen werden?" Die Verleger waren, dies geht daraus
hervor, mitunter auf die Idee gekommen, im Laufe des Jahres
schon auf den muthmaßlichen Ostermeß=Saldo abzugeben, und der=
artige Tratten waren von den Sortimentern natürlich nicht ein=
gelöst worden.

Nr. 36 bringt einen schnurrigen Artikel unter der Ueberschrift
„Veränderte Börse in Leipzig": „Der große theologische Hörsaal
im Paulinum, welcher in den Ostermessen als Buchhändler=Börse
diente, ist während der jetzigen Michaelismesse in einen deutschen
Judentempel umgewandelt worden; und wenn, wie zu vermuthen
steht, die Juden mehr dafür bezahlen, als von den Buchhändlern
gezahlt wurde, so ist es noch die Frage, ob diese nicht den Juden
werden weichen müssen. Das Summen und Brummen sind die
Wände übrigens schon gewohnt." Dazu bemerkt die Redaction,
daß man sich bei dem geringen Meßbesuch und dem Krebsgange
des Buchhandels nicht darüber wundern dürfe, wenn die Vermiether
des Locals dasselbe möglichst zu verwerthen suchten, seien die Mie=
ther Juden oder Christen. In Nr. 39 berichtet Horvath als Vor=
steher der Börse, daß die Buchhändler dadurch in der Benutzung
des Locals gar nicht beschränkt wären für die Meßzeit. Barth in
Leipzig spricht in Nr. 40 auch ein berbes Wort in dieser Sache
und verlang, daß der Schreiber der Anklage von der Börse aus=
geschlossen werde. Auch eine andere Berichtigung — die Sache
scheint Aufsehen gemacht zu haben — ist schon in Nr. 38. Der
Saal sei an die Juden nicht vermiethet, sondern unentgeltlich über=
lassen und um mit diesen nicht in Collision zu kommen, könnten
ja die Rechnungstage von Donnerstag nach Jubilate auf Montag
nach Cantate fortverlegt werden. Krieger bemerkt dazu: „Was für
Kosten könnten erspart werden, wenn gleich mit Ablauf jedes Jahres
jede Handlung ihre Rechnungen einschickte und die Zeit gewönne,
bis zur Ostermesse solche schriftlich ebenso gut als persönlich ab=
machen zu können. Wie leicht läßt sich durch die Herren Com=
missionäre alsdann der Saldo zahlen und die etwaige Differenz
heben, sobald die Rechnung in Ordnung ist und der Commissionär

die nöthigen Gelder nur rechtzeitig zum Auszahlen in Händen hat."
Krieger's Idee ist jetzt verwirklicht!

„Unmaßgebliche, doch wohlgemeinte Vorschläge" ist die Ueber=
schrift eines Artikels in Nr. 48 und 49; einer dieser Vorschläge
fordert, „daß sich der Buchhandel zünftig gestalten müße. Eine
Commission von gelernten, kenntnißreichen Buchhändlern müßte
sich bilden, die alle Diejenigen, die sich etabliren wollten, vorher
prüfte und examinirte, und bei der Lehrzeugnisse ꝛc. vorgezeigt
werden müßten".

Ueber das Wochenblatt selbst bringt Nr. 4 den ersten Artikel,
der Wünsche für die Nutzbarmachung des Blattes ausspricht. In
Nr. 40 wünscht ein K—n. dessen Fortdauer, doch wäre es wohl
besser, wenn es in Leipzig erschiene und daß das Blatt in keine
uneingeweihte Hände käme; es wird geklagt, daß in manchen Ar=
tikeln der nöthige Anstand, den man von einem Buchhändler for=
dern müßte, sehr oft verletzt würde. Viele der älteren Herren
Collegen werden sich erinnern, wie früher eben nicht der feinste
Ton auch in der Correspondenz herrschte, von dem unsere Zeit nur
noch Nachklänge aufzuweisen hat, was auch sehr gut ist. Auch im
öffentlichen persönlichen Verkehr mußten mitunter arge Dinge vor=
gekommen sein, denn in Nr. 12 spricht sich Hendel aus Halle ganz
entrüstet über die Grobheiten aus, die ihm ein jüngerer College
auf der Börse in Leipzig bei der Abrechnung gesagt habe; sogar
von Hinauswerfen sei von Seiten des Jüngeren die Rede gewesen;
einem alten Manne von 80 Jahren, wie Hendel, gegenüber doch
ein sehr starkes Stück.

Krieger hat als Herausgeber und Redacteur auch seine liebe
Noth. In Nr. 39 beschwert er sich, daß ihm Bücherankündigungen
zugeschickt worden zur Insertion; obschon die Zeile nur 4 Pf. koste,
so verweigere man doch nachher die Bezahlung, das sei „Knau=
serei". In Nr. 43 bringt er eine „abgedrungene Abfertigung":

Es sind mir zwey anonyme sehr naseweise Schreiben zugesandt worden,
das eine corrigirt meinen Styl, meine Punktation im Wochenblatt; das andre
weiß viel an meinen Anmerkungen auszusetzen und zu tadeln u. dergl. Wahr=
scheinlich sind es junge Laffen, die ich verachte, da sie nicht in die Sache selbst,
sondern bloß aufs Buchstäbliche sehen. Denn wenn sie gerechte Sache zu tadeln
wüßten und es mit Bescheidenheit gethan, brauchten sie ihr Schreiben nicht
unbenahmt zu lassen; ich nehme gern noch Lehre an, wenn sie von Collegen
kommt, die edle und uneigennützige Zwecke haben und Mißbräuche zu be=

kämpfen helfen. Jene Scribler aber scheinen bloß an der Mode zu hängen, deswegen wollen sie nicht in etwas Gehaltreiches und Wahres eingehen, sondern bloß etwas, das in ein in einen blumenreichen Styl eingekleidetes Bild eingehüllt ist, denn das alte Costüm mißfällt ihnen; bloß an der neuen Alfanzerei hängt ihr Herz, daran bildet sich ihr magerer und hirnloser Geist, sie äffen lieber einem Maître de plaisir nach, als einem alten geraden Mann, der den jungen Windbeuteln sagt was zu ihrem Besten dient, und ihnen das Lehrgeld sparen will was der Alte gegeben hat. Sie wissen nichts von der Sache selbst oder gehen zu leichtsinnig darüber weg, kehren der Wahrheit den Rücken und wollen meine Schreibart tadeln. Und gesetzt auch, daß diese Mrs. wirklich in der Rechtschreibung weiter fortgerückt wären als ich, so würde es vielleicht auch besser für sie gewesen sein, wenn sie sich um eine Schulmeisterstelle bemüht hätten, als zum Pfuscher und Schleuderer im Buchhandel zu werden.

Damit sei es genug für diese Herren, denen ich ins künftige nichts weiter antworten werde, da mir die Zeit fehlt und ich das Wochenblatt nicht mit unnützen Widerlegungen anfüllen mag. Auf Dank habe ich bei der Herausgabe des Wochenblattes nicht gerechnet, auch nie gesucht mich dabei als Schriftsteller geltend zu machen. Mein Zweck war stets auf den allgemeinen Vortheil unsres Handels gerichtet, damit auch der Unbemittelte dabei sein Fortkommen neben den Bemittelten finde, zu einer Zeit, wo alle Handelswege verpfuscht und täglich mehr verhunzt werden, wie die gelieferten Blätter sattsam erweisen. Wer übrigens meiner Versicherung keinen Glauben schenken will, und mit meinen Ansichten nicht zufrieden ist, auch keinen guten Willen hat mitzuwirken, daß der Sortimentshändler für seine Mühe und Fleiß, Kosten und Verlust, den er so mannigfaltig zu tragen hat, thätiger unterstützt werde, der bleibe auch mit seinen unnützen Vorwürfen und Anmerkungen zu Hause. Ich kann mir so ziemlich erklären, woher aus Neid und Eifersucht manches Blatt unterschlagen wird um die Fortsetzung zu hemmen. Diese wenigen Herren setzen mich in keine Verlegenheit, da doch mehrere rechtliche Männer die Fortsetzung desselben wollen und sich dazu auf meine Aufforderung auch namentlich schon pro 1821 unterzeichnet haben.   Krieger.

Das Redactionstalent Krieger's war freilich nicht groß, selbst Privatbriefe (wie in Nr. 27) übergibt er der Oeffentlichkeit, ohne vorher dazu autorisirt zu sein. Dafür mußte er dann auch Abfertigungen hinnehmen, wie in Nr. 43, die man kostbar nennen kann. Ebenso eigenthümlich ist es, daß Krieger der letzten Nummer des ersten Jahrganges nicht ein Schlußwort beifügte, sondern auf der Rückseite des Titelblattes, das der letzten Nummer beigelegt war, eine Vorrede aufdrucken ließ, die hier wörtlich folgen mag:

Der Wunsch eines Ungenannten im 41. Stück des Wochenblattes und die Aufforderung an mich, die Redaction dieses Blattes einer Leipziger Buchhandlung zu überlassen, ist von einem andern Ungenannten im Stück 48. geprüft und manches dagegen erinnert.

Ich für meine Person will weder untersuchen noch entscheiden, wer Recht hat, wie ich selbst denke, erhellet aus demselben Stück. Ich lasse es mir gern gefallen, den Verlag nebst der Redaction einem andern abzutreten, da es mir nicht um Gewinn, sondern um Förderung der guten Sache zu thun ist. Da sich indeß bis jetzt noch Niemand weder aus Leipzig noch aus einem andern Orte zur Uebernahme des Verlags und der Redaktion gemeldet, von mehreren Seiten seither aber die Fortsetzung dieses Blattes gewünscht wird und ich mich immer noch von dem Nutzen überzeugt halte, so werde ich mich wie bisher der Redaktion auch willig unterziehen. Zugleich muß ich diejenigen meiner Freunde, die mich bisher mit Aufsätzen unterstützten, wofür ich Ihnen öffentlich meinen besten Dank abstatte, freundlichst ersuchen, so fortzufahren.

Mehrere unter Ihnen zeigten sich als Männer entfernt von allem Egoismus, denen es nur um das Wohl des Ganzen einstimmig mit mir zu thun ist. Mögen sie daher fortfahren und ohne Nebenrücksicht laut und von Herzen sprechen. Es sind noch immer viel Harthörige in unserer Mitte, und die müssen berücksichtiget werden, damit sie vielleicht auf das Gesagte hören, es beherzigen und weiter werden. Ebenso lade ich jeden Andern zur thätigen Theilnahme an diesem Blatte ein, der im Stande ist, etwas Gutes zu befördern, und guten Willen hat, das Schlechte zu verhindern.

Die Klage über den Unfug mancher Buchhändler lese ich täglich in den mir anonym zugehenden Aufsätzen. Wird in der Folge dergleichen aufgenom= men und eingerückt werden, so verlange ich nur die Billigkeit von den An= geklagten, daß sie sich nicht über mich beklagen, da ich nicht der Verfasser bin, mögen sie lieber, wenn sie die Anklage zu widerlegen im Stande sind, oder wenn sie sonst etwas Bedeutendes gegen irgend einen Aufsatz zu erwiedern haben, sich dieses Blattes zu ihrer Verantwortung unentgeltlich bedienen.

Marburg, den 1. März 1821.   Krieger.

Charakteristisch ist die stereotype Klage in allen Artikeln über den Verfall des Buchhandels und die Nichtachtung des Buchhänd= lers im bürgerlichen Leben, und diese Klage finden wir in allen Jahrgängen unverändert, sie ist ins Börsenblatt hinübergegangen, wir lesen sie heute noch; die damals Klagenden waren vollständig davon überzeugt, daß ihre Klagen tief begründet, wir sind es heute ebenso. Heutzutage müssen wir aber den eigentlichen Buchhandel streng von den Colportagegeschäften trennen; der letztere hat uns in den Augen der literarisch Gebildeten ungemein geschädigt, und die Achtung, die unser Stand genoß, untergraben. Diejenigen Sortimenter, die begeistert von der Aufgabe, die ihnen durch die Wahl des Buchhandels als Lebensberuf zugefallen ist, derselben leben, nur das Edle und Verbreitung von Wissenschaft und Bil= dung im Auge haben, stehen unter ihren Mitbürgern, gelehrten wie ungelehrten, noch ebenso geachtet da, wie die Buchhändler in

frühern Zeiten bastanden, freilich verzichten sie auf Erwerb von
irdischen Gütern, denn für die Mühen und Arbeiten, die der so
betriebene Sortimentsbuchhandel mit sich bringt, ist der Lohn doch
ein gar zu kärglicher. Dies Thema weiter zu erörtern, hieße Eulen
nach Athen tragen, wir fühlen es alle zu tief, daß gerade diese
Klage eine theilweise gerechte.

Ebenso charakteristisch für die meisten Aufsätze ist die Anony=
mität, nur selten ist ein Name genannt, noch mehr aber der merk=
würdig schleppende, unbeholfene Styl für Leute, die mit den Werken
eines Goethe, Schiller, Lessing, Herder u. s. w. täglich umgingen,
wirklich auffällig.

Trotz dieser Ausstellungen müssen wir das Verdienst Krieger's
voll anerkennen; er betrat einen dornigen Pfad, als er das Blatt
gründete, er wandelte denselben bis an sein Lebensende, fest und
unermüdlich. Die eintretende Concurrenz gab dem Wochenblatt
den Todesstoß; 1836 schloß es seine Laufbahn mit dem 18. Jahr=
gange. Gegen das Börsenblatt, das 1834 erstand, konnte es nicht
mehr aufkommen. Das „Krieger'sche Wochenblatt" aber war der
Anfang der jetzigen periodischen Buchhändlerliteratur.

(B. B. 1870. Nr. 281. 285.)

Eduard Berger in Guben.

---

9. Aus den Voracten zum Braunauer Blutgericht*).

Unauslöschlich in das Buch der Geschichte eingetragen ist jenes
schreckliche Trauerspiel, welches sich im Monat August des Jahres
1806 in Nürnberg und Braunau entwickelte, und dessen Opfer
der Buchhändler Palm war. Weniger bekannt, aber mit jenem
Trauerspiel unablöslich verwoben, sind die dasselbe einleitenden
Ereignisse, welche in Augsburg stattfanden und zum schuldlosen
Unglück Palm's die schuldlose Veranlassung wurden.

Man kann in der deutschen Geschichte nicht oft genug die
Blätter öffnen, welche erzählen, wie schmachvoll für das Vaterland
jene Zeiten waren, in denen selbst Könige die Sclaven der Tyrannei

---

*) Zuerst abgedruckt in der Augsburger Allgem. Zeitung.

gewesen, welche Kronen verschenkte, um Völker an sich zu schmieden. Solche Blätter sind die hier geöffneten. Sie sagen mit trockenen Worten, wie jene Tyrannei nach Lügen dürstete, um sich unter dem Scheine des Rechts mit unschuldigem Blute zu laben.

Es ist der Prozeß Jenisch vom Jahre 1806. Das bayerische Polizeicommissariat der Stadt Augsburg leitete ihn ein, und das französische Kriegsgericht sprach nach den von Paris erhaltenen Weisungen das Urtheil.

In Augsburg bestand damals eine Buchhandlung, welche die Wittwe Stage durch ihren Geschäftsführer Karl Friedrich v. Jenisch (aus Winterbach bei Schorndorf) besorgen ließ, der ein thätiger, bescheidener, einsichtsvoller Geschäftsmann war, aber so unbemerkt lebte, daß der königliche Commissär selbst nach mehreren vorangegangenen Besprechungen in einem Schreiben die Stelle für seinen Namen freiließ, weil er ihm nicht gleich beifiel.

An diese Buchhandlung kam im Februar 1806 aus Wien ein Päckchen Bücher mit der geschriebenen Factura:

„Hr. Stage in Augsburg erhält p. N.: Betrachtungen über Bon. 2 fl. Eine vorhergehende Nota werden Sie erhalten haben. Wien, 3 Febr. 806. Kupffer."

Nach Empfang trug v. Jenisch in das Handlungsbuch Nr. 9 Pag. 347 ein: „Laut Factura habe ich unterm 3. Febr. d. J. von Hrn. Karl Kupffer in Wien erhalten: 4 Betracht. Bonapartes. 2 fl."

Im Juni 1806 kam an dieselbe Buchhandlung ein Päckchen Bücher mit der gedruckten Firma: Hr. Stage in Augsburg erhalten 12 Deutschland à 1 fl. oder 16 Gr. ordin. Ich bitte es bestens bekannt zu machen. Junius 1806. Anonymus."

Die Worte: „Hr. Stage in Augsburg" und die Ziffer 12 sind handschriftlich in das gedruckte Formular eingetragen. Eine gleiche Sendung kam an die Matth. Rieger'sche Buchhandlung in Augsburg; in ihrer Factura ist aber die Ziffer 12 mit Rothstift ausgestrichen, und zu dem Worte „Deutschland" ist schriftlich beigesetzt: „in seiner tiefen Erniedrigung. 8. Brosch."

Am 16. Juli 1806 erging von der k. bayer. Polizeidirection Augsburg an den Polizeidirectionsactuar Herbst folgender Auftrag:

Erhält der königl. Actuar Herbst den Auftrag, sich in Angesicht dies mit

Beiziehung zweier Polizeidiener in den Buchladen der Buchhändlerswittwe Stage zu verfügen, um sich allort folgende zwei Flugschriften vorlegen zu lassen:

1) Betrachtung über Napoleon Buonaparte's bis jetzt ungehinderte Fort=schritte zur Unterjochung aller Staaten und Völker von Europa.

2) Deutschland in seiner tiefsten Erniedrigung 2c.

Von der unter 1) bemerkten Schrift ist auf der Stelle der ganze Verlag zu confisciren und anher zu überbringen. Von der zweiten Flugschrift aber ist einstweil ein Exemplar der Polizeidirection zu übergeben, die übrigen sind indessen zu obsigniren und der Buchhandlung, jedoch mit dem Auftrag, daß sie bei größter Verantwortung weder ein Stück verkaufen noch das Siegel ver=letzen soll, bis auf Weiteres zu belassen.

Man gewärtiget den schleunigen Vollzug.   Andrian.

Noch am nämlichen Tag wurde von dem Actuar Herbst fol=gender Bericht erstattet:

Nachdem ich mich gemäß erhaltenen Auftrags sogleich Mittags um halb 1 Uhr mit zweien Polizeidienern zu der Wittwe Stage in ihren Buchladen verfügt und auf dem Comptoir dieselbe und ihren jetzigen Commis Jenisch angetroffen hatte, so war meine erste Frage an beide: „Ob man nicht bei ihnen zwei Piècen haben könne, als — 2c." Worauf der Commis, der inzwischen auch einen von den beiden Polizeidienern in dem Laden gewahr wurde, mit ziemlich verlegener Miene in Gegenwart seiner noch mehr verlegenen Frau Prinzipalin versetzt: „Ja, sie hätten diese Piècen gehabt, könnten nun aber mit keinem Stück mehr aufwarten." Ich ersuchte vergebens, daß man mich doch eine oder die andere von diesen Piècen möchte sehen lassen, indem die wiederholte Antwort erfolgte: „Sie hätten nichts mehr."

Ich zeigte nun dem Commis Jenisch meine Polizei=Ordre vor, mit der ernstlichen Erinnerung, daß er mit Madame Stage, um unangenehmen Weit=läuftigkeiten auszubeugen, sich in Güte bequemen möchte, mir die von beiden Producten noch vorräthig habenden Exemplare vorzulegen, weil ich nicht glau=ben könne, daß sie keines von beiden mehr haben sollten, um so weniger, als erst vor kurzem die Polizeidirection sich selbst ein Stück von der erst benannten Flugschrift, den Kaiser Napoleon Bonaparte betreffend, um die Bezahlung aus ihrem Laden zu verschaffen gewußt hätte, worauf der Commis standhaft er=widerte: von den Betrachtungen über Bonaparte sei wirklich und auf sein Ehrenwort kein Stück mehr vorhanden, weil erst nach 12 Uhr durch Hrn. Stark, Lehrer im Gymnasio bei St. Anna, das letzte abgelangt worden sei. Frau Stage bestätigte das Nämliche.

Nun erklärte ich, daß ich vermöge weiters habenden Auftrages von dem Hrn. Polizeidirector autorisirt sei, auf solch unverhofften, hartnäckigen Läug=nungsfall sogleich eine strenge Haus= und Ladenvisitation vorzunehmen.

Auf dies hin legte mir der Commis das Handlungsbuch, außen mit Nr. 9 bezeichnet, vor und legitimirte sich, daß er von ersterer Flugschrift nicht mehr denn vier Exemplare von Hrn. Kupfer in Wien als Novitätsoffert erhalten habe, welche, wie gesagt, alle verkauft wären. Er übergab mir zugleich die Original=Factura, um allen Zweifel zu heben.

Als von der zweiten Flugschrift die Rede war, so wies er mir eine ge=
druckte Factura, ohne Versendort, nur mit der Unterschrift „Anonymus", um
zu beweisen, daß er von dieser nicht mehr als 12 Stück über Nürnberg er=
halten habe, wovon 9 Stück verkauft und 3 noch vorhanden wären, welche er
der k. Polizeidirection hiemit zu übergeben bereit sei.

Nachdem ich nun diese Original-Ausweise für meine erhaltene Aufträge
hinlänglich erschöpfend hielt, befahl ich der Polizeiwache wieder abzutreten,
nahm die 3 von der zweiten Flugschrift vorhandenen Exemplarien mit mir und
verfügte mich in das Polizeidirections=Bureau, um den ganzen Vorgang —
wie hiemit geschieht — dem Hrn. Polizeidirector gehorsamst zu berichten.

A. ut supra.

Augsburg, den 16. Juli 1806.

gehorsamster Lict. Herbst, po. Polizei=Actuar.

Noch an demselben Tag wurde Friedrich v. Jenisch zu dem
kgl. Polizeidirector Frhrn. v. Adrian vorgeladen, wo er folgende
nähere Erklärungen auf Befragen zu Protokoll gab. Er kenne
den Verlagsort der zweiten Broschüre nicht, „indem der gedruckte
Factura=Zettel nur die Unterschrift Anonymus enthielte". Ebenso
wenig könne er die Verfasser dieser beiden Schriften angeben. Die
zweite Flugschrift habe er „vor ungefähr acht Tagen durch die
Stein'sche Buchhandlung in Nürnberg mittelst des Nürnberger
Boten erhalten". Von den 4 Exemplaren der ersten Schrift sei
eines an den Frhrn. v. Bruglach in Landsberg abgegeben worden,
die andern an den Pfleger Stall in Welden, an den königl. Rech=
nungscommissär v. Grauvogel und an den Gymnasiallehrer Stark.
Von den 12 Exemplaren der zweiten Flugschrift seien 9 Stücke
je eines an den Hrn. v. Heuß in Memmingen, an Hrn. v. Sicherer
in Klosterholzen, an Karl Heußner in Etringen, an Hrn. Allfahrer,
Secretär in Landshut, an Hrn. Grafen Lasch in Jetzendorf, an
Hrn. v. Beck in Babenhausen, an den Frhrn. v. Bruglach in Lands=
berg, an den Pfleger Hrn. Stall in Welden und an Hrn. Mat=
thias Bachschmid in Kaufbeuren als die „ordinären Abnehmer"
der Buchhandlung versendet worden. Ob sämmtliche Exemplare
behalten oder einige davon zurückgesendet würden, könne noch nicht be=
stimmt werden. Da der Verleger der zweiten Flugschrift bis jetzt
nicht bekannt sei, „so wisse er (v. Jenisch) gegenwärtig nicht, wohin
er den Geldbetrag einsenden müsse. Auf heurige Michaeli erwarte
er von dem noch unbekannten Verleger diesfalls eine nähere An=
weisung." „Er vermuthe, daß diese Piècen noch an mehrere
Buchhandlungen werden versendet worden sein. Namentlich sollen

von der Schrift Deutschland mehrere Packete nach München und
Salzburg adressirt worden sein". Von dieser Flugschrift habe
auch die Rieger'sche Buchhandlung ein Packet erhalten. Er unter=
zeichnet: „Karl Friedrich v. Jenisch".

Hierauf wurde der Buchhändler Johann Simon Rieger „vor=
berufen". Dieser erklärte, er habe von jeder der beiden Broschüren
12 Exemplare erhalten, und nur von der zweiten ein einziges
Exemplar an einen ihm unbekannten Handlungscommis verkauft.
Die übrigen Exemplare stelle er der Polizeidirection zur Verfügung.
Von beiden Schriften kenne er die Verfasser, von der zweiten auch
den Verleger nicht. „Er habe erwartet, daß sich der unbekannte
Verleger, wie es bei anonymen Schriften öfters der Fall ist, seiner
Zeit um die Bezahlung melden werde."

Am folgenden Tag, 17. Juli, wurden auch die übrigen 13
Buchhändler befragt. Sie erklärten „bei ihren bürgerlichen Pflich=
ten", daß ihnen die fraglichen Flugschriften nicht zugekommen seien.
Nur der Buchhändler Jos. Anton Rieger gab an, daß er von der
ersten Schrift 4 Exemplare erhalten, und davon 2 in die Schweiz
verkauft habe; die andern 2 übergebe er dem Amte.

An die Landesdirection von Schwaben erstattete Frhr. v. An=
drian am 17. Juli Bericht über die vorgenommene Confiscation
der beiden Schriften, und übersandte alle Exemplare, von der
„Betrachtung" ꝛc. 13, von der andern Schrift 12, mit der Anzeige,
daß man von jeder Schrift ein Exemplar an die Polizeidirection
München geschickt, und ebenso eines ad acta gelegt habe. Zugleich
machte v. Andrian der Landesdirection die Anzeige, „daß die Buch=
händler, welche sich mit dem Verkaufe der genannten Flugschriften
beschäftigten, für diesen ersten Fall noch mit der gesetzmäßigen
Strafe verschont, dagegen ihnen, sowie sämmtlichen Buchhandlungen,
streng aufgetragen werden dürfte, alle dergleichen anonymen Flug=
schriften, besonders die politischen Inhalts, bei sonstiger ernstlicher
Untersuchung und Strafe der Polizeidirection anzuzeigen".

Nachdem Jenisch und alle andern fünfzehn hiesigen Buch=
händler von dem kgl. Polizeidirector in Verhör genommen worden
waren, wurde das Protokoll sogleich in das Französische übersetzt.
Es geschah dies offenbar zu dem Zweck, daß es dem Comman=
danten General René übergeben werden konnte. Zugleich wurde
einem französischen Gendarme=Unterofficier, wahrscheinlich demselben,

der dem General das Untersuchungsprotokoll zu überbringen hatte,
am 14. Juli eines der bei Jenisch confiscirten und „ad acta"
behaltenen Exemplare der Schrift „Deutschland in seiner tiefen
Erniedrigung" mitgegeben.

Man wird vor allem zu der Frage gedrungen: „Wer hat
k. bayerische Polizeibirecton zur Beschlagnahme der Flugschriften
veranlaßt?"

In dem Bericht an die k. Landesdirection vom 17. Juli heißt
es nur: die Polizeidirection sei „unterrichtet" worden, daß die
Stage'sche Buchhandlung die beiden Schriften hier verbreite. In
dem Bericht an die Polizeidirection München von demselben Datum
sagt die Polizeidirection: sie habe sich „veranlaßt" gesehen, in
Betreff der zwei „gegen" die französische Regierung gerichteten
Flugschriften „die Untersuchung zu verfügen".

Es scheint daher, daß die k. Polizeidirection nicht durch eine
Weisung der französischen Commandantschaft die Beschlagnahme
und Untersuchung vorgenommen habe, sonst würde sie dies in
ihren amtlichen Berichten gewiß ausgesprochen haben. Höchst
wahrscheinlich gelangte die Polizei durch den k. Rechnungscommissär
v. Grauvogel zur Kenntniß der Druckschriften, denn dieser war
offenbar der Käufer, von dem der Lt. Herbst sagte, daß er für
die Polizeidirection ein Exemplar der ersten Broschüre von der
Stage'schen Buchhandlung gekauft habe.

Um so auffallender ist es, daß die Polizeidirection sich so
sehr beeilte, das Ergebniß der Untersuchung den französischen Be=
hörden mitzutheilen. Wahrscheinlich hatten diese selbst von der
Vornahme der Untersuchung erfahren und das Ergebniß der Poli=
zeidirection abverlangt, die sich sogleich willfährig zeigte.

Bis nicht höhere Weisungen anlangten, ließ man es in Augs=
burg bei der Kundnahme der Käufer jener Broschüren, welche die
Buchhandlungen verkauft hatten. Im Landgericht Friedberg suchte
man aber auch die Käufer zur Herausgabe der Flugschriften zu
zwingen. Einer deshalb von Friedberg an die Augsburger Polizei=
direction gestellten Requisition vom 3. Aug. wurde keine Folge
gegeben, sondern am 4. Aug. erklärt, daß man die Confiscation
nicht auf jene Schriften ausdehnen wolle, welche bereits „Privat=
eigenthum" geworden seien.

Dagegen wurden beide Flugschriften auf Verlangen am 3. Aug. an den Marschall Lefèvre übersendet.

Indessen hatte sich das Loos des Buchhändlers v. Jenisch und Genossen in Paris ganz anders gestaltet als die Augsburger Poli=zeibirection vermuthete. Diese hatte gegen ihre Absicht der fran=zösischen Macht Gelegenheit gegeben, sich an den armen arglosen Buchhändlern Deutschlands zu rächen. Sie hatte gewähnt, mit der Confiscation und ersten Verwarnung seien die „Schuldigen" absolvirt. Da man aber der französischen Militärgewalt nicht nur die belastenden Flugschriften, sondern auch die Untersuchungs=protokolle eingehändigt hatte, war der Prozeß an die Instanz des französischen Kaisers und seines Militärgerichts überwiesen.

Schon am Donnerstag den 7. August 1806 verkündete das „Journal de l'Empire": der Kaiser habe „die Verbreiter jener Flugschriften, als schuldig des Versuchs, die Bewohner Schwabens gegen die französische Armee aufzuwiegeln, einer Militärcommission übergeben lassen".

Schon gingen die strengsten Verhaftsbefehle an die französischen Militärbehörden von Paris nach Augsburg und Nürnberg.

Und mit welcher Begründung verkündete man dem französischen Volk und der französischen Armee diese Gewaltmaßregel? Mit einer wissentlichen Unwahrheit.

In Paris wußte man aus dem Untersuchungsprotokoll, daß Jenisch von der Stein'schen Buchhandlung in Nürnberg im Ganzen zwölf Exemplare der beschwerenden Flugschrift empfangen, daß er davon nur neun an seine gewöhnlichen Abnehmer verkauft, und drei unverkaufte der Polizeibirection Augsburg übergeben hatte. Der französischen Armee und dem französischen Volk wurde aber durch das Journal de l'Empire am 7. August verkündet: der Buch=händler Stage (v. Jenisch) habe mit einer großen Anzahl dieser Flugschriften (grand nombre de libelles) „ganz Schwaben über=schwemmt!" (dont il a inondé la Souabe).

So rechtfertigte das Kaiserreich eine der ungerechtesten Ver=letzungen des Völkerrechts, die jetzt ein unerhörtes Trauerspiel vorbereitete. Mittwoch, 13. August 1806 erhielt der Frhr. v. Andrian von dem General Réné die officielle Mittheilung, daß er aus Auftrag des französischen Kriegsministers Prinzen Alexander (Berthier) den Commis der Buchhandlung Stage durch französische

Gendarmes habe arretiren laſſen, weil er einige Flugſchriften, welche das bayeriſche Volk gegen die franzöſiſche Armee aufzubringen ſuchten, verbreitet habe".

Andrian und der königl. Organiſations = Commiſſär der Stadt Baron v. Widemann erkannten ſogleich die Tragweite dieſes Er= eigniſſes. Sie hielten „auf der Stelle" eine Berathung mit ein= ander, und faßten den Beſchluß, dem General eine Verwahrung „gegen dieſes in einem alliirten Staat unerhörte Verfahren" zu überſenden, und ausdrücklich zu verlangen, „daß der Arretirte neben dem franzöſiſchen auch durch bayeriſches Militär bewacht, und bis zur Ankunft „von Verhaltsreſolutionen" Sr. Majeſtät des Königs von Bayern nicht von Augsburg abgeführt werden ſoll.

Andrian und Widemann entſchloſſen ſich auch, den Gefangenen „ſchlechterdings nicht aus der Stadt abführen zu laſſen, bis nicht eine ausdrückliche allerhöchſte Entſchließung des Königs erfolgt ſein würde". Sie ſetzten unverzüglich den bayeriſchen Commandanten Oberſt Neumann mit dem Erſuchen in Kenntniß: „ſowohl die ge= meinſchaftliche Bewachung des Arreſtanten zu beſorgen, als auch den Haupt= und Thorwachen den Befehl zu geben, ſich der Ab= führung des Jeniſch zu widerſetzen. Zugleich ſind alle Maßregeln durch Aufſtellung von Polizeibienern um das Gefängniß ꝛc. ergriffen worden, wodurch die unvermuthete oder geheime Abführung des Gefangenen verhindert und im Nothfalle der Gewalt wieder Gewalt entgegengeſetzt werden könnte."

Sogleich machte ſich auch der Frhr. v. Andrian eiligſt bereit, ſelbſt perſönlich nach München zu fahren, und dem Könige die Mittheilung des Generals Réné in der Urſchrift zur Einſicht vor= zulegen, damit er aus ihr erſehe, daß der Gefangene „unverzüglich nach Braunau abgeführt und dort einem Militärgericht unterworfen werden ſoll". Um 9 Uhr Abends ging Andrian von Augs= burg ab.

In einem dem König zu überreichenden Schreiben war mit Nachdruck hervorgehoben: daß es „die Sicherheit, Freiheit und vielleicht gar das Leben eines allerhöchſten Unterthanen" gelte, daß „die größte Gefahr auf dem Verzug vorhanden", und der Erlaß eines königlichen Befehls um ſo bringender nothwendig ſei, als der General „auf die ihm vorläufig gemachte mündliche Vor= ſtellung nur mit vieler Mühe dahin zu bewegen war, die Ab=

führung des Gefangenen bis Freitag den 15. August Morgens zu verschieben.

In der Vorstellung an den König wurde auch mitgetheilt, daß der kgl. bayerische Stadtcommandant Oberst Neumann mit den Beschlüssen der beiden kgl. Commissäre „vollkommen" einver= standen, und entschlossen sei, „zugleich die nöthigen Befehle zu ertheilen, um die Abführung des Verhafteten ohne seine und der beiden Commissäre Vorwissen zu verhindern".

Auf die Verwahrung, welche dem General Réné zugesandt wurde, antwortete dieser plötzlich und erklärte, daß er als Militär dem Befehl seiner Obern unbedingten Gehorsam schuldig sei, und auf einen solchen Befehl nur habe er die Verhaftnahme anordnen müssen. Er verkenne nicht, daß der Verhaftete ein Bewohner der Stadt sei, dieses ändere aber die Beweggründe Derjenigen nicht, denen er im Dienste subordinirt sei, und seine Pflicht gründe sich auf den Gehorsam. Er habe bereits an den Fürsten Alexander geschrieben, ihm Bericht über seine Maßnahmen erstattet und ihn von der Verwahrung der kgl. Commissäre unterrichtet.

Am 14. August Mittags 12 Uhr 5 Minuten war Andrian schon in der Lage, folgende Zeilen aus München nach Augsburg an Widemann zu senden:

Nach einer von Sr. Maj. mir selbst gemachten bestimmten Aeußerung hat der französische Kriegsminister Fürst Alexander dem König schon vor= gestern ausdrücklich versprochen, daß er den Buchhändler Stage (Jenisch) dem Civilgericht übergeben werde. Es wird sohin auf der Stelle von dem Baron Montgelas Excellenz eine freundschaftliche Note an ihn erlassen, die wahr= scheinlich erwünschten Erfolg haben wird. Aus Auftrag Sr. Excellenz bitte ich dich also dieses dem Hrn. General zu eröffnen und ihn dringend um Sus= pension aller weitern Gewaltthätigkeit zu ersuchen. Ich bleibe hier, um Ordre an gedachten General bei dem Kriegsminister Berthier zu betreiben und sie sodann dem General Réné selbst einzuhändigen. Vale!

Andrian.

Die weitere Lage der Sache in Augsburg bis zum 15. Aug. Mittags erhellt aus dem Schreiben Widemann's an Andrian in München:

Lieber! Deinen gestern Mittags mit Estafette an mich gesandten Brief erhielt ich Abends 8 Uhr richtig; allein er ließ mich in dem wichtigsten Punkt unbefriedigt; es ist jetzt Mittags 12 Uhr, und doch habe weder ich noch der Oberst Neumann eine entscheidende Ordre von oben erhalten können. Ich bitte dich, beschleunige deine Hieherkunft, oder sende mir durch Estafette sogleich bestimmte Nachricht, ob und inwieweit ich mich ferner der Abführung widersetzen soll.

Jetzt steht die Sache so: General Réné sagte mir nun nach vielen Kämpfen zu, daß er noch bis morgen in der Frühe längstens warten will, ob er keine andere Ordre von München erhalte. Hast du also eine andere Ordre erwirkt, so beschleunige ihre Ueberbringung.

Schon zweimal waren Gendarmes mit Wagen vor dem Gefängniß des Jenisch, um ihn gegen Adelzhausen fortzutransportiren; diese und andere mehr Versuche ihn fortzubringen, war ich so glücklich noch ohne Gewalt ab= zuwenden. Die Franzosen sind gegenwärtig nicht im Besitz des Kerkerschlüssels, sondern er ist unter meiner Disposition; schnell kann man mir den Gefangenen also auf keinen Fall entreißen: sechs Polizeidiener halten an seiner Thür Wache, um mich und den Officier von der bayerischen Wache sogleich zu avertiren, wenn man den Gefangenen fortführen will. Der Officier von der bayerischen Hauptwache hat Befehl, sich der Abführung des Gefangenen zu widersetzen.

Daß ich den Kerkerschlüssel den Franzosen vorenthielt, gab großen Lärm; allein ich sagte: die Wichtigkeit eines solchen Gefangenen, selbst mein Eifer für den französischen Kaiser befehle mir, mich der Person des Gefangenen auf eine gewisse Art zu versichern.

Ich bin auch ganz dafür, daß solche Verbrecher (!?) mit Strenge ge= richtet werden müssen; aber allein von der competenten Behörde unseres allerhöchsten Souveräns, und des Bürgers, worüber aus allen Kräften zu wachen meine Pflicht ist.

Ich bitte dich nochmals, beeile dich eine entscheidende Ordre an Réné, Neumann und mich zu bewirken, denn meine Lage ist die kritischste.
                                        Dein Wibemann.
Augsburg am 15. Aug. 1806, Mittags 1 Uhr.

Kannst du nicht selbst kommen, so sende auf der Stelle eine Estafette, damit ich längstens bis morgen früh 6 Uhr bestimmte Verhaftsbefehle habe, die, mögen sie sein wie sie wollen, ich gewiß mit allem Nachdruck exequiren werde.

Die Lage war also diese. Die königl. Stadtbehörde war des wärmsten Willens, den Gefangenen nicht abführen zu lassen, ihn den bayerischen Landesgerichten zur Aburtheilung zuzuweisen und ihn in keinem Falle dem französischen Militärgericht zu überlassen, das ihn unzweifelhaft zur Hinrichtung führen würde.

Es ist nur die Frage: welche Mittel standen dieser königl Behörde, nämlich den beiden Männern, in deren Hand die voll= ziehende Macht lag, zu Gebot?

Wibemann hatte es dahin gebracht, daß die Bewachung des Gefangenen beinahe vollständig von ihm geleitet werden konnte. Er hatte eine nicht unbedeutende Anzahl Polizeisoldaten und das

ganze hiesige Bürgercorps „in Bereitschaft gesetzt", und konnte
zuversichtlich hoffen, daß die ganze bayerische Garnison, unter
dem Befehl von Oberst Neumann, ihm beistehen werde, jede Ge=
waltthätigkeit des französischen Militärs zurückzuweisen.

Dennoch gab Widemann in der entscheidenden Stunde nach.
Hören wir die Entschuldigung, die er in seinem Bericht vom
16. August an die allerhöchste Stelle kundgibt:

So oft die französische Gendarmerie Bewegung machte, den besagten
v. Jenisch abzuführen, erneuerte ich meine Protestation bei dem die hier
liegenden französischen Truppen commandirenden General Réné; ich machte
sie mit solchem Nachdruck, daß er die Vollziehung der Abführung von Zeit
zu Zeit verschob, ob er gleich, wie er mir selbst zeigte, die unbedingte Ordre
von dem kaiserl. französischen Kriegsminister Prince de Neuschâtel hatte,
daher eine selbst meine Erwartung übertreffende Nachgiebigkeit und Rück=
sichtnahme bewies und mir womöglich bis heute Morgens einzuhalten ver=
sprach, wozu ihn meine feste Erklärung bewogen haben kann: daß ich mich
aus allen Kräften der Abführung widersetzen werde, wenn sie vor Einlauf
einer neuen Ordre gewagt würde.

Da ich nun gestern Mittags noch keine Verhaftsbefehle durch den Frhrn.
v. Andrian erhalten hatte, schickte ich zu Beförderung der Sache neuerdings
eine Estafette zu ihm nach München ab.

Als nun bis heute Morgens 10 Uhr noch kein allergnädigster Ver=
haftsbefehl an mich erschien, glaubte ich mich der Abführung des v. Jenisch
zwar noch immer mit starken Protestationen, aber nicht mehr mit Gewalt
widersetzen zu dürfen.

Zu Aufgebung einer gewaltthätigen Widersetzung wurde ich von folgenden
Umständen bestimmt:

1) General Réné, der eine Ordre bei persönlicher Verhaftung den Arre=
tirten, koste es was es wolle, nach Braunau abzuführen, erhalten hatte, er=
klärte mir heute, daß er ihn nun mit Aufwendung aller seiner Macht bis
10 Uhr abführen lassen werde.

Er eröffnete mir zugleich, daß heute hier bereits 2 Buchhändler von
Neuburg und Donauwörth (offenbar Palm und Schoberer) angekommen, und
von ihm auf den gemessensten Befehl des k. franz. Kriegsministers Prince
de Neuschâtel durch hier stationirte Gendarmes gegen Braunau fort seien be=
fördert worden.

2) Höchstdero Oberst v. Neumann erklärte mir heute, daß er nun, da er
noch keine allergnädigste Ordre von München habe, nicht Gewalt anwenden,
d. i. der Gewalt Gewalt entgegensetzen könne.

3) Uebrigens fand ich nach reifem Ueberlegen, daß meine gewaltsame
Widersetzung das Leben vieler Höchstdero hiesiger Unterthanen auf das Spiel
gesetzt und die Widersetzung selbst eine blutige Fehde geworden wäre, deren
Umkreis und Ende ich nicht mehr in meiner Macht gehabt hätte; denn in
Betrachtung des Hasses, den sich die Franzosen durch ihre mit Um=

gehung der competenten Stellen verübten Gewaltthätigleiten an Allerhöchst= dero Unterthanen zugezogen haben, habe ich zwar die Ueberzeugung fassen können, daß die sämmtlichen Bürger=Militärcorps auf eine Aufforderung von mir mit Gemeingeist, Muth und Nachdruck die französischen Angriffe zurückgeschlagen haben würden, allein ich habe auch voraus beurtheilen können, daß auf den ersten Schuß, der französischerseits auf Höchstbero Militär oder die Bürgermilitärcorps fallen würde, ein regelloser, unbändiger Aufstand mit unabsehbaren Gräuelscenen erfolgen müßte.

4) Da ich bei vorgedachten Umständen auch noch bis heute 10 Uhr früh einen officiellen allerhöchsten Verhaltsbefehl nicht erhalten habe, so war ich vollends überzeugt, die mir zu Gebot stehende unsichere Gewalt der fran= zösischen nicht entgegensetzen zu dürfen.

Dann fährt Baron Wibemann fort:

Meiner Protestationen ungeachtet wurde daher der besagte v. Jenisch durch die französische Gendarmerie auf den Weg nach Braunau in einer Chaise ab= geführt, wohin ihn meines Wissens vier Gendarmes begleiten. Sie werden den Weg über Dachau und Freising nehmen, in Dachau heute über Nacht Quartier halten. Ich habe ihnen in der Stille einen reitenden Polizeidiener nachgesandt, der die Ordre hat, ihnen bis München zu auf der Spur zu bleiben, und von jenem Orte aus, wo sie mit dem Arretirten über Nacht bleiben, nach München zu eilen, dem Frhrn. v. Andrian, oder, falls er diesen nicht mehr anträfe, Höchstbero geheimem Referendär, Frhrn. v. Aretin, den Ort des heutigen Nachtquartiers der Gendarmes schleunigst anzuzeigen.

Ehe v. Jenisch abgeführt worden war, am 15. Aug., zeigte General Réné dem Baron Wibemann an, daß er Befehl habe, auch die beiden Buchhändler Rieger zu arretiren. Wibemann machte „die heftigsten Gegenvorstellungen, und bewirkte dadurch, daß sich Réné damit begnügte, ihnen (den beiden Buchhändlern) Gendarmes ins Haus zu legen und die besagten Bürger streng zu beobachten."

An demselben Tag erhielt Wibemann von der Polizei die Anzeige, daß die französischen Gendarmes den auf der Rückreise von Braunau und München begriffenen Handelsmann Aumüller von Wellenburg hier arretirt hätten, und jetzt ihn „verwachen und examiniren, ohne die ordentliche königliche Behörde in Kenntniß zu setzen".

Die beiden Rieger und Aumüller stellten an Baron Wibemann das Gesuch, „sie vor Gewalt zu schützen und ihre Bitte, vor einer königlichen Behörde gerichtet zu werden, zu realisiren".

Wibemann wandte sich sogleich auch für sie an Se. Maj. den König mit den Worten:

Ich muß auch hievon die allerunterthänigste Anzeige machen und die ge= gründete Besorgniß beifügen, daß auch vorgedachte höchstbero Unterthanen in

Gefahr stehen, durch französische Gewalt abgeführt und ohne Schutz vor frem=
der Gewaltthätigkeit vor ein auswärtiges Militärgericht gezogen zu werden.
Geruhen Euer königl. Majestät mir gnädigst zu befehlen, inwieweit ich
Gewalt der Gewalt entgegenzusetzen habe, um Allerhöchstdero Unterthanen zu
retten, ich werde diese Allerhöchstdero Befehle im Fall der Noth selbst mit Auf=
opferung meines Lebens vollziehen.

Indessen hatte Frhr. v. Andrian Gelegenheit gefunden, Sr.
Maj. dem König persönlich die Gefahr zu schildern, in welcher
v. Jenisch schwebte. Das hatte zur Folge, daß der königliche
Minister Montgelas eine Note an den französischen Kriegsminister,
den Prinzen Alexander richtete, und verlangte, daß v. Jenisch
„seinem natürlichen Richter" übergeben werden sollte. In seiner
Antwort erklärte aber Prinz Alexander: „Die dem Buchhändler
Stage (Jenisch) zur Last gelegte Verbreitung einiger gegen den
Kaiser Napoleon und seine Armee gerichteten Flugschriften sei ein
militärisches Verbrechen. Aus dieser Ursache müsse die Untersuchung
und Bestrafung durch ein Militärgericht erfolgen und die Heraus=
gabe des Arretirten verweigert werden."

Hierauf fand aber der Staatsminister Frhr. v. Montgelas
Gelegenheit, den Prinzen Alexander persönlich in dieser Angelegen=
heit zu sprechen und vermochte ihn zu bewegen, „daß er endlich
zugab, daß Jenisch anstatt nach Braunau — nach München trans=
portirt und dort dem Civilgericht übergeben werden solle".

Nachdem Frhr. v. Andrian von dieser „günstigen Erklärung"
des Prinzen Alexander unterrichtet worden war, eilte er „mit
größtmöglichster Beschleunigung nach Augsburg", kam aber nur
bis Adelshausen, wo er dem „Transportcommando des Commis
Jenisch" begegnete.

„Fruchtlos bemühte ich mich," schreibt Andrian an das Gene=
ralcommissariat von Schwaben, „dasselbe Transportcommando zur
Rückkehr nach Augsburg zu bewegen, und eilte daher auf der Stelle
nach München zurück, um da bei dem Obersten der Gendarmes,
Lesuir (?), die Ordre zu betreiben, daß gedachtes Commando mit
seinem Arrestanten in Dachau Stillstand machen und von da nach
München abgehen solle".

Da erfuhr Andrian, daß diese Ordre bereits in Dachau liege.
Er eilte dahin, um sich von der Angabe der Richtigkeit persönlich
zu überzeugen und Anstalten zu treffen, daß der Commis Jenisch
„ohne weitere Hindernisse" nach München abgeführt werde.

Als er dies so weit besorgt hatte, daß er überzeugt sein konnte, er habe seine Aufgabe glücklich gelöst, eilte er nach Augs= burg, um dort die Behörden und die Einwohnerschaft aus der peinlichen Ungewißheit, in der alle schwebten, zu erlösen. Am 17. Aug. früh 7 Uhr kam er in Augsburg an.

In dem unmittelbar darauf erstatteten Bericht konnte Frhr. v. Anbrian mit vollem Recht aussprechen: „Nach der einhelligen Meinung aller Gutunterrichteten wäre es ohne Weiteres um das Leben des Verhafteten geschehen gewesen, wenn seine Uebergabe an das Kriegsgericht in Braunau nicht glücklich hintertrieben worden wäre".

Von ganzem Herzen stimmen wir aber auch dem Ausspruch Anbrian's bei, wenn er sagt: „Ich säume nicht, das königl. Generalcommissariat von dem Ausgang eines Vorfalls pflicht= schuldigst zu unterrichten, der uns die schmerzliche Ueberzeugung verschafft, wie weit das französische Militär selbst in einem souve= ränen und alliirten Staat die Grenze ihrer (seiner) Gewalt aus= zudehnen gesinnt ist."

Von Sr. Majestät dem König Maximilian Joseph erhielt Frhr. v. Widemann folgendes Schreiben aus München vom 19. Aug.:

Nach der von dem kais. französischen Kriegsminister Fürsten v. Neuschâtel erhaltenen Versicherung wird der Commis Jenisch von der Stage'schen Buch= handlung in Augsburg hier in (sic) Stadtgefängniß gebracht, und nicht von dem Kriegsgericht in Braunau gerichtet werden.

Dies eröffnen Wir euch in Antwort auf den durch Courier eingesandten Bericht vom 16. b. mit dem Anhang: daß Wir das von euch und dem Polizei= director Frhrn. v. Anbrian bei dieser Gelegenheit bezeigte Benehmen vollkom= men billigen, und beiden für den zur Errettung eines Unserer Unterthanen dargelegten Eifer Unsere besondere Zufriedenheit zu erkennen geben. Damit aber in Zukunft aller Anlaß zu solchen unangenehmen Ereignissen vermieden werde, hat die Polizeidirection die Wachsamkeit gegen Libellen und Schmäh= schriften zu verdoppeln, sowie Sorge zu tragen ist, daß die Mißstimmung der Einwohner durch die Truppen nicht zu thätlichen Aeußerungen komme.

Vom königl. General=Landescommissariat in Schwaben erhielt Frhr. v. Widemann folgendes Schreiben aus Ulm vom 20. Aug.:

Die ebenso thätige als energische und kluge Verwendung für den Commis Jenisch gegen die Gewalthandlungen der französischen Militärbehörde, worüber dem königl. Organisationscommissar, Frhrn. v. Widemann, und dem königl. Polizeidirector, Frhrn. v. Anbrian, die vollkommenste Zufriedenheit ausgedrückt wird, berechtigt die unterzeichnete Stelle zur Erwartung, daß sie mit derselben

Standhaftigkeit die gleichen Attentaten ausgesetzten Bürger Rieger und Aumüller von Wellenburg zu beschützen bemüht sein werden. Sie sieht übrigens sehnlichst den weiteren Berichten über den Erfolg deren Bemühungen entgegen.

Diese Bemühungen gelangen so weit, daß die beiden Rieger und Aumüller am 29. Aug. in Freiheit gesetzt wurden. Indeß war Friedrich v. Jenisch am 25. Aug. mit dem Buch= händler Palm von Nürnberg, dem Kaufmann Schoderer von Donauwörth und drei Anderen durch das französische Kriegsgericht in Braunau zum Tode verurtheilt worden. Dieses Urtheil wurde aber am 26. Aug. nur an dem unglücklichen Palm wirklich voll= zogen. Friedrich v. Jenisch war nach München gebracht worden. Am 9. Sept. erließ der kais. französische Kriegsminister in Betreff Schoderer's nnd Jenisch's die Weisung an das k. bayerische Staats= ministerium: daß die beiden bayerischen Unterthanen Schoderer und Jenisch zwar zum Tode verurtheilt worden, aber „von des fran= zösischen Kaisers Majestät" auf des Königs von Bayern „unmittel= bar eingeleitete Verwendung mit Zurücknehmung dieses Urtheils zur weitern Verfügung und geeigneter Bestrafung" dem König von Bayern überlassen worden seien.

Demnach wurden v. Jenisch und Schoderer zu einem Arrest von vier Wochen verurtheilt, den sie in der Münchener „neuen Feste" zu erstehen hatten.

Am 16. Sept. suchte Jenisch um die Abkürzung seiner Straf= zeit nach, weil die Geschäfte für die Leipziger Michaelismesse dringend seine Anwesenheit zu Hause verlangten. Das Staats= ministerium erklärte die Strafe nicht abkürzen zu können, gestattete aber am 22. Sept., daß Jenisch sich „auf einige Tage zu seinen Geschäften begeben dürfe". Er sollte „auf eine anständige Art nach Augsburg geliefert und an die dortige Polizeidirection über= geben werden", welche angewiesen war, den v. Jenisch „nach Ver= fluß der für seine Geschäfte nöthigen Zeit zur Vollstreckung seiner Strafzeit in einem bürgerlichen Arrestort in Augsburg anzuhalten".

„In Erwägung der Kränklichkeit und der schon so langen Dauer des Arrestes" genehmigte aber das königl. Ministerium am 27. Sept., daß v. Jenisch's Strafe in einen „Hausarrest" bis zum 9. Oct. gemildert werden dürfe.

Diese treuen Auszüge aus den Originalschriften beleuchten den Palm'schen Prozeß mit so schrecklich hellen Lichtern, daß jeder

Leser sein eigenes Urtheil selbst aus ihnen bilden kann. Gott
möge das deutsche Vaterland vor der Wiederkehr ähnlicher Schreckens=
tage für immer bewahren!

(B. B. 1870. Nr. 181. 184.)

10. Die Arbeiterbewegung und der Buchhandel.

In der Neuzeit haben 23 Octav=Druckseiten jedenfalls wenigen
Autoren soviel Mühe und Schweiß verursacht, als die 23 Druck=
seiten, die Dr. Karl Strasburger zu Jena im vergangenen Jahre
unter dem Titel „Statistischer Beitrag zur Lehre vom Arbeitslohn"
(in Hilbebrand's Jahrbüchern?) veröffentlicht hat. Uns selber hat
der Verfasser einen Separatabbruck dedicirt, als Anerkennung dafür,
daß wir ihm einige verwickelte Fragen in Bezug auf die literarische
Production 2c. nicht zu beantworten wußten.

Strasburger hat sich die nationalökonomische Aufgabe gestellt,
die Lehre vom Arbeitslohn inductiv, d. i. nach den concreten
Verhältnissen, nach den Erfahrungsresultaten, statt nach dem allge=
meinen Naturgesetz, welches man aus einem fingirten wirthschaft=
lichen Subject herleitet, zu untersuchen. Er stellt Eingangs die
Frage, ob das überhaupt zu ermöglichen sei? und beantwortet diese
Frage, wie er sagt, durch eine That. Eine That ist es allerdings
zu nennen, wie viel er es sich hat kosten lassen, diese spärlichen
Blätter zu Stande zu bringen.

Der geschichtlichen Verfolgung der Lohnbewegung legt er den
Stücklohn als den relativ maßgebenderen im Vergleich zum
Zeitlohn zu Grunde. Das Verhältniß des Zeitlohns resp.
Tagelohns zur Art der Leistung ist verschiedenen Wandlungen
unterworfen, der Tagelohn kann z. B. gestiegen sein, aber die für
denselben geleistete Arbeit hat vielleicht noch in höherem Maße
zugenommen, der Preis der Arbeit wäre also gesunken. Der
Stücklohn dagegen repräsentirt eine bestimmte Leistung; sollte
letztere im Laufe der Zeit eine Aenderung erfahren haben, so
muß dieselbe für den Zweck der Untersuchung genau bekannt sein
und die Erleichterung oder Erschwerung in Procenten ausgedrückt
werden.

Den Stücklohn hat der Verfasser auf einen längeren Zeitraum für drei Arbeitsclassen ermittelt: den Setzerlohn, den Lohn der Cigarrenarbeiter und den Lohn der Ziegelstreicher.

Auf den Setzerlohn legt er das größte Gewicht, weil ihm Rechnungsbücher aus Buchdruckereien bis auf das Jahr 1715 zurück zu Gebote gestanden haben, und weil sich dieser Lohn immer frei d. i. ohne gesetzliche Taxen entwickelt hat. Der Setzerlohn, fügt er erläuternd hinzu, ist Stücklohn; als Maßeinheit betrachtet man die 1000 n derjenigen Schriftgattung, aus welcher das Werk gesetzt wird. Diese Berechnungsweise stammt aus Frankreich und kam in Deutschland erst im Jahre 1848 zur allgemeinen Anwendung. . Vor dieser Zeit, wenn man überhaupt nach Stück bezahlte, setzte man den Preis des ganzen Bogens je nach der Größe des Formats, nach der Schriftgattung ꝛc. fest.

Um nun den Setzerlohn auf eine so lange Zeit zu ermitteln, hat der Verfasser persönlich in folgenden Orten nachgeforscht: in Stuttgart, Frankfurt a/M., Leipzig, Halle, Jena, Berlin, Zürich, Bern und Zug. Hierneben spielen noch briefliche Erkundigungen und nutzlose Durchsuchungen von Archiven, so des Archivs des preußischen Finanzministeriums.

Das so gewonnene, jedenfalls nicht zu wohlfeile Material galt es dann einheitlich zu verarbeiten. Die Abfindung des Arbeit=gebers mit dem Arbeiter hat nämlich mancherlei Modificationen und Erleichterungen für den letzteren erfahren. So lag früher die Verpflegung des Arbeiters dem Prinzipal ob. Die mit der Zeit höher werdende Entschädigung für Undeutlichkeit des Manuscripts u. dgl. mehr läßt Straßburger als unbedeutend außer Rechnung. Wichtiger ist die Erleichterung für den Setzer, daß er nur den sogenannten Packetsatz d. i. den nicht in das nöthige Format um=brochenen Satz zu liefern hat und die sogenannte mise-en-pages besonders bezahlt wird. Ein anderer bemerkenswerther Vortheil ist der Umstand, daß dem Setzer das sogenannte Aufräumen nach Beendigung des Werkes, d. h. das Vertheilen der Lettern in die betreffenden Kasten theilweise erlassen worden ist.

Endlich mußte die moderne Berechnungsweise der 1000 n auf den Zeitraum von mehr als 150 Jahren angewendet werden. Straßburger fand in den alten Rechnungsbüchern der Druckereien die Titel der gedruckten Werke vor. Er verfolgte, wie er sagt,

ben Preis des Bogens aus Werken, die eine längere Zeit von
Jahren in demselben Format erschienen waren, den Bogen der=
jenigen Werke aber, welche er ausfindig machen konnte, maß er
nach der in demselben enthaltenen Anzahl von n und ermittelte so
den früheren Preis von 1000 n.

Um die Fahrten und Schicksale Strasburger's weiter zu charak=
terisiren, mag noch ein anderes Factum angezogen werden. Um
die verminderte Nachfrage nach Setzern im Jahre 1848 zu be=
stimmen, galt es die damalige gesammte Bücherproduction nach der
Bogenzahl annähernd zu erfahren. Natürlich hielt er deshalb
vergeblich Rundfrage, denn die geringfügige Statistik, welche für
den deutschen Buchhandel existirt, gibt nur annähernd einen Be=
griff von der Zahl der Bücher, welche in einem Jahre producirt
worden sind, und das ist selbstverständlich eine mangelhafte Pro=
ductionsstatistik. Was that nun Strasburger? Er griff zu einem
ebenso einfachen als soliden Mittel. Er nahm nämlich drei Hin=
richs'sche Halbjahrskataloge zur Hand und summirte unter Berück=
sichtigung des Formats die darin angegebene Seitenzahl der
einzelnen Bücher nach. Auf diese Weise hat er ermittelt, daß nach
Hinrichs, welcher die Localschriften ausschließt, im zweiten Semester
1847 87,669 Bogen, im ersten Semester 1848 73,950 Bogen
und im zweiten Semester 1848 49,646 Bogen in Deutschland
erschienen sind.

Die Bücher=Production hatte sich somit im Jahre 1848 gegen
das Vorjahr bedeutend vermindert. Dagegen hatte die Zahl der
politischen Blätter zugenommen. Auch diese hat Strasburger
nach dem Berliner Zeitungs=Preiscourant berechnet und zwar eben=
falls bogenweise. Im Jahre 1847 erschienen nach ihm 24,900
Bogen, im Jahre 1848 52,272 Bogen politischer Blätter, somit
wurden im Jahre 1848 27,372 Bogen mehr gesetzt. Zählt man
gleicherweise die Hälfte dieser Zeitungsproduction zu der Bücher=
production der letzten Semester von 1847 und 1848, so ergibt sich
für das zweite Semester des Jahres 1848 noch immer ein Minus
von 24,337 Bogen in der Gesammtproduction.

Wir bitten, sich dieses Minus zu merken; denn es lehrt, daß
auch ohne habituellen Setzerstrike die literarische Production
in Deutschland um 25% in zwei aufeinanderfolgenden
Jahren schwanken kann — ein Umstand, der gerade im gegen=

wärtigen Augenblicke zu denken gibt. Das Jahr 1849 hat Straßburger nicht in die Berechnung gezogen; aber nach der Bücherstatistik zu urtheilen, hat dieses Jahr gegen das Jahr 1848 wiederum einen bedeutenden Ausfall gezeigt, möglicherweise aber= mals ca. 15%.

Doch nun das höchst werthvolle Ergebniß der Straßburger'= schen Untersuchungen, den Setzerlohn für 1000 n vom Jahre 1715 bis Mitte November 1871 fortlaufend in Jena und Halle zu be= stimmen.

1000 n wurden hiernach bezahlt:

in Jena		Pf.
1717—1740	mit	8¹⁄₃
in Halle		Pf.
1782—1803	mit	11¹⁄₂—13¹⁄₃
1803	„	14¹⁄₂
1804—1847	„	15¹⁄₂—18
1848—1858	„	21
1859—1864	„	24

1865—1868 mit 27, die Erleichterung des Aufräumens hinzugerechnet mit 31 Pf.

1869—1870	„	30	„	„	34¹⁄₂	„
1871—Nov. 1871	„	33	„	„	38	„
von Mitte Nov. 1871	„	36	„	„	41¹⁄₂	„

Wir erinnern daran, daß das preußische Pfennige sind; also in der letzten Position 36 pr. Pf. = 30 sächs. Pfennige, so daß Mitte November der Preis von Halle mit Leipzig gleich war.

Der wöchentliche Durchschnittsverdienst eines Setzers war somit:

in Jena	Thlr.	Sgr.
1715—1740	1	15
1764—1776	1	13

Gewißgeld — oder Tisch und 22¹⁄₂ Sgr. wöchentlich Gewißgeld — 1 Thlr. jährlich Meßzuschuß.

in Halle	Thlr.	Sgr.	Pf.
1780—1789	1	27	5
1790—1802	1	24	4
1803	1	27	3
1804—1809	2	1	7

in Halle	Thlr.	Sgr.	Pf.
1810—1819	2	29	5
1820—1829	2	28	4
1830—1839	2	21	8
1840—1848	2	24	3
1849—1858	3	2	7
1871—Nov.	5	15	—

Dieser Lohn-Scala stellt Straßburger die Getreidepreis-Scala für den nämlichen Zeitraum gegenüber und reducirt dann den Setzerlohn auf Getreide. Hiernach ergibt sich, daß der Lohn von 1717—1848 fast gar keine Veränderung erlitten hat. Im Jahre 1848 zeigt sich indeß eine interessante Erscheinung. Trotz der oben hervorgehobenen Verminderung der literarischen Production und der damit verminderten Nachfrage nach Setzern in jenem Jahre steigt der Setzerlohn im Juli 1848 von 23,55—27,35 auf 32,45 Scheffel Roggen. Also, wenn keine Widerlegung, so doch ein Verstoß gegen den Satz, daß der Arbeitslohn vom Verhältniß des Angebots zur Nachfrage abhänge. Von diesem Verhältniß, sagt Straßburger, wollten die Buchdruckergehilfen nichts wissen, und „das eherne Lohngesetz" wurde diesmal nicht „von der Natur selbst in Ausführung gebracht". Er widerspricht der Annahme, daß diese Aufbesserung dem Umstande beizumessen sei, daß das Vereinsrecht vor dem Jahre 1848 vielen Beschränkungen unterworfen gewesen, so daß das Lohngesetz in jener Zeit nicht frei zur Geltung habe kommen können. Das Gewähren des freien Vereinigungsrechts habe die Lohnsteigerung nicht verursacht. Vielmehr weist er aus dem Aufruf einer damals in Mainz tagenden Gehilfenversammlung nach, daß sich die Prinzipale von Wien, Frankfurt, von ganz Schlesien, Halle, Leipzig, Dresden u. s. w. noch vor jener Mainzer Versammlung wegen einer Aufbesserung der Lage der Arbeiter mit den Letzteren verständigt hatten. Dieser Weg habe Arbeitern von jeher offen gestanden. Sie betraten ihn aber erst, nachdem die Märzbewegung das schlummernde Selbstgefühl in ihnen erweckt, nachdem sie ihre Arbeit anders zu schätzen gelernt hatten als vorher. Nur das constatirt Straßburger: wo damals eine Lohnaufbesserung stattgefunden habe, sei dies nicht durch Bekriegung erwirkt worden, sondern durch Vereinbarung der Prinzipale mit den Gehilfen.

Vom Jahre 1848 an ist der Setzerlohn in stetem und zuletzt rapidem Steigen. So führt Straßburger an, daß die Preise der Hauptbedürfnisse eines Arbeiters in Jena für die Periode von 1860—1870 um 16,7% gestiegen seien, es würden sich aber noch weniger als 16% ergeben, wenn alle Bedürfnisse des Arbeiters in Rechnung gebracht würden. Der Setzerlohn sei jedoch in Jena von 1860—1870 um 43,7% gestiegen. 1870 stand laut obiger Nachweisung der Lohn in Halle auf 30 preuß. Pfennige pro 1000 n und 1871 in Halle wie in Leipzig auf 36 preuß. Pfennige = 30 sächs. Pfennige. Am 1. December 1871 fand dann in Leipzig abermals eine Aufbesserung von 16⅔% statt, der Halle alsbald zu folgen hatte. Diese Sätze und Normen gelten nur für die einfachste Leistung, die Arbeit in glattem Satz; für gemischten, tabellarischen rc. und für den Satz in fremden Sprachen ist die Steigerung procentualisch höher.

Es gehört sich, diesen Lohnsteigerungen die Arbeitszeit gegen-überzustellen. Straßburger bemerkt, daß nach der Hausordnung des Waisenhauses zu Halle im Jahre 1743 die Arbeitszeit für Buch-drucker und Setzer von 5 Uhr Morgens bis 7 Uhr Abends war. In den dreißiger Jahren dieses Jahrhunderts war die Arbeitszeit (wenigstens in größeren Städten) eine 12stündige; jetzt sei sie eine 9½stündige. Für Leipzig kann letzteres nicht stimmen; nach den Mittheilungen von Buchdruckereibesitzern muß sie hier im Durch-schnitt factisch geringer als 9½ Stunden sein.

Trotz alledem ist jedoch die Qualification zum Setzer keines-wegs auf erhöhte Bedingungen gestoßen, im Gegentheil. Straß-burger, der ein Freund und Förderer der Arbeiterinteressen ist — denn nur ein Freund aus vollem Herzen und mit ganzer Hingabe an seine wissenschaftlich-humanitäre Aufgabe kann sich solchen höchst mühseligen Untersuchungen unterziehen —, Straßburger bemerkt in dieser Beziehung wörtlich: „Mit der größeren Aus-breitung der Volksbildung hat sich die Zahl Derer vermehrt, die als Setzer functioniren können. Andererseits wird vom Setzer weniger Bildung beansprucht als früher. Ein sehr geringer Theil der heutigen Setzer ist befähigt, andere Werke als deutsche zu setzen, während früher meistens lateinische Bücher gedruckt wurden."

Straßburger zieht aus dem Ergebniß seiner Untersuchungen

— allerdings unter einer gewissen Reserve — den Schluß, daß
eine Steigerung des Arbeitslohnes durch rein moralische Ein=
flüsse verursacht werden könne. Diesen Glauben haben auch wir
— ebenfalls unter einer gewissen Reserve. Fortschreitende Bil=
dung befördert bei den Arbeitern Einsicht in ihre wahren Interessen
und bei den Arbeitgebern, wenn nicht immer Humanität (denn
das ist schon mehr Sache des Charakters), doch mindestens, sofern
halbwegs Geschäftsverstand vorhanden ist, Einsicht in das ABC
des Geschäftskatechismus, daß ein unzufriedener und darbender
Arbeiter ein unzuverlässiger Arbeiter ist. Wo aber irgend eine
dieser Voraussetzungen im Stiche läßt, da ist die Concurrenz
der Unternehmerthätigkeit unserer Ansicht nach ein höchst
schätzbarer Regulator.

Das alles ist jedoch heutzutage, auf diesem Felde mindestens,
eine überwundene Betrachtungsweise. Schon damals, wo Stras=
burger seine verdienstvolle Arbeit schloß, schwante es uns in der
Praxis, daß die Lösung der „socialen Frage" sich allmählich in
die Function einer Schraube ohne Ende verwandele, welche
nothwendig und in nicht zu langer Zeit zu einer Hemmung der
industriellen Thätigkeit führen müsse, einer Thätigkeit, von deren
freier Entfaltung das Wohl des Arbeiterstandes doch in erster
Reihe abhängig ist.

Die $16^2/_3$ % Zuschlag vom 1. December 1871 haben nicht
ganz vierzehn Monate vorgehalten. In der Relation eines, wie
anzunehmen, Buchdruckereibesitzers heißt es, daß der Lohntarif
von 1865, worauf auch dieser jüngste Zuschlag von 1871 erfolgt
war, in seiner Fassung allseitig als nicht genau und klar genug
betrachtet worden sei, daß demnach der allgemeine Deutsche Buch=
druckerverein einen Normal=Lohntarif für ganz Deutschland aufzu=
stellen beschlossen und neben seinen eigenen Mitgliedern, den Prinzi=
palen, auch die Gehilfenschaft zu dessen Berathung nach Eisenach
entboten habe. Die Prinzipale erschienen, aber die Gehilfenschaft
blieb aus. Uns scheint es, und das bestätigt der uns nachträglich
zugehende „Volksstaat" vom 29. Januar, die Unklarheit des Tarifs
von 1865 war nicht der einzige Grund, welcher die Prinzipale
zur Anbahnung eines Normaltarifs bestimmte. Sie fühlten viel=
mehr unmittelbar nach dem letzten Zuschlag von Ende 1871, daß
die Gehilfenschaft bald neue Forderungen und zwar sehr beträcht=

liche ankündigen werde und wollten deshalb mit einem neuen Zu=
geständniß, nicht bloß mit formellen Sicherstellungen, entgegen=
kommen. Die Gehilfenschaft wollte sich aber, auch selbst in so
kurzer Zwischenfrist nicht entgegenkommen lassen, und deshalb
erschien sie zur Eisenacher Conferenz nicht.

Die in Eisenach anwesenden Prinzipale wählten unter solchen
Umständen nur eine Commission, welche sich mit der Ausarbeitung
des Normaltarifs zu beschäftigen hatte und der der alljährlich
hier in Leipzig zur Ostermesse stattfindenden Generalversammlung
des Deutschen Buchdruckervereins in einigen Monaten vorgelegt
werden sollte. Allein, nachdem die Gehilfenschaft zur Eisenacher
Conferenz nicht erschienen war, kann es Niemanden wundern,
daß sie von der Leipziger Ostermeß=Versammlung auch nichts
wissen wollte.

Vielmehr ist die Gehilfenschaft nunmehr der Voraussetzung
gemäß selbständig mit einem Tarif hervorgetreten, zu dessen For=
cirung sie sich auf ihre Organisation, den „Deutschen Buchdrucker=
verband", gewöhnlich blos „Verband" genannt, stützt. Nach der
oben erwähnten Nummer des „Volksstaates", deren Leipziger Be=
richterstatter unterrichtet scheint, zählt der „Verband" gegenwärtig
7000 Mitglieder, während es in ganz Deutschland ungefähr
10,000 Buchdruckergehilfen geben soll. Der Verband wurde im
Jahre 1865 gegründet, und der Berichterstatter des „Volksstaates"
meint, daß nach achtjähriger rüstiger und unausgesetzter Arbeit
die deutschen Buchdruckergehilfen in Ansehung ihrer Organisation
allen übrigen Arbeitern des Continents voraus seien. Wir
gratuliren zu diesem Resultate, und bedauern nur im Interesse
des Verbandes, daß er statt eines so schwierigen und vergleichs=
weise winzigen Industriezweiges, wie der deutsche Verlagshandel
ist, nicht die englischen Kohlenwerksbesitzer mit ihren unerschöpf=
lichen Gruben an „schwarzem Golde" zur Erprobung seiner Thätig=
keit vor sich hat. Das Ziel wäre zweifellos ein würdigeres und
lohnenderes.

Am 15. Januar traten dann nach dem „Volksstaat" die Ver=
treter der Gehilfen von neun der größten deutschen Druckorte in
Leipzig zusammen und forderten den Buchdrucker=(Prinzipal=)Verein
auf, seinerseits eine Commission zur Feststellung des Tarifs abzu=

ordnen. Das Letztere geschah nicht — worüber sich nach den
Erfahrungen von Eisenach abermals kein Mensch wundern kann —
und „die Gehilfen besorgten die Arbeit allein". Der Tarif der
Gehilfen fand keine Annahme und darauf kündigten sie am 25.
Januar partiell, b. i. mit Ausschluß der größeren Druckereien, um
diese zu nöthigen, gemäß der dem Prinzipalverein gegenüber über=
nommenen Verpflichtung ihrerseits den Verbandssetzern selbst zu
kündigen. Schon seit 6 Wochen jedoch, fügt der „Volksstaat"
hinzu, hätten 250 Gehilfen Leipzig verlassen, die vom Strike=
Comité ca. 1500 Thlr. Reiseunterstützung erhielten. Es kommt
nun darauf an, daß das Comité außer diesen 1500 Thlrn. noch
recht viel Geld hat. Wir hörten eine Summe nennen, doch nehmen
wir an, daß sich das Comité nicht in die Tasche sehen läßt. So=
viel scheint gewiß, daß seit längerer Zeit hohe Beisteuern erhoben
worden sind.

Der von den Gehilfen vorgelegte Verbandstarif verlangt zu=
nächst die Alphabet=Berechnung an Stelle der 1000 n, d. h. die
1000 Buchstaben=Berechnung als Maßeinheit wird beibehalten,
nur daß nicht ein bestimmter Buchstabe, sondern das Alphabet als
solches als Norm dient. Deutscher Satz mit Fracturlettern
soll nach dieser verkürzten Maßeinheit ebenfalls mit 35 Pf. bezahlt
werden. Das würde ein abermaliger Aufschlag von 18—20%
sein, je nachdem die Schrift breiter oder schmäler ausläuft. Lorck's
„Annalen der Typographie" nehmen „wenigstens" $16\frac{2}{3}\%$ an.

Dieser Zuschlag ist die Grundforderung, diejenige Vortheil,
welcher der elementarsten Setzerleistung zu gute kommen soll. Alles,
was nicht deutscher Satz oder vielmehr deutsche Schriftsprache ist
und nicht aus Fracturschrift gesetzt wird und mit gewisser Aus=
nahme stets höher bezahlt worden ist, wird extra gesteigert. Da=
neben werden noch andere Vorbehalte zu Gunsten des Setzers
gemacht, so zwar, daß wohl wenige Werke aus den Leipziger
Pressen künftig hervorgehen würden, die von sich behaupten könn=
ten, daß sie nach dem neuen Tarif nur um 18—20% gesteigert
worden seien.

Um aus den Einzelbestimmungen nur einiges hervorzuheben,
so soll deutscher Satz mit Accenten, Romanisch, Englisch, Alt= und
Plattdeutsch 2c. neben dem Vortheil der Alphabet=Berechnung noch
mit $16\frac{2}{3}\%$, Russisch mit $66\frac{2}{3}\%$, Griechisch bei angegossenen Ac=

centen mit 66²/₃%, bei anzusetzenden Accenten mit 100% Aufschlag bezahlt werden.

Gemischter Satz in seinen verschiedenen Graden, mathematischer, tabellarischer Satz u. s. w., alles das und anderes ist mit Zusätzen bedacht, die das schon seit langem umdüsterte Verlegergemüth unmöglich rosig stimmen können. Namentlich spielen auch die Extrastunden, die bei eiligem Auftrage jede Satzart treffen können, eine gewichtige Rolle. So kosten 50,000 Buchstaben Petit (die Arbeit etwa von 45½ Stunden) nach Lorck auf Grund des neuen Tarifs 6 Thlr. 9 Ngr. In Extra-Stunden jedoch vor 10 Uhr Abends 8 Thlr. 28 Ngr. 6 Pfg., Sonn- und Feiertags 14 Thlr. 7 Ngr. 8 Pfg. und nach 10 Uhr Abends 16 Thlr. 27 Ngr. 4 Pfg.

Verständlich wird der ganze Verbandstarif erst, wenn man ihn sich in's geliebte Deutsch übersetzt, resp. seine Bestimmungen auf concrete Fälle anwendet und den so ermittelten Bogenpreis, wie ihn der Drucker dem Verleger berechnet, mit den in den letzten 6—10 Jahren vorhergegangenen Berechnungen in Vergleich bringt. Wir entnehmen unserer nächsten Praxis nachstehende Beispiele, Anfänge und Fortsetzungen von Werken, die in den verschiedenen beigefügten Jahren in der nämlichen Satzeinrichtung und Auflage zur Berechnung gelangt sind. Die ersten drei Fälle haben wir auch genau nach dem neuen Tarif calculiren lassen. Den vierten Fall, das griechische Wörterbuch in verschiedenen Auflagen betreffend, geben wir mit einigem Vorbehalt; dies Beispiel gehört fremder Praxis an, und der Kostenpreis wurde nach dem neuen Tarif nicht genau calculirt, sondern nur approximativ angenommen.

Die factische Druckerrechnung, sowie die Calculation auf Grund des Verbandstarifs beläuft sich also bei stets gleicher Leistung für den Bogen Satz und Druck wie folgt:

	1862	1865	1866	1870	1872	Vrbds.-Tarif.
Kunstgeschichtliches Werk (glatter Fracturs.)	—	—	8 Thlr.	—	9¹/₆ Thlr.	11 Thlr.
Literargeschichtliches Werk (Antiqua, theilweise gemischter Satz, das Manuscript bei den späteren Bänden etwas schwieriger)	—	7¹/₆ Thlr.	—	9¹/₃ Thlr.	10²/₃ Thlr.	14 Thlr.

	1862	1865	1866	1870	1872	Brdbs.-Tarif.
Ein periodischer Bücherkatalog (achtfach gemischter Satz, stets gleich= mäßig)	—	11⅙ Thlr.	—	—	16¾ Thlr.	22⅚ Thlr.
Griechisches Schul= wörterbuch (in verschie= denen gleichmäßigen Auf= lagen)	18⅓ Thlr.	—	—	—	37 Thlr.	ca. 50 Thlr.

Hiernach sieht man, wie sich die Sache in der Praxis aus=
nimmt. Im Zeitraume von 7—8 Jahren in verschiedenen und
wichtigen Fällen Aufschläge von mehr als 100%, entweder schon
wirklich eingetreten oder für die allernächste Zeit angedroht. Und
trotzdem ist noch gar kein Ziel für die Endigung dieses Taumels
abzusehen! 1865 wurde der Tarif hier in Leipzig von 25 Pf. auf
28 Pf. erhöht, Johanni 1870 auf 30 Pf., am 1. December 1871
auf 35 Pf. und 13—14 Monate später kommen obige Forderungen.
Die Termine werden dabei immer kürzer.

Gesetzt nun: der Verbands=Tarif würde rund angenommen.
Auf wie lange wäre damit der Friede hergestellt? Denn an die
Nutzbarkeit oder auch nur an die Möglichkeit eines fortgesetzten
Krieges wird doch kein verständiger Mensch glauben wollen. Eins
geben wir hier zu bedenken. Die Buchdruckergehilfen stehen nicht
auf dem Boden der Groß=, sondern auf dem der Klein= und,
wenn man gewisse Ausnahmen in Rechnung gebracht haben will,
der Mittelindustrie. Die Großindustrie duldet auch keinen fort=
gesetzten Krieg, aber sie hat das Zeug, nicht bloß durch ihre Capital=
tüchtigkeit, sondern auch durch ihre durchgängig schnelle und glatte
Geschäftsabwickelung bald wieder, nachdem sich der Sturm gelegt
hat, da anzuknüpfen, wo sie stehen geblieben ist. Eine so ängst=
liche, ihre Geschäfte von so langer Hand einleitende und abwickelnde
Industrie aber wie der Verlagshandel — die Hauptnahrungsquelle
des Buchdrucks — erholt sich nicht so bald von den Wunden, die
man ihr muthwillig geschlagen hat. Es wäre eine Thorheit, die
Folgen hier ohne Weiteres zeichnen zu wollen, die die seit 1865
unabläſſigen, in immer engeren Galgenfristen erfolgenden Mehr=
forderungen der Buchdruckergehilfen zuletzt haben können, denn ein
solcher oder ähnlicher Vorgang ist niemals an den deutschen Ver=

lagshandel in seiner bis jetzt so stetigen Fortentwickelung herangetreten. Aber soviel darf man als ausgemacht annehmen: diese Folgen werden keine zusammenstürzenden Paläste sein, sondern höchstens eine Anzahl weinender Frauen! Wenn ein durch die Vollendung und das Unübertroffene seiner Leistungen die übrige Welt blendender Industriezweig, der sich des Andrangs seiner Kundschaft schlechtweg nicht mehr erwehren kann, die Gelegenheit wahrnehmen nnd seine Preise so hinauftreiben wollte, wie wir es in unserem ersten Artikel für den Leipziger Buchdruck in den letzten sieben bis acht Jahren näher dargethan haben, so würde die betreffende Industrie damit in der Bethätigung ihres Selbstgefühls schon Erkleckliches leisten.

Ein solcher Zweig ist der Buchdruck nicht; er ist vor allem nicht selbstbestimmend; er ist in der Hauptsache nur der technische Hilfszweig des Verlagshandels und vom Schicksal dieses bestimmenden Factors abhängig.

Dem Aufblühen unseres Verlagshandels hat der deutsche Buchdruck es zu danken, daß er der umworbenste der Welt ist. Wir haben keinen directen statistischen Anhalt für die letztere Behauptung, aber einen indirecten an der Bücher- und Zeitungsstatistik der drei Hauptliteraturländer Deutschland, England und Frankreich. Das ist, wie schon bemerkt, eine mangelhafte Statistik, aber soviel wird auch dem Blinden daraus erhellen, daß die eben gemachte Behauptung nicht über's Ziel schießt.

Die Ueberlegenheit Deutschlands in der literarischen Production datirt nicht erst seit gestern. Dennoch muß sie in dem Zeitraum von 1865—1870 wieder eine auffallende Steigerung erfahren haben. Kayser's Bücher-Lexikon, welches in sechsjährigen Supplementen fortgesetzt wird und dessen jüngstes Supplement gerade den hier genannten Zeitraum umfaßt, hat sich in seinen vorletzten drei Ergänzungen im Umfange stets gleichmäßig zwischen 145—149 Bogen bewegt. Das Supplement von 1865—1870 wird dagegen nach einem vorläufigen Ueberschlag 180—190 Bogen gleicher Druckeinrichtung umfassen, also etwa 30—40 Quartbogen doppeltspaltigen Petitsatz mehr, als der gleiche Zeitraum von sechs Jahren früher ergeben hat. Das ist ein beträchtliches Plus an Büchertiteln, und die danach anzunehmende Mehrproduction mag es erklären, daß die deutschen Buchdruckereien in den letzten strikeseligen Jahren keinen Ueberschuß an Arbeitskräften zur Verfügung gehabt haben.

Aus jedem Leitfaden der Volkswirthschaftslehre ist ohne be=
sonderes Geschick zu deduciren: ist die Nachfrage nach Arbeitern
so stark gestiegen, wie man es nach der äußeren Physiognomie
unserer neuesten Bücherkataloge vorläufig annehmen muß, so er=
klären sich ihre Mehrforderungen. Gewiß, — nur mit einigen
Modificationen.

Sehen wir uns den Factor etwas näher an, dessen speculative
Thätigkeit den deutschen Buchdruck bis jetzt geschäftlich so gehoben
hat, — den Verlagshandel.

Der Verlagshandel hat fast überall eine andere Physiognomie,
jedes Land fast hat seinen Geschäftsverstand in anderer Weise an
ihm versucht, aber darin stimmen die Fachmänner aller Länder
überein, daß er eine der verwickeltesten und unberechenbarsten in=
dustriellen Thätigkeiten ist. Das Capital hat sich stets mit einer
gewissen Scheu von ihm ferngehalten, und es thut wohl daran;
denn wo im deutschen Verlagshandel in neuerer Zeit namhaftes
Fiasco gemacht worden ist, da war es gerade das Mißverständniß,
die „Macht des Capitals" an ihm zu versuchen. Vermögen von
60—80,000 Thlr. nahmen nicht viel Zeit in Anspruch, um spur=
los zu verschwinden.

Interessant in Bezug auf das Verhältniß des Capitals zum
Verlagshandel ist die Mittheilung eines Franzosen. Die Fran=
zosen, wenigstens ihr Fachschriftsteller Werdet, betrachten die Pe=
riode von 1815—1830, insbesondere die Mitte der zwanziger Jahre,
als die Blüthezeit des französischen Buchhandels. Werdet erzählt
nun von jener Blüthezeit, daß Pariser Verlagsgeschäfte damals in
reeller Weise nicht zu verkaufen gewesen seien. Der Patron, welcher
sich vom Geschäft habe zurückziehen wollen, sei genöthigt gewesen,
dasselbe auf nicht viel Sicherheiten hin seinem ersten besten Com=
mis zu übertragen. Er selbst, Werdet, habe 1827 seine eigene
Boutique eröffnet auf ein Grundcapital von einigen 100 Frcs.,
welches gerade genügend gewesen sei, um als Pariser Editeur vor
der Welt aufzutauchen. Einen Monat nach der Gründung kaufte
er die Vorräthe des Répertoire du Théâtre français, 68 vols.,
für 42,000 Fr., fünf Monate später den Verlag von Lequien père
für 280,000 Fr.; bei dieser Gelegenheit associirte er sich mit Le=

quien fils. Ein Jahr danach kaufte die Firma Werdet & Lequien die Sammlung der Classiques français von Pierre Didot für 98,000 Fr. Werdet verweist darauf, daß Déterville, Leprieur und viele Andere in der „Blüthezeit" des französischen Buchhandels es gerade so gemacht hätten; sie hätten nur ein gewisses Geschick be= sessen, aber sonst keinen Sou.

Auf diese Weise wird es verständlich, daß der Pariser Ver= lagshandel infolge der Julirevolution wie ein Kartenhaus über= einanderstürzte, so daß ein Staatscredit eröffnet werden mußte, um ihm wieder auf die Beine zu helfen.

So schlimm hat es in Deutschland niemals gestanden. Zah= lungsfähige Käufer haben unsere Geschäfte wohl zu jeder Zeit ge= funden, aber freilich auch nur innerhalb gewisser Grenzen des Capitalanspruchs.

Die meisten Geschäfte werden bei uns unter 20 und wohl noch richtiger gesagt, unter 10,000 Thlr. begonnen. Ein Kauf von 30—40,000 Thlr. ist schon vornehmer Art. Wir haben natürlich Geschäfte von viel höherem Werthe, aber das sind entweder Fa= milienerbstücke, theilweise mit festgefahrenem Capital, oder glückliche Emporkömmlinge — glücklich auch den Strikes gegenüber, weil sie sich von Anfang an auf keine complicirte, die Setzer mehr als die Drucker beschäftigende Verlagsthätigkeit eingelassen haben. Ein Geschäft von 100,000 Thlr. Werth zu capitalisiren, würde im deutschen Buchhandel jedenfalls schwierig sein.

Man sieht hiernach, die Verlagsthätigkeit ist thatsächlich keine verlockende Sache für das Capital; sie kann es auch schon deshalb nicht sein, weil die literarische Production über eine bestimmte Grenze hinaus kein directer und nothwendiger Ausfluß gegebener Verhältnisse b. h. also hier der literarischen Verhältnisse eines Landes ist. Autoren, die den Erfolg in sich selbst tragen — und nur auf die Weise könnten solche dem Capital genehme Verhältnisse denkbar sein — bedürfen im Grunde genommen keines Verlegers, sondern nur des Druckers oder eines buchhändlerischen Commissio= närs. Andererseits kann eine Verlagshandlung vom bloßen Autoren= verdienst in der Regel — Ausnahmen gibt es immerhin — auf längere Zeit nicht bestehen, denn ein gangbarer Autor weiß ge= wöhnlich genau, was er gilt, und trotz der ihm eigenthümlichen Größe läßt er sich, was vollkommen naturgemäß ist, von seinem

Verleger lieber überschätzen als unterschätzen. Auf diesem Stand=
punkte der Verlagsthätigkeit standen die Pariser Verleger der fran=
zösischen Romanciers, deren Schriften zur Zeit in allen Ländern
verschlungen wurden, und die Originalverleger jener Romanschreiber=
Größen sind zum nicht geringen Theile in kläglicher Weise zu
Grunde gegangen. Auch der oben erwähnte Werdet klagte in spä=
terer Zeit von den Vogesen aus, wohin er sich als ruinirter Mann
zurückgezogen hatte, daß er sich für den Ruhm seines Freundes
und Autors Balzac ruinirt habe.

Die bloße Vermittelung zwischen Autor und Publicum ist
nichtsdestoweniger im Allgemeinen der Ausgangspunkt der Ver=
lagsthätigkeit. Aber sehr bald muß ein anderes Moment hinzu=
treten, wenn die Verlagsthätigkeit es rechtfertigen will, sich zwischen
Autor und Drucker einzudrängen; dies Moment ist die in ihrer
Art selbstproductive Verlagsspeculation. Ihrem Hauptzuge
nach ist diese Thätigkeit nichts als die industrielle Breitschlagung
des geistigen Volksguts zum Zwecke allgemeiner Bildung und die
Förderung des literarischen Comforts. Aber in welchem Lichte
eigener Initiative sie immer erscheinen möge, sie ist keine Autor=
thätigkeit, kann auch nicht durch Autorthätigkeit ersetzt werden, selbst
wenn diese, was ja häufig genug geschieht, industriell werden will.
In allen Literaturländern bildet die so geartete Verlegerthätigkeit
die Basis des Verlagshandels. Er kann anders gar nicht existiren.

Deutschland nun ist die Schule des Buchhandels. Die ihm
eigenthümliche Grundauffassung des buchhändlerischen Verkehrs=
wesens, die strenge Unterscheidung in der commerciellen Behand=
lung des geistigen und materiellen Bedürfnisses, haben ihm einen
in allen Branchen fachmännisch geschulten Buchhandel und die
ihm ebenfalls eigenthümliche Geschäftsorganisation ermöglicht. Unser
Land besitzt die meisten Fachmänner auf diesem Felde, denn ein
Buchhandel als geschlossene Handelsbranche, die von jedem ihrer
Glieder eine eigene geschäftliche Erziehung und mehr oder weniger
literarische Bildung bedingt — das Ausland kennt solche Ansprüche
an die Gesammtheit der Geschäftswelt nicht — kann mit Nutzen
nur fachmännisch betrieben werden. Diese Verhältnisse zusammen=
gefaßt mit dem mächtigen und vielseitigen Grundstock unserer Lite=
ratur, erklären es, daß Deutschland, trotzdem es mit der Sprache
gegen die Engländer und Franzosen im Nachtheil sich befindet, die

größte literarische Production hat und dem Auslande theilweise
das eigene Terrain streitig macht. Denn so wie deutsche Buchhändler mittelst ihrer Organisation im engsten Verbande mit der
heimischen Genossenschaft überall im nahen und fernen Auslande
die deutschen literarischen Interessen vertreten, so arbeitet wiederum
der deutsche Verlagshandel innerhalb der schwarz-weiß-rothen Grenz-
pfähle nicht allein mit deutscher Literatur für Deutsche, sondern
auch mit fremden Literaturen für fremde Länder. Selbst das Gemeingut aller Nationen, die griechischen und römischen Classiker
werden wie im östlichen Europa, so auch in den englischen und
italienischen Schulen in den guten und wohlfeilen deutschen Ausgaben gelesen.

Diese Vielgeschäftigkeit des speculativen deutschen Buchhandels
kommt den deutschen Autoren sehr zu Statten. In Deutschland
finden nicht nur gangbare, sondern auch mäßig verbreitungsfähige
Autoren ihren Verleger. Nicht bloß, daß die zahlreiche Concurrenz
die Verleger dazu nöthigt, die durch selbständige Speculation gewonnene breite Basis, sowie die anderwärts ganz fehlende deutsche
Sortimenterthätigkeit gibt auch der deutschen Verlagsthätigkeit die
Mittel und Wege an die Hand, ihrer heimischen Autorenwelt ein
ganz anderes Entgegenkommen zeigen zu können, als dies in Frankreich ziemlich allgemein und in dem besser situirten England wenigstens für wissenschaftliche Literatur gefunden wird. Im Auslande sucht der Autor nach dem Verleger, wo es bei uns gerade
umgekehrt zugeht. Daß trotzdem auch mancher deutsche Autor
suchen muß, ohne zu finden, bedarf keiner Erwähnung und auch
keiner Entschuldigung, so lange nicht ein anderer Buchhandel der
Welt den Beweis geliefert hat, daß Alle im geschäftlichen Wege
zu befriedigen sind. Denn das äußerste Maß dessen, worauf nach
den bisherigen Erfahrungen ein Geschäftswesen wie der Buchhandel
seine Ansprüche an die Rentabilität seiner Unternehmungen herab-
zustimmen vermag, ist in Deutschland namentlich auf dem Gebiete
der wissenschaftlichen Literatur nahezu, wenn nicht vollständig
erreicht.

Ohne daß wir uns deshalb direct auf den Ziffernbeweis
stützen können, wird man die Begründung unserer Behauptung
nicht unwahrscheinlich finden, daß der deutsche Buchdruck Dank der
deutschen Verlagsthätigkeit der meistumworbene der Welt ist.

In der geschäftlichen Pflege der wissenschaftlichen Literatur
nach allen Richtungen und speculativen Ausläufern muß auch vor=
nehmlich der Grund der deutschen Mehrproduction gesucht werden.
Denn was die Unterhaltungsliteratur betrifft, so ist es in
Frage zu ziehen, ob wir darin quantitativ z. B. England erreichen.
Die intensive Verlagsthätigkeit auf wissenschaftlichem Gebiete hat
einen zweifachen Segen über unser Land verbreitet; sie ist erstens
der deutschen Wissenschaft und Volksbildung ungemein zu Statten
gekommen und hat zweitens unsere deutschen Drucker geschäftlich
hoch begünstigt. Die eigenthümliche Geschäftsoperation in dieser
Literatur, wo sehr viel auf Umwegen gearbeitet werden muß, be=
dingt es, daß der Verleger oft besten Falles kein anderes Geschäfts=
ziel vor Augen haben kann, als Druck= und Papierkosten durch
den Absatz zu erschwingen, da hier manche Publicationen mehr
Mittel zum Zweck als Selbstzweck sind; nur der Drucker schöpft
aus dem Vollen. Wieviel fachwissenschaftliche Zeitschriften, laufende
Aufträge oft auf zwanzig, dreißig Jahre und länger sind bis jetzt
durch die Leipziger Pressen gegangen, bei denen der Verleger, der
sie im Interesse seiner übrigen Thätigkeit zu stützen suchte, Geld
zusetzte, die Mitarbeiter kaum ein Honorar empfingen und die Re=
dacteure sich mit einer mäßigen Entschädigung für ihre laufenden
Mühen begnügen mußten? Der Drucker hingegen machte sein re=
guläres Geschäft. Die sprichwörtliche Redensart im Verlagshandel:
„für den Drucker und Papierfabrikanten arbeiten" hat in keinem
anderen Zweige eine so unliebsame Bedeutung gewonnen als hier.
Und gerade die wissenschaftliche Literatur ist schon durch den
gegenwärtig geltenden Tarif so hart getroffen, daß manches von
dem, was noch vor 10 Jahren dem Verleger möglich war, gegen=
wärtig nicht mehr möglich ist. Der neue Verbandstarif treibt seine
Ansprüche geradezu ins Komische. Vor uns liegt das Verlags=
conto eines Werkes, ein wissenschaftliches Hilfsmittel von allgemei=
nerem Belang, welches im Jahre 1864 alles in allem (Honorar,
Druck und Papier) ca. 3500 Thlr. Herstellungskosten verursacht
hat. Nach den drei Lohnaufbesserungen vom Strike 1865 bis
1. December 1871 würde dasselbe jetzt, genau calculirt, in der
nämlichen Einrichtung 825 Thlr. mehr Druckerkosten machen, nach
dem Verbandstarif jedoch von neuem um 900 Thlr. gesteigert
werden, so daß in einem Zeitraume von acht Jahren auf einen

Gesammtherstellungsetat von 3500 Thlr. 1724 Thlr. Drucker=
Zuschlag kommen würden. Daneben dann noch Papieraufschlag
und erhöhtes Honorar! Das Unternehmen ist ein ursprünglich
gutes, in 1500 Auflage hergestelltes, allein eine neue Auflage
würde bei solchen Mehransprüchen an die Grenze des Unausführ=
baren kommen. Das Werk gehört trotzdem nicht zu den am schlimm=
sten bedachten, denn es ist nur ein höherer Grad gemischten Satzes;
die Philologie — und welche Ziffer vertritt die Philologie in der
jährlichen Production! — ist noch ungünstiger gestellt.

Diesem Dilemma gegenüber, in das ein so großer und wich=
tiger Zweig der Literatur insbesondere geräth, heißt es nun: steigen
die Productionskosten, so hat der Verleger den Ausgleich darin zu
suchen, daß er seine Preise erhöht. Ja wohl! Gerade als wenn
der Preis der Bücher sich wie der eines wichtigen Rohproducts,
eines großen Consumartikels je nach Wind und Wetter um eine
Scala höher oder tiefer schrauben ließe. Wohl ist bei manchen
literarischen Zweigen ein gewisser Spielraum vergönnt, das sind
die mehr oder weniger so zu nennenden Massenunternehmungen:
große Auflagen mit mäßigen Preisen, also Unterhaltungsliteratur,
praktische Hilfsmittel u. dergl. Diese Unternehmungen sind meistens
auf glatten Satz verwiesen, werden demnach von den permanenten
Preissteigerungen am schwächsten heimgesucht und die dadurch her=
beigeführten Zuschläge lassen sich zudem, wenn der Verleger keine
Gefahr dabei wittert, auf eine große Menge muthmaßlicher oder
sicherer Käufer vertheilen. Die drei= und unter Umständen vierfach
härter mitgenommene wissenschaftliche Literatur arbeitet aber mit
Auflagen von 500—750 Exemplaren, zuweilen höher, oft jedoch
auch niedriger. Soll hier ein Ausgleich stattfinden, so müßten die
Preise den Druckern zu Liebe wohl um 50% gesteigert werden.
Sie stehen indeß vielfach schon so hoch, daß eher an eine Ermä=
ßigung als an eine Erhöhung gedacht werden müßte. Deshalb
behaupten wir auch, und wir haben Belege hierfür in Händen, daß
die wissenschaftlichen und noch manche andere Verleger die Drucker=
Zuschläge seit 1865 zum guten Theil, wenn nicht vollständig, aus
ihrer Tasche gezahlt haben.

Die Tendenz des Bücherpreises ist überdies ganz allgemein
die, immer niedriger zu werden. Ein Hinauftreiben derselben
nach den kühnen Sprüngen unserer Drucker würde unbedingt zur

allgemeinen Verminderung der Production führen müssen. Das
kann man am englischen Buchhandel lernen. In England besteht
von Hause aus eine Neigung, theure Bücherpreise, sei es auch in
künstlicher Art, zu schaffen. Kostbare Prachtwerke in unzureichender
Auflage herstellen und dann die Vorrichtungen zerstören, ist
englische Art. Dieser Zug, die Bücher im Preisansehen zu stützen,
selbst durch Zerstörung eines Theils der Auflagereste, kennzeichnet
den englischen Verlagshandel des achtzehnten Jahrhunderts bis
zum ersten Viertel des neunzehnten Jahrhunderts. Es ist der
Nachweis geliefert (Ch. Knight, the old Printer and the modern
Press), daß der englische Bücherpreis das achtzehnte Jahrhundert
hinburch bis etwa gegen 1827 stets steigende Tendenz hatte; die
Production stagnirte dabei. Endlich mischte sich eine Gesellschaft
zur Verbreitung nützlicher Kenntnisse ins Spiel und bog der leeren
Büchercuriositätensucht ein Paroli. Einzelne Verleger folgten und
bald zeigten sich die Resultate. Im Jahre 1828 erschienen in
England 842 neue Bücher in 1105 Bänden; jeder Band kostete
im Durchschnitt 12 Sh. 1 P. Im Jahre 1853 erschienen dagegen
2530 Bücher in 2934 Bänden und jeder Band kostete im Durch=
schnitt nur 7 Sh. 2½ P. Bei den Journalen ist das Verhältniß
das nämliche und das Ergebniß ein noch günstigeres; 1834 wur=
den wöchentlich 300,000 Nummern Wochenschriften abgesetzt und
1854 1,400,000. Auf welche Stufe mögen seitdem die englischen
Preise herabgegangen sein?

Das kann hier mit aller Bestimmtheit betont werden: an eine
Preiserhöhung unserer am härtesten getroffenen Literaturzweige,
die einem Ausgleich mit den erhöhten und ferner erstrebten Drucker=
preisen irgend nahe kommen würde, ist absolut nicht zu denken.
Hiermit möge man sich immer mehr vertraut machen. Allein das
Verlagsgeschäft sucht nach Balance, und auf welche Weise kann
diese allein hergestellt werden? Durch Verminderung der Pro=
buction nach all denjenigen Auszweigungen der Geschäftsthätig=
keit, die schon vor zehn Jahren mehr Problem als sonst etwas
waren und bei denen der Drucker, der weniger als der Verleger
verfänglichen und oft ungeschäftsmännischen Passionen ausgesetzt
ist, sich stets am wohlsten befunden hat. Diese Verminderung wird
sich nicht alsbald merklich·machen; dafür werden große wissenschaft=
liche Unternehmungen viel zu sehr von langer Hand eingeleitet.

Vielleicht macht sie sich aber zu einem Zeitpunkte fühlbar, wo sie doppelt unangenehm wirkt.

Denn wir glauben den deutschen Druckern für die kommenden Jahre noch eine andere Arbeitserleichterung in Aussicht stellen zu können, auch wenn sie die alten Preise wieder herstellen wollten. Wir haben oben darauf verwiesen, daß das neueste Supple= ment von Kayser's Bücher-Lexikon 30—40 Bogen engen Petitsatz mehr Büchertitel enthalten wird, als die drei vorangegangenen Supplemente für einen gleichen Zeitraum. Wie erklärt sich dies auffallende Plus? Solche Höhesprünge macht die sich bisjetzt stetig und langsam entwickelnde deutsche Production nicht ohne ganz be= sondere Veranlassung. Diese Veranlassung liegt nahe. Die großen welthistorischen Ereignisse der letzten sieben Jahre sind es, welche eine außergewöhnliche und vorübergehende Steigerung unserer Thä= tigkeit nach sich gezogen haben. Man denke an die Kriegsliteratur von 1866 und 1870. In einer Charakteristik der Moltke'schen Führung wurde jüngst bemerkt — wir können es nicht controliren, — daß die Literatur über den deutsch=französischen Krieg allein bis jetzt an 2000 Nummern zähle. Und dann die Gründung des Norddeutschen Bundes und die Wiederherstellung des Deutschen Reichs mit ihren tiefen und weitgreifenden Wirkungen auf die ver= schiedensten Zweige der Literatur bis auf die Schulliteratur herab. Die dadurch bewirkte positive Bereicherung unsrer Bücherkataloge ganz bei Seite gelassen: wieviel neue Auflagen allein sind nöthig gemacht worden von Handbüchern, Compendien und Leitfaden aller Art durch die staatliche Umgestaltung und Grenzerweiterung Deutsch= lands? Noch leben wir in den productiven Nachwirkungen jener großen Zeit, aber es wird Ebbe auf diesen Feldern eintreten, und bei dem genossenschaftlichen Geiste, worauf ja das Wesen des deutschen Buchhandels beruht, ist mit einiger Zuverlässigkeit anzu= nehmen, daß jedes deutsche Verlegerherz dann den Druckern und den Papierfabrikanten, die ja auch in den letzten Jahren überangestrengt haben arbeiten müssen, die wohlverdiente Ruhe gönnen wird. Hoffent= lich finden sie dann auch die nöthige Muße, ihre Preise mit der Verlagsthätigkeit in Einklang zu halten.

(B. B. 1873. Nr. 27. 35.)

A. Schürmann in Leipzig.

11. Verlauf und Ergebniß des Buchdrucker-Strikes.

Der Leipziger Buchdrucker-Strike, welcher seine Wirkungen mehr oder weniger über ganz Deutschland erstreckt hat, ist mit der zweiten Maiwoche zu Ende gegangen, nachdem er Ende Januar seinen Anfang genommen.

In seinem Verlauf und Ergebniß bietet derselbe ein besonderes und vielseitiges Interesse und ist allen wirthschaftlichen Parteien zur sorgfältigen Prüfung zu empfehlen.

Kaum kann ein Strike kühner und sorgloser begonnen werden, als das hier geschehen ist. Die Bauleute beginnen ihre Arbeits-einstellungen, wenn die ersten Strahlen der Frühlingssonne den Unternehmergeist erwärmen; die Schneidergesellen, wenn Jedermann erpicht ist, seine Gestalt durch einen neuen Saison-Anzug zu ver-jüngen und zu verschönern. Consequenterweise hätten die Setzer und Drucker kurz vor Beginn der Büchersaison, wo die Verleger Eile haben, also im Spätsommer, zu feiern beginnen müssen. Sie haben aber nicht wie Maurer und Schneider gehandelt, sondern den für den Verlagshandel günstigsten Monat des ganzen Jahres gewählt, den Januar nämlich. Dieser Umstand und die außer-ordentliche Höhe der Mehrforderungen verleiteten anfänglich zu der Annahme: die Gehilfen würden diesmal ihren Willen nicht durch-setzen. Sie haben ihn aber durchgesetzt und vollständig oder im Wesentlichen alles erzielt, was sie wollten.

Die Genossenschaft der Leipziger Buchdrucker theilte beim ersten Strike, im Jahre 1865, mit, daß die Lohnsätze ihrer Gehilfen von 1840 bis gegen Mitte der sechsziger Jahre um nahezu 50% auf-gebessert worden seien. Nur ein einziges Zugeständniß war wäh-rend dieser Zeit abgenöthigt worden, in dem politischen Be-wegungsjahre 1848, und dies wurde nach einigen Monaten wieder rückgängig. Der Grund dafür wird noch gegenwärtig in Leipziger Gehilfenkreisen mit dem Eintritt der politischen Reaction in Zusammenhang gebracht, obschon dieselbe viel später eintrat. Der eigentliche Grund war, daß die Production im nämlichen Jahre, zwar nicht wegen jener Lohnerhöhung, um 25% und in dem Jahre danach noch tiefer sank.

Bis zum Jahre 1848 hatte der Tarif pro 1000 n (bis jüngst

die Maßeinheit für die Berechnung) auf 16, 17 und nur in einzelnen Fällen und ganz zuletzt auf 19 Pf. gestanden. Vor der Arbeitseinstellung im Jahre 1865 stand er auf 25 Pf. und wurde
infolge derselben neben anderen Zugeständnissen auf 28 Pf.,
Johanni 1870 auf 30 Pf., am 1. December 1871 durch abermaligen Zuschlag factisch auf 35 Pf. erhöht.

Anfangs 1872 fand der Stuttgarter Strike Statt, welcher
ebenfalls ein Vierteljahr lang dauerte. Auf Antrag des dortigen
Prinzipal-Vereins resp. eines Buchdruckertags, den derselbe nach
Eisenach eingeladen hatte, beschloß die Generalversammlung des im
Jahre 1870 entstandenen Deutschen Buchdrucker-Vereins (Prinzipale), Maßregeln vorzubereiten zur gegenseitigen Unterstützung im
Falle eines abermaligen Strikes. Ein weiterer Beschluß ging dahin, einen Normaltarif für ganz Deutschland einzuführen und
dessen Ausarbeitung womöglich in Verbindung mit den Gehilfen
vorzunehmen.

Der schon im Jahre 1865 gebildete Gehilfen-Verband ver-
eitelte jedoch die Wahlen, da er sich bei der Anordnung derselben
zurückgesetzt glaubte. Man bereitete demgemäß selber einen Tarif
vor und lud nun seinerseits die Prinzipalität zur Mitberathung
ein, natürlich ebenfalls ohne Erfolg.

Die Agitation der Gehilfen war vornehmlich gerichtet auf
Einführung der Alphabet-Berechnung (d. i. die ideale Durchschnitts-
Buchstabengröße des ganzen Alphabets an Stelle des bestimmten
einzelnen Buchstaben n), womit bei gleichem Tarif wie für die
bisherigen 1000 n eine beträchtliche Lohnsteigerung für alle Arbeiten von selbst gegeben war. Hannover fügte sich dieser Forderung; Berlin lebte unter fast täglich vorkommenden partiellen
Strikes; kleinere Orte wurden gezwungen, nachzugeben; in Braunschweig trat eine ernste Bewegung ein.

Der geschäftsführende Ausschuß des Prinzipal-Vereins hielt
unter diesen Umständen am 2—4. December v. J. eine Conferenz
in Leipzig ab, deren Resultat der Beschluß war, den eventuellen
Strike einer geschlossenen Vereinigung von Gehilfen mit der allgemeinen Kündigung aller Mitglieder eines solchen Vereins zu beantworten. Dieser Beschluß erlangte Gültigkeit für den Verein;
in Leipzig, Breslau, Magdeburg, München, Cassel und in andern
Städten constituirten sich Localvereine zum gegenseitigen Schutz.

Darauf änderten die Gehilfen ihren Operationsplan. Man gab den kleineren Kampf in Braunschweig auf und beschloß, das Centrum der Agitation, Leipzig, ins Gebet zu nehmen, in der Ueberzeugung, daß, wenn Leipzig sich gefügt, die übrigen Städte bald nachgeben müßten. Den früher in Vorbreitung genommenen Tarif ließ man fallen und berief zur Aufstellung eines neuen Delegirte des Verbands nach Leipzig, indem man gleichzeitig wiederum die Prinzipale zur Mitwirkung einlud. Nach der früheren Ablehnung und insbesondere nach dem Beschluß der Prinzipal-Conferenz vom 2—4. December wurde wohl kaum die Annahme dieser Einladung vorausgesetzt.

Der Verband bereitete auch schon, noch bevor seine Tarif-Commission zusammengetreten war, den Strike in Leipzig vor, indem er eine größere Anzahl seiner dort in Arbeit stehenden Mitglieder, mit Reisegeld versehen, entfernte. Die Delegirten traten am 15. Januar zusammen, sechs Tage später, am 21., legten die Gehilfen den Leipziger Prinzipalen ihren Tarif vor, mit dem Verlangen, sich darüber bis zum 23. zu erklären. Auf geschehene Ablehnung kündigten am 25. Januar etwa 300 Mann, den übrigen Verbandsgehilfen wurde der übernommenen Verpflichtung gemäß von den Leipziger Prinzipalen am 1. Februar gekündigt.

„Nicht Wenige der Strikenden" hatten dabei, wie constatirt wurde, ihre Contracte gebrochen, theilweise mit empfangenen und nicht zurückgezahlten Vorschüssen. Diese Vorschüsse rührten von Vorausberechnungen noch zu leistender Arbeit her, eine Unsitte in den Wochen-Abrechnungen, die in den Buchdruckereien, namentlich unter den Verhältnissen der Neuzeit, schwer zu vermeiden zu sein scheint.

Der Gegenstand des Streites war nun, was wohl zu beachten ist, keineswegs eine einfache Ablehnung von Mehrforderungen. Die Leipziger Prinzipale hatten zweimal friedlich nachgegeben: Johanni 1870 und December 1871. Sie würden auch diesmal unbedingt ihren Gehilfen wieder entgegengekommen sein, ganz im Geiste jener Auffassung, welche im gemeinsamen Vereinsorgan zu lesen ist, wonach das Streben der Prinzipal-Vereinigung dahin zu gehen hat, ihren Gehilfen mit Mehrbewilligungen „zuvorzukommen", um eben Strikes zu vermeiden. Ein Strike kann daher in diesem Gewerbszweige eigentlich nur noch dadurch

zu Stande gebracht werden, daß sich die Gehilfen mit neuen Zu=
geständnissen nicht „zuvorkommen" lassen wollen.

Man wird dies Verhältniß etwas eigenthümlich finden, denn
auch der gutmüthigsten Prinzipalität geht doch sonst, wenn die
Mehrforderungen so häufig und kurz nacheinander wie hier vor=
kommen, zuletzt einmal die Geduld aus; sie weicht dann dem Strike
nicht aus, sondern läßt es ruhig darauf ankommen, um in diesem
Wege die neuen Forderungen ganz oder zum guten Theil abzu=
werfen.

Im Vergleich mit anderen Arbeitgebern, die gleichzeitig auf
eigenes Risico arbeiten (was die Drucker-Principale gewöhnlich
entweder gar nicht oder nur theilweise thun) und daher die
Differenz zwischen der Lohnsteigerung und der Möglichkeit der
Preiserhöhung gegenüber dem Publicum direct auszubaden haben,
ist freilich den Druckereibesitzern das Mehrbewilligen leicht gemacht.
Der Strike verurtheilt sie zum Stillstand ihrer Thätigkeit, dagegen
die höheren Löhne wälzen sie entweder zum besten Theil oder
auch gänzlich auf den Hauptkunden, den Verlagshandel, ab, und
dieser ist durch die Fortsetzung begonnener und durch die Druck=
herstellung längst contrahirter Werke (von den noch schlimmer ge=
bundenen Zeitungs= und Zeitschriften=Verlegern zu schweigen) von
langer Hand engagirt, kann daher nicht zurück. Es sind das
Zwangssteigerungen, bei denen für den direct Betroffenen ein
Parlamentiren nicht denkbar ist, auch wenn ihm, wie diesmal viel=
fach geschehen, der nothwendige Unternehmergewinn bis zum letzten
Rest aufgesaugt und hierüber hinaus für die nöthigen Fortsetzungen
auch noch eine merkliche Zubuße auferlegt wird, denn er hat sich
diesen Ansprüchen einfach zu fügen, wenn er nicht bis dahin Ma=
culatur gedruckt haben will.

Es ist demnach einleuchtend, daß die Vorbeugung des
Strikes durch neue freiwillige Zugeständnisse der ernstliche Sinn
des von den Prinzipalen beabsichtigten Normal=Tarifs für ganz
Deutschland war. Wiederholt verwiesen die Leipziger Druckerei=
besitzer auf ihren guten Willen, zum dritten Mal innerhalb drei
Jahre den Gehilfen nachzugeben und wollten das neue Zugeständ=
niß nur bis zu der am 10. Mai stattfindenden Generalver=
sammlung des Deutschen Buchdruckervereins vertagt haben. Hierin
gipfelte ihr Verlangen. Allein dies mäßige Verlangen fand keine

Beachtung, sondern wurde gerade zum Gegenstand des Strikes ge=
macht, so daß die Besitzer es wohl (oder übel darauf ankommen
lassen mußten, wenn sie ihr Ansehen nicht vollständig preisgeben
wollten.

Für die lange Ausdehnung der Arbeitseinstellung wird wieder=
um Niemand die Prinzipale ansehen wollen. Sie haben ihr Bestes
gethan, um sie möglichst abzukürzen. Zwar wurde die angedrohte
Maßregel des Ausschlusses der Verbands=Gehilfen aus sämmtlichen
Officinen des Deutschen Buchdruckervereins in Ausführung genom=
men. Allein abgesehen davon, daß dieser Verein kaum etwas mehr
als die Hälfte der deutschen Buchdruckereien umfaßte, machte er
seiner Autorität selbst unter den eigenen Mitgliedern höchst üble
Erfahrungen. Dem Beschluß der Kündigung der Verbands=Gehilfen
für den 8. März wurde nur mangelhaft nachgekommen, ja — wie
es in einem officiellen Actenstück wohl in Bezug auf diese Maß=
nahme heißt — „die Existenz und fernere Lebensfähigkeit des Vereins
schien bisweilen in Frage gestellt". Sehr natürlich; denn die Stel=
lung der Druckereibesitzer ist sehr verschiedenartig, und Niemandem
ist zuzumuthen, gegen sein besseres Interesse zu handeln.

Aber ehe noch die wichtige Maßregel gegen die Verbands=
Gehilfen zur Ausführung kam, befand sich die Prinzipalität über=
haupt im vollen Rückzuge. Denn bereits am 5. März hatte
ihre Commission einen neuen Tarif zu Stande gebracht, die Alphabet=
Berechnung angenommen und war in „allen formellen und manchen
materiellen Punkten" dem Gehilfen=Tarif entgegengekommen. Man
berief alsbald eine außerordentliche Generalversammlung für
den 24. März nach Weimar, um diese ansehnlichen Zugeständ=
nisse den Gehilfen so schnell als möglich zu gute kommen zu lassen.
Von der ordentlichen Generalversammlung am 10. Mai, dem
eigentlichen Zankapfel, war demnach keine Rede mehr, als die
Zeitungen gefüllt waren mit den Telegrammen über die Entlassung
der Verbands=Gehilfen in dieser oder jener Stadt.

In Weimar, wo man sich bald einigte, zum besten Theil en
bloc, wurde seitens des Vorstandes erklärt, daß gegründete Aus=
sicht vorhanden sei, der Tarif werde die Anerkennung der ge=
sammten Gehilfenschaft erhalten. Nach Art der Zugeständnisse und
nachdem man von dem ominösen 10. Mai abgelassen hatte, hätte
man das fast glauben sollen. Aber man irrte sich. Der Tarif

sollte nachträglich von einer Delegirten=Versammlung (Prinzipale und Gehilfen) geprüft werden und dann als vereinbarter deutscher Tarif allgemeine Geltung erlangen. Als Vorbedingung hierfür verlangte der Prinzipal=Verein, daß der Verband den Strike in Leipzig aufhebe. Dies wurde abgelehnt, und die Verhandlungen mit den Gehilfen wurden somit am 2. April abgebrochen.

„Ein Entgegenkommen des Verbandspräsidiums gestattete je= doch die Wiederaufnahme der Verhandlungen" — heißt es in einer Relation des Prinzipal=Vereins. Dies war in der That das ein= zige Entgegenkommen, welches der Verein seitens der Gehilfen gefunden hat, doch hatte dasselbe für den Verbandspräsidenten un= angenehme Folgen.

Der entgegenkommende Schritt bestand nämlich in der Er= möglichung einer Convention, mittelst deren eine Delegirten=Ver= sammlung von Prinzipalen und Gehilfen auf den 1. Mai anbe= raumt wurde. Die Interessen der Gehilfenschaft waren dabei seitens des Verbandspräsidiums in jedweder Weise gewahrt. So= gar die Differenz zwischen dem künftigen gemeinsamen Tarif und denjenigen Tarifen, welche am 19. April, dem Tage des Abschlusses der Convention, in Geltung waren, sollte an diejenigen Gehilfen nachbezahlt werden, welche während dieser Zeit in Arbeit gestanden hatten.

Auf solche Sicherstellungen hin verfügte der Verbandspräsident die Wiederaufnahme der Arbeit, die frühere Vorbedingung der Prinzipalität für den Eintritt in eine Delegirten=Versammlung, ohne deren Erfüllung ja das Entgegenkommen der Verbandsspitze kein Entgegenkommen gewesen wäre. Indeß die dem Präsidium zur Seite thätige Strike=Commission paralysirte dessen Verfügung sofort durch eine Gegenverfügung, und der social=demokratische „Volksstaat", der den Präsidenten deshalb gehörig abkanzelt, be= merkt, das Präsidium sei durch seinen Fehler, die Wiederaufnahme der Arbeit vor definitiver Feststellung des Tarifs zu verfügen, in die unangenehme Lage gekommen, „sich ignorirt zu sehen". Eine Anzahl Gehilfen hatten nichtsdestoweniger der Verfügung des Präsidenten nachgegeben, legten aber sofort von neuem die Arbeit nieder, als eine private Notiz in den „Leipziger Nachrichten" er= schien, worin irrthümlich berichtet ward, daß dies auf Grund des Prinzipal=Tarifs geschehen sei. Nach allem hätten die Prinzipale

das Recht gehabt, von der mit dem Verbandspräsidium geschlosse=
nen Convention zurückzutreten; sie thaten es aber nicht, sondern
tranken zu den übrigen Kelchen, die sie schon getrunken hatten,
auch noch diesen Kelch.

Der Weimarer Prinzipal=Tarif, der dem vor dem Strike
überreichten Gehilfen=Tarif schon in den wesentlichsten Punkten
nachgegeben hatte, fand in der am 1—5. Mai stattgefundenen
Delegirten=Versammlung keineswegs Bestimmung, vielmehr ist der
Gehilfen=Tarif bis auf einen verschwindenden Rest von Forderungen
zur Geltung gekommen. Schon in der Convention vom 19. April
war der Fall vorgesehen, daß die Prinzipalität den Tarif der viel=
berufenen ordentlichen Generalversammlung vom 10. Mai zur
Annahme vorzulegen beabsichtige; in dem Falle behielten sich die
Gehilfen eine Urabstimmung über die Annahme im Verbande
vor. Die Prinzipale beeilten sich daher, den Tarif zwei Tage
vor dem 10. Mai, wozu gerade noch Zeit war, als bindend für
sich zu publiciren.

So ist im Wesentlichen der Verlauf des Strikes.

Der Prinzipal=Verein nennt das Ergebniß desselben, die
Erzielung eines einheitlichen Tarifs für ganz Deutschland (mit ge=
wissen Localzuschlägen in größeren Städten) ein großes Resultat;
kein anderes Land habe sich einer derartigen Einrichtung zu er=
freuen. Man kann hierüber verschiedener Meinung sein. Auf welche
Weise diese Einrichtung mit gegebenen Verhältnissen rechnet, be=
wies schon der Widerspruch süddeutscher Vertreter zu Weimar gegen
die Grundposition von 30 Pf. Reichsmünze für 1000 Buchstaben
kleines Alphabet. Ein schwäbischer Vertreter führte an, daß der
Kreis Schwaben, Stuttgart ausgenommen, aus fast lauter kleinen
Städten bestehe, in welchen man beinahe um die Hälfte billiger
lebe, als in den Hauptdruckorten. Solche Verhältnisse könne man
nicht wegdecretiren. Der gemeinsame Tarif bestimmte urspünglich
ferner z. B. 15% Aufschlag für plattdeutschen Satz gegen hoch=
deutschen Satz. Der Drucker und Verleger Fritz Reuter's führte
hiergegen an, daß im Norden ein Gehilfe ebenso gern das Platt=
deutsche setze wie das Hochdeutsche. Er beantragte, etwaige Ab=
weichungen von der gewöhnlichen Berechnung mindestens dem freien
Uebereinkommen zu überlassen, aber ohne Erfolg. Endgültig ist
dieser Aufschlag sogar auf 16⅔% erhöht worden. Solche Züge

zeigen genügend, daß der Tarif nicht auf dem Prinzip der Gleich=
heit, sondern auf dem der Ungleichheit zu Gunsten der größeren
Druckorte beruht. Der Localzuschlag, welcher für Leipzig z. B.
16⅔% beträgt, ändert hieran gegenüber kleineren Druckorten nichts.

Die Gehilfen wollten sich anfänglich mit der Idee eines gemein=
samen Tarifs nicht befreunden, aber lediglich aus dem gewiß irr=
thümlichen Gesichtspunkte, daß ihnen dadurch ihre Angriffsposition
erschwert werden würde. Ueber die sogenannte „Schmutzconcurrenz",
worunter wohl die Concurrenz kleinerer, anspruchsloserer Orte ver=
standen ist, scheinen sie nach gewissen Aeußerungen ihres Verbands=
organs genau so zu denken, wie die Prinzipale auch. Das ist aber
kein socialer, sondern mehr ein antisocialer Standpunkt.

Der gemeinsame Tarif soll bis zum 1. Juli 1876 „in unan=
fechtbarer Gültigkeit" bestehen. Hoffentlich bekommt er nicht vor
der Zeit einen Riß. (Ein Factor nämlich, der schlecht zu repräsen=
tiren ist, von dem aber die deutschen Drucker, Prinzipale und Ge=
hilfen, in der Hauptsache abhängig sind, war in der Delegirten=
versammlung zu Leipzig nicht anwesend, — der Unternehmer=
geist, welcher die Druckereien mit Aufträgen versorgt. Dieser
Geist hat die Eigenthümlichkeit, die höchsten Tarifsätze ohne Wider=
rede da zu bewilligen, wo es ihm paßt. Wo sie ihm aber nicht
conveniren, ist eine Unterhandlung mit ihm schon deshalb nicht
möglich, weil er sich gar nicht einfindet. Die Londoner Drucker
wissen noch aus den letzten Jahren davon zu erzählen. Sie
waren genöthigt, theilweise ihre Officinen zu schließen, um einen
niedrigeren Tarif zur Geltung zu bringen. Angenommen, in den
nächsten drei Jahren erlahmte der Unternehmergeist bei uns eben=
falls und die deutschen Drucker wären zuletzt genöthigt zu einer
Maßnahme zu greifen, wie die Londoner. Was würde daraus
folgen? Die Gehilfen würden dann, soweit sie sich nicht zu der
Ansicht erheben, daß die Lohnsätze sich über eine gewisse Stufe
durch die Nachfrage nach Arbeit modificiren, die Prinzipale des
Vertragsbruchs beschuldigen, gerade so, wie Eingangs erwähnt,
in Leipziger Gehilfenkreisen die politische Reaction, nicht die Ver=
minderung der Aufträge dafür angesehen wird, daß das im Jahre
1848 abgenöthigte Lohnzugeständniß einige Monate danach wieder
hinfällig wurde.

Die durch den jüngsten Strike bewirkte abermalige Lohn=

steigerung kam nicht bloß sehr schnell nach den drei Mehrbewilligun=
gen von 1865—1871, sondern sie ist auch so enorm, daß sie für
manche Leistungen das allein vorstellt, was die Steigerungen in
den sechs vorangegangenen Jahren zusammen betragen. Nach den
Tarifbestimmungen kann man sich das Verhältniß gegen früher
nicht wohl anschaulich machen, denn außer der Grundposition von
30 Pf. Reichsmünze für 1000 Buchstaben kleines Alphabet kommen
neben dem Localzuschlag für die größeren Druckorte so viel com=
plicirte und selbst für den halben Fachmann unverständliche Einzel=
bestimmungen in Betracht, daß nur eine ordnungsmäßige Calcula=
tion von bestimmten Leistungen des Druckers an den Verleger ein
deutliches Bild davon zu geben vermag.

Wir selbst haben nach Beendigung des Strikes die Wieder=
aufnahme des Druckes zweier Werke angeordnet, von denen das
eine als glatter Antiquasatz berechnet, im Jahre 1865, wo es
begann, $7\frac{1}{6}$ Thlr. pro Bogen, 1872 $10\frac{2}{3}$ Thlr. kostete und welches
jetzt auf $13\frac{5}{6}$ Thlr. gestiegen ist. Die Steigerung ist aber procen=
tualisch noch höher als diese Ziffern andeuten, da das Werk neben
dem glatten Satz weitläufige Noten in Petit= und Nonpareille=
schrift enthält, welche besonders berechnet werden und einer höheren
Steigerung unterliegen. Das zweite Werk, bibliographischen Inhalts,
kostete im Jahre 1865 $11\frac{1}{6}$ Thlr., 1872 $16\frac{3}{4}$ Thlr. und jetzt
$22\frac{5}{6}$ Thlr. für den Bogen gleicher Druckeinrichtung. Somit im
Laufe von 7 bis 8 Jahren Steigerungen von nahezu oder mehr
als 100%! Und so geht es durchweg, namentlich mit allem,
was von der Schablone der elementarsten Setzerleistung abweicht.
Ein wissenschaftlich deutsches Wörterbuch, das, soviel wir wissen,
nach der Mitte der sechziger Jahre mit $16\frac{1}{3}$ Thlr. begann, ist
jetzt in der Fortsetzung glücklich auf 30 Thlr. für den Bogen an=
gelangt. Ein chemisches Fachblatt, das bis zum Januar d. J.
$22\frac{1}{2}$ Thlr. kostete, kostet jetzt $28\frac{2}{3}$ Thlr. Von einer kunstwissen=
schaftlichen Zeitschrift wurde das Hauptblatt ($\frac{3}{5}$ Corpus, $\frac{2}{5}$ Borgis)
von 11 Thlr. auf 14 Thlr., die jeder Nummer beigegebene Chronik
($\frac{3}{5}$ Borgis, $\frac{2}{5}$ Petit) von $14\frac{2}{3}$ Thlr. auf 21 Thlr. durch den
letzten Strike gesteigert. Daß solchen Steigerungen der Productions=
kosten mit der Steigerung der Bücher= und Journalpreise nicht
nachzukommen ist, wird auch dem Laien einleuchten.

Den Charakter der Lohnbewegung, wie ihn diese Ziffern für

Deutschland kennzeichnen, lernt man erst würdigen durch den Vergleich mit analogen Vorgängen im Auslande. In England läßt man sich durch eine zeitweilige Lohnbewegung nicht so bald imponiren, aber englische Fachblätter machten Aufhebens davon, daß in den amerikanischen Buchdruckereien in den Jahren 1860—1872 das Material zwischen 10—60% und der Arbeitslohn um 82% gestiegen sei. Die Wirkung war, daß die Verleger der östlichen Verlagscentren Boston, New-York und Philadelphia ihre Aufträge nach dem Westen vergaben, wo man mit Hilfe von Druckerjungen ꝛc. die Arbeit um die Hälfte des Preises lieferte. Dieser Ausweg ist in Deutschland verschlossen durch den gemein= samen deutschen Tarif. Außerdem sandten jedoch die amerikanischen Verleger ihre Aufträge ins Ausland. Dieser Weg ist in Deutsch= land äußersten Falles nicht verschlossen, sowie ja gegenwärtig schon deutsche Verleger auf den Gedanken gekommen sind, Farbendruck= Aufträge in Paris ausführen zu lassen. Paris verbürgt, wenn bei den gegenwärtigen Steuern keinen besonderen Preisvortheil, so doch eine bessere, geschmackvollere und darum im Werthe höher stehende Leistung.

In den englischen Druckereien wird um Sätze gestritten und gestrikt, die man in Deutschland etwa nur als vorläufiges Zu= geständniß hinnimmt, um einen Strike, wenn er noch nicht genügend vorbereitet ist, auf kurze Zeit zu vertagen.

Wie hier eingeschaltet werden muß, ist der rein kaufmännisch betriebene englische Buchhandel viel unmittelbarer allgemeinen Ge= schäftsstockungen ausgesetzt, als dies bei uns beobachtet wird. Es treten bei ihm Stauungen in den Productionsarbeiten ein, wie sie hierzulande in dem Grade bis jetzt nicht nachzuweisen sind. Der englische Buchhandel bindet sich auch im Allgemeinen nicht auf so lange Zeit wie der deutsche, sowie er sich überhaupt mit der wissen= schaftlichen Literatur, die vor allem solche langwierige Engagements verursacht, nicht so viel zu schaffen macht.

So war denn auch der deutsch=französische Krieg, der in Deutsch= land keine Verminderung der Thätigkeit verursacht hat, von lähmen= den Wirkungen für England begleitet. Eine um so hastigere Thätigkeit trat dafür in der zweiten Hälfte 1871 und 1872 ein. Die Buchbinder, welche in England eine bei weitem wichtigere Rolle spielen als in Deutschland: dem Lande der Broschüre, hatten kurz vorher um Arbeit geschrieen, kaum waren sie wieder in voller Beschäftigung, so stellten sie Mehrforderungen. Die Buchdrucker= gehilfen folgten, und beide Theile hatten im Wesentlichen Erfolg. Dem entsprechend gingen die Papierfabrikanten mit ihren Preisen ebenfalls in die Höhe. Bei alledem war die dadurch bewirkte Steigerung der Gesammtproductionskosten für den Verlagshandel nicht höher als 10—15%. Allein die Verleger kamen auch hierbei schon um den nöthigen Unternehmergewinn, und die Buchbinder= meister und Druckereibesitzer geriethen theilweise sogar durch ge= schlossene Lieferungscontracte in effectiven Verlust. Ein guter Theil Aufträge wanderte in der Folge von London nach Edinburgh, dem zweitwichtigsten Verlagsproductionsorte von Großbritannien. Die Agitation nahm deshalb Edinburgh ebenfalls aufs Korn. Die dortigen Druckergehilfen verlangten neben einigen andern Vortheilen einen halben Penny (5 Pf. Reichsmünze) pro 1000 Buchstaben mehr, und als dies abgelehnt wurde, kündigten sie den Strike ordnungsmäßig in 14 Tagen an. Der Strike dauerte vom vorigen November bis Februar d. J.; die Gehilfen brachen ihn dann ab, wie es heißt, auf die Mehrbewilligung von einer halben Krone = 2½ Reichsmark Gewißgeld für die Woche (settled wages) und von einem Penny = 10 Pf. Reichsmünze für die Ueber= stunde nach zehn Uhr Abends.

Man sieht hiernach, daß in England und in Ansehung der Totalsteigerung binnen zwölf Jahren, selbst in Amerika diese Vor= gänge keinen so schroffen Charakter tragen, als bei uns. Man kann hierfür verschiedene Gründe anführen, u. a. auch den, daß die deutschen Gehilfen mehr nachzuholen hätten, als ihre englischen Collegen. Einem englischen Blatte entnehmen wir, daß vor der neuesten Mehrbewilligung in Londoner Officinen der Durchschnitts= Maximallohn für die Woche 36 sh. = 12 Thlr. und nach diesem Zugeständniß mit Ueberstunden 48 sh. = 16 Thlr. war. Das ist, wenn man das theure Londoner Pflaster in Betracht zieht, nach deutschen Begriffen gerade keine Herrlichkeit. Vor dem jüngsten Strike haben in unserer nächsten Leipziger Praxis Setzer bis zu 13 Thlr. die Woche verdient, und nach dem Strike sind uns Wochenergebnisse mit Ueberstunden bis 10 Uhr Abends nebst Sonntagsarbeit bis zu 22 Thlr. bekannt geworden. Der Chef= redacteur der Vossischen Zeitung erklärte schon auf dem letzten

Journalistentage zu München, daß einzelne ihrer Setzer gerade so viel verdienten, als die Mitredacteure, nämlich 1000 Thlr. das Jahr, und die National=Zeitung erklärte bei Besprechung des Leipziger Strikes, daß allerdings auch ihre Setzer vielfach besser gestellt seien, als preußische Kreisrichter, aber, fügte das Blatt hinzu, es würde auch mehr von ihnen verlangt, als von preußi= schen Kreisrichtern.

Der Grund der stärkeren Ansprüche in Deutschland und ihrer energischen und erfolgreichen Geltendmachung kann auch nicht ledig= lich in der Organisation des Gehilfen=Verbandes gesucht werden. Denn diese Organisation ist nicht sowohl der Grund, als die Folge der natürlichen vortheilhaften Stellung unserer Buchdrucker= Gehilfen. Die Verbands=Organisation wird sich in ihrem gegen= wärtigen Ansehen schwerlich länger behaupten, als der Vortheil der Gehilfen=Stellung gegenüber den Druckereibesitzern und ihrer Unternehmer=Kundschaft währt, und diese vortheilhafte Stellung erklärt sich hinlänglich durch den Umstand, daß wir in Deutschland, auf diesem Felde wenigstens, mehr Industrie im Coalitionswege zu zerstören haben, denn in anderen Ländern. Wäre unsere Verlagsindustrie gerade so kurz gebunden wie in England, so würde der Rückschlag wahrscheinlich schon da sein, oder auch, es wäre zu solchen Mehrforderungen gar nicht gekommen. Deshalb darf man die Beruhigung fassen: ist einmal der große Stock der unter den alten Verhältnissen geplanten Unternehmungen abgewickelt und der deutsche Unternehmergeist hinlänglich erschüttert, so werden auch bei uns die Forderungen milder und die Strikes seltener werden. Und daß diese Erschütterung eintreten wird, wenn das Gesetz nicht geschickt intervenirt, daran ist so wenig zu zweifeln als an der Wahrheit des Roscher'schen Satzes: „Mehr als ihm selber die Arbeit werth ist, kann offenbar kein Unternehmer seinen Arbeitern als Lohn geben."

Ein namhafter deutscher Philosoph, ein Mann, dessen ganze Welt= und Lebensanschauung einen milden, versöhnlichen Charakter trägt, schrieb über den Leipziger Buchdrucker=Strike: „Der un= glückliche Strike mag die Druckereibesitzer wie die Buchhändler schwer drücken. Aber ich glaube, daß sie in der Verweigerung der maßlosen Ansprüche fest bleiben müssen; das ist meines Er= achtens die einzige Hilfe gegen das verderbliche Unwesen, da

ben Arbeitern das Recht, die Contracte gemeinsam zu kündigen
und die Arbeit niederzulegen, nicht wohl entzogen werden kann,
ohne in die berechtigte Freiheit des Willens, die jedem Menschen
von Natur zusteht, einzugreifen."

Die gesperrte Stelle gibt der herrschenden Meinung Ausdruck,
daß das Correctiv der Coalitionsfreiheit in der Gegencoalition
zu suchen sei. Diese Meinung hat ihre hinreichende Begründung
da, wo das Coalitionswesen seinen Ursprung resp. seine moderne
Entwickelung und Gestaltung gefunden hat, im Verhältniß des
Großcapitals und der Großindustrie zu den Arbeitern, ein Verhältniß, das insofern einfach und übersichtlich zu nennen ist, als
sich hier Unternehmer und Arbeiter unmittelbar gegenüberstehen
und auf beiden Seiten gleichmäßige und compacte Interessen die
Schritte und Gegenschritte bestimmen. Geht man aber die Scala
des modernen Industrie- und Gewerbelebens vom englischen Kohlenwerksbesitzer bis zum deutschen Buchdrucker-Prinzipal und vom
englischen Grubenarbeiter bis zu den Jüngern Gutenberg's durch,
so wird man finden, daß das Verhältniß zwischen „Capital" und
„Arbeiter" immer complicirter und unähnlicher wird und zuletzt
so zu sagen ins Gegentheil umschlägt. Ein Referent der verschiedenen Buchdrucker-Zusammenkünfte, welche in jüngerer Zeit in
Eisenach stattgefunden haben, äußerte in diesem Sinne, daß, wenn
die Coalitionsfreiheit nicht im voraus für die Bergwerksarbeiter
erfunden wäre, Niemand so bald auf die Idee kommen würde,
dieselbe für die Buchdrucker-Gehilfen als nothwendig zu erachten.
Dieser Ausspruch sagt das, was in anderem Genre aus dem
Seufzer eines kleinen Leipziger Buchbindermeisters hervorleuchtet:
„Kein Mensch, meinte er nämlich, will mehr Meister und Vertreter des Capitals werden. Kein Wunder! Wäre ich es nicht,
ich würde jetzt auch lieber Gehilfe bleiben."

Wir glauben im ersten Artikel gezeigt zu haben, ein wie
verquicktes Verhältniß zwischen Arbeitgebern und Arbeitnehmern
auf dem hier behandelten Felde herrscht. Die Gehilfen werden
durch ganz gleichmäßige Interessen geleitet und zusammengehalten.
Die Stellung der Druckereibesitzer ist dagegen bunt verschieden;
von gleichen Interessen kann bei ihnen etwa nur insofern die
Rede sein, als alle diejenigen, welche in fremden Aufträgen thätig
sind, keinerlei Interesse daran haben, so lange überhaupt Aufträge

vorhanden sind, den unabreißbaren Mehrforderungen ihrer Ge=
hilfen allzu ernst entgegenzutreten. Nur ein Strike vermag sie
ernstlich zu schädigen, dann aber werden sie so empfindlich ge=
schädigt, daß namentlich die große Anzahl kleiner und mittlerer
Geschäfte mehr den unmittelbar drohenden Verlust und Ruin, als
die Wirkungen zu bedenken haben, welche die immer maßloser
werdenden Forderungen für die Zukunft nach sich ziehen müssen.
Der Prinzipal=Verein hat denn auch aus solchen Gründen
die erste Probe der Gegencoalition schlecht bestanden, und daß er
eine zweite Probe besser bestehen werde, dafür müßte erst der
Beweis geliefert werden. Denn wie die ins Werk gesetzte „Lösung
der socialen Frage" fast überall die Eigenthümlichkeit zeigt, daß
sie die Frage nicht löst, sondern erst schafft, so hat sich auch hier
gezeigt, daß die kleineren Druckereien, deren Besitzer theilweise
selber dem Gehilfenstande nicht lange erst entwachsen sind, weit
mehr unter dem Strike gelitten haben, als die größeren. Jene
hatten durchgängig ihr Personal gänzlich oder bis auf einige Halb=
invalide verloren, während diese einen schätzenswerthen Stamm
von Arbeitskräften behaupteten. Die Großen erwirkten dies nicht
etwa dadurch, daß sie mit den Gehilfen liebäugelten, sondern sie
traten an die Spitze der Gegencoalition und leiteten dieselbe.
Wenn sie trotzdem nicht von Arbeitskräften verlassen waren, so
erklärt sich dies durch den Umstand, daß sie ihrem Personal nicht
bloß dauernde Stellungen, sondern auch eine reichere Auswahl
von günstig tarifirten Arbeiten zu bieten vermögen. Diese Er=
fahrungen dürften dem abermaligen Versuch einer Gegencoalition
nicht allzusehr zu Statten kommen; im Gegentheil werden sie die
kleineren Druckereien bei drohenden Strikes nur noch ängstlicher
machen, als sie es ohnedies schon zu sein Ursache haben.

Die eigentlichen Unternehmer und Arbeitsversorger, die Ver=
leger, haben aber keinerlei Veranlassung, gegen die Forderungen
der Buchdrucker=Gehilfen Front zu machen, mit denen sie ja über=
haupt nichts zu schaffen haben, wenn sie nicht selbst Druckerei=
besitzer sind. Forderungen, deren Hälfte genügen würde, um einen
englischen Grubenbesitzer zu veranlassen, sein Etablissement auf
unbestimmte Zeit zu schließen, lassen sie stoisch über sich ergehen,
da sie dieselben ja nicht zu ändern vermögen. Das Einzige, was
sie thun können, ist, daß sie die am härtesten getroffenen Unter=

nehmungen so gut wie es geht zu Ende führen und dem Setzer=
kasten keinen Ersatz dafür bieten. Ja, der Leipziger Strike hat
gezeigt, daß nicht einmal eine ernstliche Unterstützung der Drucker=
Prinzipale durch die Verleger zu erzielen ist. Bei Beginn des
Strikes handelte es sich um eine öffentliche Erklärung angesehener
Leipziger Verleger, während des Strikes keine Druckaufträge außer=
halb Leipzigs zu vergeben. Gleich die zweite Firma lehnte die
Unterzeichnung ab, wobei sie erklärt haben soll, daß ihre Inter=
essen als Verlagshandlung nicht identisch mit denen der Buchdrucker
seien. Es ist in der That so. Die Setzerkasten und Schnellpressen
sind auf regelmäßige Beschäftigung angewiesen, während einiger=
maßen fundirte Verlagsgeschäfte es in der Hand haben, auf längere
Zeit eine merkliche Beschränkung ihrer Productionsthätigkeit ein=
treten zu lassen.

Alles in allem genommen ist es deshalb mit dem Mittel der
Gegencoalition hier schlecht bestellt, selbst wenn es auf Bekämpfung
der verhängnißvollsten Mehransprüche ankommt. Der thatsächliche
Beweis dafür ist der eben abgelaufene Strike.

Der Philosoph, den wir uns oben anzuführen erlaubten,
erkennt nun in der festen Abwehr der „maßlosen Ansprüche", also
mit anderen Worten in der Gegencoalition, die seiner Ansicht nach
einzige Hilfe gegen das „verderbliche Unwesen" der Strikes. Die
Anwendbarkeit dieses Mittels läßt er dahingestellt sein; er empfiehlt
es nur. Denn die Coalitionsfreiheit an sich erklärt er als in der
berechtigten Freiheit des menschlichen Willens begründet und deren
Entziehung folgerichtig als einen Eingriff in dieselbe.

Hierin kommt der Philosoph mit der angesehensten deutschen
Autorität auf volkswirthschaftlichem Gebiete, mit Roscher, überein.
Roscher hat vom Standpunkte seiner Wissenschaft eigentlich nur
Gründe gegen die Coalitionsfreiheit anzuführen. Dennoch erklärt
auch er sich nicht dagegen, sondern stellt sich ebenfalls auf den natur=
rechtlichen Standpunkt und spricht sich dann trotz aller wirthschaft=
lichen Bedenken dafür aus, wobei Roscher allerdings mehr die
englische Großindustrie im Auge hat, als die deutsche Gewerbe=
thätigkeit und ihre industrielle Verwerthung. Gegen die Schatten=
seite der Coalitionsfreiheit, die er hinlänglich nachweist und durch
Belege constatirt, kennt er nur ein Mittel: eine längere Dauer der
Arbeitsverträge.

Gewiß ist dies ein Mittel, gerade wie eine energische Gegen-coalition das geeignete Mittel ist, um auf die Besonnenheit der Ar-beiter zu wirken. Aber beide Mittel gleichen sich in der beschränkten Anwendbarkeit. Das oben gegebene Beispiel der größeren Buch-druckereien zeigt, daß die längere Dauer der Arbeitsverträge, mögen sie nun formell geschlossen sein oder bloß thatsächlich unter diesen und jenen Voraussetzungen bestehen, von gutem Erfolge sind. Das Schlimme ist nur, daß sie nicht verallgemeinert werden können, sondern daß man nicht bloß bedeutender Drucker, sondern auch selbst Verlagsunternehmer sein muß, also nicht bloß von fremden Auf-trägen abhängen darf, um einem ansehnlichen Stamme von Gehilfen regelmäßig geeignete Beschäftigung bieten zu können.

Gerade nach den Ausführungen des bestangesehenen deutschen Nationalökonomen liegt es offen zu Tage, daß die naturrechtliche Forderung der Coalitionsfreiheit mit den wirthschaftlichen Interessen in einem unseligen Conflict sich befindet, und die Lösung dieses Conflicts kann nur gesucht werden in einem Compromiß zwischen dem einen und dem anderen Standpunkt. Dieser Compromiß, die Wahrung der berechtigten Freiheit des menschlichen Willens im Einklang mit der allgemeinen Wohlfahrt ist das gesetzgeberische Problem; — nach allem, was man bis jetzt über die nächsten Schritte unserer Gesetzgebung zu hören bekommt, ein Problem, welches wahrscheinlich noch lange seiner Lösung zu harren hat.

Tritt ein Nothstand ein, und der wird mit jedem Tage wahrscheinlicher, so ist die Aufgabe des Gesetzgebers natürlich leichter. Dann heißt es einfach, dem weiteren Zerstörungswerke ein gebie-terisches Halt zuzurufen. Und wenn dies Halt sich vernehmlich macht, so wünschen wir, daß die deutsche Industrie ebenso schnell ihr verlorenes Terrain wiedergewinnen möge, als sie es eingebüßt hat. Wir wünschen es, aber mit vielen Anderen aus den ver-schiedensten Geschäftszweigen erwarten wir es nicht.

(B. B. 1873. Nr. 142. 144.)

A. Schürmann in Leipzig.

II.

Biographisches.

1. Philipp Erasmus Reich.

1756—1787.

(Wieland und die Weidmannsche Buchhandlung. Zur Geschichte deutscher
Literatur und deutschen Buchhandels von Karl Buchner.)

Im Jahre 1756 tritt Philipp Erasmus Reich in die Weid=
mannsche Buchhandlung ein; zunächst als Factor, welcher die Ge=
schäfte zu leiten hat. Buchner schildert uns die Geschäftsthätigkeit
Reich's von jener Zeit an bis zu Reich's Tode durch eine historische
außerordentlich gewissenhaft und sauber gearbeitete Darstellung der
gewiß wichtigsten Thätigkeit Reich's in den Beziehungen der Firma
und des Vertreters derselben zu Wieland. Das Werk schließt mit
der bald nach Reich's Tode erfolgten Lösung der näheren Beziehungen
von Wieland zu Weidmann's.

Es ist mir nicht ein Beispiel in unserer Literatur bekannt, daß
das Verhältniß eines Schriftstellers zu seinem Verleger eine so
eingehende Beleuchtung gefunden hat. So steht Buchner's Arbeit
wohl als die erste ihrer Art heute da. Der Werth derselben erhöht
sich dadurch, daß uns klare Blicke in Leben und Charakter eines
Mannes der classischen Zeit, wie Wieland, geboten werden, daß
wir über die literarischen Anschauungen seiner Zeit nicht geringe
Aufklärung empfangen. Das Interesse, welches das Buch gewährt,
wird ferner erhöht durch den besonderen Reiz, den die Darstellung
bietet. Sie erzeugt in dem Leser das Gefühl, als sei das Buch
nicht geschrieben, sondern als habe Chodowiecki es gezeichnet mitten
im Leben jener Zeit. Unabweislich stellt sich uns für jeden Fort=
schritt in der Handlung, für jede Schilderung eines Momentes ein
festes Bild vor die Augen.

Da sind die beiden Gestalten: Wieland und Reich. Wieland
mit mobilen, etwas spitzen, klugen, fast schlauen Zügen, klein,
mager, beweglich, in einfacher, für damalige Zeit fast gesucht ein=

facher Tracht, das berühmte Käppchen auf dem Haupte. Ein Ober=
prediger, ein Rector etwa würden wir, wohl auch durch das
Käppchen verführt, sagen. Reich erscheint groß und breit. Runde
Wangen, kräftiges Kinn, energischer, fester Mund. Klug und leut=
selig; aber auch eisern, wenn nöthig, blicken Stirn und Augen.
Stattliche Eleganz des Anzugs, wie die Repräsentation einer großen
Firma Leipzigs damals es verlangte. Ein bürgerlicher Patricier
mit ruhigem Selbstbewußtsein. So kennen wir beide Männer aus
Bildnissen und von neuem aus den Bildern, welche Buchner's
Darstellung gibt.

Das Geschäftsleben, welches Reich von 1756 bis 1787 zu
führen hatte, war gewiß kein ganz ruhiges. Es galt den Kampf
gegen die Nachdrucker zu führen, die wie Raubvögel nach guter
Beute spähten, und sofort auf sie stürzten, „Weglaurer" nennt sie
Lessing; es galt die Schwierigkeiten im Buchhandel selbst, der erst
durch Reich's Hilfe sich zu einer geschlosseneren Organisation durch=
arbeitete, zu überwinden und Gegensätze zwischen Süd= und Nord=
deutschland auszugleichen; es galt der Concurrenz zu begegnen,
welche die geschätzteren Autoren umwarb, und sich sonst auch z. B.
bei den beliebten Uebersetzungen aus dem Englischen und Französi=
schen vielfach geltend machte. Da waren noch manche andere Klippen,
wie die sorgenbringende Censur; die härteste war wohl die Unklar=
heit in den Begriffen von dem Recht am geistigen Eigenthum und
von dem Verlagsrecht.

So gemüthlich waren die guten alten Zeiten nicht, wie unsere
Großväter sie häufig uns schilderten, und wie wir in der Unruhe
unserer Zeit sie uns vorzustellen und auszumalen lieben.

Zu seinen Geschäften und Kämpfen hatte sich Reich tüchtig
vorgebildet. Er hatte in Frankfurt a/M., London, Stockholm ge=
arbeitet, und mit gereiftem Blick, 38 Jahre alt, trat er bei Weid=
mann's ein. Unter den Buchhändlern war er geachtet und geehrt;
er benutzte sein Ansehen zur Herstellung zweckmäßiger Einrichtungen
und Centralisationen des Verkehrs, in brennenden Fragen gab er
durch besondere Broschüren mehrmals sein Votum ab, er war der
Rathgeber in schwierigen Fällen und berathet kurz vor seinem Tode
noch den Advocaten J. F. Cotta in Tübingen, der das väterliche
Geschäft daselbst übernehmen will und des Rathes bedürftig ist.

Wieland sucht 1768 einen Verleger für seine „poetischen Sieben=

fachen". Zimmermann empfiehlt Reich, „der anders denke, als
alle andern". Wieland einem Buchhändler zuzuführen, war etwas
gewagt. „Ich will sehen, ob's möglich ist, mit Wieland auszu=
kommen", schreibt Goethe 1775. Er hatte überdies eine schlimme
Meinung von uns, und vielleicht deshalb, vielleicht trotzdem, sich
einige Male mehr oder minder ernst mit dem Gedanken beschäftigt,
selbst mit mehreren Freunden eine Buchhandlung zu begründen.
Später ward er auch Selbstverleger seines Mercur zu seinem Vor=
theil und Actionär der Dessauer Verlagscasse zu seinem Nachtheil.
Damals nannte er die Buchhändler „Idioten und ostrogothische
Kerle", „ein vernünftiger ist ihm eine rara avis in terris". Diese
Ansichten ändern sich gewiß, nachdem er sich mit Reich zu einem
Verkehr verbunden, der ihn bis zu dessen Tode, aber nur bis dahin,
den Autoren der Weidmann'schen Buchhandlung zugesellt. Da war
er in der besten Gesellschaft, und die berühmten Namen, die mit
der Firma in geschäftlichem, mit dem Chef in persönlichem Verkehr
stehen, führt Buchner auf.

Nur wenige Concepte zu Briefen an Wieland von Reich's
Hand, nur Wieland's Conto in Weidmann's Hauptbuch, und ge=
legentliche Notizen hier und da in Briefen Anderer hat Buchner
außer den Briefen Wieland's zur Verfügung, um „Wieland und
die Weidmann'sche Buchhandlung" zusammenzustellen. Aber dieses
Material erwies sich als ausreichend, denn es tritt nicht nur aus
den lebendigen oft sogar unruhigen Briefen Wieland's die Lage
der Verhältnisse, der Gang der Verhandlungen chronologisch und
klar hervor, sondern beider Männer Wesen, Sein und Denken findet
in diesen Briefen eine fast erschöpfende Erörterung. In seinen An=
reden und Ansprachen, in der Form, in welcher er seine Wünsche
und Forderungen vorträgt, fast in jeder Wendung gibt Wieland
eine Kritik und Darstellung Reich's. Man merkt ihm ab, daß sein
Urtheil über Reich nicht lediglich ein subjectives ist; — es ist ein
festgestelltes, allgemein gültiges, Jeder, der Reich kennt, wird es
theilen. Er spricht mit Reich über dessen Eigenschaften nicht, wie
er sich dieselben vorstellt, sondern er spricht über sie in der vollen
Gewißheit, so wie er ihn charakterisirt, müsse Reich sein, so und
nicht anders. Und diese Darstellung Reich's durch Wieland erscheint
so wahr, harmonirt so mit Reich's Bild, mit dem, was wir von
Reich wissen, daß auch wir sie getrost als wahr annehmen können.

Und wer und wie war denn Reich? Er war „son ami Reich, le plus digne homme de sa profession peut-être", schreibt Wieland an Sophie La Roche, die einen Verleger für das Fräulein von Sternheim wünscht; „einen rechtschaffenen und einen klugen Mann" nennt er ihn. „Der Grund des Gemüthes scheine ihm sehr gut." Er fordert Reich bei mißlicher Frage auf, „mit der allezeit werthen und respectablen Freimüthigkeit zu antworten". Also hervorragend unter den Buchhändlern, rechtschaffen, klug, guten Gemüthes und freimüthig ist Reich. Aber noch viel mehr. „Verlassen kann man sich auf seine Billigkeit." „Er wird und soll geben, was er für recht und billig hält", „der Freundschaft willen soll er nichts aufopfern." In dieser Aufforderung liegt doch wohl die Meinung, daß ihn Wieland dessen fähig glaubt. Er betont diesen Wunsch noch später und warnt, „daß die Freundschaft sich schlechterdings nicht in die Verlagssachen einmischen möge". Und wie feinfühlend muß Reich die Geschäfts-, namentlich die Geld-angelegenheiten abgewickelt haben, nie braucht er gedrängt zu werden, zu rechter Zeit stellt sich der „liebe Großschatzmeister" ein, ja oft vor der Zeit. Da wird denn auch mit Recht Reich's Art, „alles auf die liberalste und verbindlichste Weise zu machen", wohl-thätig empfunden und gepriesen.

Ein starkes Gerechtigkeitsgefühl lebt in Reich. Er ist ein fester, sicherer Mann, nicht starr, er gibt auch nach des Friedens, der ehrenvollen Verbindungen wegen, den guten Willen zu zeigen; „aber wenn man mich über die Gränze stößt, dann kenne ich keine Grenze mehr", sagt er selbst. Das sagt er, da er doch schon früher allerlei Gefahr in der Verbindung mit Wieland glücklich besiegt hat; zu einer Zeit, wo eine längere Verstimmung hinter beiden abgeschlossen, überwunden liegt, „wo ihre Freundschaft auf immer wieder hergestellt ist". Seine „Gränze" war nicht kleinlich eng gezogen. Man lese, was ihm allein in dieser einen Verbindung am grünen Holze mit Wieland hier und da widerfahren konnte. Aber es mag, wie es bei tüchtigen, kräftigen Männern, die sich ihrer Einsicht und ihres redlichen Willens bewußt sind, wohl häufig vorkommt, Reich's Empfindlichkeit erregbar gewesen sein. „Ihre schnelle aufbrausende Hitze, mein alter Freund, kenne ich", schreibt Wieland, fühlt sich indessen gedrungen hinzuzufügen, daß diese Hitze „eine unzertrennliche Gefährtin der besten und schätzbarsten

Eigenschaften" sei. Ist diese Hitze erregt, dann mag Reich, der überdem „alt sich fühlt und Ruhe haben will", in sehr bestimmten Ausdrücken sich vernehmen lassen, aber nur einmal begegnen wir der Klage, daß der „Ton" seines Briefes übel vermerkt wird. Reich schwankte nicht, er wußte klar, was er wollte und konnte, und drückte das in seinen Briefen wohl höflich aber fest und kurz aus. „Reichs Brief ist gut" (Goethe an die La Roche 1774). In mündlicher Unterredung wird Reich rasch ein Urtheil sich gebildet, rasch und bestimmt es geäußert haben. So kann man, wie es scheint un= mittelbar nach dem Eindruck, den eine persönliche Begegnung gemacht, über ihn sagen, „er habe etwas Brüsktes in seinem Cha= rakter und Manieren, das, denke man, ihm zuweilen Schaden thue". Ein wirklich brüstes Wesen wird wohl nur dann erschienen sein, wenn man ihm zu nahe trat in unbilliger Zumuthung, in Ver= kennung der Lage der Dinge, der Rechtsverhältnisse, wo man Miß= trauen und Zweifel blicken ließ. „Da war er mürrisch und brummte." Selbst da aber noch weiß er feurige Kohlen auf das Haupt des Angreifers zu sammeln und kann getrost seinen Brief bürgerlich derb und berechtigt selbstbewußt „mit dem Gefühl eines ehrlichen Mannes" schließen.

Reich hatte Verstand und Geschmack, das wird ihm bezeugt, das erkennen wir; wenn er auch nicht gelehrte Kenntnisse besessen haben sollte, worüber wir nichts erfahren, so muß er doch einen gesunden literarischen Sinn, ein feines Verständniß, eine große Summe von Anschauungen und Erfahrungen besessen haben, die an sich ausreichend, mehr als ausreichend waren, ihn zu der Stellung zu befähigen, welche sein Haus einnahm, welche gerade durch Reich befestigt und erweitert wurde. Wir haben Reich nicht als vorwiegend derb, hitzig und brüsk zu denken, wir haben viel= mehr Beweise, daß sein Betragen männlich und gemessen, seine Unterhaltung verständig und anregend war. Gellert, in diesen Punkten gewiß sehr sensitiv, war Reich's treuer Freund, ebenso Johannes Müller und viele andere der ersten Geister jener Zeit. Wir kennen z. B. Goethe's freundliche und achtungsvolle Briefe von 1770—1785 an Reich über mancherlei literarische Dinge. 1781 empfiehlt Goethe „den jungen Herrn Tobler aus Zürich, einen Sohn des bekannten Chorherrn", und bittet „nach Ihrer Ge= wohnheit ihm auch um meinetwillen gefällig zu sein". Der leb=

hafte Verkehr in dem stattlichen, gastfrei wöchentlich den angesehenen
Gelehrten und Künstlern Leipzigs geöffneten Reich'schen Hause
bestätigt, daß neben den schätzbaren Eigenschaften des Verstandes
und des Charakters die zum Verkehr so wünschenswerthe gute Sitte
und ein liebenswürdiges Herz nicht fehlten. „Ducaten und Louis=
dors findet man zur Noth auch bei andern, aber ein Herz wie
Reich's, eine Zuverlässigkeit und Bravheit und Wärme und Energie
der Seele wie Reich's, findet sich selten in dieser Welt." Man
liebt ihn, „seines Character's und persönlichen Werthes" willen,
„man sieht mit der freundschaftlichsten Ungeduld seinem Besuch
entgegen", „je bälder, je lieber", und schwört ihm nach der „Entre=
vue eine Freundschaft und ein Attachement, die nur mit dem Leben
endigen sollen".

Buchner's actenmäßige Darstellung des Besuches, den das
Reich'sche Paar im Sommer 1787 in Weimar abstattete, (Goethe
war in Italien) läßt uns die näheren Beziehungen erkennen, die
man gern mit demselben unterhielt, aber auch die Rücksichten und
Courtoisie, welche man einem so angesehenen, würdevollen Manne
schuldig zu sein glaubte.

Reich war erst in vorgeschrittenen Jahren, mit 58 Jahren, im
Herbst 1775 in den Ehestand getreten und wir haben Grund zu
glauben, daß der wackere Mann ein freundliches Glück fand. Wenn
Zimmermann, als begeisterter Verehrer der Superlative, des
„besten" Reich's Gattin die „schönste Madame Reich" nennt, so
gewinnen wir daraus die heitere Ueberzeugung, daß sie jung und
anmuthig war; sie wird „lieb", „vortrefflich" und schön wie sie
war, Reich's Alter geehrt, gepflegt und geschmückt haben.

Und solchen Trostes bedurfte dieses Alter auch. „Mamsell
Weidmann" war wohl kein behaglicher Compagnon. Dennoch warf
ihr Reich nicht, wie ihm gerathen ward, „den ganzen Buchhandel
in die Schürze". Er zog nicht „auf seinen Garten, um alle Bücher,
die er gedruckt, zu lesen"; er hielt aus in ernster Arbeit, bis bald
nach jenem Besuch in Weimar, Anfang Decembers, der Tod dieser
Arbeit ein Ziel setzte. Und in mehr als einem Sinne. Denn die
Firma, der Reich gelebt hatte, vermochte nicht den Dichter Wieland
zu fesseln, dessen „Verhältnisse zu Weidmann's Erben und Reich
von der persönlichen Freundschaft zu dem Sel. Hr. Reich bestimmt
wurden". Nach dem Societäts=Vertrage war die Mamsell Weid=

mann nach Reich's Tode alleinige Besitzerin, die „Hoffnung, daß die
würdige Gattin des Seligen", neben dem bisherigen Mitarbeiter
Reich's, Reim, „an die Stelle des Wohlseligen treten werde", war
fehlgeschlagen, die Mamsell Weidmann hatte Wieland „nicht die
Ehre zu kennen", „ihm ist die Weidmannische Buchhandlung jetzt
so fremd als irgend eine in der Welt".

Am 3. December war Reich gestorben und schon am 31. De=
cember war es ohne Schuld der Handlung dahin gekommen!

Es werden freilich noch Abreden getroffen, nachgiebig werden
Zumuthungen eigener Art erfüllt, aber gewichtige Fragen, welche
Wieland, ohne Weidmann's, trotz deren gerechtem Anspruch, zuzu=
ziehen, anderweit bereits beredet hatte, löschten die sorgfältig von
Weidmann's gehütete kümmerliche Flamme vollends; ein neues
Licht war auch für Wieland aufgegangen: Goeschen, „der Freund
und Bruder meines Herzens"! — — „Goeschen hat ihn gleich
weggehabt." (Schiller an Körner 29. Aug. 1787.) — — Auch
diese Freundschaft — zwischen Wieland und Goeschen trennte erst
der Tod.

Den Verkehr, den Reich für Weidmann's mit Wieland pflegte,
die Geschäfte, welche Beide mit einander schlossen, die Art, wie
solche vor hundert Jahren betrieben wurden, die literarischen An=
schauungen und Gewohnheiten, von welchen man ausging, diese
Punkte bilden den Stoff, den uns Buchner's vortreffliche Mono=
graphie vorführt. Sie ist ein wichtiger Beitrag zur Geschichte der
Literatur, der Sitten, des Buchhandels und der Lehre vom geistigen
Eigenthum. Nicht unerheblich ist das Material, welches zu diesem
Zweck mit Mühe und Fleiß herbeigeschafft und verarbeitet ward,
und welches Aufklärungen über jene und manche andere öffentlichen
Zustände gewährt.

Eine Würdigung Wieland's als Mensch, Dichter und als
Gelehrter lag nicht in Buchner's Absicht, aber in dem Fluß der
ruhigen historischen Erzählung entwickelt sich der Charakter Wie=
land's nach vielen Seiten hin, so daß wir über das Wesen des
Dichters neue Aufschlüsse erlangen; um so interessantere, als zu
solchen Untersuchungen, wie sie hier unternommen wurden, selten
Gelegenheit und Mittel sich bieten. Die Resultate von Buchner's
Arbeit nach dieser Seite hin werden gehörigen Ortes beachtet und
verwerthet werden müssen. Hier im Buchhändlerblatt mußten wir

uns begnügen aus dem reichen Stoff des Buches Reich's Charak-
teriſtik in den einzelnen zerſtreuten Theilen herauszuheben und
dann zuſammenzuſtellen; nicht ohne ein Gefühl der Beſchämung,
daß wir dem Autor ſo manches von ſeinem Gut entnahmen, aber
mit dem Wunſche und der Abſicht, daß die Mittheilung dieſes einen
Bildes zu einem eingehenden Studium des geſammten Bilderreich-
thums im Buche ſelbſt anreizen möge.

Buchner citirt in ſeinen Schlußbetrachtungen Leſſing's mehrfach beſprochene Frage: (Hamburgiſche Dramaturgie Bd. II.) „Was
ſind das für erforderliche Eigenſchaften? (zum Betrieb des Buchhandels). — Daß man fünf Jahre bei einem Manne Packete zubinden gelernt, der auch nichts weiter kann, als Packete zubinden?"
Goeſchen, der auch zu Leſſing's Verlegern zählte, ſagt in ſeiner
Denkſchrift (1802) über die Erforderniſſe zu unſerm Beruf: „Des
Buchhändlers Beruf erfordert Vermögen, Kenntniſſe, Bildung und
edle Geſinnungen. Er muß von dem Eifer beſeelt ſein, die Wiſſenſchaften zu befördern, inſofern dadurch das Wohl der Menſchen
befördert wird."

Reich konnte mehr als Packete zubinden, auch die Männer,
unter ihnen Buchner, welche nach Reich an den Pulten und Büchern
der Weidmannſchen Buchhandlung arbeiteten und arbeiten, konnten
und können noch etwas Weiteres. Goeſchen würde ſie nicht ver-
leugnen.

Dem Dr. Salomon Hirzel iſt das Buchner'ſche Werk zu-
geeignet.

(B. B. 1871. Nr. 64.)

Wilhelm Herz in Berlin.

---

2. C. F. E. Frommann.

(Das Frommannſche Haus und ſeine Freunde. 1792—1837.
von F. J. Frommann.)

Der Portraitmaler rückt und ſtellt an dem zu malenden Kopfe
ſo lange, bis er die Stellung und die Beleuchtung gefunden hat,
in welcher die Züge wiederzugeben ſind, damit der größtmögliche
Grad von Aehnlichkeit erreicht und der Charakter am ſicherſten aus-

gebrückt werde. Unsere Biographen bedürfen gleicher Studien, ehe
sie an die eigentliche Arbeit gehen. Die Bedeutung und der Werth
der Menschen ist verschieden, die Verschiedenen sind von verschie=
denen Gesichtspunkten aus zu betrachten. Der Eine ward, was
er ist, durch seine Zeit, seine Zeitgenossen, der Andere gab der
Zeit, den Verhältnissen weniger Wirkung auf sich und gestaltete sich
mehr von innen heraus; der Eine war der belebende Mittelpunkt
von Bestrebungen, von Menschen, die zu einem Ziele hin in Ge=
meinschaft strebten, der Andere ist mehr ein Glied solcher Ent=
wickelungskreise und seine Bedeutung liegt in der Theilnahme an
denselben. Die Thaten, die der Eine vollbracht, sind zu verzeich=
nen, der Andere bleibt unvergessen, weil er den geistigen Gehalt
seiner Zeit erkannte, erfaßte und mit seiner Kraft in zweiter Linie
zu dienen verstand.

Häufig sind die Gründe erwogen, weßhalb in der Malerei
das Portrait, das historische Portrait, in der Geschichtschreibung
die Biographie heute eine besondere Pflege finden und warum wir
zur Individualisirung geschichtlicher Zeiten uns so gern wenden.
Diese Gründe sollen hier nicht weiter erörtert werden, wenn das
obengenannte Buch den Lesern des Börsenblattes für den deutschen
Buchhandel freundlich empfohlen wird. Diesem Buche sieht man
nicht nur die Arbeit, sondern auch die Vorarbeit an, auch dieses
Buch wurzelt mit in jenem Zuge. „Mit", nicht ausschließlich. —
Indem unser Freund F. J. Frommann, der nicht nur durch sein
Alter zu den Aeltesten unserer Gemeinde gehört, das Bild denk=
würdiger Menschen zu zeichnen unternahm, welche in denkwürdigen
Zeiten sich um den Herd seines Elternhauses sammelten, konnte er
sich nicht enthalten, Erinnerungstafeln für seine Familie zu stiften
in liebevoller Ausmalung des Lebens und Wesens seines Vaters
und seiner Mutter. Er schildert uns dieses Paar nach Charakter
und äußeren Schicksalen und läßt uns ganz erkennen, worin der
Reiz und der Zug lag, der die besten Männer und Frauen jener
Zeit unter das Frommann'sche Dach führte und immer wieder
führte. Frommann's Buch ist nicht nur ein cultur= und literatur=
geschichtliches Gemälde, es führt uns auch die klar, rein, ohne
Beiwerk gezeichneten Charakterbilder zweier edler Menschen vor
die Augen. Ein Drittes, für uns an dieser Stelle das Wichtigere,
bietet uns Frommann; Beiträge zur Geschichte des Buchhandels.

Im Jahre 1798 siedelte C. F. E. Frommann (der Vater
unseres Friedrich Johannes) mit dem zu Züllichau begründeten
Verlag nach Jena über, und es beginnt ein lebendiger Aufschwung
seines Hauses. Schon früher gewonnene Anknüpfungen werden
benutzt, sie gewähren Gelegenheit zu neuen Beziehungen und Unter=
nehmungen, und es entsteht eine Reihe von Schul= und Lehr=
büchern, welche den Gesichtspunkten entspringen, die der damalige
Aufschwung der Wissenschaften zu einer neuen Methode des Unter=
richts darbot. Bis auf den heutigen Tag wirken diese Bücher in
vielfachem Gebrauch. Zu diesen Büchern gesellte Frommann folge=
richtig eine Anzahl von Wörterbüchern, die lange Zeit concurrenz=
los fast eines Monopols genossen. Zum ersten Male erschien in
seinem Verlage ein griechisch=deutsches Wörterbuch. Aus dem Leben
der Universität, aus den Kreisen, welche dieselbe anzog, aus der
engen Verbindung mit Weimar stammt ein weiterer ansehnlicher
Theil des Fromman'schen Verlages, ich nenne u. a. die classischen
Uebersetzungen des Ariost und des Tasso von J. D. Gries. Der
Gesammtverlag, wie er trotz der hemmenden acht Kriegsjahre sich
nach und nach bildete und dann bestand, war ein wohlgeordnetes
Gebäude aus festem Material, ein Werkstück stützte sich auf das
andere, leichte Waare, leichte Bindeglieder blieben ausgeschlossen.

Der Mann, der es errichtete, gehörte zu den Männern, welche
schon in frühen Jahren zur Erfüllung ernster Pflichten sich be=
rufen sehen, die dann rastlos arbeiten und streben müssen, jene er=
erbten Pflichten zu erfüllen, und die, gelingt es, mit ruhigem, selbst=
bewußtem Behagen wissen, daß sie der eigenen Tüchtigkeit und un=
verdrossenem Fleiße einen nicht geringen Theil ihres Erfolges
zuschreiben dürfen. Fromman war bei seinem Streben unterstützt
und gehoben durch eine große Achtung, die er vor der Wissen=
schaft und der Kunst hegte. Er hatte geschwankt, ob er den Ver=
lag von Züllichau nach Gotha führen sollte, oder nach Jena. Nach
Gotha lockte manche werthvolle Beziehung, vieles sprach für Gotha;
aber in Jena war durch die aufstrebende Universität ein Verein
von Männern versammelt, welcher einen nicht versiegenden Lebens=
stoff für Haus und Geschäft versprach. Eine lediglich kaufmännische
Berechnung hätte vielleicht nicht Jena gewählt, aber Frommann
wollte die Förderung nicht missen, welche er von Jena erwartete,
und Jena hat ihm Wort gehalten.

Dem wackern Manne und seiner seit 1792 mit ihm ver=
bundenen Gattin Johanna, geb. Wesselhöft aus Hamburg, gelang
es ein Haus zu errichten, dessen Leben oft als das Muster eines
geordneten, bescheidenen, gastfreien, echt bürgerlichen und doch in
dem wahren Sinne des Wortes vornehmen Haushaltes mit Recht
hingestellt ist. Jeder that Tags in redlicher Arbeit seine Pflicht,
in den Mußestunden ward Malerei, Musik getrieben und in ge=
meinschaftlicher Lectüre von dem Besten der schönen Literatur
Kenntniß genommen. In heiterer, freier Weise verkehrten die
Freunde des Hauses miteinander und mit der Familie, jeder von
ihnen war Nachmittags zur täglichen Theestunde willkommen.

Jena ist wirklich eine Universitätsstadt; die Bürger der Stadt
dienen wohl ohne Ausnahme den Forderungen und Interessen der
Akademie. Lehrer und Zuhörer wechseln, kommen und gehen,
Fremde von Ruf oder Bedeutung sind willkommen. Der Ton der
Unterhaltung in solchen abgeschlossenen Universitätsstädten hat in
den Häusern, in welchen eine feinfühlende Frau herrscht, einen
besonderen Reiz. Das Gespräch verbreitet sich über die bedeuten=
deren Interessen des Lebens, der Wissenschaften und der Künste,
in solchen Häusern herrscht eine herzliche Theilnahme für die Fa=
milien der Freunde, grundsätzlich ist aber das kleinliche Zerpflücken
der Nebenmenschen ausgeschlossen.

Frommann bildete durch Verständniß, Kenntnisse, freies, siche=
res Urtheil einen glücklichen Mittelpunkt der Unterhaltung; seine
Frau gewährte durch die Ruhe und Anmuth ihres Geistes eine
sichere Form, die Wohlthat des Maßes und freundlicher Grenzen.
Und wie reich gestaltet war dieser Kreis! Neben den anerkannten,
in sicherem Besitz ihres Ansehens stehenden Autoritäten tauchten
damals in jeder Wissenschaft und Kunst junge Kräfte auf, über=
raschend schnell wurden neue Wege beschritten, neue Zielpunkte
gestellt, oft erreicht. Die Gefahren und Sorgen des Vaterlandes
und der Stadt erregten die Herzen und brachten den verbündeten
Familien gemeinschaftliche Leiden und dann doppelt beglückende
Errettung. Ein Jeder, der sich dem Freundeskreise zugesellen
durfte, ward bald ein herzliches Mitglied desselben, und schied er,
so blieb er doch durch die Treue, die eine der vornehmsten Tu=
genden der Frommann'schen Familie ist, derselben für immer ver=
bunden.

Goethe war bald nach der Uebersiedelung Frommann's nach
Jena in ein Verhältniß zu Frommann getreten; zuerst wohl durch
Loder. Daß August Goethe's Lehrer, Riemer durch sein Wörter=
buch und andere Arbeiten Beziehungen zu Frommann hatte, er=
leichterte später den Verkehr. In der Buchdruckerei, welche From=
mann in Gemeinschaft mit seinem Schwager Wesselhöft betrieb,
wurden Goethe's Schriften für Cotta gedruckt. Bei seinen viel=
fachen Besuchen in Jena ward Goethe der häufige Gast jener
Nachmittagsstunden und bis in sein hohes Alter hinein liebte er
den Verkehr mit der Familie und ihren Freunden zu pflegen.
Wenige Wochen vor seinem Tode hat ihn der Verfasser unseres
Buches noch sehen und sprechen dürfen.

Es ist nicht die Absicht, hier an diesem Orte durch einen
Auszug den Reiz abzustumpfen, welchen das Buch gewährt. Ich
muß mich mit kurzen Andeutungen begnügen, denn das Börsenblatt
hat vornehmlich buchhändlerischen Interessen zu dienen. Diesen
glaube ich aber auch zu dienen, wenn ich in meiner Skizze be=
scheiden fortfahre und das Bild eines solchen Hauses und Kreises
in schnellen Zügen zu zeichnen versuche.

Es gehörten zu demselben durch bleibenden oder vorüber=
gehenden Aufenthalt in Jena u. A.: A. W. von Schlegel, Tieck,
Gries, Zacharias Werner, Schelling, Hegel, Fichte, Steffens, Oken,
Kieser, Seebeck, Luden, F. A. Wolf, Thibaut, Loder, Huseland. —
Frommanns waren bekannt und befreundet mit einer Reihe her=
vorragender Personen in Weimar und an anderen Orten, deren
Namen zu den besten ihrer Zeit zählen, z. B. Jacobs, Jean Paul,
Zelter, Schleiermacher, Henriette Herz (nicht Hertz, wie Fr., viel=
leicht jetziger Freunde in Berlin gedenkend, schreibt), Johanna
Schopenhauer, Kügelgen, Rochlitz, Heinroth, und mit so vielen
Andern, die Beziehungen gewannen und pflegten.

Den Buchhändler berührt es eigenthümlich, wenn er erkennt,
wie wenig Frommann solche Beziehungen für seine Buchhandlung
dienstbar zu machen suchte. Man sollte meinen, daß es ihm nicht
hätte schwer fallen können, in seinem Verlage eine ansehnliche An=
zahl der Werke zu vereinigen, welche wir zum Theil heute noch
mit nie versiegender Freude genießen, und deren größte Zahl die
Geschichte der Wissenschaft, der Dichtung und Kunst gewiß für
immer verzeichnet hat. Es mögen sehr verschiedene Gründe ge=

wirkt haben, welche dem klarblickenden Frommann die Fäden fest=
zuhalten und zu verknüpfen nicht gestatteten, die in seiner Hand
vereint scheinen. Sein Verlag bestand aus wohlgeordneten Grup=
pen. Auf dieselben war eine beständige und große Aufmerksamkeit
zu richten, wenn sie in ihrem Bestand erhalten und weiter geführt
werden sollten. Die Schul= und Wörterbücher nahmen bei ihrem
Umfang und ihrer Zahl überaus beträchtliche Mittel in Anspruch,
forderten eine rege Arbeit und einen stets wachsamen Blick auf
die Schule und die Lehrer. Diese Gruppe allein gibt einer tüch=
tigen Arbeitskraft fast vollauf zu thun. Die etwa übrige Zeit
ward in Anspruch genommen von der ansehnlichen Reihe der Werke
anderer Wissenschaften und der Poesie, z. B. Ariost und Tasso
von Gries. Der Verlagskatalog führt u. a. Werke auf von Hufe=
land, Oken, Kieser, Luden, Schmid, Ritter, Baumgarten=Crusius,
Fernow ꝛc., die alle lebhaft begehrt waren und die Thätigkeit des
Verlegers nicht missen konnten.

Frommann konnte sich ruhig mit dem begnügen, was er ge=
schaffen hatte, sein Verlag war hochgeachtet, einer der bedeutendsten
Deutschlands damaliger Zeit, er gewährte ihm reichliche Arbeit
und reichlichen Gewinn.

Im Jahre 1806 brach die schlimme Kriegszeit herein und für
eine Reihe von Jahren mußte wohl jede Neigung zu größeren
Ausdehnungen und Erwerbungen schweigen. Als 1815 Ueberschau
über die erlittenen Verluste und Hemmungen gehalten war, das
Vertrauen nach und nach wieder kehrte, da hatte Frommann ein
halbes Jahrhundert hindurch bereits gelebt und gearbeitet, und das
Bergabsteigen mochte dem Alternden leichter erscheinen, wenn er
nicht neue schwere Lasten zu den alten füge. Zu diesen Gründen
treten noch weitere, welche einer zarten Empfindung, die wir wohl
verstehen, entspringen. Er lebte wohl des häufig besprochenen,
von uns nicht getheilten Glaubens, daß persönliche Freundschaften
durch geschäftliche Beziehungen allzu leicht getrübt werden, er wollte
die Freundschaft der Freunde genießen als ein unabhängiges Gut,
er fürchtete wohl, daß die manchen kleinen und gröberen Dinge,
welche immerhin, trotz besten Willens auf beiden Seiten, zwischen
Verfasser und Verleger treten können, ihm hie und da einen Scha=
den an jenen feinen geistigen Gütern zufügen möchten, der ihm
sehr schmerzlich gewesen wäre. Er sah gewiß jenen Verkehr zu=

meift als eine Freude an, als einen Befitz, welchen er feiner Familie unverkürzt zu erhalten habe. Wie wir durch des Sohnes
Zeichnung die Mutter kennen lernen, fo dürfte wohl jene zarte
Zurückhaltung, wenn nicht gar von ihr geweckt, doch gewiß unter-
ftützt worden fein. Bei Goethe lagen die Verhältniffe noch anders;
Frommann war mit Cotta befreundet, feine Druckerei war mit dem
Druck der Goethe'fchen Schriften für Cotta betraut, und fo fcheute
er billig als ein Concurrent aufzutreten. Aehnliche Gründe mögen
auch Anderen gegenüber geherrfcht haben.

Dennoch wirkte jener Verkehr indirect in der wichtigften Weife
auch auf die Buchhandlung. Er gewährte Frommann durch den
Zufammenfluß verfchiedener Kräfte und Richtungen und durch das
abklärende Gefpräch ftets einen ficheren Ueberblick über den lite-
rarifchen Moment, über neu auftretende oder fchwindende Richtungen. Frommann konnte fich durch feine Freunde ftets orien-
tiren, er genoß ihren Rath und ihre Förderung für feine Unternehmungen und den Betrieb derfelben. Aeußerlich fchaffte ihm
derfelbe ein Anfehen, welches der Buchhandluug vielfach zu gute
kam. Wie er Rath empfing, fo ertheilte er folchen nach feinem
gefunden und beftimmten Urtheil; fein Verftändniß und fein guter
Gefchmack waren anerkannt. Goethe fchickt ihm z. B. das Manu-
fcript zu einem Feftgedicht bei Anwefenheit der Kaiferin von Rußland und fordert ihn auf, mit Bleiftift anzumerken, was ihm auf-
falle; da er die Blätter mit frifchen Augen anfehe. Schelling
fchreibt ihm 1808 aus München nach einem Seufzer über den
dortigen, freilich durch den Krieg gedrückten Buchhandel: „Sollte
ich die Wiffenfchaften hier emporbringen, fo würde ich eine der
erften Vocationen an Sie erlaffen." —

Die Lehre, welche für uns Buchhändler, namentlich für die
Verleger aus der Schilderung des Verkehrs im Frommann'fchen
Haufe mit den Freunden hervorgeht, kann nicht ernfthaft genug erwogen und befolgt werden. In folchem Verkehr gewinnt das
eigene Urtheil Feftigkeit, der Charakter kräftigt fich, der Blick auf
die Verhältniffe des Lebens wird erweitert. Wir, die wir felten
in einem Sattel gerecht find, aber in Vielfachem oft unterrichtet
fein müffen, ohne Zeit und Vorbildung zu befitzen, die nöthigen
Kenntniffe, den nöthigen Ueberblick felbft zu gewinnen, haben, wenn
wir etwas Lebensvolles fchaffen oder das Verhältniß des Neuen

zu dem Vorhandenen überblicken wollen, uns auf einen Verkehr mit den besten Kräften, die sich uns darbieten, zu stützen. Was uns gewährt wird, können wir oft durch Rath und That vergelten, und indem wir empfangen, gewähren wir; wie Frommann empfing, weil er gewährte.

Möge das so liebenswürdige Buch bei den Freunden der Literatur- und Cultur-Geschichte die Verbreitung finden, welche der Stoff und die schlichte, unsern Freund, den Erzähler uns lebhaft vor Augen führende Erzählung beanspruchen können. Der Um- sang (127 Seiten) ist gering; aber das Material auch durch eine Reihe der fesselndsten Briefe Goethe's, der Frau Frommann (vor allen ihre Schilderung der Tage vor und nach der Schlacht von Jena!) und mancher Freunde überaus groß. Des vielen Guten, welches wir in dem Buche empfangen, konnte ich nur flüchtig nach dem Programm dieses Blattes gedenken; — das Beste in ihm ist das treue, mit Wahrheit und kindlicher Ehrfurcht gezeichnete Bild des Lebens einer würdigen und gehobenen, das Kleine und Ge- meine verschmähenden Familie, deren Hausmutter wie ein milder Stern uns entgegen leuchtet. Thätig, freundlich, klug waltet, wehrt und lehrt sie demüthigen, frommen Herzens, Jedem wird wohl, der ihr naht, der ihr Bild betrachtet. —

Für eine neue Auflage des Buches dürfen wir Bereicherungen in Betreff des Materials erwarten, und den Wunsch aussprechen, daß die Schilderung mancher Zeiten und Menschen eine Erweiterung erfahre; dann erhalten wir vielleicht auch noch weiteren Stoff zur Geschichte des Buchhandels.

Wir besitzen das unvergleichliche Leben von Friedrich Perthes, jetzt Frommann's Buch, möchten doch die Familien Cotta und Reimer nicht länger zögern!

(B. B. 1870. Nr. 264.)

Wilhelm Hertz in Berlin.

3. Friedrich Arnold Brockhaus*).

Friedrich Arnold Brockhaus wurde am 4. Mai 1772 zu Dortmund geboren, wo er auch seine Jugendzeit verlebte. Für den Kaufmannsstand von seinem Vater bestimmt, zeigte er doch keine besondere Neigung für denselben, dagegen das lebhafteste Interesse für Literatur und geistige Beschäftigung überhaupt. Bis zu seinem 16. Jahre besuchte er das Gymnasium seiner Vaterstadt, wurde aber dann von seinem Vater zu einem Kaufmanne nach Düsseldorf in die Lehre gethan, in welcher Stellung er fünf bis sechs Jahre verblieb. Daß er bei seinem lebhaften, thätigen Geist trotz seines anfänglichen Widerstrebens in seinem neuen Berufe etwas Tüchtiges zu leisten und ihm eine über den mechanischen Betrieb hinausgehende Seite abzugewinnen wußte, zeigt der Umstand, daß ihn sein Prinzipal trotz seiner Jugend bald zu größern Geschäftsreisen verwendete und ihm nach und nach die wichtigsten Arbeiten übertrug; ja ihm die Aussicht eröffnete, in sein Geschäft als Theilnehmer zu treten und ein Glied seiner Familie zu werden. Ein Zerwürfniß mit dem Prinzipal machte indeß dem guten Verhältniß zwischen Beiden ein Ende und veranlaßte Brockhaus 1793 nach Dortmund in das Haus seines Vaters zurückzukehren. Allein hier behagten ihm, der in seiner frühern Stellung und auf seinen Geschäftsreisen einen weitern Horizont und andere Ansichten vom Handelsverkehr gewonnen hatte, die beschränkten kleinbürgerlichen Verhältnisse im Detailgeschäft des Vaters nicht und er beschloß zu seiner weitern Ausbildung, da er die Lücken in seinem Wissen wohl fühlte, sich in die Fremde zu begeben. Leipzig war der Ort, wohin er sich zu diesem Zwecke wandte, da er sogar die Absicht gehabt zu haben scheint, völlige Universitätsstudien daselbst zu machen. Obwohl nun letzteres nicht geschah, so verweilte er doch fast anderthalb Jahre, von 1793—94 daselbst, hauptsächlich den allgemeinern Studien hingegeben. Weder in einem kaufmännischen Geschäft angestellt, noch eigentlich als Student immatriculirt,

---

*) Friedrich Arnold Brockhaus. Sein Leben und Wirken nach Briefen und andern Aufzeichnungen geschildert von seinem Enkel Heinrich Eduard Brockhaus. Mit einem Bildniß nach Vogel v. Vogelstein. Leipzig 1872.

besuchte er doch außer andern besonders die Vorlesungen des Philo=
sophen Platner, des Physikers Hindenburg und des Chemikers
Eschenbach, vervollkommnete sich aber besonders in den neuern
Sprachen und ließ sich vor allem seine literarische Bildung ange=
legen sein. Der Eintritt in ein englisches Haus, zu welchem schließ=
lich der Leipziger Aufenthalt Veranlassung gab, schien der Lauf=
bahn Brockhaus' eine Wendung geben zu sollen, zerschlug sich je=
doch infolge der damaligen kriegerischen Zeitereignisse, so daß es
Brockhaus vorzog, Ende 1794 nach Dortmund zurückzukehren.

Hier·errichtete Brockhaus mit einem Freunde, W. Mallinck=
rodt, und einem dritten jungen Dortmunder, Hiltrop, ein Engros=
Geschäft in englischen Manufacturwaaren, das wie es scheint, gleich
von vornherein höchlich prosperirt haben muß, da die beiden ersteren
Theilhaber schon nach vier Jahren dem letztern, der ihnen
wegen seines unverträglichen Charakters lästig geworden war, den
Gesellschaftsvertrag kündigen, seinen Antheil herauszahlen und das
Geschäft unter ihrer alleinigen Firma fortführen konnten. Das
Geschäft nahm einen immer größeren Umfang und mußte durch
ein zweites Geschäft zu Arnheim in den Niederlanden vergrößert
werden; in wenig Jahren erwarben die beiden jungen Kaufleute
ein bedeutendes Vermögen.

Um diese Zeit (1798) vermählte sich Brockhaus mit der Tochter
eines der angesehensten Dortmunder Patricier, des Professors Beur=
haus, aus welcher Ehe ihm noch in Dortmund 1799 und 1800
seine zwei ersten Kinder, eine Tochter und ein Sohn, der spätere
Nachfolger im buchhändlerischen Geschäft, Friedrich, geboren wurden.

Die ersten Jahre von Brockhaus' Ehe waren eine Zeit des
reinsten und ungetrübtesten Glückes, gegründet auf die ausgezeich=
neten Herzens= und Geisteseigenschaften der jungen Gattin und auf
eine gedeihliche Entwickelung der ganzen bürgerlichen und geschäft=
lichen Stellung. Leider sollte dieses Glück nicht lange dauern.
Die Veranlassung zu seinem Umschlag gab der frühere Geschäfts=
theilhaber Hiltrop. Aus einer geschäftlichen Angelegenheit ent=
spannen sich bald Verhältnisse der unangenehmsten Art, die zu=
nächst auf Brockhaus' äußeres Leben entscheidenden Einfluß übten.
Sie wurden die Ursache, daß er Dortmund verließ und nach
Holland zog, ja selbst daß er sich dort später dem Buchhandel
widmete, dem er sich, in Dortmund verblieben, schwerlich zugewen=

bet haben würde. Brockhaus wurde nebst seinem Geschäftstheil=
haber Mallinckrodt von Hiltrop gegen Ende 1799 in einen Pro=
zeß verwickelt, der unter den Fehden und Anfechtungen, an denen
Brockhaus' Leben so reich war, eine der hervorragendsten Stellen
einnimmt und ihn bis an sein Lebensende verfolgte. Obgleich der
Prozeß aufs engste mit Brockhaus' materiellen Lebensschicksalen
verknüpft ist, so müssen wir bei dessen verwickelter Beschaffenheit
und dessen unendlich langer Dauer (der Prozeß wurde erst fünf
Jahre nach Brockhaus' Tode von dessen Erben 1828 durch einen
Vergleich mit Hiltrop beendigt) doch auf eine auch noch so kurze
Geschichte seiner verschiedenen Phasen und Wendungen verzichten
und uns damit begnügen, den Leser auf die höchst klare Darlegung
desselben in dem Werke des Dr. E. Brockhaus zu verweisen, die
nicht nur für den Juristen von Fach, sondern fast noch mehr für
Jeden, der an der staatlichen Entwickelung Deutschlands Antheil
nimmt, von höchstem Interesse sein muß, da er hier so recht an=
schaulich, thatsächlich ein schlagendes Bild von dem Rechtsgange in
der „guten alten Zeit" unter der Glückseligkeit des Rheinbundes
und selbst noch unter des Deutschen Bundes „schützenden Privi=
legien" erhält, mit allen den Rabulistereien, Winkelzügen, Ver=
schleppungen, wie sie aus der Verschiedenartigkeit des Rechts und
dem Wechsel der Staatsangehörigkeit — beide die unvermeidlichen
Resultate des damaligen politischen Zustandes Deutschlands —
entsprangen.

Fast noch angelegentlicher müssen wir den Leser ersuchen, das
„Ein Rückblick" überschriebene letzte Capitel der „Anfänge" zu
lesen, welches den Anfang einer von Brockhaus in den Jahren
1818 oder 20 niedergeschriebenen — leider nicht vollendeten —
Selbstbiographie enthält. Dieses Bruchstück ist in seiner prägnan=
ten Kürze, in der Unmittelbarkeit der Darstellung der eigenen Per=
sönlichkeit des Schreibers und der anschaulichen Motivirung seiner
Handlungsweise, in der Kunst, mit wenigen Strichen eine drastische
Schilderung zu geben, in der Geradheit und dem gesunden Urtheile,
die sich überall darin aussprechen, eine wahre Perle unter den
schriftlichen Mittheilungen, welche uns in dem vorliegenden Buche
zu Theil geworden sind, besser geeignet uns eine zutreffende Cha=
rakteristik F. A. Brockhaus' zu geben, als die feinsten analytischen
Charakteristiken, da es auch dem besten nachlebenden Historiker un=

möglich wäre, so anschaulich eine Individualität uns wieder vorzuführen, wie es nur diese selbst kann, vorausgesetzt nämlich, daß
sie dieselben Eigenschaften hat, wie der verewigte Brockhaus: einen
Charakter, der eben ein Charakter genannt zu werden verdient,
dann die Gabe der Natur, diesem Charakter in allen Lagen und
Thätigkeiten die entschiedenste Ausprägung zu geben. Denn Brockhaus war mit einem Wort — dies ergibt sich schon aus diesem
Bruchstück, wie es aus allem von ihm und über ihn in der Biographie Mitgetheilten hervorgeht — das, was die Franzosen einen
homme entier nennen, ein Charakter, der nie hinter dem Zaun
hält, der sich überall in seiner unmittelbaren Ursprünglichkeit, niemals in kritischer Selbstreflectirung gibt, der immer mit seiner Person
zahlt und niemals sich versteckt, der stets unbefangen sich in jeder
Lage des Lebens gibt, wie er ist, ohne sich zu schminken oder zu
verkleistern, in seinen Affecten, wie in seinen Bestrebungen, in
seinen Ansichten wie in seinen Gefühlen. Obwohl durchweg einer
höhern geistigen Auffassung des Lebens zugewendet, allem Auf-
streben des Geistes in jeder Beziehung ein Förderer, ist er doch
nie „von des Gedankens Blässe angekränkelt" gewesen.

In Folge der Anfeindungen und materiellen Geschäftshinde-
rungen aller Art, welche ihm der Prozeß mit Hiltrop zu Dort
mund zugezogen hatte, verlegte dann Brockhaus im Winter 1801
auf 1802 zuerst das Geschäft nach Arnheim, wo es in Folge der
Erschütterung, welche eine so gewaltsame Procedur natürlich im
Geschäftsgange hervorrufen mußte, auch zu Differenzen mit dem
andern zeitherigen Geschäftstheilhaber Mallinckrodt kam, die schließlich zu einer gütlichen Separation und alleinigen Uebernahme durch
Brockhaus führten, der nun mit demselben im Winter von 1802
nach Amsterdam übersiedelte, um es hier auf günstigerem Boden
fortzusetzen. Damit aber beginnt der zweite „In Amsterdam"
überschriebene Abschnitt. Brockhaus hatte in Folge der Credits-
erschütterung, welche eine natürliche Folge des Wechsels war, denen
sein Geschäft ausgesetzt gewesen, natürlich in seinem neuen Aufent-
haltsort einen schweren Stand; die frische Zuversicht jedoch, mit
der er unternehmend und geschickt ans Werk ging, brachte ihn indeß bald über die ersten Schwierigkeiten hinweg und bewirkte sogar einen vielversprechenden Aufschwung, der Brockhaus zu Unternehmungen verleitete, die in ruhigen Zeiten zwar den größten Er-

folg gewährt hätten, unter den damals plötzlich eintretenden Verhältnissen aber nur zu ungünstigen Ergebnissen führen mußten.
Es war nämlich die Zeit der von Bonaparte begonnenen Continentalsperre, die derselbe gerade damals auch der Batavischen Republik aufzubrängen verstand. Dies war natürlich ein tödtlicher
Schlag für den Manufacturwaarenhandel Brockhaus', der zwar
nicht den Muth verlor, allein um der ungünstigen Conjunctur die
Spitze zu bieten sein Geschäft wesentlich einschränken mußte. Diese
Einschränkung in enge Verhältnisse konnte aber seinem regen,
strebenden Geiste nicht genügen; und da er theils wegen der fortdauernden Continentalsperre, theils nach den kaum überstandenen
Bedrängnissen daran festhielt, sein Geschäft in englischen Waaren
nicht weiter auszudehnen, so mochte für ihn der Gedanke nahe
liegen, neben demselben ein andres Geschäft zu betreiben, das
seinem Geiste bessere Nahrung versprach, und von dem er doch
auch materielle Erfolge erwarten konnte.

So griff denn Brockhaus zu der Idee zurück, die ihn seit
seinem Aufenthalt in Leipzig oft lebhaft beschäftigt haben mochte,
sich dem Buchhandel zu widmen, als einem Berufe, in dem er
seine kaufmännischen Kenntnisse verwerthen und doch zugleich seiner
Lieblingsneigung, der Beschäftigung mit der Literatur, leben konnte.
Im Sommer 1805 ging er an die Ausführung des neuen Planes,
der formell den 15. October 1805 zur Ausführung kam, denn von
diesem Tage datirt sein erstes buchhändlerisches Circular, mit der
Unterschrift „Rohloff & Co.", welches die Gründung des „Kunst-
und Industriecomptoirs" in Amsterdam anzeigte. Als Ausländer
konnte Brockhaus nämlich nicht Mitglied der damaligen Amsterdamer Buchhändlergilde werden, mußte also einen Vertreter haben,
zu dem sich der Buchdrucker Rohloff hergab. Doch schon nach
zwei Jahren war diese Vertretung nicht mehr nöthig, und Brockhaus firmirte einzig unter der schon hergebrachten Bezeichnung:
„Kunst- und Industriecomptoir" ohne Hinzufügung des Namens.

Obgleich Brockhaus anfänglich sein „eigentliches" kaufmän-
nisches Geschäft immer als die Hauptsache, und das neue buchhändlerische daneben nur, um bei der bösen Zeit auch eine andere
Carrière sich offen zu halten, als Nebenbeschäftigung betrachtete,
so kehrte dieses Verhältniß doch bald um, um so leichter, als
Brockhaus von verschiedenen einflußreichen, maßgebenden Seiten

her in Amsterdam materielle Förderung fand. Indeß gab er das kaufmännische Geschäft immer noch nicht ganz auf, sondern betrieb es nebenbei bis zu seinem Weggange von Amsterdam fort.

Wie alles, was Brockhaus in seinem Leben ergriff, erfaßte er nun auch das neue buchhändlerische Unternehmen sogleich mit dem regsten Eifer und suchte es nach großartigen Gesichtspunkten ins Werk zu setzen, sowohl im buchhändlerischen und im musikalischen Sortiment, wie im Verlagsgeschäft, das er natürlich bei seinem weitschauenden Geiste auch nicht verfehlte in seinen Bereich zu ziehen. Während er als Sortimentsbuchhändler vorzüglich die internationale Seite ins Auge faßte, war es beim Verlag be= sonders die nationale, indem er, zum Zwecke der Beförderung „nationaler Wissenschaft und Kunst", journalistische Unternehmungen zu begründen suchte, in beiden Hinsichten also die Ideen und Rich= tungen angebend, welche seine Söhne und Enkel mit so viel Erfolg in der Weiterentwickelung des von ihm begründeten Geschäfts zur Ausführung bringen und verfolgen sollten. So begründete er kurz nacheinander eine holländische politisch=literarische Zeitschrift: „De Ster", eine deutsche zeitgeschichtliche Monatsschrift: Cramer's „In= dividualitäten", endlich eine französische Vierteljahrsschrift: „Le Conservateur".

Alle drei Zeitschriften hatten keinen bedeutenden materiellen Erfolg. Der „Ster", keine eigentliche Neuigkeiten=Zeitung, sondern eine dreimal wöchentlich erscheinende Zeitschrift, die hauptsächlich Besprechungen von literarischen und Theaterangelegenheiten, daneben aber auch politische raisonnirende Aufsätze brachte, in denen zwar nach der damaligen Zeitströmung die Bewunderung der französi= schen Revolution und ihrer Prinzipien, durchaus aber nicht die Verherrlichung des damaligen Dictators von Europa, Napoleon's, die durchgehende Stimmung bildete. Was war daher natürlicher, als daß „De Ster", der den 11. März 1806 zu erscheinen begonnen, in dem am 5. Juni desselben Jahres proclamirten bonapartistischen Königreich Holland nicht an seiner Stelle war und schon am 10. Juni durch königl. Befehl unterdrückt wurde! Nicht bessern Erfolg hatten aus andern Gründen die in freien Heften erscheinen= den „Individualitäten aus und über Paris", von denen nur 3 Hefte statt 12 in einem Jahrgange zu Stande kamen. Obwohl dieselben einzelne interessante Artikel enthielten, so war das auf einem großen

Fuß, sowohl nach Honorar wie nach Ausstattung angelegte Unter=
nehmen doch ein verfehltes, schon deshalb, weil Redacteur und
Mitarbeiter in Paris, der Verleger in Amsterdam und der Drucker
in Leipzig ihren Sitz hatten. Von Bedeutung wurde das Unter=
nehmen nur deshalb für Brockhaus, weil dasselbe ihn mit dem
Redacteur, dem bekannten enthusiastischen Verehrer Klopstock's und
der französischen Revolution, dem von Kiel nach Paris exilirten
Prof. Cramer, einer eigenthümlichen, in vieler Hinsicht Brockhaus
ähnlichen Natur, in Verbindung brachte, die von 1805 bis zu
Cramer's Tode 1807 dauerte und durchweg, ganz den beiden Cha=
rakteren entsprechend, eine sehr freundschaftliche und selbst innige
war. Von größerer Bedeutung als die holländische und die deutsche
Zeitschrift war die französische „Le Conservateur. Journal de
littérature, de sciences et de beaux-arts", von der von Anfang
1807 bis Mitte 1808 18 Monatshefte erschienen sind. Schon die
Namen der Mitarbeiter, die zu den bedeutendsten in der damaligen
literarischen Welt Frankreichs zählten, geben Zeugniß dafür, und
manche der darin mitgetheilten Abhandlungen sind noch jetzt von
historischer Merkwürdigkeit, so ein Brief des Leipziger Professors
Erhard über die Audienz einer Deputation der Universität Leipzig
bei Napoleon, Aufsätze des damaligen Fürsten Primas über den
Einfluß der schönen Künste auf das allgemeine Wohlbefinden, so=
wie über die Düsseldorfer Gallerie; am wichtigsten ist jedoch ein
authentischer Bericht über die Stürmung und Plünderung Lübecks am
6. Novbr. 1806 von dem spätern Göttinger Prof. Charles de Villers,
einem durch seine Liebe für Deutschland wie durch seinen edlen
Charakter ausgezeichneten französischen Emigranten, der durch die
Mitarbeiterschaft am „Conservateur" mit Brockhaus in nähere
Verbindung trat, aus der ein inniges, dauerhaftes Freundschafts=
bündniß gleicherweise für beide Theile ehrenvoll hervorging.

Ueber die weitere Verlagsthätigkeit, die Brockhaus schon in
Amsterdam entwickelte und die sich gleichmäßig über schöne, populäre,
praktische wie strengwissenschaftliche Literatur erstreckte, sowie über
die vielen nicht vorausbedachten Hindernisse, die sie erfuhr, und die
mancherlei persönlichen Differenzen, in die Brockhaus dadurch ver=
wickelt wurde, verbietet uns der Raum eingehend zu berichten; es
genügt zu bemerken, daß die Namen von Kurt Sprengel, Asmund
Rudolphi, Brisseau=Mirbel, Jens Baggesen, Oberst von Massen=

bach), Ersch sich unter den Schriftstellern befinden, von denen Brock=
haus bedeutende Werke verlegt. Nur einer Thatsache müssen wir
speciellc Erwähnung thun, da sie von entschiedener Wichtigkeit für
die Entwickelung ist, welche später das Brockhaus'sche Verlagsge=
schäft nahm: wir meinen den Ankauf des „Conversations=Lexikons".
Dasselbe war schon im J. 1796 von einem Dr. Renatus Löbel
im Verlag von Leupold zu Leipzig herauszugeben begonnen und
in 4 Jahren erst bis zum Buchstaben R in 4 Bänden fortgeführt
worden, nach dem Tode des Herausgebers und einer sechsjährigen
Pause aber in andere Hände übergegangen, unter denen die beiden
letzten Bände bis 1808 erschienen. In diesem Jahre kaufte es
Brockhaus bei einer Reise zur Michaelismesse in Leipzig von dem
Buchdrucker Richter, und traf sogleich die kräftigsten Anstalten zur
Vollendung des noch ausstehenden letzten Heftes sowie zur un=
mittelbaren Inangriffnahme von Nachträgen. Brockhaus ist also
nicht Erfinder des — Titels des neuen Werkes, denn nicht mehr
als diesen hatte er im Grunde gekauft; was er später daraus zu
machen gewußt hat — und dies ist die Hauptsache, denn die
Idee war nicht neu, und ist auch später noch von so Vielen wieder
aufgenommen und nach dem von Brockhaus aufgestellten Modell
glücklich ausgebeutet worden — dies ist ganz sein Werk und sein
Verdienst.

Den Schluß des zweiten Abschnitts bildet die Mittheilung
eines zweiten unerquicklichen Intermezzos aus Brockhaus' Leben,
eines Pendants zum Hiltrop'schen Prozesse, die Darlegung des
Zerwürfnisses mit Baggesen, einem, wie hieraus hervorgeht, mora=
lisch höchst haltungslosen und dabei in eitler Selbstüberschätzung
über die Vorschriften einfacher Ehrenhaftigkeit sich hinaufschrauben=
den Charakter. Wir müssen in Betreff dieses Zwischenfalls eben=
falls auf die Biographie verweisen und können hier nur als Re=
sultat mittheilen, daß die ganze Angelegenheit ein widerwärtiges
Beispiel von Mißhandlung eines Verlegers durch einen Schrift=
steller bildet. Das einzig Wohlthuende daran ist der versöhnliche
Schluß, der aber lediglich auf Rechnung des nobeln, gemüthreichen,
uneigennützigen, aller Ränke unfähigen Charakters Brockhaus' zu
setzen ist, der sich überhaupt in demselben von einer liebenswürdigen,
nachgiebigen und zartfühlenden Gutmüthigkeit zeigt, die einem zu
Selbstüberhebung geneigten Menschen, wie Baggesen war, leicht

14

als schwächliche Unsicherheit erscheinen konnte, der gegenüber ein „Genie" immer im Rechte war.

Es nimmt der Versöhnlichkeit und dem Edelmuth, die Brock=
haus in dieser Angelegenheit zeigte, nichts an Werth, daß ein
Schlag des Schicksals, das ihn gerade um diese Zeit traf, großen
Antheil an der Stimmung hatte, die ihn vermochte, dem früheren
Freunde, der ihm als Geschäftsmann so empfindlichen Schaden be=
reitet, die Hand zu reichen: es war dies der Tod seiner vielgeliebten
Gattin Sophie, die nach elfjähriger glücklicher Ehe, in der sie ihm
sieben Kinder geboren, am 8. Decbr. 1809, 14 Tage nach ihrer
letzten Entbindung gestorben war. Der Tod seiner Frau, die ihm
immer die liebenswürdigste Gefährtin wie die treueste Freundin
und Beratherin in vielen schweren Zeiten gewesen war, wurde nun
auch die entscheidende Veranlassung zu Brockhaus' Weggang von
Amsterdam, der in dem dritten Abschnitt der Biographie: „Von
Amsterdam nach Altenburg", geschildert wird.

Schon die dortigen politischen Verhältnisse hatten Brockhaus
den Aufenthalt daselbst verleidet, da sie den buchhändlerischen Ver=
kehr nach allen Richtungen hin erschwerten; der Tod seiner Gattin
und die damit sich verknüpfenden Verhältnisse machten, daß er keine
bleibende Stätte mehr in Amsterdam für sich erachtete. Am 10. Mai
1810 verließ er, nach unsäglichen Arbeiten und Schwierigkeiten, die
ihm die Umsiedelung bei seinen verschiedenartigen Geschäften und
Verbindungen verursachen mußte, diese Stadt, um sich fürs erste
nach Leipzig zu wenden, wohin ihn die gerade damals bevorstehende
Ostermesse rief. Hier, wo nur kurze Zeit seines Bleibens war,
indem die Ungunst der Verhältnisse ihn nach einigen Monaten
nöthigte, sich nach Altenburg zu begeben, sowie die erste Zeit seines
Aufenthalts in letzterer Stadt schlugen zunächst die Wogen des
Schicksals fast über ihn zusammen, so daß diese Zeit wohl die
allertrübste in Brockhaus' Leben genannt werden muß. Unendliche
Schwierigkeiten des Arrangements und Verkaufs der in Amsterdam
verbliebenen Geschäfte, politischer Verdruß und unangenehme Ver=
handlungen mit den französischen Behörden und der preußischen
Regierung wegen zweier Verlagswerke von Reichardt und Massen=
bach, die dem Geschäft leicht große Gefahr bringen konnten, finan=
zielle Bedrängnisse von allen Seiten, namentlich von Leipziger
Häusern, mit denen Brockhaus in Geschäftsverbindung gestanden,

ein unglückseliges Verhältniß zur Hofräthin Spazier, der Heraus-
geberin der in Brockhaus' Verlag erschienenen „Urania", das, man
möchte fast sagen tragisch im Sande verlief, geschäftliche Wirrnisse
aller Art, hervorgerufen durch die traurigen Zeitereignisse wie durch
den Wechsel in der Geschäftsresidenz, alles stürmte auf Brockhaus
ein, und ein Charakter von weniger energischer Federkraft, ein Geist
von weniger Hilfsmitteln, eine geringere Intelligenz hätte unzweifelhaft untergehen müssen; daß dies nicht geschah, muß schon an sich
Brockhaus in den Augen jedes Einsichtigen ebenso hoch stellen, als
dies durch den nachfolgenden Aufschwung seines Geschäfts der
Fall ist. Jedenfalls hat er durch sein Verhalten und sein Verfahren ein glänzendes Beispiel davon gegeben, wie Mannesmuth,
Unverzagtheit, Arbeitskraft, redlicher Wille und einsichtiger Unternehmungsgeist den sonst nur tüchtigen Mann aus jeder Bedräng-
niß zu retten und bei nur einigermaßen begünstigenden Zeitum-
ständen wieder zu fröhlichem Gedeihen verhelfen können. Darum
ist auch der Abschnitt: „Von Amsterdam nach Leipzig" zwar nicht
der anmuthigste, wohl aber der interessanteste der ganzen Biographie, weil er eine wahre Peripetie im Leben Brockhaus' mit
dramatischer Lebendigkeit schildert, in der Motive und Triebkräfte
der verschiedensten Art, politische wie geschäftliche, persönliche wie
sächliche, leidenschaftliche wie kaltvernünftige sich geltend machen
und wirkend eingreifen, bis zuletzt die persönliche Tüchtigkeit des
Haupthandelnden alle Widerwärtigkeiten überwindet, die verwirrten
Fäden mit Einsicht und Geschick abwickelt, und so schließlich, statt
zu einer Katastrophe, zu einem glücklichen Ende führt. Dieses zu
schildern behalten wir dem nächsten Artikel vor.

Wenn die anderthalb Jahre, die Brockhaus seit dem Tode
seiner Frau bis zu seiner vollkommenen Niederlassung in Altenburg
verlebte, zu den trübsten Partien seines Lebens gehörten, so bilden
sie doch zugleich auch die Wendung zum Bessern, gewissermaßen
die erste Sprosse auf der glücklichen Stufenleiter, die er nun hinauf-
zusteigen begann. Er hatte die schwersten innern Kämpfe zu bestehen und gleichzeitig um seine äußere Existenz zu ringen, aber,
Dank dem tüchtigen Kern seiner Natur und seiner Energie, jene
Kämpfe siegreich zu bestehen und seine Existenz auf neuen, soliden
Fundamenten zu begründen gewußt. Seinen Hauptzweck, das
Amsterdamer Geschäft zu verkaufen und sich bleibend in Deutsch-

land niederzulassen, hatte er, wenn auch mit schweren Opfern, erreicht; er hatte mit der Vergangenheit abgeschlossen und konnte ein neues Leben beginnen.

Daß dieses mit der gesicherten Niederlassung in Altenburg eintritt, speciell mit der Rückkehr Brockhaus' von der Leipziger Buchhändlermesse nach Altenburg im Mai 1811 ein neuer Abschnitt in dessen Leben und Wirken anfängt, davon geben vor allem dessen in der Biographie mitgetheilte Briefe und Schriftstücke das schla= gendste Zeugniß, sowohl durch ihren materiellen Inhalt, wie durch den Geist und die Stimmung, die sie durchweht. Es ist eine wahre Freude sie zu lesen und mit ihnen die innere Genugthuung nach= zuempfinden, die eine so reiche, gediegene Persönlichkeit fühlen mußte, als sie, durch eigene Kraft von lästigen Fesseln, wider= strebenden Verhältnissen, unglücklichen Conjuncturen befreit und durch umsichtige Thätigkeit einer glücklichern Constellation zugeführt, gedeihlicherer Zustände sich zu erfreuen begann und ein freund= licheres Schicksal vor ihr sich entwickeln sah.

Dazu war Brockhaus in die angenehmsten und geistig förder= lichsten geselligen Kreise in Altenburg getreten, die auf seine offene, für alles Schöne und Gute so empfängliche Seele nur wohlthuend und hebend wirken konnten, so daß er, bei seiner niemals bloß empfangenden, passiven, sondern immer schaffenden, activ reagiren= den Natur auch in socialer Hinsicht bald hinwieder ein Mittel= punkt jener geselligen Kreise wurde. Eine unmittelbare Folge dieser schönen Verhältnisse und der zusehenden Befestigung von Brock= haus' geschäftlicher Lage war die eheliche Verbindung, die er Ende 1812 mit einer Dame aus jenen Kreisen, dem Fräul. v. Zschock, der Schwägerin seines vertrauten Altenburger Freundes Ludwig, schloß.

Die nächsten vier Jahre 1813—16 verbrachte Brockhaus, mit Ausnahme von Geschäftsreisen und kleinen Ausflügen, zu Alten= burg im ruhigen Genusse seiner neuen Häuslichkeit, aber auch in angestrengter Thätigkeit für den Wiederaufbau seines Geschäftes und unter lebhafter Theilnahme an den großen Ereignissen der Zeit. Zugleich hatte er um diese Zeit das Glück, gleich thätige wie intelligente Kräfte zu finden, die ihm helfend und fördernd in seinem buchhändlerischen wie literarischen Arbeiten zur Seite traten. Denn während er auf der einen Seite zu seinem Bedauern seinen

langjährigen treuen Freund und vertrauten Gehilfen im Geschäft,
Vornträger (den nachherigen Begründer der noch bestehenden gleich=
namigen Buchhandlung) aus demselben scheiden sehen mußte, ge=
wann er Anfang 1813 für dieselbe Stellung K. F. Bochmann,
der bald in noch höherem Grade vertrauter Gehilfe und Freund
Brockhaus', ja nach des letztern frühzeitigem Tode eine wahre
Stütze des Hauses werden sollte.

Außer ihm hatte Brockhaus noch zwei Männer an sich ge=
zogen, die ihn bei seiner literarischen und redactionellen Thätigkeit
unterstützten, während Bochmann das rein Buchhändlerische besorgte:
Dr. L. Hain, der im August 1812 eintrat, um zunächst an der
Redaction des „Conversations=Lexikons", später auch bei der Heraus=
gabe der „Deutschen Blätter" helfend sich zu betheiligen, und bis
1820 in dieser Stellung blieb, und Dr. Sievers, der 1813 im
Herbst zur Unterstützung Hain's eintrat, aber diese Stellung schon
1815 wieder aufgab.

Während dieser Zeit (Januar 1814) vollzog sich auch die
Umänderung der bisherigen Firma „Kunst= und Industrie=Comptoir"
in die seitdem beibehaltene „F. A. Brockhaus", nachdem die erstere
schon seit der Ueberfiedelung aus Amsterdam nach Altenburg neben
jener Stadt auch noch bald die letztere, bald Leipzig als Ver=
lagsorte angegeben hatte. Seit 1814 sind auf allen Verlags=
artikeln Altenburg und Leipzig, theils abwechselnd, theils gemein=
sam, seit 1817 meistens, seit 1819 ausschließlich Leipzig als
Verlagsort bezeichnet.

In Altenburg nun entfaltete Brockhaus, sobald er die Ver=
wickelungen der Amsterdamer Periode zum Abschluß gebracht, eine
überaus rege und umfassende Thätigkeit. Mit der alten Energie
und neuem Schwung gelang es ihm, von dem rasch wiederkehren=
den Vertrauen der Buchhändlerwelt gehoben und von den in
Altenburg neu gewonnenen Freunden moralisch und materiell unter=
stützt, sein Verlagsgeschäft bald zu größerer Bedeutung zu bringen
und dadurch auch seine äußere Lage wieder zu einer günstigen
zu gestalten. Seine Verlagsthätigkeit erstreckte sich in dieser Periode
besonders nach drei Richtungen hin: einmal auf das Gebiet der
eigentlichen Literatur, sowohl der belletristischen wie der streng
wissenschaftlichen; dann auf das politisch=publicistische Gebiet wäh=
rend der politisch so ereignißvollen Jahre 1813—15; und endlich

speciell auf das Gebiet der historisch=encyklopädischen Literatur, das für ihn in dem „Conversations=Lexikon" gipfelte, das sich wesentlich in diesen Jahren zu dem gestaltete, was es für die deutsche Literatur geworden ist.

Die belletristischen Unternehmungen gruppirten sich hauptsäch= lich um das Taschenbuch „Urania", das, schon 1809 unternommen, in seinen zwei ersten Jahrgängen von der Hofräthin Spazier her= ausgegeben und zusammengestellt wurde, an dessen Redaction aber schon damals Brockhaus großen Antheil hatte, wie er denn später dieselbe fast ganz in seine Hände nahm. Die „Urania", die sich bald zu einem der werthvollsten unter den deutschen Taschenbüchern emporschwang, verdankt dies hauptsächlich seinem Eifer und rich= tigen Tact, indem er einestheils die angesehensten schöngeistigen Kräfte für das Taschenbuch zu gewinnen wußte, anderntheils durch Preisausschreibungen dasselbe zu einem Mittelpunkt der poetischen Production in Deutschland zu machen versuchte. Obwohl diese Preisausschreibungen im Grunde nur ein bedeutendes poetisches Resultat aufweisen können — wir meinen die „Bezauberte Rose" von E. Schulze, einem bis dahin fast unbekannten jungen Dichter —, so waren sie doch für das Unternehmen von großer Bedeutung durch die Anregung, welche sie der belletristischen Production gaben, sowie durch die mancherlei Verbindungen, die sie Brockhaus ver= schafften, und die zu weiterer Verlagsthätigkeit auf diesem Gebiete der Literatur die Veranlassung wurden. Es würde zu weit führen, wollten wir uns auf Aufzählung von Namen und Werken einlassen. Hier genüge es, Rückert, Oehlenschläger, Tiedge, W. Müller, Schwab, Platen, Z. Werner, Jean Paul zu nennen. (Die eigent= liche Blüthezeit der „Urania" fällt indeß erst nach Brockhaus Tod, als die bedeutendsten Novellisten, Tieck an der Spitze, ihre Mit= arbeiter wurden. Bekanntlich veranlaßte das Revolutionsjahr 1848 ihr Aufhören, nachdem sie 38 Jahre lang bestanden hatte.) Eine zahlreiche Uebersetzungsliteratur, die überhaupt von Brockhaus in allen Perioden seiner Verlagsthätigkeit mit besonderer Vorliebe gepflegt wurde, schloß sich auf diesem Gebiete der Herausgabe von Originalwerken an. Aber auch die streng wissenschaftliche, sowie die eigentlich gelehrte Literatur kam bei den Verlagsunter= nehmungen Brockhaus' nicht zu kurz. Es bedarf nur der Nennung von Namen, wie Ersch, Gruber, Pölitz, Murhard, Sprengel,

Kiefer, Eschenmayer, Nasse, H. Ritter, von denen wichtige, zum Theil sehr umfangreiche Werke in dieser Periode durch Brockhaus veröffentlicht wurden, um dessen Thätigkeit auch in den Fächern der ernsten Literatur zu würdigen.

Nicht minder bedeutend als auf dem schönwissenschaftlichen war Brockhaus' Thätigkeit auf dem politisch-publicistischen Gebiete, ja man kann sagen momentan in der großen Zeit von 1812—15 noch einflußreicher, denn Brockhaus war nicht nur ein unternehmender Verleger von richtigem literarischen Urtheil und feinem Geschmack, sondern er war auch vor allem ein feuriger Vaterlandsfreund, in welchem nationaler Sinn und politischer Freimuth sich in glücklichem Einklang befanden, und der in der damaligen Zeit mit zu der Zahl der dem Gedächtniß der Nachwelt aufzubewahrenden Patrioten gehörte, die mit ihrer Persönlichkeit, mit ihrem ganzen Dichten und Trachten für die Befreiung Deutschlands eintraten, und ihre Thätigkeit in dieser Beziehung nicht bloß nach ihrem Beruf oder gar nach ihrem Vortheil, sondern nach ihrer patriotischen Gesinnung bemaßen.

Wie die „Urania" der Mittelpunkt von Brockhaus' belletristischer Verlagsthätigkeit, so wurden die „Deutschen Blätter" der Angelpunkt, um den sich dessen politisch-publicistisches Wirken dreht. Gleich bei seiner Ankunft in Altenburg hatte er an die Gründung eines derartigen Unternehmens gedacht; allein die Zeiten unter der französischen Fremdherrschaft waren zu ungünstig, als daß er an die Durchführung einer politischen Zeitschrift hätte denken können. Hatten doch verschiedene Versuche auf nicht publicistischem, rein literarischem Wege, gewissermaßen verdeckt in das Gebiet der Politik hinüberzugreifen, ihm nur Ungelegenheiten, ja Conflicte mit den Behörden und hochstehenden Persönlichkeiten (u. a. dem Fürsten Hatzfeld) bereitet. Jetzt, nach den Siegen der Alliirten im August 1813 änderte sich die ganze politische Constellation, und als gar Fürst Schwarzenberg am 10. October sein Hauptquartier nach Altenburg verlegte, benutzte Brockhaus, entschlossen wie er war, rasch die günstige Gelegenheit zur Förderung seiner Absichten auf publicistischem Gebiet, indem er sich von Schwarzenberg einen „Befehl" zur Herausgabe eines „periodischen Blattes" erwirkte, das nur der Censur des Platzcommandanten zu Altenburg, nicht aber der dortigen Censurbehörde unterliegen sollte. Das Ergebniß dieses

„Befehls“ war das Erscheinen der „Deutschen Blätter“, deren erste
Nummer vom 14. October, also 2 Tage vor dem Beginn der
entscheidenden Völkerschlacht bei Leipzig, datirt, und die bald zu
den besten und am meisten gelesenen unter den durch den Be=
freiungskrieg hervorgerufenen und die Erhebung des deutschen
Volkes fördernden Erzeugnissen der deutschen Presse gehören sollten,
und sich ebenbürtig Görres’ „Rheinischem Mercur“, Luden’s
„Nemesis“ und der „Nationalzeitung der Deutschen“ zur Seite
stellen durften. Wenn auch die gewaltigen Ereignisse der dama=
ligen Zeit gewissermaßen den wirksamsten Mitarbeiter an einer
solchen Zeitschrift, deren erstes Bestreben war, ein schneller Herold
derselben zu sein, abgaben, so trugen doch auch die durch Inhalt
wie Gesinnung ausgezeichneten patriotischen Aufsätze, die der Zei=
tung von allen Seiten zuströmten, nicht wenig zu ihrer Verbreitung
und dem Einfluß, den sie gewann, bei. Waren doch unter ihren
Mitarbeitern Pölitz, Saalfeld, Curths (der Historiker), Villers,
Hasse, Zeune, Oken, A. W. Schlegel, Perthes und Baumgarten=
Crusius. Auch die patriotische Dichtkunst war reich vertreten;
mehrere der zündendsten Dichtungen von Körner, Schenkendorf,
M. Claudius, Chr. Graf zu Stolberg, Rückert erschienen zuerst
in derselben. Die ganze Seele des Unternehmens blieb übrigens
Brockhaus selbst; denn wenn auch Hain und Sievers die eigent=
lichen Redactionsgeschäfte besorgten, so war er doch der leitende
Geist, der nicht nur als Berichterstatter für sein Blatt dem großen
Hauptquartier sich angeschlossen und mit nach Leipzig zur Schlacht
begeben hatte, sondern der auch schreibend, rathend und mitredigi=
rend auf alle Weise bei der Herausgabe fördersamst sich betheiligte.
Wir können hier nicht umhin, neben den andern zahlreichen und
interessanten Actenstücken in Betreff der „Deutschen Blätter“, ihrem
Programm ꝛc., welche die Biographie zur Charakterisirung des
Unternehmens mittheilt, besonders auf einen aus der Feder Brock=
haus’ herrührenden Aufsatz aufmerksam zu machen, der unter der
Ueberschrift: „Noch ein Wort über den Franzosenhaß“ ein Thema
behandelt, das jetzt von neuem wie von selbst sich der politischen
Besprechung darbietet, und das Brockhaus im Geist und mit dem
Feuer des echten Patrioten behandelt. Natürlich mußte mit den
weniger hochgehenden politischen Wogen in den bald folgenden
Friedensjahren der Absatz des Blattes sich mindern, und so zog

es Brockhaus vor, dasselbe Mitte 1816 eingehen, statt es an der in jener der Publicistik immer ungünstiger werdenden Zeit an der Auszehrung sterben zu lassen.

Die „Deutschen Blätter" — aus denen nach deren Eingehen die „Isis", von Oken herausgegeben, sich entwickelte — sind nicht bloß wegen ihres Einwirkens auf die Bewegung der Geister in jener Zeit im Allgemeinen von Bedeutung, sondern speciell für Brockhaus auch dadurch, daß sie ihn mit den besten politischen Schriftstellern der Zeit in Verbindung brachten, die er dann zu Verlagsunternehmung an sich zu fesseln wußte, Umstände, die seiner Verlagsthätigkeit die politische nationale Richtung gaben, die für die nächste Zeit ihr charakteristisches Kennzeichen wurde, ohne doch den Verleger zu einseitiger Thätigkeit zu verführen.

Wir gaben oben das historisch=encyklopädische Gebiet als die dritte von den drei Richtungen an, denen sich Brockhaus in seiner Verlagsthätigkeit vorzüglich hingab. Man kann seine Thätigkeit auf diesem Gebiet wieder unter drei Unterabtheilungen einordnen, von denen die eine politische Zeitbroschüren, die zweite größere geschichtliche Werke, die dritte vorzugsweise das „Conversations= Lexikon" umfaßt. Die reichste unter diesen Gruppen ist jedenfalls die erste, da die kriegerisch wie politisch so sehr bewegte Zeit der massenhaften Entstehung von Flugschriften und dergleichen kürzeren Werken vorzüglich förderlich war. Natürlich war die Mehrzahl der auch bei Brockhaus erschienenen nur von vorübergehender Be= deutung; doch haben mehrere auch historischen Werth behalten, so die Broschüren, die von A. W. v. Schlegel, damals Cabinets= secretär des Kronprinzen von Schweden, in deutscher und fran= zösischer Sprache erschienen, ferner die von Villers und Saalfeld, Krug, Müffling, Clausewitz, Lüders, Curths, Fouché. Alle diese Zeitbroschüren sind entweder historischen, besonders kriegsgeschicht= lichen, oder gemeinnützlichen, oder politisch=raisonnirenden, oder polemischen Inhalts, von denen sich die vorletzt genannten haupt= sächlich mit der Deutschland zu gebenden Verfassung beschäftigen, die letztgenannten aber vorzugsweise sich gegen Napoleon und die bald sich geltend machenden Rückschrittstendenzen richten; auch kleine poetisch=patriotische und satyrische Erzeugnisse befinden sich darunter.

Neben diesen Zeitbroschüren verlegte Brockhaus während der

Altenburger Periode auch eine Reihe wissenschaftlich-historischer
Werke, zum Theil größern Umfangs und meist die neueste Zeit
behandelnd, so u. a. die „Allgemeine Geschichte der neuesten Zeit"
und die „Geschichte Napoleon Buonaparte's" von Saalfeld, Ven=
turini's „Geschichte der Befreiungskriege" 2c., mehrere Werke von
Hormayr über den Tyroler Aufstand 2c., die darum von Wichtig=
keit sind, weil der Erzherzog Johann als der eigentliche Verfasser
hinter Hormayr stand, und die deshalb zu Verhandlungen und
Händeln mit der oesterreichischen Preßpolizei Veranlassung gaben.
Hier ist auch eines zeitgeschichtlichen Unternehmens Erwähnung zu
thun, das damals begründet und noch lange Jahre, bis 1841,
fortgeführt wurde, der „Zeitgenossen. Biographien und Charak=
teristiken". Dieselben erschienen periodisch in Heften und erfreuten
sich lange Zeit großer Theilnahme.

Das Hauptwerk aber von Brockhaus' Verlag, dem er seit
seiner Niederlassung in Altenburg seine vorzüglichste Thätigkeit
widmete, und das unter allen Unternehmungen von nun an immer
den eigentlichen Mittelpunkt seines Schaffens bildete, war das
„Conversations=Lexikon", um das er bald lebhafte Kämpfe gegen
den Nachdruck zu bestehen hatte.

Brockhaus, sagt in dieser Beziehung die Biographie, begann
und vollendete wesentlich während der Altenburger Zeit die als
sein eigenstes Verdienst zu betrachtende Umarbeitung des „Con=
versations=Lexikons", durch welche dieses erst seinen eigentlichen
Charakter und diejenige Gestalt erhielt, in der es fähig wurde,
auf die Bildung der Zeit eingreifenden Einfluß zu üben und rasch
eine in der Geschichte des Buchhandels einzig dastehende Ver=
breitung zu gewinnen. Die angekaufte erste Auflage war in jeder
Weise ungenügend und auch durch die Nachträge nothdürftig er=
gänzt. Im Jahre 1812 begann Brockhaus in Altenburg die
Umarbeitung des Werkes in einer zweiten Auflage. Diese neue
Bearbeitung unterschied sich von der ersten nicht nur durch eine
Erweiterung des Inhalts, sondern auch durch gründlichern Gehalt
und genauere Darstellungsweise. Die patriotische Gesinnung machte
sich geltend, die Zeitgeschichte, namentlich die zeitgenössische Bio=
graphie, gelangte zu ihrem Rechte; Politik, Staatswirthschaft, alte
und neue Literatur, Archäologie, Philosophie, Naturwissenschaften,
Mathematik, populäre Heilkunde und Jurisprudenz, selbst Gewerbs=

und Handelskunde wurden theils zum ersten Mal, theils in er=
weitertem Umfange in den Rahmen des Werkes gezogen. Erst
1819 jedoch, in Leipzig, vermochte Brockhaus, der, durch aus=
gebreitete Kenntnisse in Politik, Literatur und Sprachen dazu
wohlbefähigt, die Seele und der Hauptleiter der Redaction des
Conversations=Lexikons war, dasselbe mit dem 10. Bande zu
Ende zu führen. An der raschen Vollendung wurde er außer
durch die Kriegsereignisse hauptsächlich durch den ganz unerwarteten
Absatz gehindert, den die neue Umarbeitung gleich bei ihrem Her=
vortreten fand. Schon nach dem Erscheinen der ersten vier Bände
machte sich 1814 und 15 eine dritte Auflage derselben nöthig, die
dann neben der zweiten fortgeführt wurde, und neben der, noch
bevor sie vollendet war, von 1817—19 eine vierte Auflage ver=
anstaltet werden mußte. Noch 1819 sah sich Brockhaus in der
angenehmen Lage, eine fünfte Auflage in 10 Bänden besorgen
zu müssen.

Der materielle Ertrag dieses die kühnsten Erwartungen über=
steigenden Absatzes lieferte zugleich die feste Grundlage des von
ihm in Altenburg so gut wie neubegründeten Verlagsgeschäfts.
Aber bald sollte die geistige Werkstatt Brockhaus' zu Altenburg
zu eng werden für dessen rastlose Thätigkeit und seinen unter=
nehmenden Geist. Er sah bald, daß Altenburg nicht der Platz
war für ein Verlagsgeschäft von dem Umfange und der Bedeutung,
zu der sich das seinige emporgeschwungen, weder in Betreff der
geistigen, noch der materiellen Hilfsmittel, die es bot. Weder
konnten die Altenburger Pressen seinen Bedarf befriedigen, noch
war Altenburg für den buchhändlerischen Verkehr ausreichend, noch
endlich gewährte das geistige Leben Altenburgs die literarischen Hilfs=
mittel, deren er von Tag zu Tag mehr bedurfte: seine fortwährend
sich erweiternden literarischen Beziehungen, sowie die beabsichtigten
neuen buchhändlerischen Unternehmungen verlangten einen größeren
Schauplatz und besonders eine eigene Druckerei. So kam Brock=
haus zu der Ansicht, daß nur eine Stadt in Deutschland, Leipzig,
als der Mittelpunkt des deutschen Buchhandels, als lebhafte Han=
delsstadt überhaupt, als Sitz einer Universität und eines regen
geistigen Verkehrs, seinen Anforderungen genügen könne, und er
entschloß sich, sein Geschäft dahin zu verlegen. Doch brachte er
den Entschluß nicht auf einmal und rasch zur Ausführung; er zog

vielmehr Ostern 1817 vorsichtig erst allein dahin, und erst als er
sah, daß der Schritt ein richtiger sei, nahm er allmählich die
Uebersiedelung seines Geschäftes und seiner Familie vor. So
wurde Leipzig, wie er schon in Amsterdam gewollt, der Hafen, in
welchem sein Lebensschiff nach manchen Widerwärtigkeiten vor Anker
ging. Zugleich wurde es aber die bleibende Stätte der von ihm
gegründeten Firma, auf welcher diese sich im Laufe des auf seinen
Tod folgenden halben Jahrhunderts nach dem genialen Plan ihres
Begründers und doch in einer Weise entwickelte, wie er es selbst
wohl kaum zu hoffen gewagt hatte.

Mit der Uebersiedelung nach Leipzig beginnt der letzte Abschnitt in Brockhaus' Wirken, für den uns, da der bis jetzt veröffentlichte erste Theil der Biographie mit dem Verlassen Altenburgs
schließt, das von R. Brockhaus zur Säcularfeier des Geburts-
tags F. A. Brockhaus' unter dem Titel: „Die Firma F. A.
Brockhaus" in splendider Ausstattung herausgegebene Festalbum
zum willkommenen Führer dienen wird. Fürs erste verband
Brockhaus seit 1818 mit dem Verlagsgeschäft eine eigene Druckerei,
die der damals bestehenden Innungsverhältnisse halber als „Zweite
Teubner'sche Druckerei" firmirte, und kaufte drei Jahre später ein
größeres Grundstück in Leipzig, dasselbe, in dem sich noch gegenwärtig alle geschäftlichen Zweige der Firma befinden, welches er
nach und nach ausbauend zu vergrößern begann, um sich darin
mit seinem ganzen Geschäft niederzulassen, namentlich der Druckerei,
deren Leitung sein ältester Sohn Friedrich, der speciell die Buchdruckerei bei Vieweg in Braunschweig erlernt und sich durch Reisen
in diesem Fache weiter ausgebildet hatte, 1820 selbständig übernahm und unter der Firma: „Friedrich Brockhaus" bis 1829 führte.

Neben dem „Conversations-Lexikon" und mehreren anderen
in der frühern Periode bereits begonnenen Unternehmungen müssen
wir als die wichtigsten nach der Uebersiedelung nach Leipzig von
Brockhaus veröffentlichten Verlagswerke folgende nennen: die Schriften von Johanna Schopenhauer; E. Schulze's poetische Werke;
Shakespeare's Schauspiele, übersetzt von J. G. Voß und seinen
Söhnen; Calderon's Werke, spanisch und deutsch; A. Schopenhauer's
„Die Welt als Wille und Vorstellung"; Krug's Schriften; Hol-
berg's Schriften, von Oehlenschläger; Shakespeare's Schauspiele,
von Fr. Horn; Raumer's „Vorlesungen über die alte Geschichte"

und „Geschichte der Hohenstaufen"; sowie zwei Zeitschriften, „Hermes, oder kritisches Jahrbuch der Literatur" (von 1818—31) und das „Literarische Conversationsblatt" (1818 als „Literarisches Wochenblatt" in Weimar von Kotzebue gegründet, 1820 in den Brockhausischen Verlag übergegangen, und seit 1826 unter dem Titel: „Blätter für literarische Unterhaltung" erscheinend, gegenwärtig unter der Redaction des Hofraths Gottschall).

(B. B. 1872. Nr. 109. 116.)

4. Zur Erinnerung an Friedrich Perthes.

Am nächsten Sonntag Jubilate (1872) sind es hundert Jahre, daß Friedrich Perthes geboren wurde. Die deutschen Buchhändler rüsten sich in diesen Tagen zur Wallfahrt nach Leipzig, um nach alter, schöner Sitte am Abrechnungstisch, beim frohen Mahle oder im vertrauten Freundeskreise das Bewußtsein der Gemeinschaft sich zu erneuern, welches die Glieder des deutschen Buchhandels in einer Weise verbindet, wie sie bei keiner über das Reich und weit über dasselbe hinaus verbreiteten Genossenschaft gefunden wird. Das Losungswort, an dem sich in dieser Messe alle Collegen erkennen sollen, welche von Nord und Süd, von jenseits der Alpen und von jenseits des Meeres in dem gastlichen Leipzig zusammen kommen, soll „Friedrich Perthes" sein!

Gestatten Sie, geehrter Herr Redacteur, einem der Jüngeren, der erst im Todesjahre von Perthes in den Buchhandel trat, einen Platz in diesem Blatte für den Ausdruck aufrichtiger Bewunderung, welche jeder Mitstrebende bei dem Hinaufblick zu dem Unvergeßlichen empfindet.

Aus den immer kleiner werdenden Kreisen der Veteranen des Buchhandels, welche Friedrich Perthes persönlich nahe standen und mit ihm in den Ausschüssen des Börsenvereins zusammen saßen, wird sich gewiß so Mancher zum Wort melden, um aus dem Schatze seiner Erinnerungen eine werthvolle Festgabe darzubringen. Und werthvoll ist alles, was der Einzelne in der persönlichen Begegnung und in dem gemeinschaftlichen Wirken mit einem edlen Menschen erlebt hat. An dem, von der Meisterhand des Sohnes

entworfenen Bilde von Perthes, wie wir deren nur wenige in
dieser Vollendung und Treue besitzen, werden jene Mittheilungen
zwar keinen, auch nicht den kleinsten Zug verändern, aber sie
werden in diesen Tagen doch Manchem eine Anregung werden, zu
jenem Bilde zurückzukehren, um sich in seinen Anblick zu vertiefen
und zu sammeln in dem Anschauen der gewaltigen Persönlichkeit.
Und der Vertiefung und Sammlung bedarf auch der Buchhändler
in der an zersplitternder und zerstreuender, nach schnellem Gewinn
rastlos ringender Arbeit so überreichen Gegenwart. Da ist es gut
und heilsam, wenn man ein Leben, wie Friedrich Perthes es gelebt
hat, einmal wieder in stillen Stunden an sich vorüber ziehen läßt.

Es war auch ein Leben voll Unruhe in einer Zeit, da Re=
volutionen und Kriege die Völker erst nach langem, fast bis zur
Vernichtung geführtem Kampfe zum Frieden kommen ließen. Ehe
der Tag von Leipzig anbrach, lag lange, schwere Nacht über Deutsch=
land gebreitet und eine vollständige Hoffnungslosigkeit und stumpfe
Gleichgültigkeit gegen sein grenzenloses Leiden wie gegen den fre=
velnden Uebermuth des Unterdrückers hatte sich selbst der Besten
bemächtigt. Aber Perthes verlor den Muth nicht. „Muß das
Herz", schrieb er am 25. August 1805 an Johannes von Müller,
„uns nicht deshalb schon groß werden, daß wir gerade in der
schlimmsten Zeit leben?" Er gedachte der großen Seher alter Zeit,
welche aus den Zeichen erkannt hatten, daß Gott etwas Neues
machen wolle; er glaubte an sein Volk und an dessen Wiederauf=
erstehung, wo die Meisten verzweifelten. Das „kaiserlich gesinnte
Herz", welches er aus seinem kleinen thüringischen Heimathlande
mitgebracht hatte, hoffte fest und sicher auf das neue Erstehen der
alten deutschen Herrlichkeit. Erlebt hat er sie nicht, aber dieser
Glaube, der Glaube an die Unzerstörbarkeit deutschen Geistes und
deutscher Sitte, hat ihn in jenen schlimmen Jahren aufrecht erhalten
und ihn im Leben nie verlassen. Es wäre eine dankbare Auf=
gabe, der lebenden Generation den Patrioten Perthes in einer
seine politische Thätigkeit und Gesinnung zusammenfassenden Dar=
stellung vorzuführen; einem geeignetern Orte und einer berufenen
Feder muß ihre Lösung überlassen werden. An dieser Stelle soll
nur darauf hingewiesen werden, daß die Wurzeln von Perthes'
späterem bedeutungsvollen buchhändlerischen Wirken zum größten
Theile in seinen patriotischen Gesinnungen und Tugenden ruhten,

welche ihm ein Recht gaben, in den engen Bund der edelsten Geister
als ein Voll= und Gleichberechtigter einzutreten. Das ist ja das
Eigenthümliche des Buchhandels, was ihn von allen anderen mer=
cantilen Berufsarten unterscheidet, daß äußere Mittel und ge=
schäftliche Fertigkeiten nur dann große und bleibende Erfolge er=
zielen, wenn sie sich mit hervorragenden Eigenschaften des Geistes
und Charakters verbinden; der Werth des Mannes entscheidet,
wenn es sich darum handelt, das Vertrauen der hervorragenden
Geister einer Nation in der Weise zu erwerben und zu erhalten,
wie es Perthes in den verschiedenen Richtungen seines buchhänd=
lerischen Wirkens sich erworben und bis zu seinem Tode erhalten
hat. Hätte Perthes einen andern Lebensberuf erwählt, er würde
eine Zierde desselben geworden sein, wie er eine Zierde des Buch=
handels geworden ist. Die allgemeine Theilnahme, welche aus
allen Kreisen der Gebildeten seiner Biographie entgegengebracht,
die Ungeduld, mit welcher nach dem Erscheinen des ersten Bandes
die Fortsetzung erwartet, die Hingabe, mit welcher das Werk ge=
lesen, und das Interesse, mit welchem es besprochen wurde, zeigen
wohl am deutlichsten, daß die geistige und sittliche Bedeutung des
Mannes es war, welche ihm die Theilnahme der Nation nach
seinem Tode bewahrte, wie sie ihm die Liebe und Achtung der
Mitwelt erworben hatte.

Und dieses dem Menschen Perthes zugewendete Interesse ist
dem Buchhändler Perthes zu gute gekommen; ja, ich sage nicht
zu viel, wenn ich es ausspreche, daß durch „Friedrich Perthes'
Leben" den weiteren Kreisen erst ein Verständniß für die Bedeu=
tung des Buchhandels erschlossen ist. Die rein kaufmännischen
Kreise sind es von jeher gewohnt gewesen, mit einer gewissen Ge=
ringschätzung auf den Buchhandel herabzusehen, dessen Jahresum=
satz nur einen verschwindend kleinen Bruchtheil jenes gewaltigen
Capitals bildet, in welches sich die handeltreibende Welt theilt;
zudem sind die Formen, in welchen sich der buchhändlerische Ver=
kehr bewegt, so eigenthümliche, den kaufmännischen Gebräuchen oft
so widersprechende, daß dem Kaufmann nur sehr selten ein Ver=
ständniß für dieselben abzugewinnen ist. In den entgegengesetzten
Anschauungen bewegt sich der Theil der schriftstellerischen Kreise,
welcher in dem Buchhändler nur den Kaufmann erblickt, während
das größere Publicum sein Urtheil über den Buchhandel nur aus

seinem Verkehr mit der Buchhandlung bildet, die es zur Befrie=
digung seines literarischen Privatbedürfnisses zu benutzen pflegt.

Da erscheint die Biographie von Friedrich Perthes und vor
den Augen der erstaunten Leser entrollt sich das in das Leben der
Nation tief eingreifende Wirken eines deutschen Buchhändlers, durch
welches dem Kaufmann, wie dem Gelehrten und Jedem, der gei=
stigen Interessen zugänglich ist, eine ganz neue Anschauung von
dem Wesen und der Bedeutung des Buchhandels erschlossen wird.
Aber auch der Buchhändler stand betroffen vor diesem Bilde seines
großen Collegen, welches von nun an jedem ernst strebenden Jün=
ger des Buchhandels als ein Ideal vorschwebte, dem so Mancher,
ohne es zu erreichen, mit der besten Kraft seines Herzens nach=
strebte und welches ihm die Mühen und Sorgen seines Berufes
verklärte durch den Blick auf das ihm erst durch Perthes ganz er=
schlossene Wesen seines Berufes.

Für buchhändlerische Kreise ist es bei der bevorstehenden
Jubelfeier vielleicht nicht ohne Interesse, die in der Biographie
zerstreuten Aeußerungen und Ansichten von Perthes über die Be=
deutung und Aufgabe des deutschen Buchhandels, sowie sein buch=
händlerisches Wirken in einer dem vortrefflichen Werke entnommenen
kurzen Zusammenfassung zu überblicken. Vielleicht gibt eine solche
flüchtige Skizze auch dem Einzelnen Gelegenheit, das in ihr nur
Angedeutete weiter zu verfolgen und darüber nachzudenken, wie
mit den von einer neuen Zeit völlig umgestalteten Formen des
buchhändlerischen und literärischen Verkehrs die Ansichten eines
Perthes über Wesen und Aufgabe des deutschen Buchhandels zum
Segen für Viele sich vereinigen lassen.*)

Perthes gründete, kaum 24 Jahre alt, im Jahre 1796 in
Hamburg eine Buchhandlung, welche sich, was bis dahin noch
Niemand gewagt hatte, ausschließlich mit dem Sortimentsbetrieb
beschäftigen sollte. Zunächst sah auch er in dem Buchhandel das
Mittel, welches Vermögen und äußere Selbständigkeit verschaffen
müsse, aber die Bedeutung, welche der Buchhandel für das ge=
sammte geistige Leben des deutschen Volkes hatte, trat ihm bennoch

---

*) Um die Citate nicht zu sehr zu häufen, habe ich dieselben in dem nach=
stehenden Referate, welches, namentlich im Anfange, einzelne Partien der
Biographie wörtlich wiedergibt, ganz weggelassen.

so vorherrschend vor die Seele, daß er während seines langen Le=
bens weniger Gewicht auf den Erwerb gelegt hat, wie jeder Beamte
auf die Besoldung zu legen gewohnt ist. Ohne eine großartige
Gestaltung des Buchhandels schien ihm Wissenschaft und Kunst in
ihrer Wirkung gefährdet; „wo der Balgentreter fehlt", äußerte er,
„spielt der größte Virtuos vergebens auf der Orgel." Manche
literärisch todte Gegend hatte er durch die Regsamkeit aufleben
sehen, und schon von diesem Gesichtspunkte aus beklagte er, daß
dem interessanten Erwerbszweige viel zu wenig Aufmerksamkeit ge=
widmet werde. An den Orten ferner, an welchen die Buchhändler
Sinn für Wissenschaft und Kunst besaßen, sah er vorzugsweise
wissenschaftliche und künstlerische Werke abgesetzt; wo sich dagegen
ein Buchhändler von niedrigem und sittenlosem Charakter ange=
siedelt hatte, fanden elende und schlüpfrige Schriften aller Art
weite Verbreitung. Gestützt auf solche Thatsachen, schrieb Perthes
dem Buchhandel überhaupt und jedem Buchhändler insbesondere
einen wesentlichen Einfluß auf die Richtung zu, in welcher Leser
und Käufer bei der Auswahl ihrer geistigen Nahrung zu Werke
gingen, und da ihm der in ungeheuerem Wachsthum begriffene
Einfluß der Literatur auf Gesinnung und Leben vor Augen lag,
so betrachtete er damals und sein ganzes Leben hindurch den Buch=
handel und die Art seines Betriebes als eine tief in den Gang
der Geschichte eingreifende Macht. Er wußte wohl, daß der Buch=
handel völlig handwerksmäßig betrieben werden könne, aber auch
an Pfarrern und Professoren, an Ministern und Generalen fehlte
es nicht, welche Frohndienste leisteten um das tägliche Brot. Ein
Grauen freilich kam ihn an, wenn er Buchhändler sah, welche, wie
er sich später ausdrückte, gemeine Wirthschaft trieben mit Schreib=
gesindel, das für Stallung und Fütterung den Geist vermiethete.
„Wo wäre", schrieb er 1794, „ein Stand, dessen Mitglieder die
ihnen nothwendigen Kenntnisse weniger besäßen, als der des Buch=
handels? Deutschland ist mit elenden und scheußlichen Büchern
überschwemmt, und würde frei von dieser Plage sein, wenn dem
Buchhändler die Ehre lieber wäre, als das Geld." So entschieden
Perthes den Beruf, dem er mit Liebe und Wärme sich ergeben
hatte, gehoben wissen wollte, so erschien ihm doch der Vorschlag
seines Freundes Campe, den Druck verderblicher Werke durch Er=
richtung eines Buchhändlertribunals unmöglich zu machen, nicht

nur unausführbar, sondern auch gefährlich, weil er eine neue Art von Censur zum Ziele habe. Nur in der Verstärkung einer ehren= haften Gesinnung des ganzen Standes und jedes seiner Glieder sah er Hilfe.

Im Jahre 1799, als die Revolutionskriege begannen und die großen Umwälzungen in den Geld= und Handelsverhältnissen Ham= burgs eintraten, erweiterte Perthes die seiner Handlung gestellten Aufgaben. In Hamburg, Holstein, Mecklenburg und Hannover sollte sie die Grundlage ihres Geschäftsbetriebes finden, aber von dieser Grundlage aus eine Stellung gewinnen, durch welche sie zur Vermittlerin des literärischen Verkehrs aller europäischen Völker untereinander würde, indem sie die Literatur eines jeden Volkes allen andern Völkern zugänglich machte. Um diesen umfassenden Plan ins Leben zu führen, verband er sich mit Joh. Heinr. Besser, der seine literarische Bildung in Göttingen durch Arbeiten auf der dortigen Bibliothek und durch Theilnahme an literarhistorischen Vorlesungen befestigt und erweitert hatte. „Nicht ein einziger Buch= händler möchte sich finden", äußerte Perthes später, „welcher in dem Umfange wie Besser Kenntniß von dem Dasein, von der Be= stimmung und Brauchbarkeit der verschiedensten Werke aus der Literatur aller Völker besitzt, und Niemand weiß in dem Umfange, wie er, wo sie zu finden und wie sie anzuschaffen sind." Dieser Plan wurde infolge der große Störungen und Verluste, welche das Jahr 1806 brachte, zum größten Theile aufgegeben, aber bis dahin wurde er festgehalten und im deutschen Buchhandel nahmen Perthes und Besser eine bedeutende und wohlbegründete Stel= lung ein.

Das persönliche Vertrauen, welches Perthes in weiten Kreisen genoß, und das Interesse, welches seine frische und kräftige Leben= digkeit so vielen bedeutenden Männern einflößte, wurden eine we= sentliche Grundlage des Geschäfts. Von Jahr zu Jahr vergrößerte sich im nordwestlichen Deutschland die Zahl der Familien, welche sich durch Perthes die älteren und neueren Werke bestimmen ließen, die ihrer besonderen Sinnesart, ihren Neigungen und Verhältnissen die angemessensten waren. Der gesunde Blick und die Gewissen= haftigkeit, mit welcher Perthes hierbei verfuhr, läßt sich aus den erhaltenen Verzeichnissen erkennen, in denen er kurz, aber treffend die literarischen Neigungen und Bedürfnisse der ihm bekannten

Familien sich bemerkte, die er bis in eine Entfernung von dreißig und vierzig Meilen, ja bis nach Dänemark, Schweden, Petersburg und England in längern oder kürzern Zwischenräumen zur Durchsicht und Auswahl versendete.

Unter den zahlreichen in dem ersten Decennium dieses Jahrhunderts von Hamburg aus angeknüpften Verbindungen mit bedeutenden Männern sei hier zuerst das Freundschaftsverhältniß zu Niebuhr erwähnt. Während Perthes sich unauflöslich an den edlen Sinn und an das reiche Gemüth des großen Mannes gebunden fühlte, war Niebuhr von tiefer Achtung erfüllt vor der herrlichen Kraft, wie er sich ausdrückte, und vor der männlichen Lebenstüchtigkeit des ungelehrten Freundes. Dem Geschäftsmanne, welchem wissenschaftliche Bildung fehlte, legte Niebuhr den ersten Band seiner römischen Geschichte mit den Worten vor: „Gerne möchte ich ohne Rückhalt gesagt wissen, wie Sie mit meinem Buche zufrieden sind." Auf Perthes' einige Monate später erfolgte Antwort entgegnete Niebuhr: „Ihr Urtheil über den ersten Band meines Werkes hat mir unbeschreiblich wohlgethan. Nehmen Sie es nicht als ein zuviel sagendes Compliment, wenn ich sage, daß neben Goethe's Lob Ihr Gefühl mir genügte, wenn auch öffentlich sehr feindliche Stimmen sich hören lassen sollten."

Auch mit Johannes von Müller stand Perthes in jener Zeit und namentlich in den Jahren 1805 und 1806 in lebendigem Verkehr. Die Briefe an ihn athmen den tiefen Schmerz um den Fall des Vaterlandes und den bittern Unwillen über die Muthlosigkeit und Gleichgültigkeit der Männer, die den Stolz unseres Volkes ausmachten — aber durch Schmerz und Unwillen leuchtet der Mannesmuth hindurch, der die im felsenfesten Gottvertrauen ruhende Hoffnung nicht sinken läßt, sondern dem hereingebrochenen Elend selbst eine Lichtseite abzugewinnen weiß. „Vieles ist auch schon weggeräumt", schreibt Perthes 1805 an Müller, „daß ich nur anführe: die Endschaft der papiernen Zeit; noch zwanzig Jahre solcher Buhlerei mit der Literatur, solcher Verhätschelung geistiger Bildung, solcher Krämerei mit belletristischem Luxus — und wir hätten ein siècle littéraire erlebt, abgeschmackter als das unserer Nachbarn."

Es ist selbstverständlich, daß das Jahr 1806 auch Perthes in seinem Geschäfte schwer schädigen mußte. Aber der innere Friede,

der ihm aus seinem aufblühenden Familienglück erwuchs, und die
Gemeinschaft, in der er sich mit den besten Männern jener Zeit
wußte, ließen ihn jenen materiellen Verlust weniger empfinden.
Wo Andere sich vorsichtig von Geschäften zurückzogen, dehnte er
den Betrieb seiner Handlung in einer Weise aus, daß er im Jahre
1807 schreiben konnte: „Niemand in Hamburg hat jetzt Geschäfte,
die meinigen aber sind größer wie je und werden bald eine noch
größere Ausdehnung gewinnen." Seine Handlung galt als eine der
bedeutendsten im Norden Deutschlands und Niebuhr nannte ihn
scherzend den Buchhändlersouverän von der Ems bis an die Ostsee.

Vom höchsten Interesse ist es, zu sehen, wie Perthes in den
Jahren 1809 und 1810 sich um die Erhaltung deutscher Gesin=
nung bemühte und dabei zunächst an die literärischen Kreise und
den ihnen dienenden Buchhandel seine Hoffnungen und Pläne an=
knüpfte. „Deutschland ist recht eigentlich", schrieb er, „Element und
Vaterland des Standes der Männer der Wissenschaft; deutsche Ge=
lehrtenrepublik besteht noch und kann auch ferner bestehen, obgleich
unsere Fürsten besiegt sind und das deutsche Reich zertrümmert ist."
In dem Buchhandel sah er die Freistätte, welche die Freunde der
Wahrheit aufnehmen und sie, wenn auch nur vor der äußersten
Lebensnoth schützen sollte. „Der deutsche Buchhandel", schrieb er
nach dem Wiener Frieden von 1809 an Jacobi in München, „ist
das einzige noch vorhandene Band, welches die ganze Nation um=
faßt; ein Nationalinstitut ist er, frei aus sich selbst entsprossen
und jetzt beinahe allein unsere nationalen Eigenthümlichkeiten echt
charakterisirend. Daß er nicht alles leistete, was er leisten konnte,
ist wahr, aber für die Zukunft kann er noch vieles leisten, nur er
allein kann die deutsche Gelehrtenrepublik retten, und das ist meine
Aufgabe für dieses Leben." Zunächst wollte er eine in kurzen
Zeiträumen erscheinende Zeitschrift gründen, welche lebendige Ver=
bindung aller deutsch gesinnten Männer erhält. „Meine Stellung
ist günstig; ich kenne die Edelsten der Nation und kann mir deren
Beihilfe versprechen; mein Buchladen reicht in der gedrückten Zeit
Hilfsmittel für die Redaction dar, wie kein anderer es ver=
mag." Aber er fürchtet, daß seine Freunde das Unternehmen für
zu gewagt halten und die Frage aufwerfen werden: „Dürfen wir
auch?" Darauf antwortet der muthige Mann mit Jean Paul:
„Mit keinem Zwange entschuldigt die Furcht ihr Schweigen." Auch

unter Napoleon's Herrschaft könne man vieles sagen, wenn man nur die rechte Weise lerne, es zu sagen. „Vaterländisches Museum" soll die Zeitschrift heißen. „Sie soll nicht verboten werden, darum muß sie sehr vorsichtig auftreten; sie soll gelesen werden, darum muß ihre Absicht erkennbar für die Deutschen sein." Ende No= vember 1809 versendete Perthes den Plan des Vaterländischen Museums nach allen Gegenden Deutschlands, an alle Männer, von deren deutschem und wissenschaftlichem Sinn er Kunde hatte. Er hoffte, daß dieser in einem Mittelpunkte geeinigte Bund deutscher Männer, wenn die rechte Stunde käme, sich schnell aus einem wissenschaftlichen Vereine in einen Bund umsetzen könne, welcher zu kräftiger That Kraft und Zusammenhang besitze. Von allen Seiten liefen zustimmende Antwortschreiben ein, welche sich mit Wärme für das Unternehmen und mit Dank gegen den Mann, welcher es versuchte, aussprachen. Im Frühjahr 1810 trat es ins Leben und brachte Beiträge von Jean Paul, Graf Friedr. Leop. Stolberg, Claudius, Fouqué, Arndt, Friedrich Schlegel, Görres u. A. Die Aufnahme übertraf alle Erwartungen, aber auch die durch die Herausgabe geforderte Arbeit überstieg neben den großen politischen Aufregungen und neben den fortlaufenden Anstrengungen für das ausgedehnte Geschäft fast das Maß menschlicher Kraft.

Am Ende des Jahres 1810 waren die drei Hansestädte zu= gleich mit dem ganzen nordwestlichen Deutschland zu einem Be= standtheil des französischen Reiches erklärt worden. Unter den auf diese eroberten Theile übertragenen französischen Einrichtungen war es die einer Generaldirection zur Beaufsichtigung des Buchhandels und der Buchdruckereien, welche Perthes mit großer Sorge erfüllte. Für jedes Buch, welches in Hamburg gedruckt oder aus den nicht occupirten Theilen Deutschlands in die deutschen Departements des Kaiserreichs gebracht werden sollte, mußte ein Erlaubnißschein aus Paris beigebracht werden. Napoleon, welcher die Denkfreiheit als die erste Eroberung des Jahrhunderts erklärte und in seinen Staaten Preßfreiheit haben wollte, verlangte aber auch zu wissen, was für Gedanken und Ideen in den Köpfen umgingen. Der außerordentlich künstliche Apparat, der zu diesem Zwecke construirt wurde, versagte seine Dienste. Bei der Unkenntniß der Franzosen in allem, was deutsche Literatur und Sprache hieß, wurde es Jedem leicht, bei vollständiger Beobachtung der vorgeschriebenen Formen,

auch die dem Kaiser mißliebigsten Bücher einzuführen, worüber
derjenige Theil der Biographie, welcher Perthes' Haltung als fran=
zösischer Unterthan behandelt, höchst ergötzliche Einzelheiten mit=
theilt. Beim ersten Bekanntwerden der beabsichtigten, gegen die
deutsche Literatur gerichteten polizeilichen Maßregeln sah Perthes
der Gefahr, welche seinem Geschäfte zugleich mit dem ganzen deut=
schen Buchhandel den Untergang drohte, besonnen und muthig ins
Auge, aber „durch alle Umstürze", so schrieb er um diese Zeit an
Jacobi, „muß das, was ich als Geschäftsmann betreibe, noch grö=
ßeren Aufschwung erhalten."

Und dieses prophetische Wort hat sich erfüllt. Die namen=
losen Leiden Hamburgs unter der Fremdherrschaft sind bekannt und
ihre Schilderung in dem ersten Bande von Perthes' Leben ergreift
noch heute den Leser aufs tiefste. Perthes, dessen Lichtgestalt in
dieser dunkelsten Zeit wie ein Hoffnungsstern erscheint, zu dem
Viele mitten im Schiffbruch vertrauend aufschauten, verließ Ham=
burg erst, als nicht die geringste Aussicht auf Rettung mehr vor=
handen war. Was er bis dahin für diese Stadt gethan und ge=
litten, wie er kein Mittel unversucht gelassen, welches zu ihrer Be=
freiung dienen konnte, wie er selbst sein Leben wiederholt für sie
in Gefahr brachte: in der Geschichte Hamburgs ist es verzeichnet
und in diesen Tagen wird dort manches Herz des muthigen und
kühnen Mannes dankbar gedenken.

Perthes hatte alles, was er besaß, verloren. Aber er beschloß,
in Gottes Namen wieder von neuem anzufangen. In einem Cir=
cular zeigte er im April 1814 dem deutschen Buchhandel die Wieder=
eröffnung seines Geschäftes an und versprach alles Schuldige zu
bezahlen. Das Wie und Wann bat er ihm zu überlassen, doch
solle innerhalb dreier Jahre alles bezahlt sein. Der treue und
bewährte Besser, welcher bisher stiller Gesellschafter der Handlung
gewesen war, trat jetzt als öffentlicher Theilhaber in die Firma
und so schickten sich beide Freunde zum Beginn des schweren Unter=
nehmens an. Auf Hamburg und das übrige Deutschland rechneten
sie bei ihren Plänen zunächst nicht, weil zu erwarten stand, daß
die Folgen der langen Noth noch auf Jahre jede Lebendigkeit des
literärischen Verkehrs verhindern würden; sie wendeten ihre Auf=
merksamkeit England zu, wo infolge der Freiheitskriege die Theil=
nahme an Deutschland größer wie seit Jahrhunderten geworden

war, und eine geschickte Benutzung derselben der Verbreitung der
deutschen Literatur in den dortigen reichen Sammlerkreisen sehr
förderlich sein mußte. Besser, welcher die englischen Verhältnisse
und namentlich auch die mangelhafte Einrichtung des englischen
Buchhandels kannte, hoffte sogar, die Gesammtvermittlung zwischen
England und der nicht englischen Literatur in die Hand des deut=
schen Buchhandels zu bringen.

Während Besser nach England ging, begann Perthes im Vater=
land die unterbrochenen Verbindungen wieder anzuknüpfen und
neue Wege zu bahnen. „Fest kannst Du Dich darauf verlassen,"
schrieb er bald nach Eröffnung des Geschäfts an Besser, „unsere
Handlung wird sehr bald wieder in Blüthe stehen; man sehnt sich
ordentlich nach uns." Die Masse der auf Perthes einstürmenden
Arbeit machte die baldige Rückkehr Besser's nöthig, dessen Aufent=
halt in England ihm manche Enttäuschungen, aber doch auch zahl=
reiche und werthvolle Verbindungen eingebracht hatte. Die Jahre
1814 und 1815 vergingen Perthes unter steter und erfolgreicher
Anstrengung innerhalb seines nächsten Berufs und im Dienste seiner
Vaterstadt, deren Verwaltung und Verfassung in die neue Zeit
hinüber geleitet werden sollten. Aber von den ihm am nächsten
liegenden Aufgaben als Geschäftsmann und Bürger richtete er
seinen Blick auch auf weitere Kreise, beobachtete mit eingehendem
Interesse die Entwicklung der politischen Zustände Europas und
faßte daneben besonders die durch die Neugestaltung Deutschlands
bedingte Reform des deutschen Buchhandels ins Auge. Er be=
fürchtete namentlich, daß unter dem Drucke der in Deutschland nach
dem Kriege schärfer hervortretenden Gegensätze eine Scheidung in
Süd und Nord, in Katholisch und Protestantisch, in Oesterreichisch
und Preußisch, und zwar nicht nur politisch, sondern auch national
sich vollziehen könne. In Beziehung auf die Literatur bestand
diese Scheidung bereits bezüglich der irgendwie katholisch gefärbten
Literatur Süddeutschlands und Oesterreichs, welche in Norddeutsch=
land vollständig unbekannt blieb, und welche doch Schätze enthalten
konnte, bestimmt, ein allgemeines deutsches Gut zu sein. Diese
unnatürliche Scheidung der deutschen Literatur zu überwinden, faßte
Perthes als die Aufgabe des Buchhandels auf.

In einer im Jahre 1816 von ihm verfaßten Schrift: „Der
deutsche Buchhandel als Bedingung des Daseins einer deutschen

Literatur", entwickelte er nun in kurzen Sätzen, daß, wenn der
Buchhandel den an ihn zu stellenden Ansprüchen genügen solle,
derselbe als ein National-Institut geachtet und so weit der deutsche
Bund sich erstreckt, gehegt, geschirmt und beschützt werden müsse.
Der Buchhandel an sich bedürfe, sowie jeder Handel, keiner weiteren
Begünstigung als Freiheit, wohl aber zur Aufrechthaltung derselben
und Auseinandersetzung der dabei in Berührung kommenden Interessen eines Gesetzes über das Eigenthumsrecht der Autoren und
Verleger, sowie einer Behörde, durch welche diese Rechte geltend
zu machen und aufrecht zu erhalten sind. Der Nachdruck wucherte
damals noch in Deutschland und Perthes nimmt deshalb Gelegenheit, die Schädlichkeit und Unsittlichkeit desselben darzulegen, auf
seine Beseitigung zu bringen und die Folgen für die deutsche Literatur aufzuzählen, welche eine Fortdauer des bisherigen gesetzlosen
Zustandes nothwendig herbeiführen müsse.

Nachdem diese Darlegung der Perthes'schen Ansichten die
Billigung Friedrich Schlegel's, welcher sich als oesterreichischer
Legationsrath in Frankfurt aufhielt, gefunden, auf seine Veranlassung gedruckt war und er sich zu ihrer Verbreitung unter den
Staatsmännern erboten hatte, waren alle Aussichten vorhanden,
daß der demnächst zusammentretende Bundestag dem letzten Artikel
der Bundesacte, welcher den Schutz des literarischen Eigenthums
behandelte, seine besondere Theilnahme zuwenden werde.

Um durch eigene Anschauung ein Urtheil über die Gestaltung
des geistigen Lebens und des literärischen Verkehrs in den verschiedenen Theilen Deutschlands und namentlich in Süddeutschland
zu gewinnen, beschloß er, jene Gegenden zu bereisen und trat,
hierzu von bedeutenden und einflußreichen Männern ermuntert, am
19. Juli 1816 diese Reise an. Am 18. October traf er wieder in
Hamburg ein. Die in dem zweiten Bande der Biographie ver-
zeichneten Erlebnisse auf dieser Reise und Perthes' Bemerkungen
über den literärischen Verkehr in den von ihm besuchten Ländern
gehören an und für sich schon zu den für den Buchhändler inter-
essantesten Abschnitten, gewinnen aber noch dadurch ein erhöhtes
Interesse, weil ein Vergleich der damaligen Zustände im Buchhandel mit den heutigen die ungeheure Kluft erkennen läßt, welche
die Gegenwart von der Vergangenheit auch auf diesem Gebiete
trennt. Das heutige Geschlecht im Buchhandel, welches im ge-

einigten Vaterlande die Segnungen des endlich errungenen einheit=
lichen Schutzes des geistigen Eigenthums ungestört genießt, wird
mit um so größerer Ehrfurcht und Bewunderung zu Perthes
hinaufblicken, der einer der ersten und tapfersten Vorkämpfer in
diesem langen und heißen Kampfe gewesen ist.

Die nun folgenden Jahre waren der Befestigung des neu
begründeten Geschäftes gewidmet. Immer zahlreicher und ausge=
dehnter wurden die Verbindungen der Buchhandlung und mit ihnen
wuchsen die persönlichen Beziehungen, welche Perthes durch sein
Geschäft gewann. Denn das ist das Bezeichnende für seinen
geschäftlichen Verkehr und darin liegt der Grund seiner äußern
Erfolge, daß der, welcher Perthes geschäftlich nahe trat, sein Freund
wurde, sobald er überhaupt würdig war, ein solches Verhältniß
einzugehen.

Das vierte, die Jahre 1817—1822 umfassende Buch der
Biographie zeigt uns Perthes im regen Verkehr mit Staats=
männern, Gelehrten, Geistlichen und Schriftstellern, mit den durch
Bildung und warme Religiosität ausgezeichneten protestantischen
Kreisen Holsteins und mit den durch Frömmigkeit, wie mit Geist
und Talent geschmückten katholischen Kreisen Westphalens. Alles,
was in jenen Jahren die Gemüther bewegte: die Erscheinungen im
Volksleben, das Verhalten der Regierungen, die verschiedenen in
den Vordergrund tretenden politischen Fragen, die südeuropäischen
Revolutionen, die sich immer schärfer gestaltenden religiösen und
kirchlichen Gegensätze — alles wird in unausgesetztem Briefwechsel
mit den Freunden in einer Weise besprochen, welche den Leser jene
Zeit förmlich miterleben läßt und ihn mit Bewunderung vor dem
tiefen Verständniß, dem sichern Urtheil und dem Scharfblick, mit
welchem Perthes die schwierigsten Fragen bespricht, erfüllen muß.

Es kam die Zeit, wo sich Perthes mit dem Gedanken vertraut
machte, sich dem aufreibenden Treiben des unruhigen Geschäftes zu
entziehen. Der am 28. August 1821 erfolgte Tod seiner Frau,
Caroline, deren fromme und reine Seele sein mühevolles und
sorgenreiches Leben in hingebender Liebe erquickt und verklärt
hatte, brachte jenen Gedanken zur Ausführung. Die Handlung
wurde Besser übergeben; Mauke, welcher lange schon die Last und
Sorge des großen Geschäftes mitgetragen hatte, wurde als Theil=

nehmer aufgenommen und am 20. März 1822 verließ Perthes mit vier Kindern Hamburg und langte den 25. März in Gotha an.

Gerade ein halbes Jahrhundert hatte Perthes durchlebt, als er in neuen Verhältnissen gleichsam von neuem zu leben anfangen sollte. Die Aufregungen des umfangreichen Sortimentsgeschäfts in der großen Seestadt wollte er mit dem ruhigeren Betriebe einer neu zu gründenden Verlagsbuchhandlung vertauschen und hatte als Ort dazu Gotha gewählt, mit dem ihn verwandtschaftliche Be= ziehungen verbanden. In welchem Sinne er diesen neuen Beruf auffaßte, spricht sich in seinen Briefen der damaligen Zeit aus. „Sie wissen, daß ich den Buchhandel als die unerläßliche Vorbe= dingung einer deutschen Literatur sehr hoch stelle. Der Nerv des Buchhandels ist der Sortimentshandel. Kenntniß des Bessern und der Wille, dieses lieber als das Schlechte zu verkaufen, gibt ihm seinen sittlichen Werth. Es ist mir wohl erlaubt zu sagen, daß ich diesen Zweig des Buchhandels so gut durchgeführt habe, wie Einer. In Deutschland steht keine Sortimentsbuchhandlung höher als die meinige. Wer bei herannahendem Lebensabend fortarbeiten zu können meint und deshalb versäumt, das Geschäft in jüngere Hände hinüberzuleiten, wird traurige Erfahrungen machen. Die zweite Art des Buchhandels, der Verlag, ist in allen Beziehungen gänzlich verschieden von dem ersteren, aber nur der, welcher den Sortimentshandel aus eigener Handhabung kennt, kann ein Ver= lagsbuchhändler werden, wie er es zum Nutzen der Literatur und zum eigenen Vortheil sein soll." Da Perthes den Sortiments= buchhandel sechsunddreißig Jahre betrieben hatte, und mit vielen der ersten Gelehrten in freundschaftlichem Verkehr stand, ein reines, wenn auch nicht großes Capital und Credit in der Kaufmannswelt besaß, so glaubte er die Bedingungen gegeben zu sehen, unter denen eine Verlagshandlung mit Erfolg zu führen sei. Nicht vom Zufalle wollte er sich seine Verlagsartikel zuführen lassen in einer Zeit, wo fast in allen Zweigen der Literatur eine schlechte Buchmacherei herrschte. „Die Nation ist besser, als ihre Schriftsteller, und hat literarische Bedürfnisse, die durch diese keine Befriedigung erhalten." Namentlich auf dem Gebiete der historischen Wissenschaften glaubte er ein solches nicht befriedigtes Bedürfniß zu erkennen. „Die harten Jahrzehende, welche die Deutschen durchleiden mußten, und die Seelenerhebung des Jahres 1813 haben, was man früher nur als

Sagen und Märchen gehört, zu Fleisch und Blut werden lassen;
was andere Zeiten nur als Darstellungen der Historiker kannten,
hat unsere Zeit wirklich gelitten und gethan, und hat, weil sie
selbst eine Geschichte gehabt, auch Sinn für Geschichte bekommen.
Größere Fragen, andere und tiefere wie früher, werden an die
Geschichte gethan und eine Antwort darauf darf nicht ausbleiben.
Mein Beruf nun soll es werden, die Männer, welche solche Ant=
wort geben können, suchen zu helfen, sie zu drängen und zu treiben,
das, was sie können, auch wirklich zu thun, und ihnen in allen
Dingen, die dem Buchhändler näher liegen, wie dem Gelehrten,
förderlich und behülflich zu sein."

Das war das Programm, welches Perthes für seine neue
Lebensarbeit aufstellte. Er hatte schon 1816 in Nassau mit Stein
den damals eben entworfenen Plan zu einer Sammlung der
Quellen der deutschen Geschichte besprochen, und daß später die
von Pertz herausgegebenen Monumenta Germaniae historica wirk=
lich erscheinen konnten, dazu hat Perthes wesentlich mit beigetragen.
Aber neben diesem großartig angelegten gelehrten Quellenwerke
hielt Perthes ein anderes, für die gebildeten Kreise der Nation
bestimmtes Geschichtswerk für ein bringendes Bedürfniß. Es sollte
die Geschichte der europäischen Staaten zwar einzeln, aber in steter
Rücksicht auf deren Stellung zu einander und auf deren politische
Lage in der Gegenwart behandeln. Die Schwierigkeiten dieses
groß angelegten Unternehmens verhehlte sich Perthes nicht. Nach=
dem in Heeren und Ukert die geeigneten Redacteure gefunden
waren, galt es, für die einzelnen Staaten die rechten Männer zu
finden und diese zu einem gemeinsamen Wirken zu vereinen. Die
Personenfrage wurde über Erwarten schnell gelöst. Daß sie ge=
lingen würde, daran hatte Perthes trotz der Bedenken seiner
Freunde nie gezweifelt, denn ihm war die Gabe verliehen, „Zer=
streutes zu einigen, Fernstehende zusammen zu bringen und Miß=
klänge des Herzens und Geistes unter redlich Wollenden auszu=
gleichen".

Die Vorbereitungen zu der Herausgabe der europäischen
Staatengeschichte machten den Kern der Thätigkeit aus, welche
Perthes während der ersten Jahre seines Aufenthaltes in Gotha
zur Gründung eines bedeutenden Verlagsgeschäftes aufwenden
mußte. Daneben unterhielt er die sich immer mehr ausbreitenden

Verbindungen mit Schriftstellern und Gelehrten, regte Andere zu Unternehmungen an, pflegte den brieflichen Verkehr mit den Sor= timentshändlern und suchte deren Zutrauen und guten Willen zu gewinnen. Er blieb sich der Gemeinschaft mit Denen, die gleichen Beruf mit ihm hatten, stets bewußt und wünschte mit den Collegen im persönlichen, womöglich in freundlichem Verkehr zu sein und zeigte deshalb jedem Sortimentsbuchhändler einzeln und jedem eigenhändig seine neue Stellung an. „Es war freilich eine hercu= lische Arbeit, zweihundertundsechs Briefe habe ich geschrieben. Am Ende wäre ich doch fast verrückt dabei geworden!"

Mit diesen Vorbereitungen für ein neues Wirken fällt die gänzliche Lösung seines Verhältnisses zu der Hamburger Handlung zusammen. Die Auseinandersetzungen mit seinem Schwager und Handlungsgenossen boten nur eine Schwierigkeit, nämlich die, daß Jeder durch die Vorschläge des Anderen sich in zu großen Vor= theil gesetzt glaubte. Als die geschäftliche Trennung vollzogen, schrieb Perthes an Besser: „Wir haben, lieber Bruder, fast ein Vierteljahrhundert mit einander gearbeitet. Auch nicht ein einziges Mal haben wir über Mein und Dein eine verschiedene Ansicht gehabt, auch nicht ein einziger Augenblick ist während der langen Zeit dagewesen, in welchem wir es für möglich gehalten hätten, jemals wankend werden zu können in dem Vertrauen zu einander. Laß uns Gott dafür danken, daß das Vertrauen während des Scheidens ebenso rein gewesen ist, wie während des gemeinsamen Lebens. Nicht Vielen wird solches Glück in solchem Grade zu Theil."

Je mehr Perthes seine Theilnahme als Verleger historischen Werken zuwendete, je mehr fühlte er den Mangel allgemeiner historischer Kenntnisse. „Herangewachsen ohne Schule," schrieb er an den Historiker Pfister, „früh genöthigt, mir mein Brod selbst zu verdienen, dann im Geschäftstumult umgetrieben, von Sorge und Noth gedrängt, bin ich auch in der Geschichte weniger unter= richtet, als die meisten Menschen. Mit der Perthes eigenthüm= lichen Beharrlichkeit arbeitete er nun an der Ausfüllung jener Lücken, indem er zunächst einen Ueberblick über die Geschichte der letzten drei Jahrhunderte zu gewinnen suchte und dann die alte Geschichte im Einzelnen durcharbeitete, an welche Studien sich die Lectüre hervorragender Werke über Kirchengeschichte und neueste

Geschichte anreihte. Aus den in dem dritten Theile der Bio=
graphie mitgetheilten Briefen geht hervor, daß kein nur irgendwie
namhaftes Buch von allgemeinem Interesse von Perthes ungelesen
blieb und daß selbst gelehrte Werke von ihm mit einem Eifer
studirt wurden, welcher für sein, mit dem Alter immer mehr
wachsendes Streben nach Wissen und Erkenntniß zeugt.

Die lebendige Theilnahme, welche Perthes neben dem poli=
tischen auch dem kirchlichen und religiösen Leben der Nation zu=
wendete, führte ihn, der gewohnt war, sein geistiges Leben in
unmittelbare Beziehung zu seinem Berufe zu bringen, naturgemäß
auch dem theologischen Verlage zu, zumal ihm die persönliche Be=
kanntschaft mit vielen bedeutenden Theologen Anknüpfungspunkte
genug bot. An Neander's großes kirchengeschichtliches Werk, welches
nach des Verfassers eigener Aeußerung durch Perthes' Anregung
ins Leben gerufen wurde, knüpfte sich jene ehrwürdige Reihe theo=
logischer Werke und Zeitschriften, welche dem in seinem Geiste fort=
geführten Verlage bis heute die hervorragende Bedeutung auf
diesem Gebiete gesichert und erhalten haben.

Auf Theologie und Geschichte beschränkte Perthes dauernd
seine Thätigkeit als Verleger; außerhalb dieses Kreises fühlte er
sich fremd und nur ganz ausnahmsweise widmete er sich Unter=
nehmungen auf andern Gebieten der Literatur. In dieser Be=
schränkung sammelte er seine Kraft. Und wie gewaltig diese Kraft
sein mußte, wird Jeder wissen, der Perthes' Verlag kennt und
weiß, wie mühselig auch schon zu jener Zeit der rein technische
Theil des Verlagsbetriebes war, den Perthes Jahre hindurch ganz
allein, ohne Gehilfen, selbst ohne Schreiber besorgte. Erfährt man
nun noch, daß er allein im Laufe von vier Jahren 500 Verlags=
anerbietungen zurückgewiesen und etwa 2000 dergleichen unter seinen
Papieren sich vorfanden, so genügt das wohl zur Beurtheilung des
Aufwandes von Kraft und Zeit, welche zur Bewältigung einer
solchen Arbeitslast erforderlich war. Ja, Rist hatte Recht, wenn
er mit Erstaunen auf Perthes' buchhändlerische Thätigkeit blickte
und die in ihr sich vereinigende Masse von Einsicht, Combination,
Rührigkeit und Energie bewunderte.

Der Segen, welcher auf allem mit reinem Sinne begonnenen
und mit Treue und Umsicht fortgeführten menschlichen Wirken ruht,
blieb auch bei Perthes nicht aus. Großes Vermögen zu erstreben

und zu erwerben, lag nicht in seiner Natur, der es nicht schwer
geworden wäre, mit sehr Wenigem zufrieden zu leben. Aber der
materielle Gewinn, der sich an seine Unternehmungen nothwendiger
Weise knüpfen mußte, blieb nicht aus, trotzdem oder vielmehr weil
er ängstliches Rechnen nicht kannte, wenn es sich um Herausgabe
eines tüchtigen Werkes handelte. Sein gesammter Verlag, aber
nicht jedes einzelne Werk müsse ihm, pflegte er zu sagen, den kauf=
männischen Gewinn bringen, der ihm gebühre. „Auch in unserm
Geschäfte", äußerte Frommann, „kann man durch richtiges Specu=
liren reich werden, aber einen Verlag wie den Cotta'schen, den
Reimer'schen und Perthes'schen bringen nur Männer zusammen, die
bei ihren Unternehmungen einen andern Maßstab anlegen, als den
des Einmaleins."

Den schönsten Lohn fand Perthes in der Achtung und dem
Vertrauen, welche ihm von Nah und Fern, aus gelehrten und
ungelehrten Kreisen entgegen ·gebracht wurden, und in besonderm
Bezug auf seine Verlagsthätigkeit sich in dem Worte von Rist zu=
sammenfassen lassen: „Es ist wirklich dahin gekommen, daß Manche
schon deshalb Vertrauen zu Büchern haben, weil sie bei Perthes
erschienen sind."

Daß einem solchen Manne auch das Vertrauen und die
Achtung seiner Berufsgenossen nicht fehlte, ist selbstverständlich.
Und er hat sich diese durch die hingebende und erfolgreiche Thätig=
keit, welche er seit dem Jahre 1823 den allgemeinen Interessen des
Buchhandels widmete, noch besonders und in hervorragender Weise
erworben. Wie früher schon gesagt, sah Perthes nur in der ein=
heitlichen Gestaltung des Buchhandels das Mittel zur Erfüllung
der ihm gestellten Aufgabe. Und in diesem Sinne wirkte er unaus=
gesetzt auf die Vereinigung der sämmtlichen Buchhändler in allen
deutschen Staaten zu einer einzigen großen Verbindung. Auf seine
Aufforderung traten 1824 fast 200 Buchhändler zusammen und
constituirten sich 1825, wenn auch zunächst nur zu einem einzelnen
bestimmten Zweck, unter dem Namen des Börsenvereins der
deutschen Buchhändler als ein Verein, welcher von Jahr zu Jahr
an Bedeutung wuchs. Der im Frühjahr 1833 in der jährlichen
Versammlung des Vereins zur Sprache gebrachte Bau einer Buch=
händlerbörse in Leipzig zog ihn außerordentlich an und sein weit=
sehender Blick knüpfte an diesen Plan die Aussicht auf die Grün=

dung einer Lehranstalt für Buchhändlerlehrlinge und eines Museums für die Geschichte des gesammten Bücherwesens, der Druckerei und der Papiermacherkunst. Perthes' Einfluß ist es zu verdanken, daß der Börsenbau in der Versammlung von 1833 beschlossen, und der inzwischen ausgearbeitete Plan im nachfolgenden Jahre genehmigt wurde. An den Verhandlungen über die Feststellung des literari= schen Rechtszustandes in den deutschen Bundesstaaten hat er stets hervorragenden Antheil genommen und unausgesetzt auf die Aner= kennung des Börsenvorstandes als des Vertreters der Buchhändler= Corporation hingearbeitet. „Als Mitstifter und Mitglied unseres Börsenvereins war Perthes", schrieb Frommann, „eine Reihe von Jahren hindurch, obschon er die Wahl zum Vorsteher stets ab= lehnte, dennoch der eigentliche Mittelpunkt der meisten Verhand= lungen und Beschlüsse und oft der Vorkämpfer."

Der Zweck dieser Zeilen ist erfüllt, wenn sie Vielen Veran= lassung werden, diese Darstellung einer einzigen Seite des inhalts= vollen und beneidenswerthen Lebens unseres Friedrich Perthes durch die von seinem vortrefflichen Sohne verfaßte Darstellung seines ganzen Lebens zu ergänzen und dadurch jenes Bild zu ge= winnen, in dessen Anblick, wie im Eingang schon hervorgehoben wurde, sich zu vertiefen und in seinem Anschauen sich zu sammeln auch dem Buchhändler in dieser Zeit so heilsam und nothwendig ist.

„Möge Perthes' Geist und sein Vorbild unter uns fortwirken und der Gang seines Lebens besonders die Jüngern unter uns ermuthigen, ihre Thätigkeit und ihre Mittel den höheren Interessen des Buchhandels mit rechter Treue zu widmen!"

(B. B. 1872. Nr. 88. 89.)

H. Böhlau in Weimar.

5. Noch einmal Fr. Perthes.

Wenn etwa Leser des Börsenblattes dächten, nachdem sie mit dem Aufsatze in Nr. 88 u. 89 durch wären, wüßten sie genug von Perthes und brauchten sich nun nicht noch an die drei Bände des Meisterwerkes seines Sohnes Clemens zu machen, so irrten sie gewaltig und würden der Absicht des Verfassers gerade entgegen handeln. Diesen Irrthum würden sie freilich mit dem großen Publicum theilen, das sich gewöhnt hat, seine Weisheit fast nur noch aus Zeitungen und Zeitschriften zu schöpfen, die von inhaltreichen Büchern Auszüge oder Recensionen bringen, in denen das Pikante mit mehr oder weniger Geschick herausgehoben ist, soweit es dem Parteistandpunkte der Berichterstatter beliebt. Das hat nicht nur den Nachtheil, daß oft der eigentliche Gehalt des Buchs von dem sonstigen bunten Inhalt der Blätter überwuchert wird und keinen bleibenden Eindruck hinterläßt, sondern auch das Buch selbst, aus dem jene Blätter ihre Nahrung gesogen, weniger gekauft wird.

Ich habe von 1818 bis 1820 eine der glücklichsten Zeiten meiner Jugend im Hause von Perthes und im Geschäfte von Perthes & Besser verlebt. Es war ein Beweis von Perthes' richtigem Blick in Beurtheilung der Menschen, daß er sich gerade diesen Mann zugesellte, der ihn durch seine gute Schulbildung und durch umfassende Kenntniß der einheimischen und fremden Literatur vortrefflich ergänzte. Dazu gewann Besser gleich bei der ersten Begegnung durch seine Liebenswürdigkeit alle Herzen. Der Blick seiner treuen, wohlwollenden Augen war unwiderstehlich. Er war ein Liebling der Damen; wenn wir Gehilfen irgend einer Schönen bei ihrem Eintritt in den Laden entgegeneilten, wurden wir oft durch die Frage abgeschlißt: ist Herr Besser nicht da? Perthes dagegen hatte auf den ersten Anblick wenig Einnehmendes; schon sein scharf geschnittenes Gesicht mit den durchbringenden Augen konnte stutzig machen. Er wußte das selbst und begleitete sein Bild, das er mir von Gotha aus schickte, mit den scherzhaften Worten: „Hier schicke ich Ihnen das Bild von einem preußischen Polizeicommissär." — Besser hatte auch mehr Geduld den Ladenschwätzern gegenüber, während Perthes ihnen unter den Händen zu entschlüpfen verstand, worüber wir oft unsere heimliche Freude hatten. Ein Anderes war es freilich, wenn befreundete oder bedeutende Männer kamen, wo wir dann Zeugen von höchst interessanten Gesprächen sein konnten.

Beide Prinzipale waren gewaltige Arbeiter, Perthes gleichmäßig, Besser mehr stoßweise, wenn er von seinen Kopfschmerzen frei war, und die Arbeit drängte, z. B. um die Zeit, wo die Jahresrechnungen eingetragen wurden. Beide machten das Meiste allein, ließen sich wenig helfen; Besser z. B. bei der Correspondenz

mit fremdländischen Handlungen, Perthes bei dem Ansichtsversenden
an die Kunden, das er zuerst aufgebracht hat, zu welchem Zweck
er alle dazu geeigneten Bücher heften ließ (denn damals wurden
Bücher, auch Romane, nur roh verschickt; etwas Neues von La=
fontaine oder Jean Paul kam in ganzen Handballen). Der ihm
dabei zur Seite Stehende hatte aber nur die Noten zu schreiben,
die Vertheilung behielt er sich allein vor nach seiner Kenntniß der
Literatur und des großen Kundenkreises. (Jetzt scheint das nicht
selten ganz mechanisch von Lehrlingen betrieben zu werden.) Damit
war auch manche Correspondenz verbunden. Im Briefschreiben war
er überhaupt unermüdlich, und sehr viele Briefe schrieb er im Con=
cept und dann eigenhändig ins Reine.

In den Geschäften, die den einzelnen Gehilfen vorzugsweise
zugetheilt waren, ließen die beiden Prinzipale sie ziemlich selbständig
schalten, was natürlich den Eifer vermehrte und Lust zur Arbeit
machte. Wilhelm Mauke war zu meiner Zeit, wenn ich so sagen
soll, der Bureauchef, der das Personal in die laufenden Arbeiten
einwies. Die Arbeitszeit war von früh 8 bis Abends 9, mitunter
bis 10; Perthes war oft schon früh 7 Uhr im Laden, gönnte sich
aber nach Tische etwas Ruhe und hörte womöglich Abends etwas
früher auf, während Besser noch spät Abends arbeiten konnte. Wir
Andern waren gleich nach Tische wieder im Geschäft. Mitunter
wurde um diese Zeit auch mit der Jugend aus den Familien
Perthes und v. Axen im Hofe Ball geschlagen.

Natürlich konnten Perthes bei seinem Scharfblick in Beurthei=
lung der Menschen die Mängel seiner Gehilfen nicht entgehen, aber
bei dem menschlichen Antheile, den er an ihnen nahm, war er sehr
geneigt, ihre Fähigkeiten und Leistungen eher zu hoch als zu niedrig
anzuschlagen. Er konnte ja überhaupt den Leuten scharfe Wahr=
heiten ins Gesicht sagen, aber es war keine Bitterkeit dabei, er that
es — ich möchte sagen — mit lachendem Mund. Man ließ es sich
von ihm gefallen.

Von seinem natürlichen Muthe, der mit seiner Klarheit,
Bestimmtheit und Entschlossenheit zusammenhing, habe ich auch ein
Beispiel erlebt. Ein russischer Großer war in der „alten Stadt
London", unweit unseres Ladens, eingekehrt; dessen deutscher Be=
gleiter mit dem großplatzigen Wesen, das manche verrußte Deutsche
annehmen zu müssen glauben, fand sich als Käufer ein und nahm

für etwa 1500 Mark gebundene Bücher aus. Sie wurden in zwei große Kisten gepackt und ins Wirthshaus geschafft, die Rechnung übergeben. Aber die Bezahlung ließ auf sich warten, die beiden Prinzipale wurden unruhig; Perthes sagte zu Besser: „ich glaube den Patron wieder zu erkennen, es muß der N. N. sein." Ob ihm vielleicht eine zarte Erinnerung zugestellt worden ist, weiß ich nicht. Genug, der Mann erschien im Laden, Perthes ging ihm entgegen, pflanzte sich zwischen ihn und die Thür und redete ihn an: „Herr, Sie wollen uns betrügen." Wir waren alle starr und auf dem Sprunge, zu Hilfe zu eilen, aber der große, starke Mann gab klein bei, es endigte friedlich. Unterdessen war Besser mit einem Quartiersmann und Schubkarren in „Stadt London" gewesen, hatte die Kisten wiedergeholt, sie wurden ausgepackt und davon für 800 Mark doch noch verkauft und bezahlt.

Aber Perthes besaß noch einen bessern und höhern Muth und dieser war es, der ihn in den vielen Prüfungen seines Lebens auf- recht erhielt, nie verzagen und nie erschlaffen, nie am Vaterlande verzweifeln ließ. Dieser Muth war freilich auch Gottes Gabe, aber nicht umsonst geschenkt, er hatte sie durch ernste Arbeit an sich selbst errungen, bis er mit sich über die höchsten Fragen des Lebens im Reinen war und in festem Glauben und unerschütterlichem Gott- vertrauen den Stürmen entgegentreten konnte, die über das Vater- land und ihn selbst hereinbrachen. Das ist in der Lebensbeschrei- bung vortrefflich geschildert und vor allem dem heutigen Geschlechte zur Beherzigung zu empfehlen.

(B. B. 1872. Nr. 100).

F. J. Frommann in Jena.

---

6. Elisabeth Campe, geb. Hoffmann*).

„Am 27. Februar entschlief sanft nach kurzer Krankheit im 87. Lebensjahre Frau Elise Campe, geb. Hoffmann." Diese un- scheinbaren und doch so schwerwiegenden Worte verkündeten vor kurzem den Tod einer Greisin, für deren ganzes Leben die Fassung

---

*) Auszug aus den Hamburger Nachrichten.

obiger Anzeige gleichsam als symbolisch gelten kann: schlicht und doch inhaltsvoll, prunklos und doch bedeutend wie jene Worte war die Frau, deren Hinscheiden so bekannt gemacht wurde.

Sehr Wenige nur werden von der Todesnachricht bewegt worden sein. Es liegt in dem Lauf der irdischen Dinge, daß Jemand, der seine Jahre hoch bringt, wenn er keine Blutsverwandten hat, immer einsamer und einsamer steht. Auch Elise Campe ist von diesem allgemeinen und natürlichen Menschenloose keine Ausnahme gewesen, ein jüngeres Geschlecht hatte sie fast ganz vergessen; die literarischen Verdienste der Verstorbenen waren nicht einmal bekannt, geschweige denn gewürdigt.

Um so mehr ist es geboten, Ehre Dem zu geben, dem Ehre gebührt. Der Versuch sei unternommen, den Nachweis zu geben, eine wie reiche, edle und hochbegabte Natur es war, welche am 27. Febr. die Augen schloß zum ewigen Schlafe.

Bei der Vereinigung der beiden Namen „Hoffmann" und „Campe" denkt gewiß Jeder sogleich an die bekannte Buchhändlerfirma „Hoffmann & Campe". In der That ist es richtig, daß die Verstorbene, deren Name an der Spitze dieser Zeilen steht, die innigsten Beziehungen hatte zu jener Buchhandlung. Tochter des Gründers derselben, Benjamin Gottlob Hoffmann's, war sie vermählt mit August Campe; dieser gesellte dem Namen seines Schwiegervaters 1808 den seinigen bei und seit jener Zeit existirt in den Annalen des Buchhandels die noch heute florirende Firma „Hoffmann & Campe".

Benjamin Gottlob Hoffmann, Frau Campe's Vater, 1748 zu Steinau an der Oder geboren, war ursprünglich dem Kaufmannsstande bestimmt; ein reiner Zufall ließ ihn in die Korn'sche Buchhandlung in Breslau eintreten. Vor etwa hundert Jahren wanderte er in Hamburg ein und trat als jüngster Commis in die Bohn'sche Buchhandlung, in der er sieben Jahre verblieb. 1781 trat Hoffmann mit einem französischen Buchhändler Virchow in Compagnieschaft; als dieser später Hamburg mit Paris vertauschte, setzte Hoffmann das Geschäft selbständig fort. Im Jahre 1785 war der ursprünglich gänzlich Mittellose in der Lage, einen eigenen Herd zu gründen, und heirathete eine Hamburgerin, Elisabeth Ruperti. Das erste Kind dieser Ehe war die jetzt Verstorbene, welche am 12. Juni 1786 geboren ist.

16*

Elise Campe war ein Kind, als ein französischer Abbé, durch die Revolution aus Paris vertrieben, ihre Eltern besuchte und von den Greueln Robespierre's, Marat's, Danton's, von der Hinrich= tung Ludwig XVI. lebendig zu erzählen wußte — so lebendig, daß noch achtzig Jahre später der Inhalt dieser Unterredung dem treuen Gedächtniß der Verewigten mit allen Einzelnheiten gegen= wärtig war. Obwohl bei der Geburt sehr schwächlich und zart, gedieh Elise doch und wuchs zur Jungfrau heran. Zwei nach ihr geborene Geschwister starben; die ganze Liebe der Eltern hatte sich also auf die einzig am Leben gebliebene Tochter concentrirt, deren reiche Gemüths= und Geistesgaben sich schon früh im Keime zeigten.

Die schwere Zeit, welche nach der Schlacht bei Jena für Deutschland und ganz besonders auch für Hamburg hereinbrach, ward Elisen dadurch erleichtert, daß ihre Schultern die Lasten nicht allein zu tragen brauchten; 1806, kurz ehe der namenlose Jammer des Krieges über unser Vaterland hereinbrach, heirathete sie den Buchhändler August Campe.

Dieser, am letzten Februar 1773 — nahezu genau dem näm= lichen Tage, an welchem hundert Jahre später seine Wittwe starb — zu Deensen bei Holzminden geboren, war der dritte Sohn von Friedrich Heinrich Campe, älterem Bruder des weltbekannten Joachim Heinrich Campe, Bearbeiters von Defoe's Robinson. — Friedrich Heinrich Campe, August's Vater, war Jurist; ein origi= neller, freisinniger Mann, der seine tüchtigen Gesinnungen auf seine Kinder vererbte. Nachdem er in Holzminden gute Schulbildung genossen, trat August Campe in die Buchhandlung des Oheims, die „Schulbuchhandlung" zu Braunschweig, als Lehrling ein.

Als Neffe des Besitzers der Handlung ward er natürlich auch in dessen Familie gezogen; der Anregungen, welche Joachim Hein= rich Campe und dessen Ehefrau dem Strebenden gaben, gedachte dieser noch im Alter aufs wärmste: ein Werdender wird immer dankbar sein. — Gegen Ende des vorigen Jahrhunderts ging Au= gust Campe zuerst nach Berlin, wo er im Geschäfte Friedrich Vie= weg's (desselben, der später Joachim Heinrich Campe's aus dem Robinson allbekannte Tochter Lotte heirathete und nach Braun= schweig übersiedelte) thätig war, dann nach Paris und endlich nach Hamburg. Hier gründete er sogleich selbständig eine Buchhandlung,

deren erster Verlagsartikel Bonaparte's „Tagebuch aus Egypten"
wurde und zwar in einer von dem jungen Verleger selbst ange=
fertigten Ueberseßung.

So kam das Jahr 1806 und mit ihm die Verbindung August
Campe's mit Elise Hoffmann. Die Flitterwochen wurden dem
jungen Paare nichts weniger als versüßt durch sechs Mann fran=
zösischer Einquartierung, mit welcher August Campe belegt ward.
Es war das erste schwer empfundene Zeichen drangsalvoller Zeit,
deren schlimmsten Stürmen man entgegenging. Die junge Haus=
frau selbst wurde zwar mit den Franzosen leiblich fertig: sie war
der fremden Sprache mächtig und wußte sich — geübt durch zahl=
reiche Bekanntschaften, welche die Emigrantenzeit gebracht hatte —
sehr gewandt in derselben auszudrücken. Desto schlimmer heim=
gesucht wurden Vater und Gatte.

Aus Perthes' Leben kennt man die endlosen Chikanen, denen
besonders die Hamburger Buchhändler zur Franzosenzeit ausgesetzt
waren. Auch B. G. Hoffmann entging der Verfolgung nicht und
ward wegen einer unbedeutenden Phrase in einer von ihm ver=
legten Grammatik von Gendarmen überfallen und zur Rechenschaft
gezogen. Seines Schwiegersohnes besonnenes Benehmen in dieser
Angelegenheit, die glücklicher Weise unter dem friedliebenden Gou=
vernement Bernadotte's stattfand, beendete alles auf die schonendste
Weise. Indessen waren es eben diese Vexationen, welche Elisens
Vater bewogen, sich mit seinem Schwiegersohn gänzlich zu verbin=
den, der nun alle Verhandlungen mit den französischen Behörden
übernahm.

Es gehörte große Lust und Liebe zur Sache dazu, um während
der entsetzlichen Jahre von 1806 bis 1813 unter dem steten Schreck,
der beständigen Angst, welche die fremden Peiniger rege zu halten
wußten, allen Widerwärtigkeiten zum Trotze muthig auszuharren.
August Campe verlor die Lust und Liebe nicht, und wenn er auch
in seiner Wirksamkeit nicht so öffentlich hervortrat und nicht so
fruchtbringend und folgenreich in die Geschicke seiner Vaterstadt
mit eingriff wie Perthes, so entzog er sich doch der Mitwirkung
bei keinem Anlaß, wo er im Stillen zum allgemeinen Besten bei=
tragen konnte.

Daß Elise Campe an all diesen Ereignissen den lebendigsten
Antheil nahm, würde man annehmen dürfen, auch wenn aus jener

Zeit nicht das erste Product ihrer Feder, welches eben auf die
Schreckensperiode unmittelbar bezüglich ist, stammte. Es ist dies
ein kleines, jetzt vergriffenes Buch: „Hamburgs außerordentliche
Begebenheiten und Schicksale in den Jahren 1813 und 1814
während der ersten Besitznahme durch den General Tettenborn bis
zum allgemeinen Frieden. Hamburg 1814, B. G. Hoffmann'sche
Buchhandlung." In gefälliger Form, übersichtlich und klar erzählt
die Verfasserin, was sie erlebte; sie erklärt sich weder für berufen,
den gordischen Knoten verwirrter Politik zu lösen, noch sich auf
ein Wie und Warum einzulassen; nur eine Schilderung, keine
Meinung will sie geben, denn ein Historiograph dieser denkwürdigen
Tage werde sich schon finden. — „Bis dahin will ich mich wohl
zu den Berufenen, aber durchaus nicht zu den Auserwählten
zählen." Aus der letzten Wendung ersieht man eine der hervor=
stechendsten Eigenschaften Elise Campe's: deren Bescheidenheit.
Mochte die Anerkennung, welche das Buch fand, noch so groß
sein: nie, weder bei dessen Erscheinen, noch als 1863 die Zeitungen
wiederholt davon sprachen, hat sie sich als dessen Verfasserin ge=
nannt. War doch sogar große Ueberredung des Vaters wie des
Gatten nöthig gewesen, Elisen überhaupt die Feder in die Hand
zu drücken. Auf mehr aber wollte sie sich nicht einlassen, und
immer wies sie es zurück, wenn man von der kleinen Schrift
sprechen oder gar sie deshalb loben wollte. Es ist eine schöne,
wahrhaft freudig erfüllte Ehrenpflicht des Schreibers dieser Zeilen,
der Verstorbenen als Schriftstellerin diejenigen Ehre zuzuweisen,
welche sie in Anspruch nehmen darf.

Die Schreckenstage waren vorüber, der Jubel der Begeiste=
rung über die Befreiung war verhallt. Das altgewohnte Dasein
und Wirken trat in seine früheren Rechte.

Für Elise Campe hatte sich mit ihrer Verheirathung ein ge=
sellschaftlicher Kreis erschlossen, welcher für sie das ureigenste Lebens=
element war und blieb. Deutschlands Buchhändler haben mehr
als einmal den Mittelpunkt gebildet für die Vereinigung ausge=
zeichneter Geister: so war es hier wieder. Seit ihrer Verlobung
war Elise in brieflichen Verkehr getreten mit F. L. W. Meyer,
der in Bramstedt wohnte, dem späteren Verfasser des merkwürdigen
Buches über F. L. Schröder. Diese bereits aus dem Elternhause
datirende Freundschaft dauerte fort bis zu Meyer's Tode, ja, sie

leuchtete — wie später gezeigt werden soll —. eben dann erst recht
hell auf. Mit dem Schauspieldirector Schröder wurde Elise eben=
sowohl bekannt, wie mit den Enkeln jenes Hermann Samuel
Reimarus, den die gebildete Welt jetzt als den Verfasser der
„Wolfenbüttel'schen Fragmente", Lessing = Götze'schen Angedenkens
kennt. Das Andenken an Frau Sieveking, geborene Reimarus, die
Mutter des erst kürzlich gestorbenen Bürgermeisters von Hamburg,
nannte Elise Campe stets „das höchste Glück ihres Lebens." Bald
war keine literarische Celebrität, welche etwa vorübergehend nach
Hamburg kam, die nicht im Campe'schen Hause eingeführt worden
wäre, und machte die Hausfrau Reisen, so knüpfte sie auch aus=
wärts die Bekanntschaft berühmter Capacitäten der Schriftsteller=
welt an. So lernte sie im Jahre 1810 zu Carlsbad Goethe
kennen, den sie dann zu Jena im Frommann'schen Hause wieder=
fand. Auch andere Bekanntschaften machte sie in Frommann's
Hause, dessen Wirthin eine Hamburgerin (geb. Wesselhöft) und in
welchem auch Gries, der geborene Hamburger, verkehrte.

Letzterer blieb dem Campe'schen Hause, auch nachdem er wieder
in die Vaterstadt zurückgekehrt war, unverbrüchlich treu. Er sollte
an Frau Elise Campe 1855, nach seinem Hinscheiden, eine treff=
liche Lebensbeschreiberin finden: „Aus dem Leben von Johann
Diederich Gries, nach seinen eigenen und den Briefen seiner Zeit=
genossen" heißt ein zweites literarisches Product der Verstorbenen.
Dem freisinnigen, geistvollen Uebersetzer, dem reichbegabten Dichter
ein würdiges biographisches Denkmal gesetzt zu haben, ist Elise
Campe's Verdienst. Ihr treffliches, leider nur in beschränkter An=
zahl von Exemplaren als Handschrift gedrucktes Buch ist ein
Muster von Biographie: in elegantem, leichtflüssigem Styl werden
uns mit treuer Benutzung der in Gries' Nachlaß vorgefundenen
Notizen und Briefe die denkwürdigsten Einzelnheiten aus des Dich=
ters Leben erzählt, und wohl verdiente das treffliche Buch eine
weitere Verbreitung, als es infolge der allzuweit getriebenen Be=
scheidenheit der auch hier wieder anonym gebliebenen Verfasserin
erhalten konnte.

So waren unter steter geistiger Anregung im eigenen Hause,
wie in fremden bedeutenden Kreisen Elisen Campe zwölf glückliche
Lebensjahre verstrichen, als sie den heißgeliebten Vater durch den
Tod verlor. Am 5. Februar 1818 starb Benjamin Gottlob Hoff=

mann nach kurzem Krankenlager. Fortan war Elise Campe auf ihren Gatten allein angewiesen, mit dem sie in glücklichster Ehe lebte; der Mangel an eigenen Kindern wurde durch Adoption einer Pflegetochter ersetzt.

Die buchhändlerischen Geschäfte hatten nach der Occupation wieder Aufschwung genommen, so zwar, daß dem kränklichen August Campe das Sortimentsgeschäft zur drückenden Last ward. Mit dem Jahre 1823 übergab er dasselbe daher mit der Firma Hoffmann & Campe seinem jüngeren Halbbruder Julius Campe, unter alleinigem Namen fortan das Verlagsgeschäft fortführend. Dies nahm ihn zwar in Anspruch, ließ ihm aber doch Muße, seinen literarischen Neigungen zu folgen; namentlich beschäftigten ihn Sprachstudien. Den Plan, mit seinem Freunde Lloyd ein großes kritisches englisch-deutsches Wörterbuch herauszugeben, hinderte nur der Tod. Dieser erfolgte 18 Jahre nach dem Ableben B. G. Hoffmann's — im Jahre 1836 am 22. October, dem Todestage Joachim Heinrich Campe's. Elise Campe war Wittwe.

Vier Jahre später, am 1. September 1840, starb auch der Freund, welchem Elise Campe bis zu dessen letztem Hauche treu zugethan geblieben: F. L. W. Meyer in Bramstedt. Innigste Wechselbeziehungen hatten zwischen ihr und ihm gewaltet; das edelste Zeugniß derselben ist ein starker, noch vorhandener Brief-wechsel, in welchem der geistvolle Mann sich gegen die bedeutende und kluge Frau über fast alle Fragen literarischen und religiösen Charakters aussprach), welche das öffentliche Leben im zweiten und dritten Decennium unseres Jahrhunderts bewegten. Tief schmerz-lich empfand Elise Campe den Verlust Meyer's; es wird daher nach dem bereits Gesagten nicht überraschen, wenn wir die einsam gebliebene Frau beschäftigt sehen, dem Geschiedenen in ähnlicher Weise einen literarischen Denkstein zu errichten, wie dieser ihn zwei-undzwanzig Jahre früher seinem Freunde, dem großen Schauspieler Schröder errichtet hatte. So entstand 1841, zuerst gedruckt als „Handschrift für Meyer's Freunde", Elise Campe's Buch: „Zur Erinnerung an F. L. W. Meyer, den Biographen Schröder's: Lebensskizze, nebst Briefen von Bürger, Forster, Göckingk, Gotter, Herder, Heyne, Schröder u. A. Zwei Theile. Braunschweig 1847, Vieweg & Sohn". Der nächste Zweck dieser Mittheilungen war, den Nachkommen das Gedächtniß eines Mannes zu erhalten, der sich weder durch große Thaten, bänderreiche Geisteswerke, noch sonst Aufsehen erregende Begebenheiten seines Lebens auszeichnete, dessen geistige Persönlichkeit aber eigenthümlich war und unstreitig mannig= fache Einwirkung auf ihre Mitmenschen geübt hat. Mit den Besten seiner Zeit, in einem weiten Kreise, nahe und innig befreundet, hinterließ Meyer einen seltenen Schatz von interessanten Briefen, welche Frau Elise Campe veröffentlicht hat; ihr Buch über Meyer gehört zu den hervorragendsten Werken der biographischen Literatur.

Nicht lange nach Meyer's Tode wurde Hamburg von dem entsetzlichen Brande heimgesucht; mit so viel Tausenden verlor auch Elise Campe ihre beste Habe. Tief beklagenswerth ist namentlich der Verlust an Büchern und Handschriften, der Frau Campe da= mals betraf. — Erst nach dem Brande fing sie an, jene in der Sammlerwelt so renommirte Autographensammlung anzulegen, welche in nicht weniger als 1400 Mappen Handschriften der be= rühmtesten Männer enthält.

Im Jahre 1850 machte Elise Campe für das „Lexikon Ham= burgischer Schriftsteller" für den zweiten Buchstaben des Alphabets auf einen Mann aufmerksam, dessen Andenken ihr der Erhaltung würdig schien. Es war dies Johann Nikolas Böhl, der „Johannes" aus Campe's Robinson, hochverdient durch seine gelehrten For= schungen auf dem Gebiete altspanischer Poesie. Der kurze Artikel in jenem Lexikon ward Anregung zu Frau Campe's letzter literari= scher That: „Versuch einer Lebensskizze des Johann Nikolas Böhl von Faber, nach seinen eigenen Briefen". Geschrieben 1858, ward auch dies kleine Werk nur als Handschrift gedruckt; es theilt mit dem Buche über Meyer und Gries alle Vorzüge großer Frische, eleganten Styls und übersichtlicher, geistvoller Darstellung.

Die öffentliche Wirksamkeit schloß damit für Elise Campe ab; zwei Jahre später sollte ein Schicksal sie heimsuchen, welches die geistig noch bis zu ihrer letzten Stunde überaus regsame Frau während der letzten Jahre ihres Lebens schwer bedrücken sollte: sie erblindete im Jahre 1860, nachdem sie schon seit mehr als zwan= zig Jahren des Gebrauchs der Sehkraft des linken Auges beraubt gewesen. Nun folgte Schicksal auf Schicksal: 1861 starb die Pflege= tochter und die Greisin war verwaist, — ihre nächsten Verwandten wohnten in Braunschweig und Leipzig: die Buchhändlerfamilien

Vieweg und Brockhaus. Indessen war durch treue Pflege aufopfe=
rungsvoll für das Wohl der alten Dame gesorgt.

Trotz ihrer Erblindung aber hörte Frau Campe nicht auf,
theilnehmend an jeglichem Geschick des Vaterlandes und ihrer
Freunde zu sein. Ja, sie fuhr sogar fort, mittelst einer selbst=
erfundenen, äußerst sinnreichen Maschinerie zu schreiben; nament=
lich aber beschäftigte sie sich mit Handarbeiten. Zahlreiche Sen=
dungen an Bazars=Verloosungen für wohlthätige Zwecke ꝛc. sind
davon Zeuge. „Welch' ein Segen ist die Handarbeit für mein
Geschlecht", pflegte sie oft zu sagen. Die moderne Emancipation
war ihr zuwider; bescheiden, fast scheu hielt sie sich im Hintergrunde,
immer beflissen, ihr Licht unter den Scheffel zu stellen. Und doch
war sie reich begabt: sie zeichnete, malte, dichtete, declamirte vor=
trefflich, kurz dilettirte in allen Fächern. Gewinnende Liebens=
würdigkeit, edle Anmuth, Höflichkeit des Herzens und ein uner=
schütterliches Gottvertrauen war ihr Erbtheil geblieben bis in ihre
letzten Lebenstage; Heiterkeit, Wohlwollen und Frohsinn trug sie
noch kurz vor ihrem Tode sogar ganz Fremden entgegen. Sie war
eine durch und durch harmonische, allseitig abgerundete Natur.
Herrmann Hettner sagt einmal sehr schön: „Wer noch das Glück
gehabt hat, Menschen zu kennen und zu lieben, welche unter den
Eindrücken jener mächtigen Zeit — der letzten Hälfte des vorigen
Jahrhunderts — geboren und erzogen waren, der weiß aus un=
vergeßlicher Erfahrung, wie der Geist heller Verständigkeit, schlich=
ter und selbstloser Tüchtigkeit, dieser wohlthuende Geist stillwal=
tender Liebe und Menschenfreundlichkeit immer weiter und weiter
alle Kreise durchdrungen und eine Einfachheit und Milde der Ge=
sinnung erweckt und verbreitet hatte, welche wir Nachgebornen unter
dem Drang und Trubel künstlicherer Lebensverhältnisse uns nicht
in gleicher Weise erhalten haben." — Zu diesen Menschen gehörte
Elisabeth Campe.

(B. B. 1873. Nr. 95.)

H. Uhde in **Hamburg.**

7. Das Haus Alfred Mame et Fils in Tours.

Jüngst lasen wir irgendwo die treffende Bemerkung, daß große Nationen, wie die englische, französische, deutsche u. a., meistens einen so reichen innern Fonds, eine so bedeutende eigene Pro= ductionskraft besitzen, daß ihre Angehörigen dadurch leicht verleitet werden, die Leistungen anderer Nationen nicht mit dem Interesse und so gewissenhaft pünktlich zu verfolgen, als dies von Bewoh= nern kleiner Staaten zu geschehen pflegt. Diese müssen allerdings Kosmopoliten sein, müssen sehr aufmerksam der Entwickelung ihrer großen Nachbarn folgen und das hier auf allen Gebieten des menschlichen Wissens neu Auftauchende sich in umfassendstem Maße zu eigen zu machen suchen, denn ohne dieses würden sie sehr bald hinter dem Bildungsgange der durch größere Hilfsquellen Bevor= zugten zurückbleiben. Aber doch wäre zu wünschen, daß auch bei den Angehörigen großer Nationen der Weltbürgersinn im Allge= meinen mehr gepflegt würde, denn durch die bei ihnen oft vor= handene geistige Bequemlichkeit, die meistens in dem Bewußtsein wurzelt, überall in der Welt sich auf die territorialen oder geistigen Errungenschaften des engeren Vaterlandes stützen zu können, ent= geht ihnen ein Gewinn mancher Art, welchen sich zu verschaffen den kleineren Nationen in jeder Beziehung zur Ehre gereicht.

Es läßt sich der Beweis dafür in allen Verhältnissen führen, wir haben es hier nur mit dem Buchhandel zu thun. Wie isolirt steht nicht die große Masse der englischen, französischen, italienischen und amerikanischen Buchhändler dem Auslande gegenüber. Es machen wohl einzelne hervorragende Firmen eine mehr oder weniger glänzende Ausnahme davon, aber im Allgemeinen wird gewiß Jedermann dieser Behauptung beipflichten. Im deutschen Buch= handel findet sich das zwar nicht in dem Maße, wie bei den Ge= nannten; seine vortreffliche Organisation bringt ihn dem Auslande näher, aber doch frage man auch bei uns nur einmal nach, wie weit verbreitet denn wohl die Kenntniß der Literatur und der buchhändlerischen Verhältnisse des Auslandes zu finden ist?

Und doch kostet es gerade in unserem Stande nur eine geringe Mühe, um sich in beständigen Rapport mit den literarischen Er= scheinungen und den Begebenheiten des ausländischen Buchhandels zu setzen. Die Engländer, Franzosen, Amerikaner, die Italiener, Holländer, Dänen ꝛc. haben ja bekanntlich alle ihre Buchhändler= zeitungen wie wir, einen getreuen Spiegel ihres Wirkens und Schaffens, ihrer Freuden und Leiden, und wer es nur über sich vermag, wer nicht gar zu sehr mit der Zeit geizt, wer im Anfange durch etwaige Schwierigkeiten einer fremden Sprache sich nicht ab= schrecken läßt und diese beharrlich zu überwinden sucht, dem geht mit der Zeit auch das Verständniß für die fremden Verhältnisse auf, ohne daß er sie aus eigner Anschauung zu kennen braucht, und damit wird er seine Mühe reichlich belohnt sehen. Man be= reichert damit nicht nur positiv seine Kenntnisse, sondern erweitert namentlich auch den geschäftlichen Blick, und das kommt Jeder= mann zu Statten, möge er einen noch so bescheidenen Wirkungs= kreis haben.

Wennschon nun womöglich alle jene Buchhändlerzeitungen eine solche Berücksichtigung verdienen, so sind es doch gerade auch die Organe der kleineren Nationen, die nicht in letzter Reihe Anspruch darauf machen können, und von diesen wiederum hat das hollän= dische „Nieuwsblad voor den boekhandel" uns schon wiederholt zu Betrachtungen angeregt, wie wir sie hier am Eingang aus= gesprochen haben. Es zeigt sich in dem Nieuwsblad, namentlich seitdem die Redaction vor ungefähr drei Jahren in sehr tüchtige Hände gelangt ist, ein so lebendiges Interesse für den Gesammt= buchhandel aller Länder, daß diese Zeitung in den weitesten Kreisen gelesen zu werden verdient. Sie bringt nicht nur regelmäßig No= tizen aus den hervorragendsten buchhändlerischen und literarischen Blättern, sondern enthält auch häufig sehr gediegene Original= correspondenzen. So finden sich z. B. in den letzten Nummern einige interessante größere Aufsätze, einer über das Etablissement Alfred Mame et Fils in Tours, von Louis D. Petit in Amsterdam geschrieben, und zwei anonyme Artikel über die chinesische Literatur, und über den norwegischen Buchhandel, welche auch für die Leser unseres Blattes viel Interesse haben dürften.

In dieser Voraussetzung kommen wir gern dem gegen uns ausgesprochenen Wunsche der Redaction unseres Börsenblattes nach, davon eine deutsche Bearbeitung zu geben. Möge zunächst die Schilderung des Mame'schen Etablissements hier eine freundliche Aufnahme finden.

Gegründet wurde das jetzt so ausgedehnte Geschäft im Jahre 1798 von Amant Mame, einem jungen energischen Manne. Es gelang diesem bald, sein Geschäft aus den bescheidenen Anfängen herauszuarbeiten und ausgedehnte Verbindungen anzuknüpfen; unbekümmert durch die Concurrenz ging er auf dem einmal eingeschlagenen Wege mit eiserner Consequenz fort und sah seinen Fleiß immer mehr und mehr durch Erfolge belohnt. Im Jahre 1830 associirte er sich mit seinem Schwiegersohn und Neffen Ernest Mame, und im Jahre 1833 nahm er noch seinen ältesten Sohn Alfred, den gegenwärtigen Besitzer, in das Geschäft auf. Unter der Leitung dieser drei Männer hat sich das Haus zu einer respectablen Höhe aufgeschwungen.

Als im Jahre 1845 der Gründer starb und Ernest Mame (früher Maire von Tours, jetzt Mitglied des Corps législatif) sich von den Geschäften zurückzog, übernahm Alfred allein das Geschäft, dem er schon 12 Jahre hindurch seine jugendliche Kraft geweiht hatte. Mit hellem Blicke erkannte er die Zukunft, die sich ihm bot, er sah, daß das Haus noch großer Ausdehnung fähig sei, und so datirt denn vom Jahre 1845 eine vollständige Umwälzung des Geschäftes, welche der jetzige Besitzer vornahm, um auf breiterer Grundlage größere Unternehmungen anzugreifen. Die alten Künstler-Werkstätten wurden in ausgedehnte Ateliers verwandelt, er ersetzte die Handpressen durch eine größere Anzahl von nach den neuesten Methoden construirten Dampf-Schnellpressen, die Lagerräume wurden umgebaut und erweitert, und der immer ansehnlicher werdende Verlag gab ihm auch Veranlassung zur Einrichtung einer eigenen Buchbinderei. Er erreichte damit das Ziel aller größeren Geschäfte: die ganze Herstellung der Verlagsartikel in der eigenen Hand zu vereinigen. Auf die Buchbinderei verwandte er dabei eine besondere Sorgfalt. Die Räumlichkeiten hierfür wurden mit möglichster Rücksichtnahme auf die Bedürfnisse der Arbeiter eingerichtet, die kostbarsten Maschinen wurden angeschafft und die tüchtigsten Arbeiter in großer Zahl dafür gewonnen. Der Erfolg zeigte bald, daß gerade diese Abtheilung des Geschäfts den Erwartungen in hohem Maße entsprach.

Im Jahre 1859 nahm Alfred Mame seinen Sohn Paul als Theilhaber auf und beide leiten noch heute das, wie wir weiter ausführen werden, in seiner Art einzig dastehende Geschäft. Auch

von dieser Association datirt eine Erweiterung; ein größeres Grundstück, an das alte grenzend, wurde angekauft, neue Gebäude wurden
aufgeführt und mit den alten verschmolzen, und alle die verschiedenen
Zweige des Geschäftes wurden in einer Weise erweitert, daß das
schon damals über 1000 Köpfe zählende Personal sich überall
bequem und frei in den Räumen bewegen konnte. Splendidität in
der Ausführung ist der Grundzug aller Mame'schen Unternehmungen
und wurde auch stets in den Werkstätten beobachtet; jede neue Erfindung im Gebiete des Maschinenbaues wurde sofort sorgfältig
geprüft und, wenn sie zweckmäßig war, für das Geschäft adoptirt,
so daß die Besitzer sich stets auf der Höhe ihrer Zeit erhielten, ja
häufig ähnlichen Etablissements in der Anwendung neuer Erfindungen um ein Beträchtliches voraus waren.

Nachdem wir so einen kurzen Blick auf die geschichtliche Entwickelung des Geschäftes geworfen, wollen wir uns mit den einzelnen
Zweigen desselben etwas näher bekannt machen, die Druckerei und
Buchbinderei betrachten, die Räume der Buchhandlung durchwandern, und die von der Firma herausgegebenen Bücher und
Prachtwerke flüchtig berühren, um daraus nachzuweisen, daß das
Haus Mame et Fils in Tours heute mit Recht den Ruf genießt, eins der bedeutendsten buchhändlerischen Geschäfte von Frankreich zu sein.

Die Druckerei besaß, als das Haus Mame zum ersten Male
eine Ausstellung, im Jahre 1849, beschickte, derzeit schon 20 Schnellpressen, und konnte damals schon täglich den Druck von 200 Ries
Papier oder 10,000 Bänden von 10 Druckbogen in Duodez liefern.
Augenblicklich besitzt sie 30 Dampfmaschinen französischer Construction, die zusammen, wenn sie alle mit möglichster Schnelligkeit
arbeiten, täglich 20,000 Bände à 10 Bogen oder 400 Ries Druck
zu liefern vermögen. Bei den bedeutenden Auflagen ist es selbstverständlich, daß mit der Druckerei auch ein Etablissement zum
Stereotypiren verbunden ist. Wir nannten vorhin das Mame'sche
Geschäft ein in seiner Art einzig dastehendes Etablissement, und
zwar deshalb, weil es ausschließlich nur für eigene Bedürfnisse
arbeitet. Mame et Fils wollen nicht wie die kaiserliche Druckerei
in Paris und ähnliche Etablissements mit anderen Druckereien
concurriren und diesen damit einen Theil ihrer Arbeit entziehen.
Mancher französische Verleger würde ihnen gewiß gern die Her-

stellung seiner Werke anvertrauen, da er sicher ist, eine musterhafte Ausführung zu erhalten, aber das Haus Mame verschmäht es, seine Druckerei für Andere arbeiten zu lassen.

Lange hatte sich schon das Bedürfniß eines xylographischen Ateliers fühlbar gemacht; vor einigen Jahren wurde auch dieses errichtet und der Direction eines namhaften französischen Graveurs, dem bekannten Quartley, übergeben. Viele der Holzschneider, die jetzt für Mame und andere Verleger arbeiten, erhielten in diesem Atelier ihren ersten Unterricht.

Die Buchbinderei besteht aus drei Arbeitssälen und einigen Räumlichkeiten, wo das nöthige Material (Leinen, Leder, Pappen rc.) lagert. Das hier beschäftigte Personal von über 700 Männern und Frauen arbeitet mit allen Maschinen, die irgendwie die Arbeit beschleunigen, verbessern oder erleichtern können. In zwei Sälen wird gefalzt und geheftet, was ausschließlich Frauen und Mädchen besorgen, im dritten, dem größesten und elegantesten, in dessen Mitte eine Fontaine Kühlung verbreitet, werden die Bücher beschnitten, gebunden, marmorirt, vergoldet, gepreßt, kurzum: so fertig gemacht, wie sie dem Publicum zum Kauf angeboten werden. Der „Rapport du Jury international" von 1867, 7. Classe sagt von dieser Abtheilung: „Wie schnell auch in dieser Buchbinderei gearbeitet wird, so gibt sie doch in sorgfältiger Ausführung anderen nichts nach, ja läßt diese häufig in eleganten Verzierungen weit zurück."

Ein Blick in den Mame'schen Verlagskatalog zeigt uns, daß, wie verschiedenen Inhaltes auch die Tausende von Büchern sind, doch alle ein Ziel anstreben: Beförderung der Wissenschaften, der Sittlichkeit und des guten Geschmacks. Für jedes Alter und für jeden Stand bietet der Katalog eine reiche Auswahl. Illustrirte Blättchen von 2 Centimes und Prachtwerke von 200 Francs, Schulbücher und Jugendschriften; hübsch illustrirte und gebundene Prämienbücher, Gebet- und Gesangbücher von 15 Centimes bis zu 50 Francs, darunter sogar Gebetbücher für Brautleute, prachtvoll in Elfenbein gebunden für 300 Francs, Quart- und Folio-Prachtwerke, die sich ebenso durch die Illustrationen, wie durch Druck und Einband auszeichnen — genug, alle Fächer der Wissenschaft, Literatur oder des Luxus sind in einer Anzahl von Werken vertreten.

Diese großen Verlagsvorräthe zu bewahren, bedarf es natürlich großer Lagerräume; alle von der Druckerei abgelieferten Bücher, die nicht gleich geheftet oder gebunden werden sollen, werden in einem besonders dafür gebauten und eingerichteten Gebäude abgezählt, verschränkt und verpackt, und dann auf den Lagerräumen aufgestapelt. Die letzteren, ganz mit Ballen besetzt, bilden ordentliche Straßen, und trotz der kolossalen Anzahl von Ballen, welche den Reserve-Fonds der Buchhandlung ausmachen, ist auf diesen Böden doch überall hinlänglich für Licht, Luft und freien Raum gesorgt.

Jeder Abtheilung des umfassenden Geschäftes steht ein Chef vor, dem verschiedene Unterbeamte zur Seite stehen, um die nöthige Ruhe und Ordnung zu handhaben und Anordnungen zu treffen, welche den Gang der Arbeit regeln und beschleunigen.

Die Ateliers, Werkstätten und Arbeiterwohnungen Mame's stehen alle mit einander in Verbindung und sind von Gärten umschlossen, in welchen den Kindern der Arbeiter außer der Schulzeit ein geräumiger, schöner und gesunder Spielplatz geboten wird.

Im Winter werden sämmtliche Räume des Etablissements durch Luftheizung erwärmt.

Ueber 1200 Arbeiter sind augenblicklich in den verschiedenen Werkstätten angestellt, und eine noch größere Anzahl findet außerdem ihr Brot in den für Mame thätigen Fabriken für Papier, Druckerschwärze, Lettergießereien, Lohgerbereien ꝛc.

Bei einem Besuche dieses Etablissements wird man namentlich überrascht durch die außergewöhnliche Sorgfalt, welche die Chefs beobachten, um die Gesundheit und das Wohlergehen ihrer Arbeiter zu befördern. Man vergißt, daß man sich inmitten einer engen Stadt befindet, wenn man diese ausgedehnten, gut ventilirten, sauberen, fast elegant zu nennenden Räume durchwandert, und danach in die umliegenden Gärten eintritt. Treppen, Corridors, Werkstätten, alles wird mit größester Accuratesse unterhalten; ist es wohl anders möglich, als daß dieser alles durchwehende Geist auch seinen Einfluß auf die Arbeiter selbst ausübt und sie anspornt, ihr ganzes Benehmen und Thun damit in Einklang zu bringen? Der Self-respect, wie der Engländer sagt, wird damit unvermerkt in ihnen geweckt.

Nicht minder anerkennenswerth ist auch das Bestreben der

Herrn Mame, die Sittlichkeit unter ihren Arbeitern zu fördern; gewiß keine kleine Aufgabe, da die Natur der Etablissements es mit sich bringt, eine große Anzahl von Frauen und Mädchen zu beschäftigen, denen nicht nur der Verkehr mit dem männlichen Personal in der Anstalt selbst, sondern auch die umliegende Stadt häufig Gelegenheit zu Ausschreitungen bietet, die mit aller Macht bekämpft werden müssen. Strenge Aufsicht, ein gutes Beispiel und gewissenhaftes Anhalten zum gottesfürchtigen Leben sind auch nach dieser Beziehung hin nicht ohne gute Folgen geblieben, denn von den 530 Frauen und Mädchen waren im Laufe eines Jahres nur bei zweien strengere Maßregeln nöthig. Es kommt selten vor, daß einer der Angestellten schimpflich, oder als zur Arbeit untaug= lich entlassen wird.

Die modernen Strikes werden bei Mame's wohl keinen Ein= gang finden; die Arbeiter kommen selten in die Lage, eine Lohn= erhöhung selbst beantragen zu müssen, da die Besitzer meistens solchen Wünschen zuvorkommen und dadurch ein gutes Einverständniß aufrecht erhalten. Welches Opfer ein solches Vorgehen zuweilen kostet, kann man sich vorstellen, und möge ein Beispiel von vielen das beweisen.

Die Krisis von 1848 drohte auch für das gerade damals mitten in der Entwickelung begriffene Etablissement verhängnißvoll zu werden, und es schien keine andere Rettung möglich, als sofortige Schließung aller Werkstätten. Niemand würde es dem Besitzer haben verargen können, wenn er dem allgemeinen Strome der Zeit gefolgt wäre und diesen Weg zu seiner Hilfe benutzt hätte. Er aber gab den Muth noch nicht auf und versuchte lieber erst, im Geschäft zu retten, was zu retten war, dadurch, daß er andere ihm sehr liebe Güter aufopferte. In der schönsten Gegend der Tourraine besaß er ein prächtiges Landgut und zögerte nicht, dieses unter dem Preise sofort loszuschlagen, wodurch er sich in den Stand setzte, alle seine Arbeiter im Dienste zu behalten, während die Arbeiter anderer Fabriken brotlos umherliefen.

Die Herren Mame befriedigen aber nicht nur durch einen hohen Lohn allein die Bedürfnisse ihrer Arbeiter, sie errichteten auch eine allgemeine Krankencasse, zu der jeder Arbeiter nach Ver= hältniß des Lohnes wöchentlich eine Kleinigkeit beiträgt und aus welcher er bei eintretender Krankheit für die versäumte Arbeit

17

schablos gehalten wird. Auch riefen sie durch ihre Bemühungen einen Pensionsfonds in's Leben, der ebenfalls von wöchentlichen Beiträgen unterhalten wird und den Arbeitern im Alter eine reich= liche Unterstützung gewährt. In Anbetracht alles dessen fiel denn auch im Jahre 1867 dem Hause der ehrenvolle Preis der Zu= erkennung von 10,000 Francs zu, welche der Kaiser Napoleon für diejenigen Etablissements ausgesetzt hatte, „où régnaient à un de= gré éminent l'harmonie sociale et le bienêtre des ouvriers". — Was die Aufmerksamkeit der betreffenden Jury damals namentlich auf sich zog, war der Umstand, daß die Herren Mame bei jeder Vergrößerung und Ausbreitung ihres Geschäftes auch sofort auf Verbesserung der Arbeiterverhältnisse bedacht waren, so daß die Geschichte ihres geschäftlichen Wachsthums auf das engste verbunden ist mit ihren Bestrebungen, den Lohn und die Wohlfahrt ihrer Arbeiter zu heben.

Derzeit legten die Herren Mame, im höchsten Grade aus= gezeichnet durch die erwähnte Belohnung, den ganzen Betrag von 10,000 Francs in die beiden von ihnen gestifteten Cassen ein. Ist es bei diesen Prinzipien zu verwundern, wenn ein solches Streben an höchster Stelle nicht nur anerkannt wird, sondern wenn auch unter den Arbeitern große Liebe und Verehrung für die Arbeitgeber zu Tage tritt?

Um zum Schluß zu eilen, wollen wir nur noch hinzufügen, daß neben jener Anerkennung das Haus Mame auf allen Industrie= Ausstellungen, die es mit seinen Verlagsartikeln beschickte, Preise hierfür erhielt. Wir erwähnten bereits, daß es zuerst im J. 1849 in der Weise vorging, wofür ihm damals die goldene Medaille zufiel.

Auch in jener großen Weltausstellung von 1851 in London wurde die Mame'sche Druckerei zu den berühmtesten von Europa gezählt und mit der goldenen Prize-Medal gekrönt. Im J. 1855 erhielt Herr Alfred Mame persönlich auf der Pariser Ausstellung die große Ehrenmedaille, die für die beste Privatdruckerei ausgesetzt war. Ein hierzu gefügtes Diplom trug die Aufschrift: „Pour la supériorité de ses produits typographiques et la très-grande modicité de ses prix."

Als im Jahre 1862 auf der Ausstellung in London dem Hause wiederum zwei Medaillen für die beste Buchdruckerei und

Buchbinderei zuerkannt wurden, bedauerte es die Jury in ihrem Berichte ausdrücklich, daß es nicht in ihrer Macht läge, dem Herrn Mame eine außergewöhnliche Belohnung zu geben, die er in vollem Maße verdient habe. Vor zwei Jahren erhielt er auf der Pariser Ausstellung den einzigen großen Preis der 6. und 7. Classe und wurde dabei zum Offizier der Ehrenlegion ernannt. Auf der kürzlich in Amsterdam beendeten Industrie-Ausstellung wurde Mame das große Ehrendiplom zuerkannt.

Aber auch das Personal theilte diese Ehrenbezeigungen; 1855 wurde einer der Unterchefs durch die Ernennung zum Ritter der Ehrenlegion ausgezeichnet, und an die Arbeiter selbst wurden bis jetzt von der Ehrenlegion sieben Kreuze 1. und 2. Classe und drei ehrenvolle Erwähnungen abgegeben.

So bietet sich uns denn hier das schöne Bild, daß durch ein ehrenhaftes, fleißiges Streben aller Betheiligten Großes geleistet, und daß dem Geschaffenen auch überall die gebührende Anerkennung gezollt wird. Möge das auch von Seiten unserer Leser geschehen!

(B. B. 1869. Nr. 296.)

Otto Mühlbrecht in Berlin.

8. Ambroise Firmin Didot*).

Heute führen wir unsern Lesern das Bild eines Mannes vor, der gegenwärtig vermöge seines Alters und seiner Verdienste unter den Buchhändlern Frankreichs als Nestor den ersten Platz einnimmt. Es ist Ambroise Firmin Didot, geboren in Paris den 20. December 1790, ältester Sohn von Firmin Didot und Neffe des berühmten Pierre Didot, in unserm Jahrhundert der würdige Repräsentant dieser hervorragenden Drucker- und Buchhändlerfamilie, welche schon das ganze vorige Jahrhundert hindurch sich durch einen großartigen Unternehmungsgeist auszeichnete. Für die Entwickelung der Buchdruckerkunst in Frankreich sind die Didots geradezu bahnbrechend zu nennen; schon François Ambroise Didot, geboren 1730 (der Ahnherr der Familie ist François Didot, ge-

---

*) Aus der Illustrirten Zeitung.

boren 1689 zu Paris), vervollkommnete die Schriftschneide= und
Schriftgießkunst in hohem Grad und erfand um etwa 1777 die
Pressen mit einem Zug. Mehr noch leistete sein Sohn Pierre,
geboren 1760, der als Drucker nach dem Ruhm strebte, der Boboni
Frankreichs zu werden; seine Ausgabe des Racine (3 Vols. 1801
—5) sowie die Folioausgaben des Virgil (1798) und des Horaz
(1799) zeugen für seine Leistungen.   Sein Bruder Firmin Didot,
der Vater Ambroise's, geboren 1764, war ein vorzüglicher Form=
schneider und Schriftgießer und erfand ein ganz neues Verfahren
des Stereotypendrucks, welches er zuerst beim Druck der Callet'schen
Logarithmen anwandte.   Daneben waren alle Didots akademisch
gebildet, tüchtige Gelehrte, die beachtenswerthe Schriften sowohl
auf verschiedenen wissenschaftlichen Gebieten wie auf dem speciellen
Feld ihres Berufs hinterlassen haben.

Ambroise Firmin Didot verdient vor den übrigen Didots in
Deutschland schon deshalb eine besondere Beachtung, weil er die
deutsche Gelehrtenwelt zur Ausführung seiner großartigen wissen=
schaftlichen Unternehmungen mit heranzog, weil der Ruhm, den ihm
die Herausgabe von Werken, wie beispielsweise des „Thesaurus
graecae linguae", brachte, auch ein Triumph deutscher Wissen=
schaft ist.

Ambroise Firmin Didot kam von früher Jugend an, während
sein Vater selbst ihm seine literarischen und typographischen Studien
vorschrieb, viel in Berührung mit hervorragenden Männern, na=
mentlich mit Boissonade, dem eine Zeit lang sowohl seine wie
seines Bruders Hyacinthe (geboren 1794) Erziehung anvertraut
war; beide Brüder traten später in das von Thurot begründete
Institut, wo sie den Unterricht der tüchtigsten Gelehrten genossen;
später vervollkommnete Ambroise noch seine Kenntniß der alt= und
neugriechischen Sprache unter der Leitung des gelehrten Koraï,
dessen Freund er infolge dieses Verkehrs wurde.   Ambroise Didot
zählte bald zu den hervorragenden Hellenisten seiner Zeit, und Couvier
konnte von ihm 1810 in einem Brief sagen, daß ganz Griechen=
land, wo sich derzeit schon die bald erfolgende Umwälzung vorbe=
reitete, große Hoffnungen auf ihn setze.

Nach Wiederherstellung des europäischen Friedens im Jahr
1814 begab sich Didot nach England, um· die dortigen Fortschritte
in der Papierfabrikation und dem Druckereiwesen kennen zu lernen;

er war der erſte, der die von Lord Stanhope verbeſſerte und nach
ihm benannte Druckerpreſſe in Frankreich einführte. Einem lange
gehegten Wunſche zu genügen, begab er ſich 1816 mit der franzö=
ſiſchen Geſandtſchaft, bei der er als Attaché angeſtellt war, nach
Konſtantinopel und trat darauf in das Gymnaſium von Cydonien
(in Kleinaſien), um der griechiſchen Sprache völlig Meiſter zu
werden, was ihm auch glänzend gelang. Ehe er nach Frankreich
zurückkehrte, beſuchte er die claſſiſchen Länder des Orients und
lernte Griechenland, die Türkei, Kleinaſien, Syrien, Paläſtina und
Aegypten in den Jahren 1816 und 17 gründlich kennen, was ſeine
über dieſe Länder veröffentlichte Schrift „Notes d'un voyage dans
le Levant en 1816 et 1817" bekundete. Auch entdeckte der junge
Reiſende auf der Ebene von Troja in jenem Hügel, der für die
Citadelle des alten Troja gehalten wird, einige cyklopiſche oder
pelasgiſche Bauten, welche den Nachforſchungen von Choiſeul=
Gouffier und Chevalier entgangen waren.

Da kam im Jahr 1823 die Erhebung Griechenlands, welche
die Aufmerkſamkeit und Sympathie von ganz Europa erregte; die
Hellenen verſuchten das drückende Joch der Osmanen abzuſchütteln.
Ambroiſe Didot war der erſte, welcher eine Flugſchrift, einen Aufruf
zu einer Subſcription zu Gunſten der bedrängten Griechen in die
Welt ſandte, welche Schrift als Vorläufer jenes bekannten Pariſer
Comité zu betrachten iſt, das der griechiſchen Sache ſo nachdrücklich
Unterſtützung von Seiten Europas verſchafft hat. Auch Didot
gehörte dieſem Comité an und wußte im Verein mit Männern
wie La Rochefoucauld, Chateaubriand, Choiſeul, Dalberg, Ternaux
u. a. fünf Jahre hindurch das Intereſſe für die griechiſche Er=
hebung ſtets rege zu erhalten. Aber er bethätigte ſeine Sympa=
thien noch in anderer Weiſe. Griechenland beſaß derzeit keine
Druckerei, Didot machte der Stadt Hydra eine ſolche zum Geſchenk
und ſandte ſeinen Schüler Dobras dahin, der die Leitung der
Anſtalt übernahm und das „Annuaire de la loi" erſcheinen ließ.

Wurden Didot durch ſeine Thätigkeit nach dieſer Richtung
auch viele Mühen und Sorgen aufgebürdet, ſo hinderten ihn dieſe
doch nicht, ſich ſeinen Studien, ſowohl auf dem Gebiet der Typo=
graphie wie der Wiſſenſchaften, mit dem größten Eifer und Erfolg
hinzugeben. Er ließ eine Thucydides=Ueberſetzung erſcheinen, die
heute noch geſchätzt wird, gleichwie ſein „Essai sur la typographie",

eine ganz hervorragende Arbeit, welche von umfassenden Kenntnissen
zeugt; er entwickelt darin mit großer Klarheit die Anfänge der
Druckerkunst und sucht seine Meinung in dieser so verschieden ven=
tilirten Streitfrage durch gute Beweisgründe zur Geltung zu bringen.
Didot hat für seine Forschungen auf dem Gebiet der Druckerkunst
ein so reiches Material zusammengebracht, daß seine Bibliothek,
nachdem die von T. O. Weigel in Leipzig leider jüngst in alle
Winde zerstreut ist, gegenwärtig als die bedeutendste Privat=
sammlung von Incunabeln und andern kostbaren Druckschriften zu
betrachten ist.

Im Jahre 1827 übernahm Ambroise Didot das väterliche
Geschäft zusammen mit seinem Bruder Hyacinthe unter der heute
noch bestehenden Firma Firmin Didot Frères; beide verfolgten
geschäftlich die Bahn ihrer Vorfahren und haben den berühmten
Namen des Hauses jederzeit und in jeder Beziehung auf seiner
Höhe erhalten.

Ambroise Firmin Didot hat im Verlauf der Jahre mit seinem
Bruder zusammen eine Reihe wichtiger Unternehmen durchgeführt,
beispielsweise die „Monuments de l'Egypte et de la Nubie" von
Champollion dem Jüngeren, die „Voyage de l'Inde" von Jacque=
mont, die „Expédition scientifique des Français en Morée", eine
neue Ausgabe des „Dictionnaire de l'Académie", das „Dictionnaire français-arabe" von Bochtor, „La France littéraire, von
Quérard u. a. m. Von besonderer Bedeutung noch ist das „Glos-
sarium mediae et infimae latinitatis" von Du Cange, welches
in alphabetischer Ordnung die Arbeiten der Benedictiner, des Dom
Carpentier, Adelung's und des neuen Herausgebers Henschel ver=
einigt; die größte und verdienstvollste Verlagsunternehmung Am=
broise Didot's aber ist die neue Ausgabe des „Thesaurus graecae
linguae", welches Werk unserm Jahrhundert zur Ehre gereicht.
Den Grund dazu legte schon der berühmte Henri Estienne; in=
zwischen waren aber 300 Jahre vergangen, die Wissenschaft hatte
bedeutende Fortschritte gemacht, der Text mancher Autoren hatte
sich als unrichtig herausgestellt, mancher neue Text war seitdem
aufgefunden, und so galt es, den von Estienne nachgelassenen
„Trésor" auf die jetzige Höhe der Wissenschaft zu erheben, eine
umfassende, schwierige Arbeit. Die Hauptschwierigkeit für Ambroise
Didot, der, einem Wunsche seines Vaters nachkommend, die Heraus=

gabe dieses Werkes speciell in die Hand genommen hatte, bestand
darin, eine hinreichende Zahl von Männern zu finden, deren wissen=
schaftliche Bedeutung der Aufgabe gewachsen war; er trat zu dem
Zweck mit Autoritäten der verschiedensten Länder in Verbindung
und hatte· die Freude, daß die meisten dem im Namen der
Wissenschaft an sie ergangenen Aufruf Folge leisteten. So ver=
einigten sich mit dem Verleger Gelehrte wie Ast, Boissonade,
Cramer, Hase, Jacobs, Osann, Rost, Schäfer, Struve, Tafel u. a.,
und die Gebrüder Dindorf in Leipzig traten mit Hase an die Spitze
des Unternehmens, anfänglich in der Redaction unterstützt von
Sinner und Fix. Ambroise Didot selbst übernahm die „Prolego-
mena" und stellte die Authenticität der von Estienne herrührenden
Noten und Zusätze nach dem handschriftlichen Exemplar in der
kaiserlichen Bibliothek zu Wien fest. Das Werk ist in Deutsch=
land so bekannt, daß wir uns Weiteres darüber ersparen können.

Gleiche Bereitwilligkeit bei den Gelehrten fand Didot auch
bei der Herausgabe der „Bibliothèque des auteurs grecs", in
welcher der Text, revidirt nach den Manuscripten und ergänzt
durch eine große Zahl bis dahin unedirter Fragmente, von einer
lateinischen Uebersetzung begleitet ist, welche ebenfalls revidirt und
theilweise erneuert wurde. An diese „Bibliothèque grecque"
schlossen sich Commentare derselben, in gleichem Format auch die
„Bibliothèque latine-française", unter Leitung von Nisard, und
die „Bibliothèque française", ebenfalls mit vorzüglichen Noten
und kritischen Bemerkungen versehen. Die Bibliothekserien allein
umfassen etwa 200 Bände in groß Octavformat.

Neben diesen größern wissenschaftlichen Unternehmungen, bei
deren Ausführung die deutsche Gelehrtenwelt nicht zum kleinsten
Theil betheiligt ist, haben Didots eine Reihe wohlfeiler Bücher
verlegt, welche sowohl die Belehrung der großen Menge wie auch
der einzelnen Gesellschaftsclassen ins Auge fassen; bekannt davon
ist das „Univers pittoresque"; Gelehrte, Reisende und Schrift=
steller haben diesem Werk den Tribut ihrer Arbeiten, ihrer Ent=
deckungen und Beobachtungen gezollt, geleitet von dem Wunsche
der Verleger, die geschichtlichen und geographischen Wissenschaften
zu verallgemeinern. Von den in weiteren Kreisen bekannten Ver=
lagsunternehmungen sei hier nur noch hingewiesen auf die „En-
cyclopédie moderne", die „Nouvelle biographie générale" und

auf das „Dictionnaire de la conversation et de la lecture", ein
ähnlich angelegtes Werk wie unser deutsches „Conversationslexikon"
von Brockhaus.

Ambroise Didot wurde wiederholt zu Ehrenämtern berufen.
So erstattete er bei den Ausstellungen von 1844 und 1849 als
Mitglied der Jury den Bericht über die auf die Typographie be=
züglichen Zweige der Industrie, und 1851 ernannte ihn die inter=
nationale Jury zum Berichterstatter über die erste Weltausstellung
in London. In diesem Bericht wie in dem schon erwähnten „Essai
sur la typographie" gibt Didot den Entwicklungsgang der Drucker=
kunst und der verwandten Zweige von deren Erfindung an bis
auf unsere Tage.

Hier möge gleich noch ein Blick auf die übrigen eigenen
Schriften von Ambroise Firmin Didot geworfen werden; man wird
daraus am besten auf seine vielseitige und wissenschaftlich gediegene
Thätigkeit schließen können. Außer den schon erwähnten „Notes
d'un voyage dans le Levant" (1826), gab er die „Fragments
sur la Grèce de M. Pouqueville" heraus, dann seine „Traduction
de l'Histoire de Thucydide" (4 Vols. 1833), ferner „Dissertations
sur Joinville" am Eingang seiner Memoiren (1859), und daneben
Abhandlungen über Estienne, Albus u. a., Auszüge aus der „Nouvelle biographie générale" (1855). Außerdem schrieb er noch
kleine Abhandlungen, wie die über „Le missel de Jacques Juvénal
des Ursins", ein kostbares Manuscript, welches Didot der Stadt
Paris cedirte, nachdem er selbst es für 35,000 Frcs erworben
hatte. Auch über das literarische Eigenthum hat er Mehreres ge=
schrieben und sich bemüht, Licht in diese dunkle Rechtsfrage zu
bringen. Unter seinen neueren Schriften ragen hervor seine 1863
veröffentlichten „Essais typographiques et bibliographiques sur
l'histoire de la gravure sur bois", seine „Réponse à M. Egger
sur le prix du papier dans l'antiquité" u. a. m.

Als Ehrenmitglied des Pariser Stadtraths trug Ambroise
Didot 1855 durch seine „Considérations", welche er in der Sitzung
vom 25. Januar überreichte, wesentlich dazu bei, daß die von dem
Seinepräfecten vorgeschlagene Besteuerung des Papiers abgelehnt
wurde; seine Gründe gegen diese Steuer sind ziemlich dieselben
Bedenken, welche bei uns schon seit geraumer Zeit, leider immer
noch vergeblich, gegen die Zeitungsstempelsteuer geltend gemacht

werden. Bemerkenswerth ist übrigens hierbei, daß die heutige freisinnige Regierung in Frankreich sich sofort nach ihrem Regierungsantritt beeilte, die früher mit Didot's Hilfe abgeschlagene Besteuerung des Papiers einzuführen, was denn auch die unausbleibliche, für die allgemeine Volksbildung bedenkliche Folge einer allgemeinen Vertheuerung sämmtlicher Papiererzeugnisse nach sich gezogen hat.

Im Jahre 1855 finden wir Ambroise Didot an der Spitze, als es sich um den Neubau der Sorbonne handelte, und überall begegnet man seiner Thätigkeit und seinem Einfluß, wo es die Förderung gemeinnütziger Zwecke und des Wohls seiner Mitbürger gilt. Er ist Präsident oder Mitglied vieler industrieller und gelehrter Gesellschaften und steht als Ehrenpräsident an der Spitze seiner Berufsgenossen, des Cercle de la librairie, de l'imprimerie et de la papeterie à Paris, auch ist er Imprimeur de l'Institut de France, wie sein Vater es war, und gehört der Ehrenlegion als Offizier an. Vor kurzem wurde Ambroise Didot an Stelle Cherrier's zum Mitglied des Institut de France, und zwar der Académie des Inscriptions et Belles-Lettres ernannt.

Jetzt in so hohen Jahren haben die beiden Brüder ihre beiden Söhne zur Seite stehen, die ihnen die Last der eigentlichen Geschäfte abgenommen haben; das Haus hat inzwischen solche Ausdehnung gewonnen, daß eine besondere Vertretung seiner Interessen in Leipzig und Boston stattfindet.

Schreiber dieses erinnert sich noch mit Vergnügen des wohlthuenden Eindrucks, welchen vor einigen Jahren bei einem Besuch die Persönlichkeit Ambroise Didot's auf ihn machte. Der alte Herr hat es verstanden, trotz seiner 80 Jahre, sich eine seltene geistige Frische und gewinnende Herzlichkeit zu bewahren; ihm ist das schöne Loos zu Theil geworden, im hohen Alter in den glücklichsten Verhältnissen mit Befriedigung auf eine reichbewegte, stets von Erfolgen begleitete Lebensbahn zurückblicken zu dürfen, und in vollem Maße gebührt ihm die Huldigung, welche ihm Edmund Werdet in seiner vortrefflichen Schrift zollt: „Nous ne faisons que lui rendre la plus stricte justice, en le proclamant l'honneur et la gloire de la typographie française, non seulement de notre époque, mais de notre siècle."

(B. B. 1873. Nr. 70.) **Otto Mühlbrecht in Berlin.**

III.

Zum Urheber- und Verlagsrecht.

1. Ein Jubeltag für den deutschen Buchhandel.

Mit dem morgenden Tage vollendet sich ein Jahrhundert, das seit dem Erlaß eines Gesetzes verstrichen ist, welches in den Annalen der deutschen Literatur wie des deutschen Buchhandels immerdar mit goldenen Lettern verzeichnet bleiben wird. Vom 18. December 1773 datirt nämlich das von der k. sächsischen Staatsregierung erlassene „Mandat, den Buchhandel betr.", welches in seinem ersten Paragraphen bestimmt, daß

„allen und jeden in- und ausländischen Buchhändlern, in Ansehung ihrer in Unsern gesammten Landen gedruckten Bücher aller Art, gegen die Nachdrucker, so ihre Waare in Unsere Lande einbringen, und damit ihre Gewerbe stören, auf Imploration der ordentlichen Obrigkeit des Orts, wo solches geschieht, schleunige Justiz administriret, der Verkauf des Nachdrucks sofort untersaget, und die Nachdrucker zum Ersatz des ihnen zugefügten Schadens durch die bereitesten Zwangsmittel angehalten werden sollen. — Jedoch hat solchenfalls der klagende Buchhändler zuvörderst, daß er das Verlagsrecht an dem Buche, Uebersetzung, oder sonstiger Schrift, wovon die Frage ist, von dem Schriftsteller redlicher Weise an sich gebracht habe, und, falls er ein Ausländer ist, daß an dem Orte seiner Heymath das Reciprocum gegen Unsere Unterthanen beobachtet werde, behörig zu erweisen".

Zu Erleichterung dieser Beweisführung wird in den weiteren Bestimmungen des Mandats den Verlegern ein zweisacher Weg dargeboten: Sie konnten sich um „einer geschwindern Execution versichert" zu sein, entweder ein landesherrliches Privilegium ertheilen oder ihre Verlagsartikel in ein bei der Büchercommission zu Leipzig zu haltendes Protokoll einzeichnen lassen, „immaßen Wir solchem Einzeichnen die Kraft und Wirkung eines ausdrücklich erlangten Privilegii beylegen, dergestalt, daß in Unserem Chur-

fürstenthum und gesammten Landen der Nachdruck dergleichen ein=
gezeichneten sowohl, als privilegirten Bücher, nicht weniger das
Einbringen, Verkaufen, Vertauschen oder Verrechnen derer auswärts
gefertigten Nachdrücke davon, in= und außerhalb denen Messen
verboten seyn, denjenigen, so solcherley Nachdrücke fertigen oder
einbringen, die eingebrachten Exemplaria weggenommen und con=
fisciret, oder, daferne solche nicht mehr zu erlangen, sie zur Er=
legung des Werths davon, und hierüber noch in beyden Fällen
zu einer Geldbuße von fünfzig Reichsthalern, wovon die Hälfte
Unserm Fisco, die andere Hälfte dem Verleger verfallen, angehalten
werden sollen". Als competente Behörde für die „Cognition in
solchen Fällen" wurde für Leipzig die daselbst installirte „Bücher=
Commiffion", anderwärts aber die ordentliche „Obrigkeit jeden
Orts" bestellt, von welcher „auf bloße Production des Privilegii,
oder des wegen des Einzeichnens erhaltenen Scheines sofort mit
der Execution verfahren werden" sollte.

Weitere Bestimmungen besagten, daß „der Vorwand, als ob
die nachgedruckten Exemplarien bloß durch Unsere Lande durch=
geführt würden", Niemandem zu statten kommen soll, „sobald solche
ausgepacket oder zum Commiffions= und Speditions=Handel nieder=
gelegt werden", vielmehr sollten „diejenigen, welche sich bey dem
Verkauf des Nachdrucks als Commiffionär oder Unterhändler ge=
brauchen lassen, oder durch Verhehlung und sonst dabey Vorschub
leisten, mit willkürlicher Strafe belegt werden". Endlich ward den
„solchergestalt Unsers Landesherrlichen Schutzes versicherten Buch=
händlern" eingeschärft, „dahin zu sehen, daß das Publikum mit
ihren Verlagsbüchern in hinlänglicher Menge von Exemplarien,
auch mit correctem Druck und gutem Papier, nicht minder in
billigen Preisen versorget, und darunter überall zu gegründeten
Beschwerden kein Anlaß gegeben werde. — Immaßen, wenn Wir
wahrnehmen sollten, daß das erlangte Befugniß miß= oder nicht
gebrauchet, durch eine schlechte Ausgabe oder Uebersetzung bloß
eine bessere zurückgehalten, oder auch der Preis, insonderheit derer
zum Gottesdienst und Schulwesen gehörigen Bücher über die Gebühr
und Billigkeit erhöhet werden wollte, Wir Uns vorbehalten, nach
vorgängiger hinlänglicher Untersuchung der Sache, jenes Befugniß
wiederum aufzuheben und entweder auf einen anderen billigern
Verleger zu transferiren oder auch den Druck gar frey zu geben".

Beigegeben ist dem Mandat vom 18. December 1773 ein „Regulativ, wie das von der Büchercommission zu führende Proto= coll einzurichten". Die Führung des Protokolls ward darin dem jedesmaligen „Bücher=Inspector"*) überwiesen, und es konnten „alle die Leipziger Messe besuchenden in= und ausländigen Buch= händler" ihre Verlagsartikel eintragen lassen, wenn sie sich vor der Bücher=Commission als rechtmäßiger Verleger legitimirten, „welche Legitimation die Bücher=Commission ohne Weitläuftigkeit untersuchet und bei zweifelhaften Fällen zum Churfürstl. Sächsischen Kirchenrathe Bericht mit Gutachten zu erstatten hat". Bei Ueber= setzungen hatte Derjenige, „so sich zuerst bey dem Protocolle gemeldet und einschreiben lassen", den Vorzug; „es hat aber der= selbe solche längstens binnen einem Jahre dem Publico ganz, oder bey großen Werken wenigstens zum Theil" zu liefern, „widrigen= falls er seines durch das Einzeichnen erhaltenen Rechts verlustig wird", welcher Rechtsnachtheil überhaupt jeden Verleger traf, der das eingetragene Werk nicht binnen Jahresfrist und bei großen Werken, wenigstens zum Theil lieferte, oder die Ursachen, welche ihn daran verhindert, in Zeiten angezeigt hatte. Den Heraus= gebern von Uebersetzungen ward überdies noch besonders eingeschärft: „für gute und tüchtige Uebersetzungen Sorge zu tragen, oder daß, wenn eine im Druck ergangene Uebersetzung, nach angestellter Untersuchung, schlecht und fehlerhaft befunden wird, man diesfalls ein ernstes Einsehen haben, auch nach Befinden, einem anderen, eine verbesserte Uebersetzung zu ediren erstatten werde, ohnfehlbar zu gewarten hat". Endlich enthält das Regulativ noch eine Be= stimmung, welche als ein Anlauf zum selfgovernment, dem die Anschauungen jener Zeit höchster Blüthe bureaukratischer Macht= vollkommenheit nichts weniger als hold waren, besonders hervor=

---

*) Dieser „Bücher=Inspector", der bereits mit der im Jahre 1687 ins Leben getretenen Bücher=Commission installirt worden war, und bisher lediglich die Einzeichnung und Insinuation der Bücherprivilegien, Bücherverbote ꝛc. zu besorgen hatte, führte ursprünglich den wenig beliebten Titel: „Fiscal", der im Jahre 1722 durch ein Rescript beseitigt worden war, nachdem der bisherige Fiscal David Bittorf angezeigt hatte: „wie verhaßt jener Name zeithero wor= den sei, sogar, daß, wenn er zu Meßzeiten in die Buchläden käme und die Leute solchen hörten, sie gleichsam vor ihm einen Abscheu hätten, ihn zu mei= den suchten und wohl gar davon gingen". Vergl. Gretschel und Bülau, „Ge= schichte des Sächsischen Volkes und Staates". 2. Ausg. 2. Band, S. 644.

gehoben zu werden verdient. „Damit auch alles Mögliche zur
Beförderung des Buchhandels beigetragen werde, — heißt es nämlich
daselbst — so bleibet denen die Leipziger Messe besuchenden Buch=
händlern frey, aus ihren Mitteln Deputirte und zwar — a) drey
Sächsische Buchhändler, als zwey aus Leipzig und einen aus einer
anderen Chursächsischen Stadt — b) und sechse aus denen fremden,
die Messe besuchenden Buchhändlern auswärtiger Länder und
Reichsstädte, wo sich mehrere Buchhandlungen befinden, zu er=
wählen, welche das gemeinschaftliche Beste des Buchhandels
besorgen, und desfalls bei der Bücher=Commission behörige Anzeige
thun können. Es soll auch die Bücher=Commission bey zweifel=
haften Fällen, besagter Deputation mündliches oder schriftliches
Gutachten erfordern."

Um sich der tiefgreifenden Bedeutung des Mandats vom
18. December 1773 für die Verhältnisse des deutschen Buchhandels
nach allen Seiten hin bewußt zu werden, ist ein kurzer Rückblick
auf die Gestaltung der hier einschlagenden Rechtsverhältnisse zur
Zeit des Erlasses dieses Gesetzes in Deutschland, bez. in Sachsen
von Nöthen. Dr. Oskar Wächter charakterisirt dieselben in seinem
bekannten trefflichen Werke über das Verlagsrecht*) sehr richtig,
wenn er sagt, daß bis in das achtzehnte Jahrhundert die deutsche
Gesetzgebung den Anspruch auf Schutz des Vertrags als einen der
Regel widerstreitenden, wofür erst im Wege des Privilegiums
in concreten Fällen ein Recht bestellt werden sollte, behandelt
habe. Und nicht minder zutreffend ist es, wenn er dann in Ueber=
einstimmung mit Joh. Friedr. Ferdinand Ganz**) weiter ausführt,
daß auf diesem Wege die Gesetzgebung den höheren Anforderungen
des Rechts, jeder objectiv mit Sicherheit erkennbaren und beur=
theilbaren Unsittlichkeit entgegenzutreten, und den wohlbegründeten
Ansprüchen der Urheber geistiger Werke, sowie den mit der An=
erkennung und dem Schutze dieser Ansprüche wesentlich zusammen=
hängenden allgemeinen Interessen nicht genügen konnte. „Sie

---

*) Vergl. Dr. Oskar Wächter, das Verlagsrecht mit Einschluß der Lehren
vom Verlagsvertrag und Nachdruck nach den geltenden deutschen und inter=
nationalen Rechten. Stuttgart 1857, Cotta. S. 12 u. f.

**) Vergl. des Obengenannten „Uebersicht der Gründe wegen des Straf=
baren des Büchernachdrucks und Vorschläge, wie diesem Uebel durch ein allge=
mein verbindliches Reichsgesetz vorgebeugt werden könne". Regensburg 1790.

mußte die Ausnahme zur Regel machen: das, was bisher blos
im Wege des Privilegiums als Ausnahme erlangt werden konnte,
durch ein allgemeines Gesetz als ein dem Urheber an sich schon
zukommendes Recht, wenn auch mit gewissen Beschränkungen ertheilen. Sie mußte anerkennen, daß nicht erst eine willkürliche
und exceptionelle Vergünstigung von Seiten der Regierung, sondern
daß die Autorschaft eines Werkes schon an sich den Anspruch auf
Rechtsschutz begründe."

Den ersten Schritt auf dieser in den eben angeführten Sätzen
der deutschen Gesetzgebung über das geistige Urheberschafts- und
Verlagsrecht vorgezeichneten Bahn that die sächsische Regierung,
indem diese bereits in dem Mandat „wider ärgerliche Schriften,
Pasquille, Kupfer-Stiche und Chartequen, ingleichen von Censur
derer Bücher, auch dem Nachdruck derer privilegirter, und Ein-
schickung deroselben zu rechter Zeit" vom 27. Februar 1686 den
von der bisherigen in Deutschland geltenden Rechtsanschauung
abweichenden Rechtsgrundsatz aussprach, daß der Nachdruck auch
solcher Bücher, welche, ohne durch Privilegien geschützt zu sein,
der Verleger „von den Auctoribus redlicher Weise an sich gebracht",
verboten sein solle. Abgesehen indessen davon, daß die betreffende
Stelle dieses Gesetzes durch Beifügung der Worte: „auch wohl
darüber Privilegia erlanget" einigermaßen unklar wird, so fehlte
es auch dem hier ausgesprochenen Verbot an einer speciellen, bestimmt formulirten Strafandrohung für den Fall der Uebertretung,
so daß der dadurch gewährte Rechtsschutz eine praktische Bedeutung
in concreto nicht erlangen konnte.

Diese Wirkung ward erst mit dem Erlasse des Mandats vom
18. December 1773 erreicht, das nicht bloß den Rechtsgrundsatz:
daß die Urheberschaft eines Werkes an sich schon den Anspruch auf
Rechtsschutz begründe, in viel schärferer Präcision und Klarheit
wiederholt zum legalen Ausdruck bringt, sondern auch vermittelst
der Einführung des Eintrags in ein bei der Leipziger Bücher-
Commission zu diesem Zwecke zu führendes Protokoll den Verlegern
eine sehr erhebliche Erleichterung für die, zumal nach der damals
geltenden schwerfälligen prozeßrechtlichen Praxis gerade bei der
hier in Rede stehenden, in jener Zeit wissenschaftlich wie praktisch
noch auf der untersten Stufe der Entwicklung stehenden Rechtsmaterie im concreten Fall meist äußerst mühsame Beweisführung

verschaffte. Das Mandat vom 18. December 1773 enthält über=
dies bereits alle Bestimmungen der modernen Nachdruckgesetzgebung
wenigstens im Keim und im leitenden Grundsatz; insbesondere
gebührt ihm das Verdienst, das Verlagsrecht und den Anspruch
auf Schutz desselben auf das Recht des Verfassers zurückgeführt
und daher den Rechtsschutz zunächst diesem ertheilt zu haben, indem
es den Schutz des Verlagsrechts von dem Nachweis abhängig
macht, daß es der Verleger „von dem Schriftsteller redlicher Weise
an sich gebracht habe". In einem Punkte aber, und zwar in
einem sehr wesentlichen geht der Rechtsschutz, welchen das Mandat
vom 18. December 1773 dem geistigen Urheberrecht darbietet, über
die Gewährungen der späteren Gesetzgebungen sogar noch hinaus.
Während nämlich diese letzteren den Rechtsschutz durchgehends auf
eine gewisse Zeitfrist beschränken, gewährte denselben die sächsische
Gesetzgebung ohne alle Zeitbeschränkung. Die Verfasser des Man=
dats vom 18. December 1773 bekannten sich mithin zu dem
Grundsatz des sogenannten ewigen Verlagsrechts, dessen Ventilirung
bekanntlich noch heute in den französischen Erörterungen der hier
einschlagenden Rechtsmaterie eine bedeutsame Rolle spielt.

Schreiber dieser Zeilen gehört nicht zu den Wortführern des
ewigen Verlagsrechts und ist daher auch weit davon entfernt, in
diesem Punkte dem Mandate vom 18. December 1773 einen Vor=
zug anzurühmen. Immerhin läßt sich nicht verkennen, daß, gegen=
über dem damaligen Rechtszustande im übrigen Deutschland, auch
diese in der Zeitdauer unbeschränkte Sicherstellung des geistigen
Urheberrechts ihre sehr praktischen guten Seiten hatte, zumal
Sachsen noch auf eine geraume Reihe von Jahren hinaus der
Staat blieb, der sich zu dem Rechtsgrundsatz legislatorisch bekannte,
daß der Anspruch auf Schutz gegen unbefugten Nachdruck nicht
erst durch Auswirkung eines Privilegiums erworben zu werden
brauchte, sondern durch Zurückführung auf das dem Verfasser als
eigenartiges und ursprüngliches Recht beiwohnende Urheberrecht
an sich schon begründet sei. Nach dieser Richtung hin that die
sächsische Gesetzgebung bald noch einen sehr entscheidenden Schritt
weiter, der das Privilegium als besonderen Erwerbsrechttitel wenn
auch nicht ganz bei Seite schob — was bei der damaligen Lage
der Dinge in Deutschland factisch unausführbar gewesen sein würde —,
so doch im Wesentlichen dem Rechtstitel der Ableitung des Verlags=

rechts vom Rechte der Urhebers unterordnete. Das anläßlich eines
Prozesses, der wegen des Nachdrucks des Bernstein'schen Handbuchs
für Wundärzte 2c. zwischen dem Buchhändler Schwickert in Leipzig
und dem Buchhändler Ettinger in Gotha entstanden war, ergangene
Rescript vom 4. Juli 1798 äußert sich nämlich zur Erledigung
der hierbei an die Staatsregierung gerichteten Anfrage: „ob die
Schärfe des älteren Mandats d. a. 1686 bey dem eingetretenen
neueren Mandate, den Buchhandel betr., d. 18. December 1773
auf den Nachdruck nicht privilegirter oder uneingezeichneter Bücher
annoch zu ziehen sei", wie folgt: „Nun ist das bereits in den
Resolutionibus Gravaminum d. a. 1661 Tit. von Justitien-Sachen
§. 81. und in dem Rescripto d. 13. Mai 1620 enthaltene Verbot
des Nachdrucks der privilegirten Bücher, in dem Mandato d.
27. Febr. 1686 auf den Nachdruck überhaupt, unter Beziehung
auf die allgemeinen Reichs-Constitutionen, um deswillen erstrecket
worden, weil dergleichen Sachen zum höchsten Schaden derer, welche
Bücher von den Auctoribus redlicher Weise an sich gebracht,
auch wohl darüber Privilegia erlanget haben, gereiche. Es erhellet
dahero, daß zum Grunde dieses Verbotes des Nachdrucks, hauptsächlich die redliche Erwerbung des Eigenthums an einem Buche
angenommen, und die Schärfe der Ahndung mittelst der Confiscation, vornämlich auf den Eingriff in das Eigenthum eines
Verlegers und nur nebenher auf die Verletzung eines erlangten
Privilegii gesetzet worden. Sothane Vorschrift ist durch das Mandat d. a. 1773 keineswegs abgeändert, sondern vielmehr
eingeschärfet worden."

Die sächsische Rechtsauffassung, daß nicht das Privilegium,
sondern das dem Urheber und seinen Rechtsnachfolgern zuständige
ausschließliche Recht auf die materielle Ausnutzung seines geistigen
Erzeugnisses der hauptsächliche Gegenstand des von der Staats-
gewalt zu gewährenden Rechtsschutzes sein müsse, wirkte gleichsam
bahnbrechend in der deutschen Landesgesetzgebung. Derselbe Grundsatz fand, wenn auch noch einen ziemlich verclausulirten Ausdruck
in Hannover durch das Rescript vom 20. März 1778. Ganz
unumwunden und rückhaltslos aber bekannte sich das Allgemeine
Preußische Landrecht in seinem Theil I. Tit. 11. §. 1026. u.
1033., sowie in Theil II. Tit. 20. §. 1294. u. f. dazu. Eine
gleichmäßig für ganz Deutschland gültige und wirksame Anerkennung

18*

war damit freilich immer noch nicht erreicht, wie sehr es auch für
den deutschen Buchhandel von Werth sein mochte, daß die beiden
vorgeschrittensten Culturstaaten Deutschlands dem geistigen Urheber=
recht eine gesetzliche Rechtsanerkennung hatten zutheil werden
lassen. Hier blieb es noch eine geraume Zeit hindurch bei
dem Versprechen, welches Kaiser Leopold II. in seiner Wahlcapi=
tulation gegeben hatte: „Insonderheit wollen wir den Buchhandel
nicht außer Acht lassen, sondern das Reichsgutachten auch darüber
erstatten lassen, inwiefern dieser Handelszweig durch die völlige
Unterdrückung des Nachdrucks von seinem Verfall zu retten
sei." Die deutsche Bundesacte von 1815 enthielt zwar in ihrem
Art. 18. die Bestimmung, daß die Bundesversammlung sich „bei
ihrer ersten Zusammenkunft" mit Abfassung gleichförmiger Ver=
fügungen über die Preßfreiheit und die Sicherstellung der Rechte
der Schriftsteller und Verleger gegen den Nachdruck beschäftigen
werde. Dessenungeachtet währte es noch mehr denn zwanzig Jahre,
bevor der Beschluß vom 9. November 1837 zu Stande kam, welcher
den innerhalb des Bundesgebietes erscheinenden literarischen Erzeug=
nissen und Werken der Kunst einen Schutz auf 10 Jahre gewährte.
Er bildete, insofern er in dieser Rechtsmaterie eine für ganz
Deutschland bindende Norm aufstellte, den Impuls zu erneuter
Regsamkeit auch für die Landesgesetzgebung, bis endlich die Gegen=
wart die langersehnte Schöpfung eines gemeinsamen deutschen
Nachdrucksgesetzes in dem „Reichsgesetz, betreffend das Urheberrecht
an Schriftwerken, Abbildungen, musikalischen Compositionen und
dramatischen Werken vom 11. Juni 1870" zu Stande gebracht hat.
Eine vollständig erschöpfende Erledigung der hier in Rede stehenden
Rechtsmaterie wird uns indessen auch durch dieses Gesetz noch nicht
geboten, da die Erzeugnisse der Kunst davon ausgeschlossen und
einer zur Zeit noch ausstehenden besonderen legislatorischen Rege=
lung vorbehalten sind.

Die Wirkungen des Mandats vom 18. December 1773 auf
die Entwickelung insbesondere des Leipziger Buchhandels konnten
nicht anders als die ersprießlichsten sein, und die Behauptung ist
nicht zu gewagt, daß von dem Erlasse dieses Gesetzes ab die Blüthe=
zeit des Leipziger Buchhandels datirt. Um in dieser Beziehung
den Unterschied zwischen Dereinst und Jetzt charakteristisch zu kenn=
zeichnen, sei an dieser Stelle einer Anekdote gedacht, welche sich

in Dr. C. Gretschel's und Prof. Dr. Friedr. Bülau's „Geschichte
des Sächsischen Volkes und Staates" 2. Aufl. 3. Band, S. 302
als verbürgt erwähnt findet. Dem Buchhändler Baumgärtner,
Begründer der noch blühenden, angesehenen Firma gleichen Namens,
rief, als er bei seinem Etablissement in der zweiten Hälfte des
vorigen Jahrhunderts seinen älteren Collegen seinen Besuch machte,
einer derselben warnend zu: „Wie wollen Sie bestehen? Wir
sind unserer schon dreizehn!" Gegenwärtig, nicht voll einhundert
Jahre darnach, zählt Leipzig mehr denn 250 Buchhandlungen!

Wer der ausarbeitende Verfasser des Mandats vom 18. Decem=
ber 1773 gewesen, ist nicht bekannt. Der intellectuelle Urheber
desselben war aber zweifelsohne der hochbegabte, erleuchtete und
in seinen Anschauungen weit über dem Gesichtskreise seiner Zeit
stehende Gotthelf Gutschmid (1769 in den Reichsfreiherrenstand
erhoben), welcher, dereinst der Lehrer des jungen Fürsten, nach
dessen Thronbesteigung zu den höchsten Staatswürden emporstieg,
1770 Conferenzminister, 1790 Cabinetsminister wurde und bis zu
seinem Lebensende (1798) in des Wortes weitester und edelster
Bedeutung die Seele der Regierung dieses trefflichen Fürsten war,
und der einst, von dem Gesandten einer auswärtigen Macht be=
fragt: welche Politik der Churfürst (in einer damals obschwebenden
internationalen Frage) befolgen werde? darauf die schöne Antwort
ertheilte: „die Politik des ehrlichen Mannes!" Gutschmid aber
war, wenn auch kein Leipziger Kind — er war als der Sohn
eines Predigers 1721 in Köhren bei Cottbus geboren —, so doch
recht eigentlich ein Leipziger Mann, denn in Leipzig hatte er seine
Laufbahn als Docent und Sachwalter begonnen und die Stadt
Leipzig hatte ihn 1761 zu ihrem Bürgermeister erwählt. Gewiß
ein sinniges Zusammentreffen für das hundertjährige Ehrengedächt=
niß, das die Metropole des deutschen Buchhandels vor allen anderen
dem erleuchteten und wahrhaft freisinnigen gesetzgeberischen Acte
eines weise und sachkundig berathenen, wohlmeinenden Fürsten zu
widmen Ursache hat!

(B. B. 1873. Nr. 291.)

C. v. Witzleben, k. sächs. Geh. Regierungsrath in Leipzig.

2. Der internationale Schutz des Autorrechts.

Wenn ungeachtet der unter den Culturvölkern auch auf dem
Gebiete des Privatrechts fortwährend wachsenden und vorwärts
schreitenden Rechtsgemeinschaft (Heffter, Völkerrecht, Ausg. v. J.
1861 S. 72 ff.) und ungeachtet der unter den verschiedenen Staaten
im Princip anerkannten und gerade deshalb in besonderen Fällen
der Iniquität zur Retorsion führenden Rechtsgleichheit (ebendaselbst
S. 51. 52. 201), dennoch gerade auf dem ächt modernen Gebiete
des so genannten literarischen und artistischen Eigenthums ohne
besondere Schutzverträge zwischen den verschiedenen Staaten die all=
gemeine Rechtlosigkeit fortwuchern würde, so hat dieses seinen un=
verkennbaren Grund in der eigenthümlichen Natur des eben auf
diesem Gebiete einander nicht bloß berührenden, sondern durch=
dringenden Privatrechts und Strafrechts. Denn so lange nicht
die literarische und artistische Piraterie (piracy) durch das allge=
meine und gleiche Rechtsbewußtsein der gebildeten Völker ohne
Weiteres zu den sträflichen Thaten geworfen ist, kann das litera=
rische und artistische Eigenthum im internationalen Verkehr solcher
Schutzwehren nicht entbehren, wie sie in neuerer Zeit durch zahl=
lose Staatsverträge zum gegenseitigen Schutze des Autorrechts an
den verschiedenen Arten von Geistesproducten, pour la garantie
réciproque des oeuvres d'esprit et d'art, oder pour garantir
mutuellement, dans les deux pays, la propriété des oeuvres de
littérature et d'art, geschaffen worden sind, welche man auch wohl
der Kürze halber mit einer denominatio a potiori durch den
Gattungsbegriff einer Literar=Convention (convention littéraire)
bezeichnet.

Aus dem nach Erfindung der Buchdruckerkunst zunächst nur
auf den Schutz des Gewerbes der Herausgeber berechneten Pri=
vilegium hat sich erst im achtzehnten Jahrhundert das wahre
Autorrecht herausgearbeitet, — als das auf dem Boden des
geistigen Schaffens erwachsende ausschließliche, allerdings an Andere
abtretbare Recht der Autoren zur Veröffentlichung und Verviel=
fältigung ihrer Geistesproducte. In England hatten sich zwar
schon im sechszehnten Jahrhundert die Stationers zu corporativer
Selbsthülfe verbunden, aber noch hundert Jahre nach solchem Be=

ginnen konnte Dryden klagen, daß die Autoren wie Wachskerzen
sich verzehren müßten, um die Welt zu erleuchten, und nur Schritt
für Schritt, stückweise und in langen Zwischenräumen ist die eng=
lische Gesetzgebung schließlich dahin gelangt, ihr Copyright in der
That zu einem dinglich wirksamen Rechte auf allen Gebieten der
Literatur und Kunst zu erheben. Die Ehre der Construction des
Autorrechts aus einem einheitlichen Princip, so zu sagen aus Einem
Guß, gebührt der Gesetzgebung Frankreichs, welche, nach ver=
einzeltem Vorgange zum Schutze der dramatischen Schriftsteller in
Betreff der Aufführung ihrer Werke, durch das bahnbrechende Ge=
setz vom 19. Juni 1793 (eine déclaration des droits du génie,
zum Schutze der Autoren, qui ne marchent à l'immortalité qu' à
travers les horreurs de la misère,) mit grundsätzlicher Einfach=
heit auf allen Gebieten des geistigen Schaffens das eigenthüm=
liche Recht der Autoren als deren ausschließliches Vervielfältigungs=
und Veräußerungsrecht ein für allemal feststellte, so daß die ganze
spätere französische Gesetzgebung nichts weiter zu thun fand, als
bestimmte Strafsatzungen gegen den Nachdruck (contrefaçon) zu
erlassen (code pénal art. 425 ff.) und die Schutzfristen (nach und
nach bis auf fünfzig Jahre nach dem Tode des Autors) zu ver=
längern. In Deutschland war während des achtzehnten Jahr=
hunderts, dem in Theorie und Praxis entwickelten Rechtsbewußt=
sein zum Trotz*), durch die Gesetzgebung für den Schutz des Autor=
rechts wenig oder gar nicht gesorgt worden; dafür aber erblühte
um so frischer und reichhaltiger seit dem vierten Jahrzehende des
gegenwärtigen Säculums auf dem Boden gemeinsamer deutscher
Gesetzgebung ein in seinen strafrechtlichen und civilrechtlichen
Grundzügen gleichartiges gemeines Recht zum Schutze des „Eigen=
thums an Werken der Wissenschaft und Kunst" oder des „schrift=
stellerischen und künstlerischen Eigenthums" (preuß. Gesetz vom
11. Juni 1837, Beschlüsse des Deutschen Bundes vom 9. Novbr.
1837 und 19. Juli 1845 und danach erlassene Specialgesetze der
einzelnen Staaten), welches sich schließlich in der Spitze des nun=
mehrigen deutschen Reichsgesetzes vom 11. Juni 1870, betreffend

*) Wie mächtig bereits der Gedanke eines unabhängig von jedem Privi=
legium existirenden Autorrechts durchgedrungen war, dafür legt der Rückblick
in den Entscheidungen des preußischen Obertribunals Bd. 57 S. 26*ff. ein
vollgültiges Zeugniß ab.

das Urheberrecht an Schriftwerken, Abbildungen, musikalischen
Compositionen und dramatischen Werken einheitlich gipfeln konnte,
während früher die Rechtslehrer, welche dem Nachdruck seinen rich=
tigen Platz unter den Delicten anzuweisen versuchten, fast ver=
einzelt baständen*).

So viel von den Gesetzgebungen Englands, Frankreichs und
Deutschlands, welche auf diesem Cultur= und Rechtsgebiete allen
Nationen voran leuchten. Aber gerade, weil sich hier Cultur= und
Rechtsfragen nicht selten in hemmender oder gar feindlicher Weise
berühren, so stellen sich einem gleichartigen internationalen Rechts=
verkehr mannigfache Hindernisse entgegen, welche auf mehr oder
weniger schroffen, auf mehr oder weniger für Ausgleichung em=
pfänglichen Gegensätzen in allgemeinen oder besonderen Rechtsan=
schauungen beruhen und einander rastlos bekämpfen.

Das stärkste Extrem offenbart sich in dem s. g. droit per-
pétuel de l'auteur und dem s. g. droit souverain de la société:
die Anhänger des ersteren fordern bis zur Vergötterung des „gei=
stigen Eigenthums“ einen absoluten und ewig forterbenden Schutz
für das Urheberrecht; die Anhänger des letzteren wollen das indi=
viduelle Recht unter den Füßen des Rechts der Gesammtheit zer=
treten lassen und von dem s. g. „Monopol der Autoren und Ver=
leger“ überhaupt nichts wissen, sei es nun aus dem z. B. schwe=
discher Seits eingenommenen Gesichtspunkte der Preßfreiheit, sei
es aus dem insbesondere von den Amerikanern geltend gemachten
kosmopolitischen und zugleich nationalökonomischen Princip der
freien Arbeit. Mit einem durchschneidenden „Entweder — oder“
ist es hierbei nicht abgethan, eben so wenig mit einer bloß arithme=
tisch „in der Mitte liegenden Wahrheit“; wohl aber ist den füglich
als Vorkämpfer auf diesem Cultur= und Rechtsgebiete zu rühmenden
drei Gesetzgebungen eine qualitative und vernünftige Ausglei=
chung der Gegensätze gelungen, durch den dem Autor selbst un=

---

*) Mit glücklichem Takt hatte Heffter schon zu der Zeit, als nach ge=
meinem Rechte der Büchernachdruck noch kein selbstständiges Delict war, doch
schon als die Kategorie, unter welche derselbe gehörte, die „strafbare Unredlich=
keit“ ins Auge gefaßt (Lehrb. des Strafrechts, erste Ausg., v. J. 1833, S. 418),
wohin er dann später, nach dem endlich fortgeschrittenen deutschen Bundesrechte,
die „unbefugte Nachbildung von Geistesproducten“ zu stellen vermochte (Strafr.,
zweite Ausg., von 1840, S. 329, sechste, v. 1857, S. 318).

bedingt gewährten lebenslänglichen und nach seinem Tode für seine
Erben noch eine bestimmte (am glücklichsten wohl durch die deutsche
Gesetzgebung auf ein Menschenalter — 30 Jahre — bemessene)
Zeit fortdauernden Schutz, nach deren Ablauf das Geisteswerk zum
Gemeingut wird.

Unversöhnt wird freilich ein höchst bedeutender Gegensatz
bleiben, der zwischen dem französischen und dem deutschen Rechte
besteht und in der That auf charakteristische Weise den inneren
Gegensatz des Geistes beider Rechte abspiegelt. Auf dem Gebiete
des französischen Rechts wird nämlich die Ausbeutung (exploi-
tation) des Autorrechts bis in ihre letzten Consequenzen geschützt,
dergestalt, daß auch die freie und schöpferische Benutzung eines
Originalwerkes zur contrefaçon werden und unter das Strafgesetz
fallen und Verpflichtung zum Schadenersatz nach sich ziehen kann,
wogegen das deutsche Recht den Werken der Wissenschaft und Kunst
nur gegen mechanische Reproduction und Nachbildung, nicht gegen
freie Benutzung des fremden Schaffens durch eigenes freies
Schaffen seinen Schutz verleiht.

Auf internationalem Gebiete erscheinen nun wie Vorboten des
später allgemein verbreiteten Strebens nach gegenseitigem Schutz
der Autorrechte die in den Jahren 1827 bis 1829, zu der Zeit,
als Deutschland nur noch „ein geographischer Begriff" war, von
Preußen mit denjenigen deutschen Staaten, in welchen wenigstens
schon der Büchernachdruck verboten war, zum Schutz der Rechte
der Schriftsteller und Verleger getroffenen Vereinbarungen, — um
doch vorläufig in Anwendung der wider den Büchernachdruck vorhandenen Gesetze den Unterschied zwischen „Inländern und Aus-
ländern" in Beziehung auf die gegenseitigen Unterthanen aufzuheben und beiden wegen ihrer Verlagsartikel einen gleichen Schutz
zu Theil werden zu lassen*). Allein die allgemeine Bewegung
der gebildeten Welt auf diesem Gebiete des internationalen Verkehrs — abgesehen von der allerdings nicht zu unterschätzenden
Bedeutung des zwischen Oesterreich und mehreren italienischen Staaten schon im Jahre 1840 zur Sicherstellung der Eigenthumsrechte
an literarischen und artistischen Werken geschlossenen Vertrages —

*) Gesetz-Sammlung für die preußischen Staaten v. J. 1827 S. 123 ff.,
1828 S. 2 ff., 1829 S. 10 u. s. w.

ist doch erst von der Initiative Frankreichs in den vierziger Jahren
unseres Jahrhunderts ausgegangen, mit der wiederholentlich aus=
gesprochenen Tendenz: de protéger les sciences, les arts et les
lettres et d'encourager les entreprises utiles qui s'y rappor-
tent, oder: d'étendre dans les deux pays la jouissance des droits
d'auteur pour les ouvrages de littérature et de beaux-arts.
So schloß Frankreich seine Verträge mit Sardinien in den Jahren
1843, 46, 50, mit Portugal und mit England im Jahre 1851,
mit einer ganzen Reihe einzelner deutschen Staaten in den Jahren
1851—1854, mit Belgien 1852, 1854, mit Toscana und mit
Spanien 1853, mit Holland 1855, endlich mit Rußland 1861,
mit Preußen und mit Italien 1862, mit der Schweiz 1864. In=
zwischen war auch Preußen nicht müssig geblieben, vielmehr seiner=
seits selbständig vorgegangen und schon im Jahre 1846 zu einem
auf eigene Grundlage gestellten und im Jahre 1855 noch ergän=
ten Vertrage über das International Copyright mit England ge=
langt, welchem nach und nach andere deutsche Staaten sich an=
schlossen. Später kamen Preußens Verträge zu Stande mit Frank=
reich 1862, mit Belgien im Jahre 1863, endlich (und nun schon
für den Norddeutschen Bund) mit Italien und mit der Schweiz
im Jahre 1869.

Nur Einmal war das Einverständniß der Contrahenten erst
nach einem lebhaften, besonders in der Presse nicht ohne Hitze und
Leidenschaft geführten Principienstreite erzielt worden: in Belgien,
dem alten nachbarlichen Herde des Nachdrucks, der die französische
Literatur schamlos auszubeuten gewohnt war, hatten sich vor dem
Jahre 1852, welches durch den Vertrag mit Frankreich dem Un=
fug ein Ende machte, die persönlich interessirten Anhänger des
Nachdrucks und die von ihnen geworbenen Vertheidiger desselben
zusammengethan und mit der spitzfindigen Waffe des Unterschiedes
der réimpression von der contrefaçon für die Aufrechthaltung
des althergebrachten literarischen Diebstahls gefochten, in der That
aber gerade den rechtschaffenen Gegnern die beste Waffe in die
Hand geliefert. Denn abgesehen von der Unanwendbarkeit der
Analogie des Unterschiedes zwischen Stehlen und Entwenden, so
entlarvte sich die Taktik der Vertheidiger des Nachdrucks in ihrer
ganzen Blöße schon dadurch als eine leere petitio principii, daß
die réimpression der ausländischen Literatur in der That nur um

deswillen erlaubt sein sollte, weil sie durch kein positives Gesetz
verboten war. Allein das war ja eben der wunde Punkt in der
brennenden Frage: ob es denn überhaupt Recht sei, daß kein solches
positives Gesetz existire. So wenig aber ein Unrecht bloß durch
positive Satzung zum Recht wird (Cicero de Legg. I, 15: Iam
vero illud stultissimum, existimare, omnia iusta esse, quae
scita sint in populorum institutis aut legibus), eben so wenig
kann umgekehrt ein Unrecht, also hier der literarische Diebstahl
gegen den Ausländer, dadurch zum Recht werden, daß es an einem
Gesetze gebricht, durch welches das Unrecht als das erkannt wird,
was es ist.

In dem langen Stadium der gründlichen Vorbereitung und
der mühsamen Vorarbeit, welches dem Abschlusse des preußisch=
französischen Vertrages vorangegangen war, hatte sich dagegen
kein Mißton vernehmen lassen, welcher die Harmonie der Ansichten
über die Gerechtigkeit, Nothwendigkeit und Nützlichkeit des inter=
nationalen Schutzes der Autorrechte getrübt hätte. Nur die in
großer Zersplitterung bereits vorhandenen und nicht einmal unter
einander ganz übereinstimmenden Verträge Frankreichs mit ver=
schiedenen deutschen Staaten machten sich dabei als ein unbequemes
Element geltend. Uebrigens aber schritten, von unscheinbaren An=
fängen — wie dem an das preußische Ministerium des Auswärtigen
zur Wahrung der Verhältnisse und Interessen des deutschen Buch=
handels gerichteten Promemoria des rheinisch=westphälischen Buch=
händler=Vereins und den im Schooße unserer Berliner Sachver=
ständigen=Vereine zum Theil auf eigene Hand begonnenen Vor=
arbeiten — bis zu den letzten entscheidenden Berathungen der
beiderseitigen höchsten staatlichen Organe, die Verhandlungen auf
dem gebahnten Wege des Fortschrittes der großen Principien des
freien Handels und Verkehrs und der internationalen Rechtsgleich=
heit ihrem glücklichen Abschlusse entgegen. Und so trat an dem
Geburtstage des Handels= und Schiffahrtsvertrages zwischen dem
Zollverein und Frankreich, dem 2. August 1862*), auch die Ueber=
einkunft zwischen Preußen und Frankreich wegen gegenseitigen

---

*) Preuß. Gesetz=Samml. 1865 S. 333—485 und (Schluß=Protokoll vom
14. Decbr. 1864) S. 499—506.

Schutzes der Rechte an literarischen Erzeugnissen und Werken der Kunst*) ins Leben. Gerade deshalb läßt sich denn auch diese Literar-Convention als der passendste Maaßstab anlegen an die nunmehr vorzunehmende Prüfung gewisser Hauptfragen, welche sich stets aufgedrängt haben und immer von neuem aufbrängen werden, so oft es sich um die Methode und das Maaß der praktischen Wirksamkeit solcher Staats- verträge zum gegenseitigen Schutze der·Autorrechte handelt. Diese Fragen betreffen das Wesen der Reciprocität an sich, die Grenzen der erlaubten Benutzung fremder Geisteswerke, das s. g. Eintra- gungssystem, das Uebersetzungsrecht, das s. g. getheilte Verlags- recht, die s. g. rückwirkende Kraft des internationalen Rechts- schutzes.

I. Die Reciprocität an sich.

Um das Wesen und die Wirksamkeit dieser Reciprocität richtig zu würdigen, ist als durchgreifender Grundsatz festzuhalten, daß die Staatsverträge zum gegenseitigen Schutze der Autorrechte für jeden der beiden Contrahenten sein besonderes Landesrecht als bestehend voraussetzen. An diesem können und wollen die Verträge nichts ändern; sie wollen dasselbe nur den Angehörigen der con- trahirenden Staaten gegenseitig zugänglich machen und sichern. Ohne ausdrücklichen Vertrag wird eine solche Sicherung auch durch gewisse rücksichtsvolle Bestimmungen, welche in einem oder dem anderen Landesgesetze einseitig auftreten mögen, nicht verwirklicht, wie sich dies in der Zeit vor dem Abschluß der Literar-Convention zwischen Preußen und Frankreich auf recht empfindliche Weise be- merkbar gemacht hatte. Denn weder der in den preußischen Ge- setzen vom 11. Juni 1837 § 38 und vom 5. Juli 1844 § 4 zum Schutze der im Auslande erschienenen Werke gemachte Vorbehalt, noch die in dem französischen, mit der hochtönenden Phrase von Frankreichs gastlichem Boden eingeführten Decret présidentiel du 28. Mars 1852 scheinbar durchgreifende und allen Unterschied auf- hebende Liberalität gegen die außerhalb Frankreichs publicirten Werke, konnte genügen, um dem französischen Anspruch auf Rechts-

---

*) Ebend. S. 486—498 und (Schluß-Protokoll vom 14. Decbr. 1864) S. 506. 507.

schutz innerhalb Preußens freie Bahn zu brechen. Diesem Anspruche war sowohl das preußische Ministerium der auswärtigen Ange= legenheiten im Jahre 1855 entgegengetreten, weil das französische Recht nicht den unbedingten Schutz wie das preußische ge= währte, sondern seinen Schutz von der Einregistrirung und Deponirung des zu schützenden Verlagswerkes in Paris abhängig machte, als auch das preußische Kammergericht im Jahre 1856, weil die Voraussetzungen der Reciprocität nicht vorhanden waren. Erst die Literar=Convention vom Jahre 1862 schuf in ihrem Ar= tikel 1 diese Reciprocität, dergestalt, daß seitdem in Preußen das französische Autor=, resp. Verlagsrecht gerade so geschützt wird, als wäre es ein preußisches, desgleichen in Frankreich das preußische Autor=, resp. Verlagsrecht gerade so, als wäre es ein französisches, — das eine wie das andere natürlich unter der Bedingung, daß in dem Ursprungslande die zum Schutze des Eigenthums an Wer= ken der Wissenschaft und Kunst gesetzlich vorgeschriebenen Förmlich= keiten erfüllt sind und außerdem in dem anderen Staate die vor= schriftsmäßige Eintragung des Werkes gehörig erfolgt ist. (Art. 3.) Nur eine einzige, aber allerdings wohlbegründete Modification in der unentwegten Anwendung eines jeden der beiden Landesrechte auf die Angehörigen des anderen Staates findet insofern statt, als die Schutzfrist gewissermaßen nach dem Personalstatut des Be= rechtigten einer Beschränkung unterworfen ist: d. h. der Schutz wird gegenseitig nur so lange gewährt, als das Recht auf solchen Schutz in dem Lande, wo die erste Veröffentlichung erfolgt ist, noch fortdauert, und über die für den Schutz der einheimischen Autoren gesetzlich festgestellte Frist hinaus soll der Schutz in dem andern Lande nicht erstreckt werden. (Art. 1.) Nach dem Tode des Autors erlischt sonach gleichmäßig das Schutzrecht des Fran= zosen in Preußen wie des Preußen in Frankreich schon mit dem Ablaufe der 30jährigen Frist. Auf dieser Grundlage hat die preu= ßisch=französische Reciprocität in der Praxis trefflich und mit voller Rechtsgleichheit fungirt. Instar omnium braucht nur angeführt zu werden, wie im Jahre 1869 der Pariser Verleger der Gounod'= schen Oper „Romeo et Juliette" gegen zahlreiche in Berlin erschie= nene Arrangements oder Bearbeitungen einzelner Stücke aus dieser Oper für das Pianoforte seine auf Strafe und Entschädigung ge= richtete Nachdrucksklage mit nicht geringerem Erfolge durchgesetzt

hat, als im folgenden Jahre der Berliner Verleger einer Meyer=
beer'schen Opern=Arie gegen den Berliner Herausgeber eines Ar=
rangements derselben.

II. Die Grenzen der erlaubten Benutzung fremder Geisteswerke.

Hier macht sich der vorher angedeutete Gegensatz zwischen dem
französischen und dem deutschen Rechte praktisch geltend. Nach
französischem Rechte gilt selbst die freie Benutzung und Nachbil=
dung eines fremden Werkes als Verletzung des Autorrechts, nach
deutschem Rechte nur die mechanische, nicht aber die freie und
schöpferische Benutzung und Nachbildung. So steht das französi=
sche Recht nicht nur der Compilation, sondern auch der Ueber=
tragung eines Geisteswerkes aus einer Sphäre der Wissenschaft
und Kunst in eine ganz andere (z. B. der Benutzung einer Novelle
zu einem Drama, eines Poëms zu einem Ballet) hinderlich ent=
gegen, während das deutsche Recht der Compilation, sobald sich
nur nicht der Nachdruck in das Gewand derselben hüllt, genügen=
den Spielraum läßt und der Uebertragung einer Idee aus einer Kunst=
sphäre in eine andere keine mechanischen Schranken setzt. Das
französische Recht zieht deshalb vor sein strenges Forum so
Manches, was nach deutschen Begriffen höchstens vor das Forum
der Kritik gehört. Besonders stark tritt dieses auf dem Gebiete
der musikalischen Composition hervor. Hier hindert das
französische s. g. „Eigenthum an der Melodie" sogar die freien
und schöpferischen, selbst wieder als eigenthümliche Compositionen
zu betrachtenden Bearbeitungen eines fremden Themas oder Musik=
stücks, welche das deutsche Recht ausdrücklich gestattet*). Nach

---

*) Preuß. Gesetz vom 11. Juni 1837 § 20; Deutsches Reichsgesetz vom
11. Juni 1870 § 46.

Daß übrigens auch nach deutschem Recht der Mißbrauch und die mecha=
nische Benutzung fremder Compositionen hinlänglich geahndet wird, und daß
dabei auch die Melodie als Kern einer Composition ihre gerechte Würdigung
findet, dafür bürgt unter Anderem unsere Praxis in Sachen des musikalischen
Nachdrucks, für welche nur auf einen sehr lehrreichen, durch den Druck ver=
öffentlichten Fall (Justiz-Ministerial-Blatt vom J. 1863 S. 63—68) und das,
wie oben angedeutet ist, dem französischen Musikverleger zu Theil gewordene
Recht. Es hat freilich seine Schwierigkeit, je nach der Beschaffenheit des con=
creten Falles auf diesem Gebiete die Grenze zwischen mechanischer und schöpfe=

französischer Rechtsansicht würde z. B. in Beethovens genialen 32 Variationen auf das kleine nur wenige Takte einnehmende Cmoll-Thema eine unerlaubte Ausbeutung der „Melodie" eines Anderen erkannt werden müssen, wenn Beethoven zufällig dieses Thema nicht selbst erfunden, sondern einer fremden Composition entlehnt hätte. Soll doch sogar zu seiner Zeit in Paris die Benutzung des alten Lutherschen Chorals „Eine feste Burg" aus Meyerbeer's Hugenotten durch einen Dritten, als musikalische contrefaçon ver-urtheilt worden sein! Ja hatten sich doch die Schweizer, kurz ehe sie sich durch eine Clausel in ihrem i. J. 1864 mit Frankreich ab-geschlossenen Vertrage eine gelinde Abhülfe zu verschaffen wußten, ernstlich darüber zu beklagen, daß Sendungen von schweizerischen, obenein nur für den überseeischen Markt bestimmten Musikdosen in Frankreich mit Beschlag belegt und einer gerichtlichen sehr harten Beurtheilung unterworfen wurden, weil auf jene Musikdosen Me-lodien übertragen waren, an welchen französische Verleger das Eigenthumsrecht beanspruchten.

Hiernach erscheint es schon als eine Concession von Seiten der französischen Rechtsansicht, wenn in unserer Literar-Convention 1) durch Art. 2. Auszüge oder Mittheilungen ganzer Stücke aus Schriftwerken*) mit erläuternden Anmerkungen oder mit inter-linearen oder marginalen Uebersetzungen für den Schulgebrauch oder Unterricht zugelassen und 2) durch Art. 9 die Artikel aus Journalen oder periodischen Sammelwerken einer freieren Benutzung anheim gegeben sind.

Weiter gehen die Verträge Preußens mit England und mit Belgien.

Im Art. IV. des preußisch-englischen Vertrages v. 1855 wird die Zulässigkeit angemessener Nachahmungen oder Bearbei-tungen dramatischer Werke für die Bühne durch ausdrückliche Er-klärung anerkannt.

In dem Art. 2 des preußisch-belgischen Vertrages v. 1863

---

rischer Benutzung fremder Werke scharf zu ziehen. Aber die deutschen Musiker und Verleger sollten einmal aufhören, von dem abstracten und mechanischen Princip des Eigenthums an der Melodie die Lösung der Schwierigkeiten zu erhoffen.

*) Es ist wohl zu beachten, daß der Art. 1 nach seiner Fassung sich nur auf literarische Erzeugnisse beziehen und nicht auf musikalische Compositionen erstreckt werden kann.

wird ohne die französische Beschränkung auf Schriftwerke, also
auch für musikalische Compositionen, Zeichnungen ꝛc., die Veröffent=
lichung von Auszügen oder einzelnen Stücken für Zwecke der
Kritik oder Literaturgeschichte, wie für den Schulgebrauch oder
Unterricht, gestattet.

III. Das sog. Eintragungssystem.

Als unerläßliche Bedingung für den gegenseitig zu gewäh=
renden Rechtsschutz wird im Art. 3 der preußisch=französischen
Literar=Convention, wie in den meisten anderen, namentlich auch
schon in den von Preußen mit England und Belgien geschlossenen
Staatsverträgen dieser Art, festgehalten die an hoher amtlicher
Stelle nachzusuchende Eintragung der je in dem anderen Staate
veröffentlichten literarischen und musikalischen Werke, Kupferstiche
u. s. w. Die außerdem noch angeordnete Niederlegung von Pflicht=
exemplaren je in dem anderen Lande wurde freilich noch vor der
Ratification der Convention durch die zum Schluß=Protokoll vom
14. Decbr. 1864 erklärte Uebereinkunft den Autoren und Ver=
legern in beiden Ländern erlassen. Allein auch gegen das Ein=
tragungssystem selbst (mit Vorbehalt der ad IV. zu erörternden
Eintragung von Uebersetzungen) machten sich bald, und zumal in
maßgebenden preußischen Kreisen, gewichtige Bedenken geltend, als
gegen eine lästige und überflüssige und mit dem höheren Principe
eines möglichst ausgedehnten und erleichterten internationalen
Schutzes der Urheberrechte in Widerspruch stehende Formalität.
Dennoch ist*) erst in der mit der Schweiz getroffenen Uebereinkunft
vom 13. Mai 1869 Art. 3 das Eintragungssystem in seiner All=
gemeinheit (d. h. mit Ausnahme der für Uebersetzungen erforder=
lichen Modalitäten) fallen gelassen, indem es danach einer be=
sonderen Anmeldung oder Niederlegung des zu schützenden Werkes
nicht mehr bedarf, vielmehr für denjenigen, welcher den Schutz be=
ansprucht, der Nachweis genügt, daß er selbst Urheber des Werkes
sei, oder seine Rechte von dem Urheber herleite (Norbb. Bundes=
Gesetzblatt 1869 S. 625), während in der nur Einen Tag früher
datirten Uebereinkunft mit Italien, v. 12. Mai 1869 (Norbb. B.=

---

*) Abgesehen von früheren particulären Verträgen Frankreichs mit klei=
neren deutschen Staaten.

Gesetzblatt S. 293 ff.), das Eintragungssystem noch vollkräftig dasteht.

Nicht zu verwechseln mit diesem fortan im internationalen Verkehr hoffentlich dem gänzlichen Untergange geweihten System ist die im deutschen Reichsgesetze vom 11. Juni 1870 § 39 ff. der „Eintragungsrolle" in Leipzig zugewiesene Function.

IV. Das Uebersetzungsrecht.

Daß eine Uebersetzung an sich gleich jedem anderen literarischen Erzeugniß des Schutzes gegen Nachdruck versichert sein soll, dafür hätte es in der That der besonderen, in allen Literar-Conventionen (preuß.-franzöf. Art. 5) wiederkehrenden Clausel kaum bedurft.

Etwas ganz Anderes aber ist es mit dem s. g. Uebersetzungs-recht (droit de traduction), d. h. mit der Erörterung der Frage, ob in das Autorrecht auch das Vorrecht eingeschlossen sein und durch Landesgesetzgebungen wie durch internationale Verträge anerkannt werden soll, nur die vom Autor selbst veranstaltete oder die von ihm oder seinem Rechtsnachfolger zugelassene Uebersetzung des Originalwerkes in eine andere Sprache als ein unerlaubtes literarisches Erzeugniß passiren zu lassen, andere Uebersetzungen aber als unerlaubten Nachdruck zu qualificiren.

Hier ist mit guten Gründen pro und contra disputirt worden. Für die Ansicht, daß auch das Uebersetzungsrecht ein reiner Ausfluß des Autorrechts sei, spricht nicht nur der Grundgedanke, daß ja der Kern der Autorschaft in dem Inhalte und der Form des Geisteswerkes liegt und daß gerade dieser Inhalt und diese Form in der Uebersetzung wiedergegeben wird, sondern auch das eben so geistige wie materiell berechtigte Interesse, welches der Autor an einer ihm selbst und seiner Leistung gerechten Uebersetzung hat. Für die entgegengesetzte Ansicht, nach welcher die Uebertragung eines Originalwerkes in ein anderes Sprachgebiet unbedingt erlaubt sein soll, hat man besonders geltend gemacht, wie hoch die freie und in der That oft autorgleiche geistige Thätigkeit des Uebersetzers anzuschlagen sei; wobei man freilich zu übersehen pflegte, daß es eine sehr geläufige Art ganz handwerks-

mäßiger Uebersetzungen gibt, welche sich lediglich als mechanische
Nachbildungen und Vervielfältigungen des Originals darstellen.

Im Großen und Ganzen beruhen nun die Gesetzgebungen und
die Staatsverträge auf einer, den Interessen des Rechts und der
literarischen Cultur gleichmäßig entsprechenden Vermittelung dieser
Gegensätze, indem das Uebersetzungsrecht zwar als Ausfluß des
Autorrechts anerkannt, in seiner praktischen Ausübung aber gewissen
formellen Beschränkungen unterworfen wird.

Charakteristisch ist hierbei vor Allem wieder die Verschieden=
heit zwischen der französischen und der deutschen Gesetzgebung, —
leicht erklärlich aus dem Umstande, daß in Frankreich früher wenig
aus fremden Literaturen übersetzt wurde, während Deutschland längst
die kosmopolitische Heimath der Uebersetzungskunst und des Ueber=
setzerhandwerks gewesen war.

So fehlt der französischen Gesetzgebung von Hause aus die
Anerkennung eines exclusiven Uebersetzungsrechts. Dennoch hatte
Sachsen, ehe es im Jahre 1856 den dieses Recht gegenseitig an=
erkennenden Vertrag mit Frankreich schloß, die Erfahrung machen
müssen, daß französischer Seits die deutschen Uebersetzungen fran=
zösischer Originalwerke gleich an der Landesgränze in Beschlag ge=
nommen wurden.

Ganz anders die deutsche Gesetzgebung! Schon das Epoche
machende preußische Gesetz vom 11. Juni 1837 achtete in seinem
§ 4. „ausnahmsweise" Uebersetzungen dem Nachdruck gleich: a) wenn
von einem in einer todten Sprache verfaßten Werke ohne Ge=
nehmigung des Autors eine deutsche Uebersetzung herausgegeben
wird, b) wenn von einem gleichzeitig in verschiedenen lebenden
Sprachen erschienenen Buche ohne Genehmigung des Verfassers eine
neue Uebersetzung in eine der Sprachen veranstaltet wird, in wel=
chen es ursprünglich erschienen ist, und vor Allem ganz generell
c) wenn der Autor auf dem Titelblatt der ersten Ausgabe seines
Werkes bekannt gemacht hat, daß er selbst eine Uebersetzung, und
in welcher Sprache, herausgeben wolle. Im letzteren Falle näm=
lich gilt diese Uebersetzung, wenn sie innerhalb zweier Jahre er=
folgt, als mit dem Original gleichzeitig erschienen. Und diesen
Grundsätzen ist auch der § 6 des deutschen Reichsgesetzes vom 11. Juni
1870 treu geblieben, nur in einer glücklicheren Fassung und ins=
besondere mit einer nicht unwesentlichen Erweiterung des Haupt=

falles (ad c) dahin: „wenn der Urheber sich das Recht der Ueber=
setzung auf dem Titelblatte oder an der Spitze des Werkes vor=
behalten hat, vorausgesetzt, daß die Veröffentlichung der vorbe=
haltenen Uebersetzung nach dem Erscheinen des Originalwerkes
binnen einem Jahre begonnen und binnen drei Jahren beendet
wird. Das Kalenderjahr, in welchem das Originalwerk erschienen
ist, wird hierbei nicht mitgerechnet."

Auf diesem Princip der grundsätzlichen Anerkennung des Ueber=
setzungsrechtes als eines unmittelbaren Ausflusses des Autorrechts,
jedoch zwiefach beschränkt durch das Erforderniß des ausdrücklichen
und erkennbaren Vorbehalts von Seiten des Autors und durch
das Erforderniß der in gemessener Zeit wirklich erfolgenden Her=
ausgabe der vorbehaltenen Uebersetzung, so wie endlich drittens
durch das ad III im Allgemeinen erörterte, hier aber in ganz
specifischer Bedeutung hinzutretende Erforderniß der Eintragung
(enregistrement), beruhen denn auch die in diesem Punkte fast
sämmtlich übereinstimmenden Staatsverträge, insbesondere unsere
preuß.=franz. Literar=Convention Art. 6 mit der Nachtragsbestimmung
ad 2 (wie schon früher der preuß.=engl. Vertrag v. 1855 Art. III).
Denn die Anmeldung und Eintragung der Werke, welche den
Rechtsschutz gegen Nachdruck suchen, ist in der Sphäre eines so
secundären Rechts, wie es das droit de traduction immerhin
bleibt, keine leere Formalität, sondern eine im Interesse der Sicher=
heit des Rechtszustandes unentbehrliche Maßregel, welche deshalb
auch noch in unserer neuesten Uebereinkunft mit der Schweiz I.
Art. 6 u. II. Art. 25 (Norddb. Bundes=Gesetzblatt a. a. O. S. 625
u. 628) beibehalten und selbst in den § 6 des deutschen Reichs=
gesetzes vom 11. Juni 1870 übergegangen ist, weil sich sonst Nie=
mand die Ueberzeugung verschaffen könnte, ob der Autor von dem
Vorbehalte des Uebersetzungsrechts Gebrauch gemacht hat, oder ob
das Werk auch von Anderen übersetzt werden darf (Dambachs
Commentar S. 74 u. 205 ff.).

Hervorzuheben ist hier noch eine interessante Eigenthümlichkeit
des russischen Rechts, welche bei den von Frankreich (1861) und
von Belgien (1862) mit Rußland abgeschlossenen Verträgen nicht
unbeachtet geblieben, aber, so zu sagen, mit in den Kauf genom=
men ist. Danach können sich nämlich nur die Verfasser solcher
Bücher, für welche besondere gelehrte Forschungen nothwendig

waren, das ausschließliche Uebersetzungsrecht vorbehalten. Wenn
also einmal ein Reciprocitätsvertrag zwischen Deutschland und
Rußland zum Abschluß gebracht werden sollte, so wäre gewiß dieser
scheinbar isolirte Punkt, bei der großen Bedeutung, welche die ge=
sammte und nicht bloß die „gelehrte" deutsche Literatur für Ruß=
land hat, besonders ins Auge zu fassen. Dringender freilich und
actueller ist noch das Interesse der deutschen Componisten und
Musikverleger an der Herstellung eines internationalen Rechtsschutzes
zwischen Deutschland und Rußland. Denn die Musik ist, wie man
zu sagen pflegt, eine Weltsprache, welche keiner Uebersetzung be=
darf. Und so klagen die deutschen Musikverleger noch immer mit
Recht über die Existenz ganzer Herde des Nachdrucks deutscher
Compositionen in Schweden und im russischen Reiche.

V. Das sog. getheilte Verlagsrecht.

In neuerer Zeit hatte sich, zuerst ganz leidlich auf dem Ge=
biete des an keine nationalen Sprachgränzen gebundenen musika=
lischen Verkehrs, dann aber auch mit recht unbequemen Con=
sequenzen auf dem Gebiete der von Hause aus einem bestimmten
Sprachgebiete angehörenden Literatur, das mit einem unjuristischen
Ausdrucke so genannte „getheilte Eigenthum" (etwas correcter:
„getheiltes Verlagsrecht") ausgebildet und eingebürgert. Deutsche
und französische Musikverleger hatten schon vor längerer Zeit eine
Art von internationalen Privatverträgen mit einander geschlossen,
in welchen sie sich gegenseitig unter Conventionalstrafe verpflichteten,
das von demselben Componisten für das eine wie für das andere
Landesgebiet ertheilte Verlagsrecht in der Art zu respectiren, daß
die französische Ausgabe nicht in Deutschland, die deutsche nicht
in Frankreich vertrieben werden durfte, — gerade als ob es sich
um die Abgrenzung geschiedener Jagdgebiete gehandelt hätte. Nach
und nach verallgemeinerte sich die Sache und es verbreitete sich
thatsächlich die Sitte, daß sowohl die Autoren musikalischer Com=
positionen, als auch die Schriftsteller ihre Werke gleichzeitig
mehreren Verlegern mit der Einschränkung übertrugen, daß jeder
Verleger seine Ausgabe nur in einem bestimmten Lande verbreiten
durfte. Einen recht prägnanten, sie gleichsam verkörpernden Aus=
druck fand diese usance zum ersten Male in dem Artikel 7 der

preußisch=französischen Literar=Convention, nach welchem für den Fall, daß der Autor das Recht zur Herausgabe oder Verviel= fältigung seines Werkes in dem Gebiete eines jeden der beiden contrahirenden Staaten „mit der Maßgabe übertragen hat, daß die Exemplare oder Ausgaben des solchergestalt herausgegebenen oder vervielfältigten Werkes in dem anderen Lande nicht verkauft werden dürfen", „die in dem einen Lande erschienenen Exemplare oder Ausgaben in dem andern Lande als unbefugte Nachbildung (reproduction illicite) angesehen und behandelt werden sollen." Ganz so ist diese Bestimmung in dem Art. 7 des preußisch=belgi= schen Vertrages von 1863, und — mit der im preußisch=französi= schen Nachträge vom 14. Decbr. 1864 ad 3) durch Freigebung des Transits nach einem dritten Lande gewährten Erleichterung — auch noch in unseren Vertrag mit Italien vom 12. Mai 1869 Art. 7. übergegangen. In dem Vertrage mit der Schweiz vom 13. Mai 1869 ist sie bereits verschwunden. Und in der That läßt sich die Anomalie kaum rechtfertigen, welche darin liegt, daß eine rechtmäßige Ausgabe, bloß weil sie für ein gewisses Land bestimmt ist, in einem anderen Lande als Nachdruck gelten soll. Eben so wenig die Inconvenienz, welche darin liegt, daß es nicht möglich ist, die ausländische Ausgabe, selbst zu wissenschaftlichen Zwecken, zu er= langen. In dem deutschen Reichsgesetze vom 11. Juni 1870 hat deshalb auch das getheilte Verlagsrecht überhaupt keine Anerken= nung mehr gefunden, dergestalt, daß auch ein Verleger, welcher vor dem Tage des Eintritts dieses Gesetzes in seine volle Wirk= samkeit das getheilte Verlagsrecht für Deutschland erworben hatte, fortan die Verbreitung der ausländischen Ausgabe nicht mehr ver= hindern darf, außer insofern einstweilen auch das getheilte Verlags= recht in den internationalen Verträgen ausdrücklich anerkannt ist (Dambachs Commentar S. 273. 274)*).

VI. Die rückwirkende Kraft des internationalen Rechtsschutzes.

Diese s. g. Rückwirkung besteht darin, daß auch die beim Eintritt der Wirksamkeit des internationalen Vertrages bereits

---

*) Für die Entwickelungsgeschichte dieser Frage sind beachtenswerth die Motive des revidirten Gesetzentwurfs des Börsenvereins der deutschen Buch= händler vom J. 1857 Seite 38.

vorhandenen Werke der Wissenschaft und Kunst sofort des neu=
begründeten gegenseitigen Rechtsschutzes theilhaftig werden; nur daß
gewisse administrative Maßregeln vorbehalten sind, um die vorher
rechtmäßig hergestellten Exemplare oder angefangenen Werke vor
den Folgen des neu begründeten strengeren Rechts, nach welchen
jene Exemplare nicht hergestellt und diese Werke nicht vollendet
werden dürften, zu bewahren: Preuß.=franz. Literar=Convention
Art. 12 (und dem ganz entsprechend Art. 12 unserer Verträge mit
Belgien und Italien und Art. 10 des Vertrags mit der Schweiz).
Jedoch werden gegen unbefugte Darstellung oder Aufführung
nur solche dramatische oder musikalische Werke geschützt, welche nach
Eintritt der Wirksamkeit des internationalen Vertrages zum ersten
Male in einem der beiden Länder veröffentlicht, aufgeführt oder
dargestellt werden: Art. 4 unserer Conventionen mit Frankreich,
Belgien, Italien und der Schweiz*).

Als auffällig ist es zu seiner Zeit bemerkt worden, daß im
Jahre 1866 von Belgien mit dem Königreich Sachsen und einigen
kleineren deutschen Staaten Literar=Conventionen ohne rückwirkende
Kraft geschlossen wurden.

Schlußbemerkung.

Als nach dem unsere Literar=Convention mit Frankreich salvi=
renden Artikel 11 des Friedensvertrages vom 10. Mai 1871
(Reichsgesetzblatt 1871 S. 231), durch Art. 18 der Zusatz=Con=
vention vom 11. December desselben Jahres (Reichsgesetzbl. 1872
S. 20) nur erst die vorläufige Anwendung der bayerisch=französischen
Literar=Convention vom 24. März 1865 auf Elsaß=Lothringen
verabredet worden war, ergab sich zunächst lediglich ein gegen=
seitiger Rechtsschutz auf dem Gebiete der Urheberrechte zwischen Elsaß=
Lothringen und Frankreich, wogegen es zur Zeit an einem solchen
Rechtsschutze zwischen Elsaß=Lothringen und dem gesammten deutschen
Reiche völlig gebrach, dergestalt, daß hier gegenseitig jeder Nach=
druck ungestraft hätte verübt werden können. Diesem Uebelstande

----

*) Besonders lehrreich für die Frage von der Rückwirkung des neu be=
gründeten Rechtsschutzes gegen Nachdruck und Nachbildung überhaupt ist Dam=
bach's Commentar zum deutschen Reichsgesetz vom 11. Juni 1870 S. 257 ff.

ist seitbem durch die Einführung unseres Reichsgesetzes vom 11. Juni 1870 in Elsaß-Lothringen, abgeholfen worden: Gesetz vom 27. Januar 1873 (Reichsgesetzbl. S. 42).

Inzwischen hatte sich eine Frage von höherer allgemeiner Bedeutung und größerer Tragweite in den Vordergrund gedrängt: ob es nämlich nicht gerathen sein werde, alle unsere zum Schutze des Urheberrechts geschlossenen internationalen Verträge zu kündigen und an deren Stelle einen gemeinsamen Vertrag des deutschen Reiches treten zu lassen. Einer Aufforderung des Bundeskanzler-amtes zufolge vereinigte sich deshalb der Vorstand des Börsen-vereins der deutschen Buchhändler mit einer Anzahl Berufsgenossen zu Anfang des Monats September 1871 in Heidelberg, um die Mängel der gegenwärtig bestehenden Verträge zu prüfen und einen internationalen Normalvertrag zu entwerfen. So kam denn der Entwurf eines „gemeinsamen Vertrages des deutschen Reiches mit fremden Staaten zum gegenseitigen Schutze des Urheberrechts", und zwar an der Hand unserer Literar-Convention mit Frankreich von 1862 und des deutschen Reichsgesetzes vom 11. Juni 1870, zu Stande und bot im Frühjahr 1872 auch den Sachverständigen-Vereinen in Berlin willkommenen Anlaß zu eingehenden Be-rathungen.

Die Hauptaufgabe bei der hoffentlich nicht in allzu weite Ferne gerückten Herstellung eines solchen Vertrages zwischen dem deutschen Reiche und dem Auslande wird danach ohne Zweifel darin bestehen, alle diejenigen Modificationen in unsere bisherigen Verträge zum gegenseitigen Schutze der Urheberrechte einzuführen, welche zur Aufrechthaltung des Einklanges mit unserem Reichs-gesetze unvermeidlich sein werden. Auch an gewissen redactionellen Aenderungen wird es nicht fehlen dürfen, wie denn, um nur zwei Beispiele anzuführen, gleich im ersten Artikel unserer Literar-Convention mit Frankreich die Worte: Werke . . ., „welche zum ersten Male in dem Lande selbst veröffentlicht worden sind", weder erschöpfend noch correct sind, da kurz vorher implicite auch den nicht veröffentlichten Werken der gesetzliche Schutz zugesichert ist, und im eilften Artikel der Schlußsatz von den „nach der in jedem der beiden Staaten bestehenden Gesetzgebung zu beurtheilenden Merkmalen der unbefugten Nachbildung" den Stempel der Ueber-flüssigkeit an sich trägt.

In materieller Hinsicht wird sich gewiß eine dem Geiste unseres Reichsgesetzes entsprechende größere Freiheit in der gegenseitigen Benutzung fremder Werke anbahnen lassen; vorzugsweise aber werden sich wieder die Fragen von dem Uebersetzungsrechte, dem Erforderniß der Eintragung und dem getheilten Verlagsrechte geltend machen, über welche aus den neuesten Erwägungen der zunächst betheiligten Kreise, hier zum Schluß noch eine kleine Ergänzung beigebracht werden mag.

Gegen die Beibehaltung des Uebersetzungsrechtes, obgleich dasselbe gerade dem deutschen Buchhandel den geringsten Vortheil bringt, wird sich um so weniger etwas einwenden lassen, als es nicht nur im internationalen Verkehr völlig eingebürgert ist, sondern auch in unserem Reichsgesetze seine bleibende Stätte gefunden hat.

Das Eintragungs-System in seiner Allgemeinheit muß fallen, wie es denn insbesondere bei musikalischen Compositionen eben so störend wie unpractisch sich erwiesen hat und in Betreff der öffentlichen Aufführung musikalischer und dramatischer Werke als entbehrlich gilt. Allein um so fester wird dagegen an der obligatorischen (nicht facultativen) Eintragung in den eigenthümlichen Beziehungen, für welche das Reichsgesetz §. 6 (beim Vorbehalt des Uebersetzungsrechts) und §. 11 (bei pseudonymen und anonymen Werken) dieselbe zur Sicherung des Rechtszustandes als unbedingt erforderlich hingestellt hat, auch im internationalen Verkehr zu halten sein.

Was endlich das „getheilte Vereinsrecht" betrifft, so wird zwar grundsätzlich immer von neuem der innere Widerspruch betont, welcher darin liegt, daß die in einem gewissen Lande rechtmäßig veröffentlichte Ausgabe eines Werkes bloß um deswillen, weil sie in ein anderes Land gebracht wird, als Nachdruck gelten solle. Danach müßte dann dieses zwitterhafte Recht, wie dasselbe in unserem Reichsgesetze vertilgt ist, auch in dem internationalen Verkehr beseitigt werden (Dambach's Comm. S. 274), wenn nicht ein Unterschied zwischen Schriftwerken und musikalischen Compositionen anzuerkennen wäre.

Für Schriftwerke nämlich mag das getheilte Verlagsrecht auch im internationalen Verkehr ohne Weiteres aufgegeben werden. England müßte sich, wie bisher, auch ohne dasselbe zu behelfen.

Dort blieben nach wie vor die Tauchnitzischen Ausgaben der Englischen Autoren for continental circulation eine verbotene Waare, welche im Mutterlande wie in den Colonien als Nachdruck confiscirt wird, — ein allerdings unlogisches Verfahren, welches einer Zollbefraudation den Stempel als Nachdruck aufprägt!

Für musikalische Compositonen dagegen mag das in dieser Sphäre wirklich besser motivirte „getheilte Verlagsrecht" auf internationalem Gebiete zunächst noch aufrecht erhalten bleiben. Es ließe sich zwar disputiren, ob nicht vielleicht das Interesse der Componisten für, das der Musikverleger gegen die Anerkennung dieses den Markt beschränkenden Rechts sprechen müßte. Allein schließlich fallen doch, wenn auch auf Umwegen, ihre beiderseitigen Interessen in denselben Schwerpunkt, auf welchem sogar das wahre Interesse des Gerechtigkeit liebenden Publicums ruht.

Und so würde dann überhaupt auf diesem großen und schönen Gebiete des Rechts und der Cultur nach und nach, wenn auch nicht ohne Schwankungen und Anomalien im Einzelnen, die allgemeine Harmonie der convergirenden Interessen zu erzielen sein!

Dr. C. E. Heydemann, Geh. Justizrath und Professor in Berlin († 1874).

---

3. Zur Begriffsbestimmung von „Plagiat".

Vom Berliner Stadtgericht wurde 1873 in einem Injurien= prozesse des Dr. phil. Graser zu Berlin gegen den Literaten Franz Maurer zu Charlottenburg folgendes den Begriff „Plagiat" fest= stellende Erkenntniß gefällt, welches vom Criminalsenat des könig= lichen Kammergerichts in allen seinen Ausführungen lediglich be= stätigt wurde und sonach als Präjudiz für alle ähnlichen Fälle gelten kann. Das Erkenntniß lautet:

„Der Verklagte hat eingestandenermaßen in öffentlichen Blät= tern eine Schrift des Klägers: „Norddeutschlands Seemacht", als theilweises Plagiat aus in verschiedenen Zeitschriften erschienenen Marinearbeiten bezeichnet, als deren Verfasser er sich auswies. Kläger beantragte hierauf die Bestrafung wegen Beleidigung und Verleumdung, ist aber aus folgenden Gründen abzuweisen: Plagiat

ist die moralisch nicht zu rechtfertigende Benutzung fremder geistiger
Producte. Der Ausdruck umfaßt also eine lange Stufenleiter feiner
Nuancen, von hart an der Grenze des strafbaren Nachdrucks an
bis zu der unbedeutendsten Aneignung fremder Gedanken. Nach
letzterer Grenze zu wird es folglich immer mehr Sache einer sub=
jectiven Beurtheilung, und der eine wird das schon als Plagiat
bezeichnen, was der andere für erlaubte Verarbeitung fremder
literarischer Erzeugnisse hält. Es hat nun aber Kläger eingestande=
nermaßen und nach Ausweis der vom Verklagten verfertigten Zu=
sammenstellung verschiedener in Zeitschriften erschienenen Aufsätze
des letztern sowohl in materieller Weise, besonders hinsichtlich von
Zahlenangaben, als auch rücksichtlich der Form dieselben benutzt,
ohne die Quelle, aus der er geschöpft, zu bezeichnen. Der Umfang
dieser nicht zu billigenden Benutzung kann hier dahingestellt bleiben,
und ist es dem Kläger unbenommen, durch Appellirung an das
Publicum dieses zur Beurtheilung der Frage aufzurufen, ob Art
und Umfang der Benutzung die harte Bezeichnung „Plagiat" ver=
dienen. Bestimmt sich aber der Begriff des Plagiats größtentheils
nach subjectiver Auffassung, so kann Verklagter, um dessen geistige
Erzeugnisse es sich handelt, am allerwenigsten gerichtlich bestraft
werden, wenn er den strengsten Maßstab der Beurtheilung anlegt.
Es steht ihm hier der § 193. des deutschen Strafgesetzbuches zur
Seite, welcher tadelnde Urtheile über wissenschaftliche ꝛc. Leistungen,
ingleichen Aeußerungen, welche zur Ausführung oder Vertheidigung
von Rechten der Wahrnehmung berechtigter Interessen gemacht
werden, für straflos erklärt, außer wenn das Vorhandensein einer
Beleidigung aus der Form der Aeußerung oder aus den Umstän=
den, unter welchen sie geschah, hervorgeht. Die Form der Aeuße=
rung kann aber in vorliegendem Falle nicht als persönlich be=
leidigend angesehen werden, und die Veröffentlichung derselben war
das einzige Mittel, um die zu vertheidigenden Interessen wirksam
zu schützen. Der Einwand des Klägers, daß er den Autor seiner
Quellen nicht habe nennen können, weil dieser anonym geblieben,
kann als stichhaltig nicht angesehen werden. Denn auch von ano=
nymen Werken kann ein Plagiat begangen werden und hätte Kläger
wenigstens die Nummer der Zeitschriften angeben müssen, in wel=
cher sich die benutzten Aufsätze befanden. Es hat ferner Kläger
die Bezeichnung seines Werkes mit dem Ausdruck „Plagiat" eine

directe Unwahrheit seitens des Verklagten genannt. Letzterer findet hierin eine Beleidigung seiner Person und beantragt widerklagend Bestrafung desselben. Auch diese Widerklage ist indessen abzu= weisen. Soweit es nämlich bei der Lage der Sache dem Ver= klagten unbenommen bleiben muß, die stattgefundene Benutzung seiner Arbeiten als Plagiat zu bezeichnen, ebenso muß es auch dem Kläger und Widerverklagten gestattet sein, dieselbe als eine moralisch erlaubte aufzufassen und folglich die Angaben des Ver= klagten und Widerklägers unwahr zu nennen. Auch hier steht § 193. mit zur Seite. Der ganze Streit ist also Sache literari= scher, aber nicht richterlicher Beurtheilung. Es mußte daher, wie oben, erkannt werden."

IV.

Statistische Notizen.

.

1. Deutschlands literarische Production
von 1851—1872.

Die Gesammtziffern der amtlichen Jahreseinträge buchhänd=
lerischer Novitäten belaufen sich für den Zeitraum von 1851—
1872 auf ungefähr 200,000 Novitäten des Buch= und Kartenverlags.
Von 1851—1859 bewegt sich die Gesammtzahl zwischen 8000 und
8900. Von 1860 an geht die Bewegung von 9000 aufwärts
der 10,000 zu, und im Jahre 1866 fällt sie auf den Stand von
1857 zurück. Erst 1868 wird die Zahl 10,000 erreicht, das
Jahr darauf 11,305, die höchste Zahl in den 22 Jahren. Dieser
Maximalzahl steht die Minimalzahl 8326 gegenüber, mit der das
sechste Jahrzehend unseres Jahrhunderts anhob (1851).

Die chronologische Zahlenliste ist folgende:

1851:	8326.	1862:	9779.
1852:	8857.	1863:	9889.
1853:	8750.	1864:	9564.
1854:	8705.	1865:	9661.
1855:	8794.	1866:	8699.
1856:	8540.	1867:	9855.
1857:	8699.	1868:	10563.
1858:	8672.	1869:	11305.
1859:	8666.	1870:	10108.
1860:	9496.	1871:	10669.
1861:	9566.	1872:	11127.

(Die beiden letzten Jahre ohne die Rubrik für slavische und unga=
rische Literatur.)

2. Syſtematiſche Ueberſicht der literariſchen Erzeugniſſe des deutſchen Buchhandels

in den Jahren 1869 bis 1872.

Mitgetheilt von der J. C. Hinrichs'ſchen Buchh. in Leipzig.

	1869	1870	1871	1872
1. Sammelwerke. Literaturwiſſenſchaft	262	271	279	321
2. Theologie	1607	1470	1362	1234
3. Jurisprudenz. Politik. Statiſtik .	1141	1014	1052	1015
4. Medicin. Thierheilkunde	517	412	459	485
5. Naturwiſſenſchaft. Chemie. Phar= macie	675	535	579	587
6. Philoſophie	127	103	153	180
7a. Pädagogik. Deutſche Schulbücher. Gymnaſtik	1131	997	1059	1266
7b. Jugendſchriften	322	235	310	296
8. Altclaſſiſche und orientaliſche Spra= chen. Mythologie	471	399	350	427
9. Neuere Sprachen. Altdeutſche Lite= ratur	335	297	344	357
10. Geſchichte. Biographien. Memoiren. Briefwechſel	634	692	891	735
11. Geographie	269	234	248	267
12. Mathematik. Aſtronomie	124	114	144	160
13. Kriegswiſſenſchaft. Pferdekunde . .	308	242	251	318
14. Handelswiſſenſchaft. Gewerbskunde	424	411	453	488
15. Bauwiſſenſchaft. Maſchinen= und Eiſenbahnkunde. Schiffahrt . . .	213	192	206	259
16. Forſt= und Jagdwiſſenſchaft. Berg= bau= und Hüttenkunde	93	91	69	77
17. Landwirthſchaft. Gartenbau . . .	305	351	270	276
18. Schöne Literatur (Romane, Gedichte, Theater ꝛc.)	999	739	950	998
19. Schöne Künſte (Malerei, Muſik ꝛc.). Stenographie	435	346	385	420
20. Volksſchriften	335	271	236	209
21. Freimaurerei	8	11	9	6
22. Vermiſchte Schriften	364	389	406	546
23. Slaviſche und ungariſche Literatur .	62	50	—	—
24. Karten	144	242	204	200
Summa	11305	10108	10669	11127

3. Der Buchhandel Leipzigs in den Jahren 1869 und 1870*).

Von den 249 Buchhandlungsfirmen, welche das Leipziger Adreßbuch für 1871 nachweist, kommen auf das reine Verlags= geschäft (zum Theil verbunden mit Buchdruckerei) 114, auf das reine Commissionsgeschäft 21, auf den Musikalienhandel 21, auf das reine Antiquariat 6, darunter einige Firmen von hervor= ragender Bedeutung.

Ueber den Umfang des Commissionsgeschäfts in den beiden Berichtsjahren geben wir nachstehend Ziffern, welche gegen die= jenigen unserer früheren Berichte nicht unerheblich höher sind. Dieser Umstand ist jedoch, wie wir zur Vermeidung von Miß= verständnissen hervorheben, nicht ausschließlich einer wirklichen Erhöhung des Umsatzes zuzuschreiben, sondern beruht zum Theil darauf, daß für die Schätzungen, auf denen die jetzigen Ziffern wie die damaligen beruhen, umfassendere Unterlagen zu Gebote gestanden haben. Wir sehen deshalb auch von einer Vergleichung ab. Nach diesen neueren Schätzungen gelangten durch Vermittelung der Leipziger Commissionsbuchhandlungen folgende Quantitäten zur Versendung an deutsche und ausländische Buchhändler:

im Jahre		1. Quartal	2. Quartal	3. Quartal	4. Quartal	überhaupt
1869	Ctr.	31,970	35,700	34,790	46,440	148,900
1870	„	31,860	36,980	22,300	44,360	135,500.

Diesen Versendungen stehen folgende Summen gegenüber, welche als das Ergebniß des Absatzes durch die Leipziger Comis= sionsbuchhandlungen zur Auszahlung gelangten. Es wurden ge= zahlt an den Ostermessen der beiden Jahre einschließlich der wöchent= lichen Börsenzahlungen, die Saldi
aus dem Rechnungsjahre 1869 an der Ostermesse 1870 mit
3,945,000 Thlr.
aus dem Rechnungsjahre 1870 an der Ostermesse 1871 mit
3,722,900 Thlr.

*) Aus dem Jahresbericht der Handelskammer zu Leipzig. 1869 u. 1870. (Leipzig, Hirzel.) — Vergl. auch den Artikel über den gleichen Gegenstand im Börsenblatt vom 11. September 1871.

Ferner betrug die Ausgabe für Baarpackete:

im Jahre 1.Quartal 2.Quartal 3.Quartal 4.Quartal überhaupt
1869 Thlr. 735,300 587,300 619,900 869,600 2,812,100
1870 „ 824,400 662,700 493,000 830,300 2,810,400.

Der gesammte Rechnungs= und Baarumsatz über Leipzig stellt sich hiernach

im Jahre 1869 auf Thlr. 6,757,500
„ „ 1870 „ „ 6,533,300,

wobei erfreulicherweise auch diesmal eine verhältnißmäßige Zunahme des Baarumsatzes zu constatiren ist.

In den obigen Ziffern sind übrigens die den Leipziger Ver= lagshandlungen zugehenden directen Anschaffungen, Deckungen durch Tratten, Einnahmen von der Post=Zeitungs=Expedition für hier erscheinende Zeitschriften u. s. w. nicht inbegriffen.

In Anbetracht des Kriegs, welcher in der zweiten Hälfte des Jahres 1870 zur Einstellung oder doch Beschränkung größerer Unternehmungen nöthigte, kann das Ergebniß des Rechnungsjahres 1870 nicht als ein ungünstiges bezeichnet werden.

Ueber die Leipziger Bücher= und Kunstauctionen, welche sich durch ihre solide Verwaltung zu den bedeutendsten in Deutschland aufgeschwungen haben, gehen uns folgende Notizen zu. Bücher= auctionen werden regelmäßig durch 3 Buchhandlungen abgehalten. Das Jahr 1868 brachte 12 solcher Auctionen, in denen 54,200 Werke oder ca. 200,000 Bände versteigert und dafür etwa 50,000 Thlr. erlöst wurden. Im Jahre 1869 kamen in 11 Auc= tionen 60,000 Werke in etwa 250,000 Bänden unter den Hammer, deren Erlös sich auf etwa 75,000 Thlr. veranschlagen läßt. Die bedeutendste darunter war die Versteigerung der Bibliothek des Kaisers Maximilian von Mexico, welche allein eine Einnahme von 23,000 Thlr. brachte und zu welcher nicht nur England und Frank= reich, sondern auch die Vereinigten Staaten von Nordamerika ihre Vertreter gesandt hatten. Außer diesen Bücherauctionen wurden 2 Autographen=Auctionen mit 3300 Nummern und 6 Kunstauctionen mit 15,000 Nrn. abgehalten.

Im Jahre 1870 hat auch auf diesem Gebiete der Krieg seine Einwirkung geäußert; das Frühjahr brachte 6, der Herbst nur 1 Bücherauction, welche zusammen 29,530 Werke = 115,000

Bände umfaßten und einen ungefähren Erlös von 28,000 Thlr. ergaben. Kunstauctionen fanden wiederum 6 statt mit 12,990 Nummern.

4. Ausfuhr deutscher Bücher nach Nordamerika.

1870—1872 1. 2. Quartal.

Die Ausfuhr deutscher Bücher, Landkarten und Bilder von Leipzig nach den Vereinigten Staaten von Nordamerika stellt sich nach amtlichen Ausweisen des Leipziger Consulats in den letzten Jahren, wie folgt:

1870.	1. Quart.	46720 Doll.	17 Cts.			
„	2. „	49243 „	46 „			
„	3. „	30569 „	12 „			
„	4. „	87157 „	78 „			
		213,690 Doll.	53 Cts.	= 309,696 Thlr. 12½ Ngr.		
1871.	1. Quart.	61800 Doll.	77 Cts.			
„	2. „	64095 „	89 „			
„	3. „	54091 „	91 „			
„	4. „	63453 „	77 „			
		243,442 Doll.	34 Cts.	= 352,814 Thlr. 29½ Ngr.		
1872.	1. Quart.	55597 Doll.	23 Cts.			
„	2. „	69048 „	59 „			
		124,645 Doll.	82 Cts.	= 180,646 Thlr. 3 Ngr. 4 Pf.		

Die Totalsumme ist demnach im Jahre 1871 im Verhältniß zu 1870 um 29,751 Doll. 81 Cts. gestiegen, was einen Procentsatz von 12,22 ergibt. Dagegen zeigt das 1. Semester 1872 die Summe von 1250 Doll. 84 Cts. weniger als das 1. Semester 1871.

5. Statiſtiſches aus unſerem internationalen Verkehr im Jahre 1871.

Nachdem die amtlichen Ein= und Ausfuhrliſten für 1871 er=
ſchienen ſind, kann ich die in Nr. 236 des Börſenblattes gemachten
Mittheilungen durch Folgendes ergänzen:

Die Einfuhr an Büchern, Karten, Kupferſtichen ꝛc. hat im
Jahre 1871 38,861 Centner betragen (4560 Ctr. mehr als 1870),
die zollvereinsländiſche Ausfuhr dagegen 147,009 Centner (60,114
Ctr. mehr als 1870), ein bisher noch nie dageweſenes Reſultat!
Zugegeben ſelbſt, daß ſich unter dieſen 147,009 Centnern viele
Remittenden befinden, die die Einfuhr des Jahres 1872 um etwas
vergrößern möchten, ſo hat doch der deutſche Buchhandel ein
Recht, auf dieſe Zahlen ſtolz zu ſein. Es ſtellt ſich hiernach ein
Geſammtverkehr mit dem Auslande von 185,870 Centner
oder, wenn wir den Centner im großen Durchſchnitt mit 70 Thlr.
veranſchlagen, von etwa 13 Mill. Thlr. heraus, während unſere
Mehrausfuhr allein circa 7 bis 8 Mill. Thlr. betragen dürfte
(1852 bis 1861 1 bis 2 Mill., bis 1867 2 bis 3 Mill. Thlr.
Mehrausfuhr). Auf die verſchiedenen Grenzſtrecken des Ein=
und Ausgangs vertheilen ſich die Quantitäten wie folgt. Es
gingen über die Gränze von

	Eingang	Ausgang
Rußland und Polen . .	812	9,091
Oeſterreich	11,612	43,405
der Schweiz	5,928	9,462
Frankreich	1,235	1,617
Belgien	3,551	1,293
Niederlande	1,393	5,484
Bremen	1,847	9,897
Hamburg	7,037	32,341
Dänemark	65	49
der Nordſee	86	28,622
der Oſtſee	1,627	5,748
Geeſtemünde	252	—
Brake	3	—
Poſtverkehr	3,404	(?)
	Summa: 38,852 Ctr.	147,009 Ctr.

Von den nach der Nord- und Ostsee ausgegangenen Quantitäten wurden laut Ausweis einer besonderen Uebersicht verschifft:
3380 Ctr. nach Rußland, 1468 Ctr. nach Schweden und Nor-
wegen, 865 Ctr. nach Dänemark, 1406 Ctr. nach Holland, 27,234
Ctr. nach Großbritannien; von dem letzteren Quantum dürfte viel
nach Nordamerika weitergegangen sein, ebenso wie dorthin der
größere Theil der nach Bremen ausgeführten Bücher ꝛc. spedirt
wurde (8063 Ctr. im Werthe von 60,000 Thlr.). Ueber den
Verbleib der über Hamburg ausgeführten Quantitäten liegen leider
keine Nachweise vor.

G. Hirth.

6. Unser Verkehr im Jahre 1871.

Der Berichterstatter über die statistischen Resultate der
Jahresarbeit des deutschen Buchhandels hat eine erfreuliche, aber
etwas eintönige Aufgabe. Er ist im Stande, den Nachweis zu
führen, daß die Versendung sowohl, als der dadurch erzielte Absatz
seit einer Reihe von Jahren in stetigem Steigen begriffen sind,
auf welche Thatsache selbst zwei große Kriege nur unbedeutend
hemmenden Einfluß gehabt haben. Freilich bleibt die Frage eine
offene, welche auch in diesen Blättern schon aufgeworfen worden
ist: ob diese Zunahme und überhaupt die Höhe des gesammten
literarischen Bedarfs des deutschen Volks im Verhältniß steht zu
der im Allgemeinen hervortretenden rapiden Steigerung des öffentlichen Wohlstandes, und wir theilen die Ansicht des Verfassers
jenes Artikels, daß wir in dieser Beziehung noch weit entfernt sind
von der Stufe, welche andere Nationen, vorzüglich Franzosen und
Engländer einnehmen. Wir können uns mit diesen Völkern, die
wir politisch erreicht, wenn nicht überflügelt haben, in dieser Frage,
die doch im eminenten Sinne eine Culturfrage ist, noch nicht
messen. Hoffentlich tritt auch hierin bald eine Besserung ein.
Wir haben bisher (vergl. den letzten Artikel im Börsenbl. v.
11. Sept. 1871) der Uebersicht halber stets die sämmtlichen seit
1865 gewonnenen Zahlen aufgeführt, glauben dies aber von nun
an unterlassen zu können und begnügen uns heute mit einer Zu-
sammenstellung der Jahre 1865, als des Anfangs dieser Arbeiten,

und 1869 bis 1871, da es von Intereſſe ſein dürfte, die Schwan=
kungen, welche der große Krieg auch in unſerem Geſchäfte herbei=
geführt hat, durch Zahlen nachgewieſen zu ſehen.

Die Verſendungen über Leipzig betrugen annähernd in den
Jahren:

	1. Quart.	2. Quart.	3. Quart.	4. Quart.	Zuſammen
	Ctr.	Ctr.	Ctr.	Ctr.	Ctr.
1865:	24,600	31,700	29,300	39,300	124,900
1869:	30,500	35,500	30,500	45,500	142,000
1870:	29,400	38,500	25,100	41,500	134,500
1871:	29,300	37,000	34,500	47,700	148,500.

In den beiden erſten Quartalen des Jahres 1871 zeigt ſich
noch eine geringe Abnahme gegen dieſelbe Zeit von 1870; die durch
den Abſchluß des Krieges und die Rückbeförderung der Truppen
während dieſer Monate andauernden Verkehrsſtockungen machen ſich
noch immer geltend. Vom dritten Quartale an aber zeigt ſich die
endlich von jeder Sorge befreite Production in voller Glorie und
wir ſehen gerade in den drei ſonſt ſo ſtillen Sommermonaten die
Verſendung eine Höhe erreichen, die ſie früher in der Sauren=
gurkenzeit nie gehabt hat. Das Endreſultat zeigt eine Vermehrung
von 14,000 Centnern gegen 1870, von 6500 Centnern gegen 1869.

Die Production nach den Nummern der Hinrichs'ſchen Buch=
handlung im Börſenblatt, alſo der Zahl der verſandten Bücher
nach betrug:

	1. Quart.	2. Quart.	3. Quart.	4. Quart.	Zuſammen
1865:	2590	2581	2855	3693	11,719
1869:	2875	2968	3524	4284	13,651
1870:	3102	3107	2544	3987	12,740
1871:	2864	2952	4010	4045	13,871.

Wir finden alſo 1871 in der Geſammtſumme ein Plus von
allerdings 1100 Nummern gegen 1870, aber von nur 100 Num=
mern gegen 1869, ein Reſultat, über welches wir uns nur freuen
können, da es wahrlich an der Zeit wäre, daß die mehr und mehr
ins Unüberſehbare anſchwellende Fluth unſerer literariſchen Pro=
duction einmal quantitativ etwas ins Stocken käme. Der Qualität
und dem Abſatz guter Bücher könnte das ja nur äußerſt heil=
ſam ſein.

Wenden wir uns nun zu dem wichtigſten Punkt unſerer Auf=
ſtellung, zu dem in klingender Münze ſich ausprägenden Erfolg der
Verſendung, ſo ſehen wir die bedeutendſte, eine wahrhaft gewaltige
Steigerung abermals in den Baarpacketen. Sie betragen

	1. Quart.	2. Quart.	3. Quart.	4. Quart.	Zuſammen
	Thlr.	Thlr.	Thlr.	Thlr.	Thlr.
1865:	486,000	423,000	414,000	553,000	1,876,000
1869:	658,000	561,000	568,000	742,000	2,529,000
1870:	686,000	614,000	480,000	757,000	2,537,000
1871:	853,000	800,000	739,000	1,058,000	3,450,000,

während die Summe der Zahlungen für das in Rechnung Er=
haltene, zur Oſtermeſſe und an den Börſentagen im Laufe des
Jahres war:

Rechnungsjahr 1865: 3,510,000 Thlr.

— 1869: 3,900,000 „

— 1870: 3,706,000 „

— 1871: 4,165,000 „ ,

was alſo, wenn wir die Summe der Zahlungen für das in Rech=
nung Erhaltene gleich Eins ſetzen, folgendes Verhältniß zeigt:

	Umſatz in Rechnung	Umſatz gegen baar
1865:	1	0,53
1869:	1	0,65
1870:	1	0,68
1871:	1	0,83.

Man kann demnach für das laufende Jahr bei normalen Ver=
hältniſſen wohl prophezeien, daß der Verkehr in Baarpacketen dem
in Rechnung ungefähr gleichkommen wird. Verändert ſich aber
das Verhältniß in der bisherigen Weiſe, wonach wir vor ſieben
Jahren etwa die Hälfte der zur Meſſe bezahlten Summe für Baar=
packete brauchten, im letzten Jahre aber mehr als 4/5, ſo ſcheint
die Zukunft, materiell betrachtet, allerdings den Verlegern von Baar=
Artikeln zu gehören und ein wirklich gewinnbringendes Geſchäft
nur in Colportage= und Maſſenartikeln, ſowie durch das Anlegen
größerer feſter Lager möglich zu ſein. Ein großer Theil derartiger
Geſchäfte wird freilich von den aller Ecken und Enden und vorzüg=
lich in den großen Städten wie Pilze aus dem Erdboden ſchießen=
den neuen Handlungen gemacht, die darauf angewieſen ſind, theils

faute de mieux, d. h. weil ihnen nur ſchwer Credit eröffnet wird, theils wegen der Natur ihres Publicums, das mit ſouveräner Ver= achtung jeden geiſtigen Genuß verſchmäht, der ihm nicht durch die bekannten ſchauerlich= ſchönen und dabei „beiſpiellos billigen" (?) Romane in 30 Lieferungen à 3 Gr. (!) geboten wird.

Als Endergebniß unſerer Betrachtungen finden wir, daß die Zunahme der Verſendung, alſo der Production des Jahres 1871 gegen 1869 — das Kriegsjahr 1870 laſſen wir als anormal bei Seite — etwa $4\frac{4}{7}\%$, die des Abſatzes aber mehr als 18% be= trägt, ein Erfolg, mit dem der Buchhandel zufrieden ſein kann.

----

7. Unſer Verkehr im Jahre 1872.

Die gewaltige Steigerung des geſammten wirthſchaftlichen Verkehrs, welche das Jahr 1872 — in noch höherem Maße als ſein Vorgänger, ein Jahr der Gründungen, der großen Verdienſte und des ſchnell erworbenen Reichthums — charakteriſirt, macht ſich auch in den Reſultaten bemerklich, welche der Buchhandel während dieſer Zeit erreicht hat. Der ſcheinbar unerſchöpfliche Goldregen, der ſich auf unſer deutſches Land herabſenkte, iſt glück= licherweiſe doch nicht ganz von den für unſeren Beruf leider noch immer ziemlich unfruchtbaren Schichten der Geldleute par excellence aufgeſogen worden; etwas davon iſt immerhin in die Regionen des gebildeten Mittelſtandes durchgeſickert, wo die Luſt zum Bücher= kaufen im Allgemeinen ebenſo groß iſt, wie die dazu verfügbaren Mittel klein. Wir wollen nur hoffen, daß auch in dieſem wie in den folgenden Jahren die erfreuliche Steigerung, von welcher die nachſtehenden Zahlen berichten, anhalten möge, wenn wir uns auch nicht verhehlen können, daß der Rückſchlag dieſes Jahres auch auf unſer Geſchäft, deſſen Artikel für große Claſſen der Geſellſchaft immer nur Luxusartikel ſind, nicht ohne Einfluß bleiben kann.

Wir geben die folgenden Zahlen wie bisher unter dem Vor= behalt der nur annähernden Richtigkeit. So lange derartige Arbeiten nicht von Corporations wegen ausgeführt, ſondern der Liebhaberei des Einzelnen überlaſſen werden, können ſie nur un=

vollkommen sein. Immerhin werden die aufgestellten Berechnungen, vorzüglich wenn sie eine Reihe von Jahren hindurch immer von demselben Gesichtspunkt aus gemacht werden, nicht ohne Werth und Interesse bleiben.

Die Versendungen von Leipzig ab betrugen in den Jahren:

	1. Quart. Ctr.	2. Quart. Ctr.	3. Quart. Ctr.	4. Quart. Ctr.	Zusammen Ctr.
1865:	24,600	31,700	29,300	39,300	124,900
1869:	30,500	35,500	30,500	45,500	142,000
1870:	29,400	38,500	25,100	41,500	134,500
1871:	29,300	37,000	34,500	47,700	148,500
1872:	35,800	38,600	34,800	49,000	158,200.

Das Jahr 1872 weist also ein Mehr von 10,000 Centner gegen 1871 auf, während die Production nach den Nummern der Hinrichs'schen Buchhandlung im Börsenblatt beträgt:

	1. Quart.	2. Quart.	3. Quart.	4. Quart.	Zusammen
1865:	2950	2581	2855	3693	11,719
1869:	2875	2968	3524	4284	13,651
1870:	3102	3107	2544	3987	12,740
1871:	2864	2952	4010	4045	13,871
1872:	3173	3158	3303	4291	13,925.

Die schon voriges Jahr gemachte sehr erfreuliche Wahrneh= mung bestätigt sich also auch diesmal, daß, während die Versendung und noch mehr der Absatz fortwährend bedeutend steigt, die Pro= duction endlich zum Stillstand gekommen ist, denn die Vermehrung von 54 Nummern bei einer Gesammtzahl von beinahe 14,000 ist doch nicht der Rede werth. Das Volk der Dichter und Denker schreibt noch immer anständig viel, aber die beunruhigende Er= scheinung hat endlich aufgehört, daß es jedes Jahr 1000 Bücher mehr schreibt, als im vorigen Jahr, woraus man den entsetzlichen Schluß zu ziehen berechtigt war, daß eine Zeit kommen würde, in welcher jeder Deutsche zu den Leuten, die „ihren Beruf verfehlt haben", gehören würde.

Und nun von der Arbeit zu ihrem Lohne: An Baarpacketen wurden bezahlt:

	1. Quart.	2. Quart.	3. Quart.	4. Quart.	Zuſammen
	Thlr.	Thlr.	Thlr.	Thlr.	Thlr.
1865:	486,000	423,000	414,000	553,000	1,876,000
1869:	658,000	561,000	568,000	742,000	2,529,000
1870:	686,000	614,000	480,000	757,000	2,537,000
1871:	853,000	800,000	739,000	1,058,000	3,450,000
1872:	1,000,000	914,000	885,000	1,260,000	4,059,000,

und die Summe der geleiſteten Zahlungen zur Meſſe und an den Börſentagen iſt:

Rechnungsjahr 1865: 3,510,000 Thlr.

       „   1869: 3,900,000   „

       „   1870: 3,706,000   „

       „   1871: 4,165,000   „

       „   1872: 4,850,000   „ ,

ein Endergebniß alſo von beinahe 9 Millionen im Jahre 1872 gegen noch nicht 5½ Millionen am Ende des Jahres 1865! — Die Baarpackete haben in dieſer Periode von 7 Jahren um 116%, der Umſatz in Rechnung aber nur um 38% zugenommen. Doch ſcheint auch in dieſer Beziehung ein Stillſtand eingetreten zu ſein, denn die Zunahme der Baarpackete im letzten Jahre, ſo groß ſie auch iſt, überſteigt doch nicht die des Rechnungsumſatzes, ſondern das Verhältniß der beiden zu einander iſt unverändert geblieben wie im Jahre 1871, wie folgende Zahlen beweiſen:

	Umſatz in Rechnung	Umſatz gegen baar
1865:	1	0,53
1869:	1	0,65
1870:	1	0,68
1871:	1	0,83
1872:	1	0,83.

Nach Procenten gerechnet iſt das Verhältniß der Steigerung des Abſatzes gegen die der Verſendung, alſo mit andern Worten der Production, ungefähr daſſelbe geblieben wie im Jahre 1871. Die Verſendung iſt um 6½, der Abſatz dagegen um 17% geſtiegen. — Dieſe Zahlen, ſowie die oben gegebene Ueberſicht der Geſammtziffer der im Börſenblatt aufgeführten Novitäten beweiſen beſſer als lange Reden die Unhaltbarkeit einer erſt vor kurzem im Börſenblatt aufgeſtellten Behauptung: „daß ſchon ſeit vielen Jahren die Conſumtion in keinem Verhältniß zur Production ge=

standen habe". Im Gegentheil hat sich jene eines viel bedeuten=
deren Aufschwunges als letztere zu erfreuen gehabt, freilich hat sich
aber der Absatz seit einigen Jahren seinen Weg in so vielen neuen
Kanälen gesucht, es sind aller Orten und Enden eine solche Menge
neuer Geschäfte entstanden, daß gar mancher Sortimenter an seinem
eigenen Leibe wenig von dieser erfreulichen Erscheinung wahr=
nehmen mag.

Es sei schließlich noch gestattet, den Wunsch auszusprechen,
daß auch an anderen Mittelpunkten des buchhändlerischen Ver=
kehrs — Berlin, Stuttgart, Wien, Zürich — sich Liebhaber der=
artiger statistischer Arbeiten, wie die vorliegende, finden und ihre
Notizen im Börsenblatt veröffentlichen möchten. Erst, wenn von
allen diesen Punkten Uebersichten des Verkehrs vorliegen, werden
wir einen Ueberblick über die materiellen Resultate haben, welche
unser Beruf alljährlich erzielt, und über die Stellung, welche er
im Leben der Nation nach der wirthschaftlichen Seite hin ein=
nimmt. R. W.